LE DROIT DOUANIER DES PAYS AFRICAINS
Sénégal, Côte d'Ivoire et Bénin
et la mise en œuvre de la Convention de Kyoto révisée
et du Cadre SAFE de l'OMD

Pape Djigdjam DIOP

LE DROIT DOUANIER DES PAYS AFRICAINS

Sénégal, Côte d'Ivoire et Bénin

et la mise en œuvre de la Convention de Kyoto révisée
et du Cadre SAFE de l'OMD

Préface du Professeur Alioune SALL

L'Harmattan Sénégal

10 VDN, Sicap Amitié 3, Lotissement Cité Police, DAKAR

http://www.harmattansenegal.com
senharmattan@gmail.com
senlibrairie@gmail.com

ISBN : 978-2-343-20512-0
EAN : 9782343205120

DEDICACES

Je dédie cet ouvrage :

- à mon défunt père ;
- à ma très chère mère ;
- à mes frères et sœurs ;
- à mon épouse et à mes enfants ;
- à tous mes amis et valeureux collègues de l'Administration des Douanes ;
- à mes camarades de promotion de l'UCAD (2002) et de l'Ecole Nationale d'Administration (2005) ;
- aux membres de l'AJECCAM, aux scouts et guides et aux choristes ;
- à mes camarades de la 32ème promotion de l'EAO ;
- à tous ceux et celles qui ont contribué à mon éducation et à ma formation.

Cet ouvrage est aussi dédié à mes références, à de valeureux panafricanistes et défenseurs des libertés publiques : Cheikh Anta DIOP, Nelson Mandela, Thomas SANKARA, Léopold Sédar SENGHOR, Hyacinthe THIANDOUM, Abdoulaye WADE, Kéba MBAYE, Ousmane SONKO.

REMERCIEMENTS

Je remercie toutes les personnes qui ont contribué à la réalisation de cet ouvrage et j'exprime ma reconnaissance à :

- Monsieur Alioune SALL, Professeur titulaire, agrégé de droit public, pour la disponibilité, les conseils et l'accompagnement durant toutes ces années ;
- Madame Amina DIENE, secrétaire à la F.S.J.P. pour sa disponibilité ;
- Madame Aminata FALL, pour sa disponibilité et pour son soutien moral ;
- Monsieur Cheikh DIOUF, en service à l'Ecole doctorale, pour son précieux soutien et l'accompagnement dans les démarches administratives ;
- Monsieur Ndiaga SOUMARE, docteur d'Etat en droit privé, inspecteur principal des douanes pour les conseils et la relecture ;
- Monsieur Ndiouma TINE, commissaire aux enquêtes économiques à l'ENA pour la recherche documentaire, les précieux conseils et la relecture ;
- Monsieur Samba NDIAYE, pour la relecture et le soutien moral ;
- Monsieur Meissa MBAYE, pour son accompagnement et ses conseils ;
- Madame Fary SENE FALL, inspecteur principal des douanes, pour sa contribution à la recherche documentaire et les encouragements ;
- Madame Marie Thérèse DIOP DIOUF, en activité à Marseille, pour sa généreuse contribution à l'achat d'un ouvrage précieux ;
- Ibrahima SECK, en service au Secrétariat de l'OMD à Bruxelles pour la précieuse aide dans la recherche documentaire ;
- tous les membres du jury : le Pr Demba SY, le Pr Babacar GUEYE, le Pr Moussa ZAKI, le Pr Abdou Aziz Daba KEBE et le Dr Mbaye NDIAYE ;
- tous les douaniers à la retraite, collègues, amis, voisins, parents qui ont assisté à ma soutenance de thèse ;
- Monseigneur Benjamin NDIAYE, Monseigneur André GUEYE, Monsieur Henri Grégoire DIOP, Me Alioune Badara CISSE, Monsieur le Ministre Augustin TINE, Monsieur Yoro DIA, pour leurs prières et soutiens ;

- Monsieur Oumar DIALLO, ancien Directeur général des Douanes pour la sagesse et les précieux conseils ;
- mon « ndiatigui » le Directeur général des Douanes Abdourahmane DIEYE pour le soutien moral constant et la subvention de l'ouvrage ;
- tous les membres de la Coordination de la Direction générale des Douanes ;
- tous les agents des douanes qui m'ont toujours exprimé leur confiance et leur sympathie ;
- mes amis commissionnaires en douane agréés, transitaires et opérateurs économiques.

Je remercie également du fond du cœur, mes parents, mon épouse, mes frères et sœurs, mes cousins, mes amis et les collègues qui m'ont soutenu et encouragé durant toutes ces années.

Préface

Dans une contribution aux Mélanges offerts à Henri Rolin (Pédone 1964) devenue un classique de la doctrine du droit international public, Michel VIRALLY se désolait de la persistance, injustifiée à ses yeux, de certains débats touchant les rapports entre l'ordre international et l'ordre juridique national, discussions tout entières symbolisées par l'affrontement du « monisme » et du « dualisme ». Plus d'un demi-siècle plus tard, et au risque de commettre un crime posthume de lèse-majesté, force est de reconnaître que ce débat-là s'impose encore à la réflexion. La raison en est simple : des données, inexistantes au moment où écrivait le doctrinaire, ont fait leur apparition et renouvelé la problématique. Au titre de celles-ci, la multiplication d'« ordres juridiques partiels » ne relevant pas tout à fait du droit international « classique », la promotion qualitative de normes dotées d'une force obligatoire spéciale, ou encore la fréquence d'engagements souscrits par les Etats pour insérer des normes internationales dans leur propre système juridique, de telles obligations étant souvent assorties de mécanismes de contrôle inédits.

L'intérêt de la thèse de doctorat de M. Pape Djigdjam DIOP prend place dans un tel contexte scientifique. La pertinence de son sujet n'est donc pas à démontrer puisqu'il porte sur les conditions dans lesquelles des règles internationales sont appelées à prendre place dans des ordres juridiques nationaux. A cette considération générale, s'ajoute une donnée particulière, qui est la matière même sur laquelle M. DIOP lui-même, haut gradé de l'Administration douanière, a travaillée : les normes douanières issues de la Convention de Kyoto et du Cadre SAFE de l'Organisation mondiale des douanes (OMD). Le droit douanier n'est pas très bien connu dans les enseignements académiques, le lecteur est forcément curieux d'en connaître les ressorts ou l'éventuelle spécificité.

La démarche choisie est relativement simple et claire. L'auteur entreprend de montrer dans un premier temps les visées de la réglementation internationale étudiée et, dans un second temps, porte une appréciation critique non seulement sur la méthode qui a été celle des concepteurs des normes internationales, mais sur les résultats auxquels sont parvenus les Etats ciblés dans l'étude : le Bénin, la Côte d'ivoire et le Sénégal. Au moins le travail produit comporte, ce faisant, deux qualités : il intègre une dimension critique et il s'enracine dans le réel. La volonté de juger de l'efficacité des règles internationales semble même être une préoccupation constante de l'auteur – déformation professionnelle, dira-t-on -, au point que cette volonté de détachement pourrait par moments l'éloigner de son sujet proprement dit. Mais la rédaction d'une thèse de doctorat consiste aussi à faire des choix et il importe de respecter de telles options dès lors qu'elles ne sont pas rédhibitoires, dès lors qu'elles ne s'écartent pas outre mesure des usages canoniques.

Sur le fond, l'aridité apparente du sujet aurait pu faire craindre que M. DIOP ne livrât un travail techniquement intéressant mais quelque peu rébarbatif au regard des juristes professionnels. Ce risque a été écarté et deux données en attestent. L'une est la prise en compte, parfaitement légitime et même indispensable, du contexte dans lequel les règles analysées ont vocation à s'insérer. Tout un chapitre est consacré à ce point. L'insertion des normes douanières internationales ne s'accomplit pas, en effet, « sous vide », elle doit s'ajuster à un cadre qui n'est pas seulement juridique mais sociologique. Sans l'intégration de cette donnée-là, « l'harmonisation par le haut » qui est souhaitée est condamnée à rester lettre morte.

Le lecteur appréciera également les développements que l'auteur consacre à l'exigence qualitative des normes douanières, qui est une visée essentielle dans les conventions internationales examinées. Il s'agit là, au reste, d'une problématique qui dépasse le droit douanier puisqu'elle touche des secteurs aussi différents que le droit constitutionnel, le droit administratif, la protection internationale des droits de l'homme. Conscient de l'enjeu du débat sur la qualité des normes, l'auteur y consacre, là également, tout un chapitre. Il est encore significatif que dans ce cadre précis, M. DIOP ait choisi de ne pas s'en tenir aux seuls aspects théoriques du sujet, mais ait traité celui-ci sous l'angle également pratique.

L'Alma Mater a une tradition d'hospitalité qu'il convient de garder quoiqu'il advienne. Il est heureux qu'elle accueille des « professionnels » qui désirent compléter leur expérience pratique par cette entreprise théorique qu'est la rédaction d'un mémoire ou d'une thèse. Ce n'est pas seulement d'hospitalité qu'il s'agit, au reste. Il est aussi de l'intérêt bien compris de l'Université de ne pas vivre en vase clos et d'accepter de confronter les enseignements qu'on y dispense avec la réalité. Cette ouverture est nécessairement bénéfique parce que théorie et pratique ne se poseraient alors point en termes antagoniques ou rivaux, mais se compléteraient. La science juridique en particulier, plus que toute autre, a besoin de connaître le destin que la vie lui réserve parce que les règles qui sont les siennes ont vocation à être appliquées. La thèse de M. Pape Djigdjam DIOP participe de ce balancement entre la théorie et la pratique, entre l'idéal et le réel. Son utilité est donc incontestable.

Alioune SALL
Professeur à l'Université Cheikh Anta Diop
Ancien juge à la Cour de justice de la CEDEAO

PRINCIPAUX SIGLES ET ABREVIATIONS

ACDI : Agence canadienne pour le développement international

ADPIC : Accord sur les droits de propriété intellectuelle qui touchent au commerce

AFE : Accord sur la Facilitation des Echanges

AFRITAC : Centres régionaux d'assistance technique du FMI

AGCS : Accord général sur le Commerce des services

AGOA : African Growth and Opportunity Act/ Loi sur la croissance et les opportunités économiques en Afrique

APE : Accords de partenariat économique

APIX : Agence pour la promotion de l'investissement et des grands travaux

ASEAN : Association des nations de l'Asie du Sud-Est

ASEPEX : Agence sénégalaise pour la promotion des exportations

BAD : Banque Africaine de Développement

BCEAO : Banque centrale des Etats de l'Afrique de l'Ouest

BIT : Bureau international du Travail

BM : Banque mondiale

BREP : Bureau des Régimes économiques et particuliers

BRLR-AO : Bureau régional de liaison et du renseignement pour l'Afrique de l'Ouest

BRRC-AOC : Bureau régional de renforcement des capacités de l'Afrique de l'Ouest et du Centre

CCD : Conseil de Coopération douanière

CD : Code des douanes

CCIB : Chambre de Commerce et d'Industrie du Bénin

CEDEAO : Communauté Economique des Etats de l'Afrique de l'Ouest

CEMAC : Communauté économique et monétaire de l'Afrique centrale

CITES : Convention sur le commerce international des espèces de faune et de flore sauvage menacées d'extinction

CJCE : Cour de Justice des Communautés européennes

CKR :	Convention de Kyoto révisée
CNUCED :	Conférence des Nations Unies pour le commerce et le développement
CNUDCI :	Commission des Nations Unies pour le Développement du commerce international
Code ISPS :	Code international pour la sûreté des navires et des installations portuaires
COSEC :	Conseil sénégalais des Chargeurs
COTECNA :	Conseil technique appliqué / Société d'inspection et de vérification des importations
C-TPAT :	Partenariat douane-entreprises contre le terrorisme
CTO :	Criminalité transnationale organisée
DGD :	Direction générale des douanes
DGDDI :	Direction générale des douanes et des droits indirects
DRCI :	Direction de la réglementation et de la Coopération internationale
DRED :	Direction du renseignement et des enquêtes douanières
DSID :	Direction des systèmes informatiques douaniers
EDI :	Echanges de données informatisées
FMI :	Fonds monétaire international
GATT :	Accord général sur les tarifs douaniers et le commerce
GCLI :	Gestion de la Chaîne Logistique Internationale
GTS :	Groupe de travail SAFE
GUCE :	Guichet unique du Commerce extérieur
ICF :	Fonds pour le Climat d'Investissement en Afrique
IPM :	Interface-Public membres
IRACM :	Institut international de Recherches anti-contrefaçon de médicaments
ISO :	Organisation internationale de normalisation
MEFP :	Ministère de l'Economie, des Finances et du Plan
NTIC :	Nouvelles Technologies de l'Information et de la Communication
OACI :	Organisation de l'Aviation civile internationale
OCDE :	Organisation de coopération et de développement économiques
OCOD :	Observatoire de la célérité des opérations de dédouanement

OEA : Opérateur Economique Agréé
OIT : Organisation internationale du Travail
OMC : Organisation mondiale du commerce
OMD : Organisation mondiale des douanes
OMI : Organisation maritime internationale
OMPI : Organisation mondiale de la Propriété intellectuelle
OMS : Organisation mondiale de la Santé
ORD : Organe de Règlement des Différends
PCJ : Poste de contrôle juxtaposé
PFAS : Pays francophones d'Afrique subsaharienne
PMA : Pays les moins avancés
PME : Petites et Moyennes entreprises
PNUD : Programme des Nations Unies pour le Développement
Programme PICARD : Partenariat universitaire en recherche et développement en questions douanières
PPP : Programme de Partenaires privilégiés
PVI : Programme de Vérification des Importations
RPCV : Renseignements préalables concernant les voyageurs
RTC : Renseignement tarifaire contraignant
SAFE : Security and Facilitation exchanges / Sécurisation et Facilitation des échanges
SIAR : Système Informatisé d'Analyse du Risque
SH : Système harmonisé de désignation et de codification des marchandises
SYDAM : Système de dédouanement automatisé des marchandises
TEC : Tarif extérieur commun
TIC : Technologie de l'Information et de la communication
UBA: United Bank of Africa
UE: Union européenne
UEMOA : Union économique et monétaire ouest africaine
UPU: Union postale universelle
ZLEC : Zone de Libre Echange continentale

SOMMAIRE

INTRODUCTION GENERALE

Le droit international est le droit applicable à la société internationale. Ceci implique l'existence d'une société internationale distincte de la société nationale ou société interne ou encore étatique. Elle confirme aussi le lien sociologique, donc nécessaire entre droit et société[1].

La distinction entre droit international public et droit international privé a pris naissance au 19ème siècle ; elle repose sur une différence d'objet et d'acteurs. Le droit international public règle les rapports entre Etats, le droit international privé règle les rapports entre personnes privées, physiques ou morales. Certains auteurs ont émis des objections et critiques[2] par rapport à cette distinction qui est tout de même retenue par la science du droit.

Le droit international n'est pas homogène ; en effet, « il est marqué par son unité et par sa diversité ; il est une juxtaposition de règles générales et de règles particulières dont la combinaison est parfois malaisée[3] ».

L'article 53 de la Convention de Vienne sur le droit des traités reconnaît l'existence des normes impératives du droit international général comme normes acceptées par la communauté internationale des Etats dans son ensemble[4]. Le droit international positif reconnaît aussi l'existence de règles particulières propres à certains Etats ou à certains groupes d'Etats.

Les relations entre les différents Etats entraînent inévitablement des solidarités particulières qui les conduisent à adopter des règles particulières au plan bilatéral ou régional. Ces coopérations entre Etats peuvent se traduire par la création d'organisations internationales[5].

Avec l'évolution de la société internationale, l'on a assisté à la transformation du droit international marquée par une « expansion normative[6] » ; en effet, l'intensification des relations internationales, la

---

[1] DAILLIER Patrick, FORTEAU Mathias et PELLET Alain, *Droit international public*, L.G.D.J., Paris, 8ème édition, 2009, p. 43.

[2] Idem, p.45. Georges Scelle a combattu cette thèse en estimant que cette distinction est artificielle, que la société internationale est une et le droit international est un. Cette distinction pour lui ne peut exister qu'à l'intérieur d'un droit international unitaire.

[3] Ibid., p.49.

[4] Ibid., p.50.

[5] Ibid., p.50.

[6] Ibid., p.83.

prise de conscience des interdépendances ont favorisé le progrès quantitatif des organisations internationales. Les deux phénomènes sont liés car le fonctionnement de ces organisations a donné naissance à un mouvement conventionnel important et à une branche supplémentaire du droit international[7].

L'étude de ce sujet exige une démarche d'ensemble, c'est pourquoi nous verrons dans cette partie les définitions (I), le contexte (II), les intérêts de la recherche (III), la méthodologie utilisée (IV), la problématique (V) et le plan (VI).

I/ Définitions

Le Conseil de Coopération douanière (CCD) actuel OMD a été créé pour garantir la mise en œuvre effective de deux conventions douanières internationales : la convention sur la nomenclature pour la classification des marchandises dans les tarifs douaniers[8] et la convention sur la valeur en douane des marchandises[9]. Toutes les deux conventions ont été

---

[7] DAILLIER Patrick, FORTEAU Mathias et PELLET Alain, op.cit., pp. 83-84. Ces auteurs estiment que les normes internationales ont été longtemps soumises aux rythmes propres du processus coutumier et de la convention bilatérale. Leur enrichissement s'accélère et se rationalise avec la procédure de codification et la généralisation de la convention multilatérale aux différentes branches du droit international. Par ailleurs, l'entrée sur la scène internationale de plus d'une centaine d'Etats nouveaux donne une seconde impulsion à ces tendances, à la fois dans un sens révisionniste et dans le sens d'une extension à tous les aspects de la vie sociale.

[8] Le Système harmonisé (SH) est l'un des instruments élaborés par l'Organisation mondiale des douanes ayant rencontré le plus de succès. Sa Convention compte 156 Parties contractantes et le SH est utilisé par plus de 200 pays, territoires et unions économiques ou douanières. Il constitue la base des tarifs douaniers et des nomenclatures statistiques dans le monde entier et il est utilisé pour près de 98 % des échanges commerciaux internationaux. L'année 2018 marque le 30ème anniversaire du SH qui est entré en vigueur le 1er janvier 1988.

En tant que norme internationale appliquée dans le monde entier, le SH joue un rôle clé dans la facilitation du commerce mondial.

Voir le lien http://www.wcoomd.org/fr/media/newsroom/2018/january/celebrating-the-30th-anniversary-of-the-harmonized-system.aspx consulté le 09 janvier 2018.

[9] Voir le lien : treaties.fco.gov.uk/docs/fullnames/pdf/1954/TS0049 (1954) CMD-9233... · PDF file consulté le 09 janvier 2018.

Le préambule de la convention fait nettement apparaitre la volonté des parties à l'époque. « Les Gouvernements signataires de la présente Convention,

- désirent faciliter le commerce international,
- désirent simplifier les négociations internationales relatives aux tarifs douaniers et la comparaison des statistiques du commerce extérieur dans la mesure où cette comparaison est plus exacte lorsqu'elle repose sur une évaluation uniforme des marchandises.

signées le 15 décembre 1950, en même temps que la convention créant le CCD[10].

Le CCD est né dans un contexte particulier et ses origines sont européennes ; en effet, il est le rejeton direct d'une des premières tentatives d'intégration économique européenne de l'après-guerre, le « groupe d'études pour l'union douanière européenne » (1947-1950)[11].

Selon l'article III de la convention de Bruxelles du 15 décembre 1950, portant création du CCD, la tâche de cette Organisation consiste :

- à favoriser la coopération douanière entre les Etats membres et l'harmonisation sinon même, éventuellement, l'uniformisation des régimes douaniers ;

- à assurer l'interprétation et l'application uniforme des conventions douanières ;

- à jouer un rôle de conciliation pour le règlement des différends nés à l'occasion de la mise en œuvre de ces conventions[12].

Le Pr DAILLIER[13] souligne que l'évolution de cette Organisation est quantitative car les Etats membres et les autres organisations ont pris l'habitude de se tourner vers elle pour l'étude de questions de technique douanières diverses[14].

- sont convaincus qu'une définition aussi uniforme que possible de la valeur en douane constituera une étape importante pour atteindre ces buts,
- considèrent les travaux déjà accomplis dans ce domaine, à Bruxelles, par le Groupe d'études pour l'Union Douanière Européenne, et,
- estiment que le meilleur moyen d'obtenir des résultats à cet égard est de conclure une Convention internationale ».

[10] DAILLIER Patrick, « Le Conseil de Coopération douanière », *Annuaire français de droit international*, volume 22, 1976, p. 475.

[11] Idem, p.474.

[12] Ibid., p.475.

[13] Patrick DAILLIER est Maître de conférences agrégé de Droit public à l'Université de Bretagne Occidentale (Brest). Il est professeur à l'Université Paris Ouest, Nanterre - La défense. Il est aussi ancien Directeur du Centre de Droit international de Nanterre (CEDIN).

[14] DAILLIER Patrick, op. cit., p. 477. Selon le Professeur, « l'Organisation a été confrontée à un éventail très large de sujets : simplification et harmonisation des régimes douaniers (entrepôt de douane, trafic de perfectionnement passif, exportation temporaire, transit douanier, mise à la consommation, etc.) ; facilités ou faveurs à accorder lors du dédouanement de certaines marchandises (celles destinées aux expositions et foires internationales, celles destinées au bien-être des gens de mer, à la pédagogie ou aux recherches scientifiques, celles ne faisant pas l'objet d'un véritable commerce : cadeaux, déménagements, secours à l'occasion de catastrophes, etc.) ;

Il note aussi une évolution qualitative puisque le nombre croissant d'Etats du tiers-monde oblige au sein du CCD à certaines réorientations, pour tenir compte de leurs spécificités en matière douanière[15].

L'Organisation mondiale des douanes (OMD) est une organisation intergouvernementale[16], qui a son siège à Bruxelles en Belgique. Ses Membres étant répartis dans le monde entier, l'OMD est considérée comme le porte-parole de la communauté douanière internationale. Elle est réputée pour élaborer des conventions internationales, instruments et outils, notamment sur plusieurs sujets: classement des marchandises, évaluation en douane, règles d'origine, perception des recettes douanières, sécurité de la chaîne logistique, facilitation des échanges internationaux, lutte contre la fraude, lutte contre la contrefaçon en veillant au respect des droits de propriété intellectuelle (DPI), promotion de l'éthique et renforcement durable des capacités pour l'application de réformes et de modernisation douanières[17].

L'OMD gère en outre la nomenclature internationale des marchandises appelée Système harmonisé [18] (SH) et les aspects techniques des Accords de l'Organisation mondiale du commerce (OMC) sur l'évaluation en douane et les règles d'origine.

Elle bénéficie d'une reconnaissance internationale en tant que centre mondial des compétences douanières[19]. Elle joue un rôle clé dans les débats d'aujourd'hui, pour le développement, la promotion et la mise en œuvre des procédures et des systèmes douaniers modernes. Elle est à

---

modalités particulières de franchissement des frontières (voies maritimes et aériennes); et même le droit de recours, administratif ou juridictionnel, des usagers de la douane ».

[15] Idem., p. 477.

[16] VIRALLY Michel, in Georges Abi-Saab, *Le concept d'organisation internationale*, UNESCO, Paris, 1980, p.52. Selon ce dernier, une organisation intergouvernementale peut être définie comme une association d'Etats, établie par accord entre ses membres et dotée d'un appareil permanent d'organes, chargé de poursuivre la réalisation d'objectifs d'intérêts communs par une coopération entre eux.

[17] Voir fr.m.wikipedia.org consulté le 02 mai 2015.

[18] Voir le lien http://www.wcoomd.org/fr/media/newsroom/2018/january/ celebrating-the-30th-anniversary-of-the-harmonized-system.aspx consulté le 09 janvier 2018.

[19] DAILLIER Patrick, op. cit., p.475. L'auteur estime que le CCD est une organisation efficace. L'efficacité technique d'une organisation internationale suppose le plus souvent un mandat étroit, un ferme appui des responsables nationaux intéressés par les résultats de la concertation interétatique, la richesse et la souplesse dans les « directives » émanant de l'Organisation. Au cours de ses vingt-cinq premières années d'existence, le CCD a su respecter ces trois conditions. Il n'est dès lors pas étonnant qu'elle ait pu élargir progressivement le champ de ses ambitions et faire reconnaître son autonomie.

l'écoute des besoins de ses Membres et de son environnement stratégique. Ses instruments ainsi que les meilleures pratiques qu'elle a adoptés sont considérés comme fondamentaux pour une bonne gestion des administrations douanières dans le monde entier. L'OMD a pour mission principale d'améliorer l'efficacité des administrations membres et donc de les aider à réaliser leurs objectifs nationaux dans les meilleures conditions, à savoir : la perception des droits, la sécurité nationale, la facilitation des échanges, la protection de la société et le recueil de statistiques commerciales.

Pour réaliser ces objectifs, l'OMD a adopté un certain nombre d'instruments juridiques qui seront étudiés.

Nous avons d'abord la Convention internationale pour la simplification et l'harmonisation des régimes douaniers (Convention de Kyoto révisée) qui a été adoptée en 1974, puis révisée en 1999[20]. La

---

[20] Voir le document Annexe III au Doc. PO0045F1 de l'OMD édité en 2007 p.1 (suivre le lien ckr_avantages_fr .pdf consulté le 03 mai 2015). Voir aussi la loi n° 2006-09 du 6 janvier 2006 autorisant le Président de la République du Sénégal à ratifier la Convention internationale pour la simplification et l'harmonisation des régimes douaniers amendée dite « Convention de Kyoto révisée », signée à Bruxelles le 26 juin 1999 (http://www.jo.gouv.sn/spip.php?page=imprimer&id_article=4655 consulté le 27/02/2018).
La Convention de Kyoto révisée (CKR) a pour appellation officielle la « Convention internationale pour la simplification et l'harmonisation des régimes douaniers (amendée) ». La Convention de Kyoto d'origine a été adoptée le 18 mai 1973 par le Conseil de Coopération douanière, lors des sessions du Conseil de l'OMD qui se sont déroulées à Kyoto (Japon), et elle est entrée en vigueur en 1974.
Elle a été adoptée dans le but de favoriser le développement du commerce international par une harmonisation des régimes douaniers utilisés par les divers acteurs. Quelques années après son entrée en vigueur, l'évolution rapide des échanges conjuguée avec la mondialisation (signature de l'Accord du GATT, création de l'OMC) et l'intrusion des nouvelles technologies de l'information ont imposé de nouvelles modifications des procédures et pratiques.
Du fait que la Convention était considérée comme n'évoluant pas en fonction des besoins des milieux commerciaux et industriels, il fallait, étant donné qu'elle était le seul instrument prévoyant des régimes douaniers harmonisés, procéder à sa révision afin d'en faire un outil efficace de simplification et d'harmonisation de l'ensemble des régimes douaniers. C'est ainsi que les Directeurs généraux des douanes membres de l'Organisation mondiale des douanes ont adopté le 26 juin 1999 la Convention internationale pour la simplification et l'harmonisation des régimes douaniers amendée dite « Convention de Kyoto révisée », à l'occasion de la session annuelle de l'Organisation mondiale des douanes (OMD) en juin 1999.
Le Protocole d'amendement à la Convention de 1973 a été adopté lors des Sessions de 1999 du Conseil de l'OMD, et il est entré en vigueur le 03 février 2006.

Convention de Kyoto révisée est entrée en vigueur le 03 février 2006 et repose sur plusieurs principes clés : transparence et prévisibilité des contrôles douaniers ; normalisation et simplification des déclarations de marchandises et des pièces justificatives correspondantes ; procédures simplifiées pour les personnes autorisées ; utilisation maximale des technologies de l'information ; contrôles douaniers minimum nécessaires pour assurer la conformité aux règlements ; application de contrôles basés sur la gestion des risques et les audits ; coordination des interventions avec d'autres services de contrôle aux frontières ; partenariat avec les entreprises. La Convention de Kyoto révisée encourage la facilitation des échanges et la mise en place de contrôles efficaces, au travers de ses dispositions juridiques qui expliquent en détail comment appliquer des procédures simples mais efficaces. La Convention révisée comprend également de nouvelles règles de mise en œuvre obligatoires. Elle compte à ce jour 115 parties contractantes[21].

Dans le préambule de la CKR, les Parties contractantes partent des efforts à faire afin d' « éliminer les disparités entre les régimes douaniers et les pratiques douanières des Parties contractantes, qui peuvent entraver le commerce international et les autres échanges internationaux… ; les Parties sont désireuses d' « apporter une contribution efficace au développement du commerce et de ces échanges en simplifiant et en harmonisant les régimes douaniers et les pratiques douanières et en favorisant la coopération internationale… ».

La CKR prévoit les obligations des Etats membres[22] ; en effet, « chaque partie contractante s'engage à promouvoir la simplification et l'harmonisation des régimes douaniers et, à cette fin, à se conformer, dans les conditions prévues par la présente Convention, aux normes, normes transitoires et pratiques recommandées faisant l'objet des Annexes à la présente Convention ».

La CKR est structurée comme suit : elle comprend un Corps, une Annexe générale[23] et des Annexes spécifiques[24]. L'Annexe générale et

---

[21]Voir la liste des parties contractantes à la CKR sur le site de l'OMD. Suivre le lien http://www.wcoomd.org/fr/topics/facilitation/instrument-and-tools/conventions/pf_revised_kyoto_conv.aspx consulté le 27/02/2018.

[22] Article 3 de la CKR.

[23] Article 1 de la CKR ; il s'agit de l'ensemble des dispositions applicables à tous les régimes douaniers et pratiques douanières visés par la Convention.

[24] Article 1 de la CKR : c'est un ensemble de dispositions applicables à un ou plusieurs régimes douaniers et pratiques douanières visés par la Convention.

chaque Annexe spécifique se composent de chapitres et les chapitres reprennent des définitions et des normes dont certaines sont transitoires.

Les principaux amendements apportés au Corps sont les suivants :

- la création d'un Comité de gestion[25] responsable des amendements à apporter aux Annexes et de la tenue à jour des directives ;

- la modification des compétences des Unions douanières (exercice du droit de vote) ;

- l'acceptation obligatoire de l'Annexe générale pour tous les pays membres ;

- la modification de la procédure d'amendement de la Convention.

Nous avons ensuite le Cadre de normes SAFE, visant à sécuriser et à faciliter le commerce mondial, qui a été adopté par une Résolution en juin 2005[26] ; il a été précédé par une Résolution de juin 2002 de l'OMD qui a été adoptée en réponse aux menaces terroristes[27]. Le Cadre de normes SAFE est un instrument non obligatoire qui contient des normes sur la sécurité de la chaîne logistique et sur la facilitation des échanges, applicables au commerce international de marchandises. Le Cadre SAFE permet une gestion intégrée de la chaîne logistique pour tous les modes de transport, renforce les liens entre les administrations douanières afin d'améliorer leur capacité à déceler les envois à haut risque, favorise la coopération entre les douanes et les entreprises grâce au concept

---

[25]Article 6 de la CKR : le Comité de gestion est chargé d'examiner la mise en application de la présente convention et d'étudier toute mesure destinée à assurer une interprétation et une application uniformes ainsi que tout amendement proposé. Ce Comité comprend en son sein les membres qui sont les Parties contractantes.

[26] Voir le site de l'OMD www.wcoomdr.org consulté le 05 mai 2015.

[27] Voir http://www.wcoomd.org/fr/about-us/legal-instruments/resolutions.aspx consulté le 05 mai 2015. Dans le préambule, les Parties membres de l'OMD prennent acte :

1. des préoccupations croissantes suscitées à l'échelon mondial par les actes de terrorisme international et la criminalité organisée, y compris le blanchiment d'argent ;
2. de l'importance et de la vulnérabilité des échanges commerciaux internationaux ;
3. de la nécessité d'assurer la sécurité et la protection de la chaîne logistique internationale et d'éviter qu'elle soit utilisée pour commettre des actes de terrorisme ou d'autres activités criminelles, tout en assurant une amélioration constante de la facilitation du commerce sans entraîner des frais supplémentaires inutiles ;
4. du rôle crucial joué par les administrations des douanes en raison de leurs compétences particulières dans la protection de la société, la lutte contre la fraude commerciale et la facilitation des échanges régionaux et internationaux et dans le contrôle des mouvements de marchandises et des moyens de transport aux frontières.

d'Opérateur Economique Agréé (OEA) et encourage la circulation ininterrompue des marchandises le long de chaînes logistiques internationales sécurisées. Il comprend trois piliers ; le pilier douane - douane ; le pilier douane - entreprise et le pilier douane - autres organes gouvernementaux et intergouvernementaux.

Nous avons ainsi la CKR et le Cadre de normes SAFE qui sont véritablement deux instruments juridiques actuels et importants de l'OMD. Ainsi, ils comportent différentes règles qui traitent généralement de la sécurisation et de la facilitation du commerce par le biais des NTIC, par la coopération entre administrations douanières et par la collaboration entre les administrations douanières et les acteurs du commerce international.

Ces deux instruments exercent une influence sur le droit douanier car étant à l'origine des changements apportés au niveau des législations nationales des pays membres de l'OMD.

Le Sénégal a ratifié la CKR le 06 janvier 2006[28] et l'a notifié à l'OMD le 21 mars 2006. La Côte d'Ivoire a adhéré quant à elle le 27 juin 2013[29] et le Bénin a adhéré à cette convention le 05 janvier 2017[30].

Les trois pays ont signé sans réserves après avoir déposé leurs instruments de ratification au niveau du Secrétariat général de l'OMD et ils ont tous accepté les vingt-cinq (25) chapitres repris dans les Annexes spécifiques[31].

Concernant le Cadre de normes SAFE, les trois pays ont tous signé la lettre d'intention en juin 2006[32] et s'engageaient ainsi à le mettre en œuvre.

Le droit douanier est très complexe ; c'est un « droit douanier à la recherche du temps présent [33]».

---

[28] Voir la loi n° 2006-09 du 6 janvier 2006 autorisant le Président de la République à ratifier la Convention internationale pour la simplification et l'harmonisation des régimes douaniers amendée dite « Convention de Kyoto révisée », signée à Bruxelles le 26 juin 1999, JORS, www.gouv.sn. Voir aussi la notification PG0121B1 du 25 avril 2006 sur le site de l'OMD, www.wcomd.org.

[29] Voir la notification PG0222B1 de l'OMD sur le site de l'OMD, www.wcomd.org.

[30] Voir la notification PG0262B1 sur le site de l'OMD, www.wcomd.org.

[31] Voir le Document PG0277F1a du 11 août 2017 du Secrétariat général de l'OMD reprenant la liste des ratifications et adhésions à la date du 19 septembre 2018 sur le site de l'OMD, www.wcomd.org.

[32] Voir la liste des pays ayant signé la lettre d'intention du Cadre SAFE de l'OMD sur le site www.wcoomd.org.

[33] BERR J. Claude, *Journal des échanges internationaux*, n° 127, novembre 2009, p.57.

Il fait partie intégrante de la vie des entreprises et du commerce international. Il accompagne le développement des échanges internes puis externes des marchandises[34].

Le droit douanier est un concept peu utilisé dans les espaces UEMOA et CEDEAO[35]. La doctrine a tenté de définir ce droit.

En France, ce droit n'est pas étranger à certaines conceptions doctrinales qui marquent les questions fiscales ou à certaines controverses relatives à la politique économique[36].

Déjà au 19ème siècle, M. Magnier-GRANDPREZ estimait que « le droit douanier est une matière à mi-chemin entre le droit public et le droit privé »[37]. Il s'agissait d'une définition très générale.

Toujours au 19ème siècle, DUJARDIN donnait une définition plus acceptable. Il considérait le droit douanier comme « l'ensemble des règles du Code des douanes encadrant l'entrée et la sortie des marchandises, leur transport dans les quatre lieux frontières de terre ou à l'approche des côtes maritimes, ainsi que les formalités administratives dont le but est de s'assurer du maintien des prohibitions et de garantir le Trésor dans la perception des droits »[38].

Selon J. NASSET, « le droit douanier est un ensemble de règles juridiques concernant la taxation des produits importés ou exportés, le contrôle des prohibitions et des restrictions, ainsi que la répression des infractions commises lors des mouvements internationaux de marchandises »[39].

---

[34] ALBERT Jean Luc, *Douane et droit douanier*, Paris, P.U.F., 2013, p.7.

[35] AGUEMON Wehelmine Adjimon, *Le droit douanier et l'harmonisation de la fiscalité de porte dans l'UEMOA et la CEDEAO : le cas du Bénin et de la Côte d'Ivoire*, thèse de doctorat, Université d'Abomey-Calavi, 2018, p.29.

[36] ALBERT Jean Luc, Idem, p.7.

[37] GRANDPREZ Magnier, *Dictionnaire de la législation des droits de douanes*, Paris, Bailleul, 1807, p. XIII.

[38] DUJARDIN M.-SAILLY, *Tarif chronologique des douanes de l'Empire français*, Paris, Edition chez l'auteur, 1813, p.1.

[39] NASSET J., *Dictionnaire encyclopédique de finances publiques*, Paris, Economica, 1991, p. 671.

C'est un droit difficile à définir. Pour certains auteurs comme Jean Claude BERR[40] et Henri TREMEAU[41], ce droit douanier est marqué par « une certaine identité en France[42] ». Selon ces spécialistes, « les difficultés commencent dès qu'il s'agit de définir le droit douanier[43] ». Pour eux, « l'essentiel du droit douanier a trait au traitement tarifaire des marchandises qui franchissent les frontières[44] ».

Le droit douanier est difficile à définir par rapport à la matière fiscale ; mais des tentatives de définitions ont été faites. Selon les spécialistes comme BERR et TREMEAU, « c'est un ensemble de techniques juridiques particulièrement efficaces, voisines de celles du droit commun fiscal, mais adaptées à la nature propre des mécanismes douaniers[45] ». Selon eux, ce droit a aujourd'hui une fonction ambivalente[46]. Pour ces derniers, le droit douanier est caractérisé par son unité, sa diversité, son particularisme et sa rigueur[47].

Le Dictionnaire encyclopédique de finances publiques le définit comme étant « un ensemble de règles juridiques concernant la taxation des produits importés ou exportés, le contrôle des prohibitions ou restrictions ainsi que la répression des infractions commises lors des mouvements internationaux de marchandises[48] ».

Ce droit n'a pas fait l'objet d'une définition dans le Code des douanes français ; celui-ci ne fait que reprendre un énoncé de principes et de généralités comme le territoire douanier, les lois et règlements douaniers, les importations, les exportations, les marchandises, etc.

---

[40] Le Professeur Claude J. BERR est agrégé des facultés de droit, professeur émérite de l'Université Pierre Mendès de France. Il est coauteur du Traité de droit douanier et de plusieurs autres ouvrages portant sur la matière douanière. Le Pr BERR a dirigé 16 thèses, a été rapporteur pour une thèse et a été membre de jury pour une thèse (voir le lien www.theses.fr).

[41] Henri TREMEAU est docteur ès sciences économiques ; il a été ancien Directeur régional des douanes en France. Il a été coauteur avec le Pr Claude BERR de plusieurs ouvrages portant sur le droit douanier en France.

[42] ALBERT Jean Luc, op.cit., p.10.

[43] ALBERT Jean Luc, Idem, p.10.

[44] BERR J. Claude et TREMEAU Henri, *Le droit douanier national et communautaire*, Paris, Economica, 2006, 7ème Edition, p.71.

[45] BERR J.Claude et TREMEAU Henri, *Introduction au droit douanier*, Paris, Economica, 2008, pp.25-29.

[46] ALBERT Jean Luc, op.cit., p.10.

[47] BERR J. Claude et TREMEAU Henri, op.cit., p.72 et s.

[48] ALBERT Jean Luc, Ibid., p.11.

L'article 2 bis du Code des douanes français précise que « le présent Code ne s'applique pas à l'entrée sur le territoire douanier de marchandises communautaires et à la sortie du territoire douanier de marchandises communautaires à destination des autres Etats membres de la Communauté européenne ».

En l'absence d'une définition légale, la doctrine a essayé de trouver des critères permettant de définir le droit douanier. Pour Jean Luc ALBERT, « le droit douanier est en fin de compte un ensemble de règles juridiques régissant l'entrée et la sortie de marchandises sur un territoire dit douanier [49]».

Pour le Pr Luc SAIDJI[50], le paradoxe est que la douane a connu des mutations fondamentales (ouverture européenne et internationale, révolution des TIC, participation au budget national et aux ressources de l'UE) alors que l'intérêt doctrinal pour les questions douanières n'était pas manifeste[51]. Pour lui, « le droit douanier ne se réduit évidemment pas, et de moins en moins, au droit des impositions douanières mais s'étend à la mesure des autres fonctions traditionnelles ou nouvelles, attribuées aux administrations douanières, qui ont tendance à faire passer la fonction proprement financière au second plan[52] ».

En France, il y a eu des controverses par rapport notamment à l'appartenance du droit douanier au droit fiscal.

En définitive, la difficulté persiste ; selon le Pr SAIDJI, « le droit douanier est, en l'état, un droit particulier et même particulièrement

[49] ALBERT Jean Luc, op.cit., p.11.

[50] Luc SAIDJI est un professeur émérite de l'Université Jean-Moulin (Lyon III) et doyen honoraire de la faculté de droit. Il est l'auteur de plusieurs ouvrages portant sur les finances publiques en France. Il a été secrétaire général de la société française de finances publiques.

[51] ALBERT Jean Luc, Idem, pp.1-5. Dans la préface de l'ouvrage intitulé *Douane et droit douanier*, le Pr Luc SAIDJI part du constat que les ouvrages et études en France étaient peu nombreux jusqu'au début de ce siècle ; il y avait juste le *Traité sur le droit douanier* de Claude J. BERR et Henri TREMEAU et la *Revue française de finances publiques* qui avait publié un numéro sur la douane en 1983. C'est à partir de 2003 que le renouveau de l'intérêt doctrinal a eu lieu avec la soutenance de thèses portant sur la matière douanière. On recense celle de Caroline BROUILLART sur « les mutations d'un service public régalien : la douane », Université de Lille 2, 2003 ; celle d'Elisabeth NATAREL intitulée « construction communautaire et mutations du droit national : le code des douanes français en question », Université de Grenoble 2, 2008 ; celle de Sébastien JEANNARD portant sur « les transformations de l'ordonnancement juridique douanier en France », Paris 1, 2010.

[52] Albert Jean Luc, Ibid, p.3.

particulier… il est probablement le droit régalien par excellence ; droit à juste titre qualifié de spécial, il est encore plus régalien que le droit fiscal général, plus répressif que le droit pénal général et parfois plus expéditif que le droit tout court, au point de paraitre pour certains un droit plus moyenâgeux que moderne[53] ».

Le droit douanier applicable en France connaît un échelon normatif européen prédominant dont la traduction est le Code des douanes communautaire, tandis que le niveau national qui est le niveau de transposition et d'exécution, persiste au travers du Code des douanes[54].

Jean Luc ALBERT analyse les fondements du droit douanier en France en partant du Traité de Fonctionnement de l'Union européenne (TFUE) qui peut laisser penser que la production juridique en matière douanière relève exclusivement de l'Union. Cependant, l'intégration de l'UE dans des mécanismes conventionnels, dans des accords sectoriels, et le maintien des administrations douanières nationales rendent la réalité complexe. En résumé, il affirme que le droit douanier en France est un droit à domination supranationale ; il a une dimension internationale ; ce droit a aussi une dimension régionale et en particulier européenne ; ce droit a une dimension nationale[55].

La douane a subi une métamorphose essentielle avec l'institution des Communautés européennes, devenues Union européenne. L'évolution communautaire s'est accompagnée d'une évolution au-delà du droit douanier. « Le droit douanier n'a jamais pu être simple », selon le Doyen Bernard HATOUX[56] pour qui, la soumission aux règles douanières suppose leur connaissance ; mais il constate que l'enseignement universitaire n'a pas donné au droit douanier la place que la gymnastique juridique et sa portée pratique appelaient[57].

Toutes ces appréciations témoignent de la complexité du droit douanier : difficulté de définir ce droit, difficulté de le délimiter, difficulté de rattachement à une branche, difficultés quant à la diversité de ses sources et de ses fondements.

---

[53] ALBERT Jean Luc, op.cit., p.4.

[54] Idem, p.49.

[55] Ibid., pp.37-78.

[56] Bernard HATOUX est Doyen honoraire de la Cour de Cassation en France.

[57] PANNIER Jean, *Recueil de Jurisprudence douanière* (1990-2010), Préface de Bernard HATOUX, Paris, Economica, 2010.

En Afrique, certains spécialistes ont aussi tenté de définir le droit douanier. La norme douanière regroupe l'ensemble des règles de droit public qui s'appliquent à la circulation internationale de marchandises[58].

Selon le Dr Alioune DIONE[59], une conception statique et homogène de la notion n'est pas appropriée car le droit douanier englobe en son sein un ensemble de règles marquées par un caractère hétérogène. Devant des difficultés de précision de la notion, ce dernier, pour appréhender la dimension du droit douanier, fait appel à deux critères : un critère matériel et un critère organico-formel[60].

Partant du critère matériel, le droit douanier regroupe l'ensemble des règles qui encadrent l'exercice de la fonction régalienne de l'Etat relatives à trois fonctions fondamentales (fonction fiscale, fonction de protection de l'économie, fonction de régulation de l'activité économique[61]). Mais cette conception matérielle, selon lui, est trop large.

Partant du critère organico-formel qui met l'accent sur l'organe et les procédures et qui a été théorisé en France[62], le droit douanier est l'ensemble des dispositions permettant à l'Etat un contrôle sur le flux des marchandises entrant sur le territoire douanier ou en sortant. Mais ce critère pour lui n'est pas adapté car il ne permet pas de singulariser le droit douanier qui met en œuvre ou applique un ensemble de législations de diverses natures du fait de la position stratégique des administrations douanières aux frontières.

C'est pourquoi le Dr DIONE préfère procéder à la fusion des deux critères pour définir le droit douanier comme « l'ensemble des dispositions mises en œuvre par le service des douanes permettant à la fois le contrôle des flux, des biens et capitaux de même que l'alimentation du budget de l'Etat ».

---

[58] DIONE Alioune, *Le droit douanier, le commerce électronique et la dématérialisation*, Dakar, L'Harmattan, 2015, pp.23-33.

[59] Monsieur Alioune DIONE est docteur d'Etat en droit, inspecteur principal des douanes sénégalaises ; il est breveté de l'ENA en 2003 et est titulaire du Certificat d'Aptitude de la Profession d'Avocat de la Cour d'appel de Paris. Il est formateur et est l'auteur de plusieurs ouvrages et d'articles sur le droit douanier.

[60] DIONE Alioune, op.cit., p.21.

[61] Idem, p.21.

[62] BERR J.C. et TREMEAU H., op.cit., p.110.

Ainsi, le droit douanier, pour lui, intègre les règles matérielles et les règles de procédures qui accompagnent la mise en œuvre desdites règles[63].

La fonction du droit douanier est donc aujourd'hui fondamentalement ambivalente, ce qui explique la difficulté d'en donner une définition théorique réellement satisfaisante[64]. Selon le Dr Malick FAYE[65], « l'ensemble des règles du droit douanier présente les caractéristiques habituellement reconnues aux règles du droit économique, même si cette notion est loin de faire l'unanimité parmi les juristes[66] ». L'évolution du droit douanier liée à la mondialisation des échanges fait du droit douanier un véritable droit de régulation, droit qui est une catégorie du droit économique. Cette conception mettant en exergue la parenté entre le droit douanier et le droit public économique a été partagée par d'autres spécialistes[67].

Le Dr Malick FAYE analyse le droit douanier sous l'angle de son autonomie ou de son rattachement à d'autres branches du droit et arrive à la conclusion qu'il s'agit d'une tâche délicate et qu'il n'existe aucun critère permettant d'affirmer de façon définitive qu'une branche du droit est dotée d'une totale autonomie[68].

Selon lui, le droit douanier est un droit complexe qui, pour être correctement appréhendé, exige de convoquer d'autres droits tels que le droit pénal, le droit fiscal, le droit administratif. C'est un droit à mi-chemin entre le public et le privé.

La diversité des sources du droit douanier rend la définition difficile, le droit douanier renferme des particularités multiformes.

Le droit douanier s'applique à des professionnels des échanges internationaux mais aussi à des particuliers. Le droit douanier porte sur l'application des règles douanières concernant l'origine, l'espèce, les quantités et la valeur des marchandises importées ou exportées mais il porte aussi sur des réglementations et législations non douanières. Le

---

[63] DIONE Alioune, op.cit., pp. 22-23.

[64] FAYE Malick, *Le droit douanier à l'épreuve du droit positif, Dakar*, L'Harmattan, 2015, p. 22.

[65] Monsieur Malick FAYE est docteur d'état en droit, inspecteur principal des douanes et breveté de l'ENA en 2006. Il est formateur à l'ENA et à l'Ecole des douanes.

[66] FAYE Malick, op.cit., p.23.

[67] DEVOLVE P., *Droit public de l'économie*, Paris, Dalloz, Collection Précis, 1998, p.16 ; Sébastien JEANNARD, *Les transformations de l'ordonnancement juridique douanier* », Paris, LGDJ, 2011, pp.7-11.

[68] FAYE Malick, Idem, pp. 24-25.

contentieux se présente sous une forme répressive plus accentuée que celle du droit pénal[69].

Ce droit est principalement marqué par son aspect répressif[70] et plusieurs raisons l'expliquent (organisation des administrations douanières fruit d'une tradition historique coloniale française, recherche de recettes douanières, lutte contre la fraude douanière dans toutes ses formes, éloignement du juge, etc.).

C'est pourquoi il a opté pour une appréhension à deux niveaux : le droit douanier dans le droit pénal et le droit douanier en dehors du droit pénal.

Le droit douanier est un ensemble de règles contentieuses et non contentieuses ; l'idée fausse à notre avis a été de qualifier le droit douanier par rapport au contentieux douanier[71] qui en est une partie seulement. Ces règles, qualifiées d'« exorbitantes » à raison bien sûr, ne sauraient être étendues à toutes les règles douanières qui contiennent pour l'essentiel des procédures permettant les contrôles douaniers exigés pour le respect de la souveraineté, pour la protection des Etats, pour le commerce légitime et pour l'essor des économies. Le contentieux douanier reste à notre avis résiduel car il ne survient que quand les règles douanières ont subi une violation.

Pour Wehelmine AGUEMON, le droit douanier est un droit polyvalent, avec de multiples facettes ; il est un droit économique, un droit protectionniste, un droit financier[72]. Le droit douanier apparaît comme la traduction juridique des règles régissant les mouvements de marchandises au niveau des frontières.

L'évolution des échanges commerciaux a entraîné un changement de comportement des Etats qui se voient obligés de modifier l'arsenal juridique pour l'adapter aux nouvelles réalités. Il est difficile de définir le droit douanier mais nous allons tenter de définir ce droit en tenant compte du nouveau contexte mondial, des différents instruments juridiques, des nouvelles missions douanières ; il s'agit ainsi de fusionner l'ensemble des critères matériel et organique et de mettre l'accent sur le critère fonctionnel ou celui lié aux missions douanières.

---

[69] FAYE Malick, op.cit., pp.26-27.

[70] Idem., p.44.

[71] CAMARA Boubacar, *Le contentieux douanier au Sénégal : réflexions sur la place du juge dans le traitement des infractions*, Thèse de doctorat, Université Grenoble II, 2005.

[72] AGUEMON Wehelmine Adjimon, op.cit., p.30.

En tenant compte de ces paramètres, l'on pourra tenter de définir le droit douanier comme l'ensemble des règles codifiées qui permettent à l'administration des douanes d'accomplir ses différentes missions : mission fiscale, mission économique, mission d'accompagnement des autres administrations et mission de sécurisation et de facilitation de la chaîne logistique internationale.

Cette définition a le mérite d'être large et d'englober tout ce qui touche à la matière douanière sans exclusion. Elle permet surtout de prendre en compte essentiellement les objets des deux instruments juridiques de l'OMD que sont la CKR et le Cadre SAFE qui sont actuellement les instruments de référence pour les administrations douanières du monde.

Par normes juridiques internationales, on entend le contenu, la substance d'une règle élaborée selon les exigences procédurales de telle ou telle source formelle[73].

La norme est une règle qui du fait de son origine (Constitution, Lois, règlements administratifs, Traités ou Accords internationaux. .) et de son caractère général et impersonnel, constitue une source de droits et d'obligations juridiques[74].

La CKR définit la norme comme « une disposition dont la mise en œuvre est reconnue comme étant nécessaire pour aboutir à l'harmonisation et à la simplification des régimes douaniers et des pratiques douanières [75] ».

Quant à la norme transitoire, la Convention précise qu'il s'agit d'une norme de l'Annexe générale pour laquelle un délai de mise en œuvre plus long est accordé[76].

Le Cadre SAFE reprend textuellement le mot « normes » sans pour autant apporter une définition dans la Résolution. Il évoque des généralités ; par exemple, en ce qui concerne les objectifs et principes, le Cadre SAFE vise à « établir des normes qui assurent la facilitation et la sûreté de la chaîne logistique à l'échelon mondial en vue de promouvoir

---

[73] DAILLIER Patrick, FORTEAU Mathias et PELLET Alain, op.cit., pp. 126-127 à propos de la hiérarchie des sources et des conflits de normes. Il est établi une distinction entre les normes juridiques internationales et les sources formelles du droit international.

[74] Voir https://www.dictionnaire-juridique.com/definition/norme-normatif-normative.php consulté le 20/07/2018. Voir Michel TROPER, « KELSEN HANS - (1881-1973) », Encyclopædia Universalis [en ligne], consulté le 18 mars 2019. URL : http://www.universalis.fr/encyclopedie/hans-kelsen/

[75] Article 1 de la CKR.

[76] Article 1 de la CKR.

certitude et prévisibilité ». Mais on comprendra tout de même qu'il s'agit de règles générales destinées à être appliquées par les destinataires qui sont les administrations douanières et les acteurs du commerce.

La problématique du rapport entre normes sociales et normes juridiques a été posée ; les normes juridiques seraient une forme particulière de normes sociales[77]. La tradition holiste qui a marqué la sociologie propose d'envisager la norme juridique comme le produit de la norme sociale, ou bien comme une de ses expressions[78].

Pour distinguer la norme juridique et la norme sociale, Valerio POCAR estime que « la norme juridique a la capacité à prescrire et à déterminer de nouveaux comportements »[79].

La mise en œuvre des normes de l'OMD suppose l'application des normes ou règles douanières dans un pays donné ; elle repose sur le renforcement des capacités, des changements de législation et suppose une approche ou démarche graduelle.

II/ Contexte et justification

Le droit douanier africain est le droit douanier des pays africains objet de l'étude ; il se caractérise par la diversité de ses sources (internationales, communautaires, internes) ; il recouvre des domaines très variés[80] tels que la protection des frontières, la perception des droits

---

[77] STEFANINI-Marthe, GAY Laurence et PINI Joseph, *Autour de la qualité des normes*, Bruxelles, Bruylant, 2010, p.80.

[78] Idem, p.80. Voir aussi sur ce point, DURKHEIM Emile, *De la division du travail social*, Paris, P.U.F, p.29.

[79] POCAR Valerio, « Norme en sociologie du droit », in ARNAUD Jean-André (dir.), *Dictionnaire encyclopédique de théorie et de sociologie du droit,* Paris, LGDJ, 1988. Voir aussi sur cette question des normes, MAILLARD (E.), « Qu'est qu'une norme juridique ? », *Les cahiers du Conseil constitutionnel* n°21, 2006, pp. 87-92 ; SY Demba, « Normativité et juridicité (Brèves réflexions sur la normativité juridique) », *Nouvelles Annales africaines*, n° 1 2009, pp.11-47.

[80] GILLES Montagnat-Rentier, GILLES Parent, « Réforme et modernisation des douanes en Afrique subsaharienne francophone, 1995-2010 », *Revue d'économie du développement* 2012/3 (Vol. 20), pp.107-108. Selon les auteurs, les douanes, à travers le monde, remplissent trois missions principales :

- la perception de recettes ;
- la mise en œuvre des politiques commerciale et tarifaire, comme fondement des politiques de concurrence et de développement ; et
- la protection, par exemple en s'assurant du respect de normes de sécurité pour les consommateurs et des droits de propriété intellectuelle, ou en participant à la lutte contre le trafic de drogues et le terrorisme.

et taxes d'entrée, des droits indirects, la garantie du respect des réglementations sanitaires, la protection de l'industrie, la taxation des produits soumis à accises (alcool, tabacs et produits pétroliers), etc.

Le sujet traite de l'OMD qui est une organisation peu connue mais qui a une grande influence sur la bonne marche des administrations douanières des Etats membres. Elle a des relations très étroites avec l'Organisation Mondiale du Commerce (OMC) qui édicte des règles sur la facilitation des échanges et du commerce mondial[81].

Les règles de l'OMD influencent aussi les organisations sous-régionales ouest africaines (UEMOA et CEDEAO) car la plupart des Etats sont aussi membres de l'OMD[82].

Le choix des trois pays que sont le Sénégal, la Côte d'Ivoire et le Bénin, n'est pas fortuit ; il obéit à une certaine logique. En effet, lesdits pays partagent beaucoup de choses en commun : ils sont d'anciennes colonies françaises, membres de l'UEMOA, de la CEDEAO, de l'OHADA, de l'OMC, de l'OMD. Ils sont tous parties contractantes à la CKR et ont signé la lettre d'intention du Cadre SAFE. Ces pays ont des ports maritimes qui accueillent 90% des marchandises importées.

Le Sénégal, le Bénin et la Côte d'Ivoire ont tous entrepris des réformes de leurs codes douaniers. Le Sénégal avait entrepris le chantier des réformes douanières à partir de 2007 et le nouveau Code des douanes a été voté et promulgué le 28 février 2014.

La Côte d'Ivoire initia la réforme à partir de 2010 et un projet de Code des douanes vit le jour en 2015 ; cependant, le nouveau Code n'a toujours pas été voté par l'Assemblée nationale.

Quant au Bénin qui a fait preuve de réalisme et de pragmatisme, il a réformé le Code des douanes en votant et en promulguant la loi n° 2014-

---

Voir aussi par exemple les articles 1, 2 et 3 de la loi n° 2014-10 du 28 février 2014 portant Code des douanes du Sénégal.

[81] Voir le lien www.wto.org consulté le 28/02/2018. L'OMC et l'OMD coopèrent dans plusieurs domaines, dont l'accès aux marchés, l'Accord sur les technologies de l'information (ATI), l'évaluation en douane, les règles d'origine et la facilitation des échanges.

Voir aussi l'article intitulé « Accord de l'OMC sur la facilitation des échanges : la douane au-devant de la scène », *OMD Actu*, juin 2014, n° 74, pp.10-19.

[82] GILLES Montagnat-Rentier, GILLES Parent, op.cit., p.106. Les douanes des pays francophones (Bénin, Burkina Faso, Burundi, République centrafricaine, Union des Comores, République du Congo, République démocratique du Congo, Côte d'Ivoire, Gabon, Guinée, Madagascar, Mali, Mauritanie, Niger, Sénégal, Tchad et Togo) sont toutes membres de l'OMD.

20 du 27 juin 2014 avant son adhésion à la CKR tout en s'inspirant de ses dispositions.

Le choix des trois pays se justifie aussi du fait de certaines différences du point de vue des textes, du fonctionnement et de l'organisation des administrations douanières.

En ce qui concerne les textes organisant les administrations douanières, il existe un arrêté pour le Sénégal et le Bénin ; quant à la Côte d'Ivoire, c'est un décret qui l'organise.

Pour les codes douaniers, celui du Sénégal contient 429 articles, le projet de code de la Côte d'Ivoire en contient 374 et celui du Bénin a 489 articles.

Pour l'organisation douanière, la DGD du Sénégal compte 7 directions, la DGDDI au Bénin en compte 9 et la DGD de la Côte d'Ivoire en a 11.

Pour le système de dédouanement des marchandises, le Sénégal utilise le système GAINDE ; au Bénin, c'est SYDONIA qui est utilisé ; en Côte d'Ivoire, c'est SYDAM qui est utilisé.

En matière de partenariat avec l'entreprise ou le secteur privé de façon générale, les cadres d'échanges diffèrent. Au Sénégal, c'est le Comité de Partenariat Douane-Entreprise (CPDE) ; au Bénin, c'est le cadre entre la Douane et la Chambre de commerce et d'industrie du Bénin (CCIB) ; en Côte d'Ivoire, l'on retrouve le Comité de concertation Etat-Secteur privé.

En matière de recours offerts aux usagers, l'on a le Comité de règlement des litiges douaniers au Sénégal, le Comité de recours au Bénin et le Comité supérieur du Tarif des douanes en Côte d'Ivoire.

Concernant la qualité, le Bénin et la Côte d'Ivoire sont certifiés ISO 9001. Le Sénégal n'a pas encore une certification.

Les degrés de mise en œuvre des normes contenues dans ces instruments de l'OMD ne sont pas les mêmes et ces pays sont appelés à jouer un rôle de précurseurs en Afrique de l'Ouest et d'exemples pour les autres pays qui tardent à adhérer à la CKR. De même, un défi s'impose à eux : mettre en œuvre les normes de l'OMD pour arriver à l'harmonisation recherchée.

La mise en œuvre des normes de l'OMD suppose des préalables et exige des réformes de tous ordres au niveau du droit interne des Etats membres : réforme juridique, réforme structurelle, réforme opérationnelle, réforme en matière de management, d'éthique et de transparence.

Les obstacles liés à la mise en œuvre sont réels : tout d'abord certaines normes de la CKR (notamment les Annexes spécifiques) et toutes les normes du Cadre SAFE sont non contraignantes. En outre, les administrations douanières en Afrique sont perçues par les pouvoirs publics comme simples pourvoyeuses de recettes budgétaires au détriment de la mission économique et sécuritaire. De la même manière, nos administrations sont très lentes ou souvent réfractaires aux changements exigés pour la mise en place d'une véritable politique de modernisation douanière ; in fine, le secteur privé tarde à revendiquer et à occuper la place qui lui revient dans les échanges commerciaux au sein des pays objet de l'étude.

Tous ces obstacles font que l'harmonisation des règles en matière de facilitation et de sécurisation prônée ou voulue par l'OMD tarde à se concrétiser.

III/ Intérêts du sujet

L'étude du sujet présente plusieurs intérêts.

L'intérêt académique des présentes réflexions s'inscrit dans la dynamique posée par le Programme PICARD [83] de l'OMD. Ce programme, lancé en 2006, vise à encourager les institutions universitaires et les administrations des douanes à renforcer leur coopération dans le domaine de la recherche et de l'enseignement douaniers afin de promouvoir le rang universitaire de la profession de douanier, de soutenir les initiatives liées à cette collaboration en favorisant le développement des produits d'enseignement spécifiques à la

[83] Voir le lien www.eiseverywhere.cor consulté le 28/02/2018. Le Programme PICARD de l'OMD a été lancé en 2006 pour offrir un cadre pour la coopération entre la douane et le monde universitaire. En effet, reconnaissant l'importance des connaissances et de la formation dans le domaine douanier et constatant que les faits nouveaux intervenant à l'échelon international sont mal connus, l'Organisation mondiale des douanes a organisé en 2005 une série de réunions avec des universités et des institutions universitaires pour débattre des possibilités de coopération entre les milieux universitaires et les administrations douanières dans le domaine du renforcement des capacités. L'un des principaux objectifs des Conférences annuelles PICARD consiste à promouvoir un échange de haut niveau sur l'enseignement et le professionnalisme en matière douanière, et à encourager la réalisation de nouvelles recherches universitaires touchant à la douane.

douane et des activités de recherche. Les conférences PICARD se tiennent chaque année[84].

Les présentes réflexions entendent contribuer au renforcement de l'intégration économique en Afrique de l'Ouest tout en s'inscrivant dans une dynamique communautaire d'unification du droit douanier dans l'espace CEDEAO[85].

D'un point de vue théorique, le sujet permet d'abord d'étudier le droit douanier et de voir les différentes approches et son évolution à partir du début du 21ème siècle. Il permet d'autre part de voir la notion de souveraineté qui se manifeste à toutes les étapes des procédures, depuis l'adoption des instruments juridiques de l'OMD jusqu'à leur mise en œuvre. Les Etats membres gardent une certaine liberté d'action dans le domaine économique. Enfin, l'étude permet de voir le droit international économique, ses différentes manifestations et ses mécanismes.

D'un point de vue pratique, cet ouvrage permet de voir de façon exhaustive le contenu des normes de la CKR et du Cadre SAFE, leur état

---

[84] Voir le lien http://www.wcoomd.org/fr/media/newsroom/2017/september/foremost-wco-research-conference-concludes-in-hammamet-tunisia.aspx consulté le 02 /10/2017. Organisées une fois par an depuis 2006, les conférences de recherche de l'OMD ont toujours un impact positif sur le travail de la douane dans la mesure où elles offrent une plateforme pour des échanges éclairés entre les administrations des douanes, les universités et les instituts de recherche sur des thèmes pertinents pour la douane et le commerce international.

[85] SALL Alioune, *Les mutations de l'intégration juridique des Etats en Afrique de l'Ouest. Une approche institutionnelle*, Dakar, L'Harmattan 2006 ; SALL Alioune, *La justice de l'intégration. Réflexions sur les institutions judiciaires de la CEDEAO et de l'UEMOA*, Dakar, Editions CREDILA, 2011, pp.15-79 ; SAWADOGO Fatimata, *De la CEAO à l'UEMOA*, Dakar, L'Harmattan, 2015, pp.136-138 ; SOUMARE Ndiaga, *Le droit douanier à l'épreuve de la criminalité transnationale organisée dans l'espace CEDEAO*, thèse de doctorat, UCAD, 03 février 2018.
La CEDEAO a été créée par le Traité de Lagos de 1975 signé par quinze pays (Le Bénin, le Burkina Faso, la Côte d'Ivoire, la Gambie, le Ghana, la Guinée, la Guinée Bissau, le Libéria, le Mali, le Niger, le Nigéria, le Sénégal, la Sierra Leone, le Togo et la Mauritanie qui a quitté la communauté en 2000. Le Cap-Vert a rejoint en 1976). Plusieurs raisons justifient le choix de cette organisation d'intégration. La CEDEAO fait partie des Communautés économiques régionales (CER) retenues par l'Union Africaine. La CEDEAO a pu réorganiser ses organes supranationaux notamment la Cour de Justice de la CEDEAO, la Commission de la CEDEAO, la Parlement de la CEDEAO. En matière sécuritaire, la CEDEAO dispose d'une expérience dans la résolution de certains conflits et elle est appelée à jouer un rôle majeur en matière de lutte contre la criminalité transnationale organisée. En matière douanière, elle a créé un TEC applicable depuis janvier 2015, et s'achemine vers la création d'un Code des douanes communautaire et d'une monnaie unique.

de mise en œuvre dans les pays précités et de faire une sorte d'évaluation. Il permet d'avoir un autre regard sur les missions des administrations douanières, leur rôle dans le processus d'intégration, d'où la nécessité pour les pouvoirs publics de faire davantage confiance aux administrations douanières.

Les thèses de droit douanier ne sont pas légion ; encore moins nombreuses celles qui s'intéressent au droit douanier des pays africains[86]. En effet, peu d'universitaires s'intéressent à la matière douanière qui est considérée comme « ésotérique[87] ».

Certains professionnels douaniers ont effectué des travaux de recherche en France sur la matière douanière mais ces travaux ont été circonscrits au contentieux douanier[88] et au commerce électronique[89]. D'autres ont à leur tour travaillé sur la matière douanière au Sénégal en la traitant sous l'angle du contentieux douanier [90] et de la criminalité[91].

Au Bénin, des recherches ont aussi porté sur le droit douanier et l'harmonisation de la fiscalité de porte dans l'UEMOA et la CEDEAO[92].

Le travail que nous avons mené aborde le droit douanier des pays précités avec les questions relatives à la simplification des procédures et des régimes douaniers, à la facilitation des échanges et à la sécurisation de la chaîne logistique internationale.

La facilitation des échanges est apparue avec les exigences de la mondialisation. Dans la pratique, il s'agit de réduire les exigences de documents requis, de simplifier les procédures de dédouanement, d'éliminer les pratiques contraignantes aux frontières, d'utiliser le scanner pour des contrôles non intrusifs, de sécuriser et de simplifier les opérations de transit, de promouvoir de véritables recours en cas d'abus des services, de mettre en place une organisation efficiente des services basée sur l'usage des traitements informatisés pour un gain de temps.

Cette recherche intervient dans un contexte particulier marqué entre autres par la signature de l'Accord sur la facilitation des Echanges (AFE) au sein de l'OMC, la problématique de la sécurité en Afrique de l'Ouest

---

[86] BERR J., préface à l'ouvrage précité de CAMARA Boubacar, *Le contentieux douanier au Sénégal. La place du juge dans le traitement des infractions douanières*.
[87] Idem.
[88] CAMARA Boubacar, op.cit.
[89] DIONE Alioune, op.cit.
[90] FAYE Malick, op.cit.
[91] SOUMARE Ndiaga, op.cit.
[92] AGUEMON Wehelmine, op.cit.

avec la multiplication des foyers de tensions et des groupes armés, la signature des Accords de Partenariat Economique (APE), les difficultés toujours constatées dans le domaine de la libre circulation des personnes et des biens dans l'UEMOA et dans la CEDEAO qui prônent l'intégration[93].

L'étude ne prend pas en compte les aspects du contentieux douanier qui ont déjà fait l'objet d'un traitement dans des ouvrages. Notre conception est que le contentieux douanier est un « accident » et doit être marginal. Les normes contenues dans la CKR et le Cadre SAFE prônent ou prévoient la transparence, la simplification, la prévisibilité des règles pour une meilleure compréhension par les acteurs du commerce, qui aspirent à la réalisation d'un commerce facile.

IV/ Méthodologie

Le sujet traité est un sujet d'actualité qui touche à beaucoup de matières (droit international, droit administratif, droit économique, droit de l'intégration), à beaucoup de domaines (droit, économie, sociologie, histoire, normalisation, sécurité, etc.), et à beaucoup d'acteurs (Etats, administrations douanières, secteur privé, organisations internationales, organisations sous-régionales, particuliers). La matière douanière reste une matière complexe du fait de la diversité des normes et de la diversité des destinataires desdites normes.

Nous avons adopté une approche analytique des normes de l'OMD et de leur mise en œuvre au Sénégal, au Bénin et en Côte d'Ivoire. Cette approche nous a permis de voir le contenu des normes, leur signification et leur importance. En même temps que l'analyse, il a fallu adopter une approche critique des normes en partant de leur naissance jusqu'à leur mise en œuvre. Cette approche nous a permis de faire des observations au plan textuel tenant compte aussi de la réalité des Etats précités.

Dans notre étude, nous avons utilisé la méthode comparative. Celle-ci renferme des vertus évidentes : connaissance de l'autre, mise en perspective de soi et leçon de relativité.

---

[93] Suivre le lien http://www.ecowas.int/droit-de-la-cedeao/traites/?lang=fr consulté le 28/02/2018.

Ainsi que le souligne Roland DRAGO[94], « tout juriste est et doit être un comparatiste » car il y gagne « une faculté d'approfondissement des notions fondamentales et une certaine modestie à l'égard de son droit national ».

La comparaison a été faite entre les systèmes douaniers des pays objet de l'étude pour ressortir les généralités et les spécificités de chaque pays. Celle-ci permet de voir les évolutions et les efforts d'adaptation et de mise en œuvre. Des comparaisons entre les systèmes communautaires européens, notamment de l'UE, et ouest africains, notamment de la CEDEAO et de l'UEMOA, ont été nécessaires pour mieux cerner les règles douanières au niveau communautaire et les dispositifs institutionnels communautaires en matière de gestion des questions douanières.

Les travaux reposent, en partie, sur notre expérience professionnelle en tant qu'inspecteur des douanes en activité depuis mai 2005 et ayant occupé de mai 2008 à décembre 2011 le poste de chef du Bureau des régimes économiques et particuliers (BREP) à la DGD. En tant que chef de ce bureau, il nous a été donné de représenter l'administration des douanes sénégalaises aux réunions du Comité de gestion de la CKR à Bruxelles. A ce titre, il nous a été aussi donné de participer à des ateliers sous -régionaux à Dakar, portant sur la CKR et sur le Cadre de normes SAFE de l'OMD.

Les travaux reposent également sur les nouveaux Codes des douanes (loi n° 2014-10 du 28 février 2014 portant Code des douanes du Sénégal, loi n° 2014-20 du 27 juin 2014 portant Code des douanes du Bénin), sur le projet de Code des douanes ivoiriennes, sur les anciens codes douaniers[95] ainsi que sur les documents officiels de l'OMD, de l'OMC et des administrations douanières concernées. Nous avons aussi pris en compte les informations reçues de « cyber douanes », qui publie par mail, en temps réel, l'actualité douanière en cours dans le monde.

---

[94] Roland DRAGO (1923-2009) est un juriste français, professeur émérite de droit, à Paris II, membre de l'Institut de France (Académie des sciences morales et politiques) à partir de 1990, président de l'Académie en 2000, membre pendant plusieurs années de l'Institut français des sciences administratives (IFSA). Il est l'auteur de plusieurs publications portant sur le droit administratif. Voir fr.m.wikipedia.org consulté le 15/04/2017.

[95] Il s'agit de la loi 87- 47 du 28 décembre 1987 pour le Sénégal ; de l'Ordonnance n° 54/PR/MFAE/DD du 21 novembre 1966 portant Code des douanes du Bénin ; de la loi n° 64-291 du 1er août 1964 modifiée portant Code des douanes ivoiriennes.

En définitive, les responsabilités professionnelles qui ont été les nôtres ont permis d'aborder cette recherche en nous situant en amont, c'est-à-dire en partant des normes de ces instruments juridiques de l'OMD, de leurs objectifs et de leurs mécanismes, et aussi en aval, en essayant de voir l'application dans les pays visés. Le souci d'adaptation nous a constamment guidé dans notre démarche car l'idéal est d'obtenir des normes douanières adaptées à notre espace et à nos réalités économiques.

V/ **Problématique**

La notion de souveraineté est au cœur des débats relatifs au développement du droit international. La notion de souveraineté constitue pour certains auteurs, l'instrument conceptuel le plus utilisé de l'ordre juridique international pour expliquer et façonner les réalités sociales[96].

D'où l'intérêt qu'on lui porte en doctrine et sa consécration ou évocation dans de nombreux travaux en droit international public[97].

Pourquoi et dans quelle mesure les normes contenues dans la Convention de Kyoto révisée (CKR) et le Cadre SAFE influencent t-elles le droit douanier des pays africains comme le Sénégal, le Bénin et la Côte d'Ivoire ? Ces normes sont-elles adaptées ?

Plus de dix ans après l'adoption de ces instruments juridiques, a-t-on véritablement respecté nos engagements internationaux en opérant les réformes nécessaires et quels sont les défis à relever ?

La problématique générale concerne l'application des instruments de droit international en droit interne. En dépit de son classicisme apparent, cette problématique revêt une dimension nouvelle dans un contexte – celui que postule notre sujet – où il s'agit que des normes internationales relatives à un domaine par excellence de souveraineté – celui de la législation douanière, que l'on pourrait apparenter à l'organisation de la défense économique d'un Etat – doivent imprégner ou transformer des normes nationales. La vitalité du domaine concerné - domaine de la souveraineté économique étatique – pourrait renouveler ou à tout le moins infléchir la classique problématique de la réception du droit

---

[96] LIDER Bal, *Le mythe de la souveraineté en droit international : la souveraineté des Etats à l'épreuve des mutations de l'ordre juridique international,* Thèse de doctorat, Université de Strasbourg, 2012, p. 15.

[97] Idem, p.15.

international par le droit national. A cet égard, l'idée d'une spécificité du droit douanier – droit peu étudié – pourrait être discutée.

La problématique du sujet choisi renvoie également au comparatisme. En effet, l'étude entreprise ne se limite pas à un seul pays, comme cela apparaît dans l'intitulé du sujet. Il s'agira de voir si au-delà de leur commun héritage juridique et de la similarité assez frappante des dispositions – constitutionnelles notamment – organisant les rapports entre le droit national et le droit international, il existe des variables ou des différences entre les différents pays étudiés, dans la mise en œuvre des normes douanières internationales.

D'un point de vue plus technique enfin, le sujet renvoie aux spécificités douanières locales des Etats étudiés. Les traditions administratives, la « culture » des administrations douanières pourraient constituer un paramètre à prendre en compte dans le traitement de notre sujet. Cette dimension sociologique ou psychologique pourrait sans doute éclairer la plus ou moins grande application des normes douanières internationales dans les différents Etats, tant il est vrai que la « résistance bureaucratique » ou les réticences « psychologiques » pourraient aussi entrer en jeu dans l'évaluation que nous nous proposons de faire.

Les interrogations portent de façon spécifique sur l'application du droit douanier à cet égard, la manifestation de cette spécificité et l'adaptation du droit douanier du Sénégal, de la Côte d'Ivoire et du Bénin à l'évolution de l'environnement international.

VI/ Plan

Compte tenu des différentes questions soulevées, nous pouvons dire que l'influence du droit douanier par les normes contenues dans la CKR et le Cadre SAFE est de nature contrastée (**Première Partie**) ; en effet, l'application des règles douanières n'est pas constante.

Cette situation est due à plusieurs facteurs internes et externes qui limitent les efforts en matière d'application des normes douanières au niveau interne. Il se pose un problème d'adaptation des règles au niveau des pays membres ayant adhéré ou accepté de mettre en œuvre lesdites normes. L'on constate véritablement un accroissement des normes douanières, donc un saut quantitatif.

Mais il s'agit de respecter des engagements internationaux et surtout d'adapter les règles douanières à l'environnement mondial et communautaire ; le plus important est d'avoir des règles adaptées à l'environnement local africain et particulièrement ouest africain.

Le droit douanier africain est appelé à évoluer et cette perspective doit être envisagée ; d'où l'intérêt de l'influence renforcée et adaptée du droit douanier africain (**Deuxième partie)**.

PREMIERE PARTIE

L'INFLUENCE CONTRASTEE DU DROIT DOUANIER AFRICAIN PAR LES NORMES DE LA CONVENTION DE KYOTO REVISEE ET DU CADRE SAFE DE L'OMD

En droit international, la conclusion d'un traité est une opération aux aspects multiples[98]. En effet, quatre étapes sont nécessaires : l'adoption du texte et son authentification, la décision de l'Etat de consentir à être lié par le traité, la notification internationale de cette décision, l'entrée en vigueur du traité conformément à ses dispositions, à l'égard des Etats qui ont exprimé leur consentement.

Le régime juridique des étapes de conclusion est prévu par la Convention de Vienne.

La conclusion d'un traité reste un attribut de la souveraineté de même que son exercice ; en créant des obligations à la charge de l'Etat, tout traité est une source de limitation de ses compétences[99].

La doctrine relève sa complexité du fait de nombreuses transformations et du fait de l'irruption des organisations internationales dans la vie juridique internationale[100].

Les bouleversements du droit international n'épargnent pas le droit économique ou les règles qui se rapportent au droit public économique.

Le droit douanier, notamment, subit des influences avec la communautarisation en Europe (le cas de l'Union européenne[101]) ou en Afrique de l'Ouest (CEDEAO et UEMOA).

Le droit douanier reste un droit particulier[102] pour plusieurs raisons ; il est aussi original et spécifique. Il demeure sous l'influence des normes de la CKR et du Cadre SAFE.

---

[98] DAILLIER P., FORTEAU M., PELLET A., op.cit., p.139.
[99] Idem, pp.139-140.
[100] Ibid., p.140.
[101] DE SCHUTTER Olivier et NIHOUL Paul, *Une Constitution pour l'Europe. Réflexions sur les transformations du droit de l'Union européenne*, Bruxelles, éditions LARCIER, 2004, pp.23-52.
[102] ALBERT Jean Luc, op.cit., pp.10-14.

La CKR comme d'autres conventions douanières contient des dispositions obligatoires[103]. Le préambule de la Convention énonce clairement que les parties contractantes sont « convaincues qu'un instrument international reprenant les objectifs et les principes ci-dessus que les Parties contractantes s'engagent à mettre en œuvre est de nature à conduire au haut degré de simplification et d' harmonisation des régimes douaniers et des pratiques douanières qui est l'un des principaux buts du Conseil de coopération douanière, apportant ainsi une contribution majeure à la facilitation du commerce international... ».

Par conséquent, pour renforcer et dépasser les pratiques et les programmes existants, les Membres de l'OMD ont conçu un processus destiné à renforcer la sécurité et la facilitation du commerce international. Il s'agit du Cadre de normes SAFE de l'OMD visant à sécuriser et à faciliter le commerce mondial (ci-après dénommé « Cadre SAFE »). L'histoire de cet instrument juridique est liée aux attentats terroristes du 11 septembre 2001[104].

---

[103] L'article 9 de la CKR dispose que « toute partie contractante qui ratifie la présente convention ou y adhère est liée par les amendements à la présente convention, y compris l'Annexe générale, entrés en vigueur à la date du dépôt de son instrument de ratification ou d'adhésion. Il en est de même pour les annexes spécifiques et les chapitres de ces annexes acceptés.

[104] HYEANS Andy, *La douane au cœur de la stratégie internationale de l'entreprise*, Paris, L'Harmattan 2012, pp.7-10. Dans l'avant-propos de l'ouvrage précité, l'auteur fait une genèse du cadre SAFE en partant des attentats suicides perpétrés le 11 septembre 2001 sur le sol américain. Dans la même soirée, le Président des USA adresse un discours fort au peuple avec détermination. Selon lui, « l'Amérique, ses amis et alliés se joignent à tous ceux qui veulent la paix et la sécurité dans le monde et nous sommes unis pour gagner la guerre contre le terrorisme ». Le 20 septembre 2001, le président américain s'est adressé aux deux chambres du Congrès en déclarant : « notre guerre contre le terrorisme commence avec Al-Qaïda, mais elle ne s'arrêtera pas là. Elle ne prendra fin qu'une fois que tous les groupes extrémistes de portée mondiale auront été trouvés, arrêtés et vaincus ».

Après les attentats, les USA se sont rendu compte que l'accès des marchandises sur leur sol n'était pas assez contrôlé. Les questions relatives à la sécurité du commerce international avec la perméabilité des frontières ont été soulevées.

Ainsi, pour y répondre et faire face aux menaces terroristes, les USA ont mis en place une politique sans précèdent de sécurisation des flux internationaux de marchandises.

Dans la logique impulsée par les USA, l'OMD, qui regroupe les administrations douanières des pays représentant 99% des échanges mondiaux, a mis en place une stratégie à l'échelle mondiale. Elle repose sur les administrations douanières des pays membres de l'OMD qui doivent participer à sécuriser la circulation des marchandises dans le commerce mondial, de manière à ne pas entraver, mais au contraire à faciliter les échanges.

Le Cadre SAFE énonce des principes et des normes, et en propose l'adoption en tant que seuil minimal des mesures à prendre par les Membres de l'OMD[105].

Quatre éléments clés du Cadre SAFE sont notés :

D'abord, le Cadre SAFE harmonise les renseignements préalables de la déclaration de chargement qui doivent être transmis par voie électronique, pour les envois à l'arrivée, au départ et en transit.

Ensuite, tout pays qui adhère au Cadre SAFE s'engage à appliquer une démarche cohérente en matière de gestion des risques, afin de lutter contre les menaces en matière de sécurité.

Par ailleurs, le Cadre exige que, sur demande raisonnable de la nation destinataire fondée sur une méthodologie comparable de ciblage des risques, l'administration des douanes de la nation expéditrice effectue une inspection au départ des conteneurs et du fret à haut risque, en utilisant de préférence du matériel de détection non intrusif tel que des machines à rayon X de grande capacité et des détecteurs de rayonnements.

Enfin, le Cadre définit les avantages que la douane offrira aux entreprises qui appliquent les pratiques conseillées et respectent les normes minimales en matière de sécurité de la chaîne logistique.

Le Cadre SAFE, qui a été adopté par une Résolution de l'OMD en juin 2005[106], exerce aussi, malgré tout, une certaine influence normative sur le droit douanier car contenant des normes intéressantes qui concernent les gouvernements, les administrations douanières, les opérateurs et les autres intervenants dans la chaîne logistique.

Les normes contenues dans la CKR et le Cadre SAFE ont pour but de sécuriser et de faciliter le commerce international et ainsi permettre à la douane de mieux jouer son rôle en tenant compte de l'évolution de l'environnement international.

Le Cadre SAFE a été adopté en juin 2005 lors des sessions annuelles de l'OMD à Bruxelles.

[105] Idem, pp.28-29. Voir aussi dans le site www.wcoomd.org, le Document de l'OMD édité en juin 2012, p.5.

[106] Source : Annexe 4 du Cadre de normes SAFE de l'OMD, juin 2015 sur www.wcomd.org.Elle a été précédée par une Résolution du Conseil de coopération douanière sur la sécurité et la facilitation de la chaîne logistique internationale (juin 2002), une Résolution sur des mesures mondiales de sécurité et de facilitation concernant la chaîne logistique internationale (juin 2004), et par la Résolution 9 de l'OMI concernant le renforcement de la sécurité en coopération avec l'OMD.

La particularité remarquée est que cette influence est contrastée car le droit douanier est d'une part fortement influencé par la CKR qui comporte des normes simplifiant et harmonisant les procédures douanières (Titre I). D'autre part, le droit douanier est timidement influencé par le Cadre de normes SAFE pour différentes raisons (Titre II).

TITRE I

L'APPLICATION DE LA CONVENTION DE KYOTO REVISEE : UN DROIT DOUANIER FORTEMENT POUSSE VERS LA SIMPLIFICATION DES PROCEDURES DOUANIERES.

La CKR est une convention qui reprend des règles destinées à l'harmonisation des régimes douaniers et à la simplification des procédures douanières.

L'on recense près d'une vingtaine de conventions internationales en vigueur liant les Etats membres de l'OMD dont la CKR entrée en vigueur en 2006.

Comme pour le droit européen, ce maillage « conventionnel[107] » a une influence directe sur le droit douanier des pays africains, particulièrement sur ceux objet de notre étude.

La mise en œuvre de la CKR suppose des mutations juridiques (Chapitre I) et des mutations technologiques (Chapitre II) opportunes dans l'environnement douanier.

[107] ALBERT Jean Luc, op.cit., p.39.

CHAPITRE I

LES MUTATIONS JURIDIQUES

La CKR répond au commerce international en assurant un équilibre entre, d'une part, les contrôles douaniers et le recouvrement des droits et taxes, et d'autre part, la facilitation des échanges.

En devenant des Parties contractantes à la CKR, le Sénégal, la Côte d'Ivoire et le Bénin ont pris des engagements internationaux.

Le droit international et le droit interne ont un rôle respectif à jouer en matière de conclusion d'un Traité ou d'une convention[108].

Passée cette étape dont la procédure est réglementée, suit l'étape de la mise en œuvre. Il s'agit de prendre les dispositions nécessaires pour l'application des règles au niveau interne.

La plupart des textes régissant les douanes en Afrique sont hérités de la colonisation. Les Codes douaniers ont subi des modifications au fil du temps pour prendre en compte les nouvelles réalités.

Après l'entrée en vigueur de la CKR, les pays concernés ont entrepris des réformes internes pour prendre en compte les changements voulus. On a assisté à une adoption de nouvelles lois douanières consensuelles et plus souples, voulant assurer ainsi une meilleure protection (Section I), et à une sorte de « transfiguration » des administrations douanières (Section II).

SECTION I : L'AVENEMENT DE NOUVELLES LOIS DOUANIERES CONSENSUELLES ET SOUPLES

Dans le système africain en général, la Constitution prévoit la séparation des pouvoirs entre l'Exécutif, le Législatif et le Judiciaire[109].

---

108 DAILLIER P., FORTEAU M. et PELLET A., op.cit., p.139. La conclusion d'un traité est d'abord un attribut de la souveraineté en même temps que son exercice. D'autre part, en créant des obligations à la charge de l'Etat, tout traité est source de limitation de ses compétences.

109 Au Sénégal, la Constitution du 22 janvier 2001, prévoit dans son préambule que « le peuple du Sénégal souverain proclame son adhésion à la Déclaration des Droits de l'homme et du citoyen de 1789 et aux instruments de l'Organisation des Nations Unies et à l'Organisation de l'Unité africaine… » . Il en est de même pour le Bénin et la Côte d'Ivoire.

La Constitution aménage les conditions dans lesquelles les lois sont adoptées par l'Assemblée nationale.

La mise en œuvre des règles contenues dans la CKR suppose leur transposition dans le droit positif des Parties contractantes. Les codes ont subi des modifications à partir de 2014 pour prendre en compte les changements induits par les normes de la CKR. L'analyse des Codes douaniers actuels permet de voir que les règles douanières sont essentiellement basées sur un partenariat avec le secteur privé d'une part (Paragraphe I) ; elles sont devenues plus souples en matière procédurale d'autre part (Paragraphe II).

Paragraphe I : Un droit de partenariat avec le secteur privé

Selon l'article 13 de la CKR, chaque Partie contractante met en application les normes de l'Annexe générale ainsi que des annexes spécifiques ou des chapitres de celles-ci qu'elle a acceptées dans un délai de 36 mois après que ces Annexes ou Chapitres sont entrés en vigueur à son égard.

Les Codes douaniers ont été par le passé marqués par des règles nombreuses et complexes qui inspiraient une certaine méfiance des acteurs du commerce vis-à-vis des administrations douanières. La CKR se révèle être un outil juridique censé corriger ces rapports de méfiance. La CKR dans l'Annexe générale contient des normes relatives au partenariat. Le Sénégal, le Bénin et la Côte d'Ivoire ont fait des efforts dans le domaine de la législation et de la réglementation pour prendre en compte cette nouvelle donne.

A/ Le cas du Sénégal

Nous ferons un rappel historique (1) avant de voir la consécration juridique du partenariat (2).

1/ Rappels historiques : genèse et péripéties

Depuis son accession à la souveraineté internationale, le Sénégal a ratifié beaucoup de conventions internationales[110] conformément à la procédure prévue par la Constitution[111].

---

[110] Exemples : Convention 87 de l'OIT sur la liberté syndicale, Convention sur l'élimination des discriminations à l'égard des femmes, Convention relative aux droits de l'Enfant, etc.

[111] Article 96 de la Constitution : « Les traités de paix, les traités de commerce, les traités ou accords relatifs à l'organisation internationale, ceux qui engagent les finances de l'Etat, ceux qui modifient les dispositions de nature législative, ceux qui sont relatifs à

Le pays est aussi membre d'organisations internationales, régionales ou sous-régionales qui interviennent spécifiquement en matière douanière ou touchent ponctuellement à cette matière : il s'agit notamment de l'OMC, de l'OMD, de la CEDEAO, de l'UEMOA et de l'OHADA.

En tant que membre de l'OMD, le Sénégal est Partie contractante à plusieurs autres conventions douanières[112].

L'article 8 de la CKR prévoit que « Tout membre du Conseil et tout membre de l'Organisation des Nations Unies ou de ses institutions spécialisées peut devenir Partie contractante à la présente Convention :

a) en la signant, sans réserve de ratification ;
b) en déposant un instrument de ratification après l'avoir signé sous réserve de ratification ; ou
c) en y adhérant ».

L'alinéa 3 du même article mentionne en outre que « Toute Partie contractante précise, au moment de signer ou de ratifier la présente convention ou d'y adhérer, la ou les annexes spécifiques ou le ou les chapitres de celles-ci qu'elle accepte. Elle peut ultérieurement notifier au dépositaire qu'elle accepte une ou plusieurs autres Annexes spécifiques ou Chapitres de celles-ci.

La Constitution prévoit la procédure de ratification d'un traité par le Président de la République[113].

Le 21 mars 2006, le Président Abdoulaye WADE a envoyé les lettres de ratification de la CKR au secrétariat de l'OMD à Bruxelles[114]. Par cet

---

l'état des personnes, ceux qui comportent cession, échange ou adjonction de territoire ne peuvent être ratifiés ou approuvés qu'en vertu d'une loi ».

[112] Exemples : Convention sur le Système de désignation et de codification des marchandises, Convention sur le carnet ATA, Convention de Palerme sur la CTO, etc.

[113] Article 95 de la Constitution : « Le Président de la République négocie les engagements internationaux. Il les ratifie ou les approuve éventuellement sur autorisation de l'Assemblée nationale ».

[114] Les termes sont les suivants : « Nous Abdoulaye WADE, Président de la République du Sénégal
A tous ceux qui ces présentes verront,
Salut :
Ayant lu et examiné ladite Convention,
L'avons approuvée et approuvons en toutes et chacune de ses parties conformément aux articles 95 et 96 de la constitution et à la loi n° 2006-09 du 06 janvier 2006.
Déclarons qu'elle est acceptée, ratifiée et confirmée et promettons qu'elle sera inviolablement observée.

acte, le Sénégal acceptait sans réserves et s'engageait véritablement à appliquer les normes de cette Convention.

D'après l'article 2, paragraphe 1.d, de la Convention de Vienne : « l'expression réserve s'entend d'une déclaration unilatérale, quel que soit son libellé ou sa désignation, faite par un Etat quand il signe, ratifie, accepte ou approuve un traité ou y adhère, par laquelle il vise à exclure ou à modifier l'effet juridique de certaines dispositions du traité dans leur application à cet Etat ».

La doctrine donne une définition de la notion de réserves et souligne sur ce point[115] qu'en présence d'un traité dont l'objet, le but et le contenu dans son ensemble lui conviennent à l'exception de quelques-unes de ses dispositions, tout Etat intéressé a le choix entre deux attitudes : ou bien refuser de devenir partie à ce traité afin d'échapper à l'application de ses dispositions ; ou bien ne pas couper entièrement les ponts, consentir à s'engager , mais en déclarant en même temps, soit qu'il exclut purement et simplement de son engagement ses dispositions qui ne rencontrent pas son agrément, soit qu'il entend leur prêter, en ce qui le concerne, une signification particulière et acceptable pour lui. Si cet Etat opte pour cette deuxième attitude et fait une déclaration, on dit qu'il formule des réserves à ces dispositions.

Le droit des traités autorise les réserves et ce procédé n'a cessé de se développer depuis le 19ème siècle[116].

Les critiques de la doctrine, la pratique internationale et les transformations de la technique d'élaboration des traités multilatéraux ont permis la consécration officielle des réserves.

La Cour Internationale de Justice (CIJ) a donné sa position par rapport à cette question dans un Avis sur les Réserves à la Convention sur le génocide que « le principe majoritaire, s'il facilite la conclusion des conventions multilatérales, peut rendre nécessaire pour certains Etats la formulation des réserves [117]».

En foi de quoi, nous avons donné les présentes revêtues du sceau de la République du Sénégal ».

[115] DAILLIER P., FORTEAU M. et PELLET A., op.cit., pp. 196-198.

[116] Idem, pp. 195-203.Une des premières applications du système des réserves résulte de l'initiative de la France qui ratifia l'Acte général de Bruxelles du 2 juillet 1890 sur l'abolition de l'esclavage en excluant de son engagement les dispositions relatives au « droit de visite ».

[117] Ibid., p.198.

La CKR prévoit pour les parties contractantes la formulation des réserves pour les annexes spécifiques[118]. L'article 12 al 2 prévoit qu'« Une Partie contractante peut accepter une ou plusieurs Annexes spécifiques ou n'accepter qu'un ou plusieurs Chapitres d'une Annexe spécifique. Une partie contractante qui accepte une Annexe spécifique ou un ou plusieurs Chapitres de celles-ci est liée par toutes les normes y figurant… ».

La pratique montre que les pays en voie développement ou les pays subsahariens émettent rarement ou jamais de réserves lorsqu'ils adhérent ou ratifient des conventions internationales. Pourtant, cela devrait à notre avis être systématique car les réalités des pays et des économies ne sont pas les mêmes.

Dans le domaine douanier, les Parties contractantes formulent souvent des réserves pour prendre en compte leurs intérêts nationaux en priorité surtout en matière d'économie ou d'échanges commerciaux.

Comme on l'a souligné plus haut, les réalités diffèrent selon les continents, les régions et les administrations douanières.[119]

Le fait de ne pas émettre de réserves pour le Sénégal peut être analysé différemment.

D'une part, l'on peut positiver en estimant que le Sénégal présente des atouts pour mettre en œuvre rapidement des dispositions internationales et servir même d'exemple aux autres pays de l'Afrique de l'Ouest particulièrement ; cela suppose au préalable que des études sérieuses ont été menées par les cadres et experts douaniers de l'époque pour prendre en compte les avantages et les conséquences diverses qu'implique l'acceptation de toutes les dispositions contenues dans la CKR.

D'autre part, l'on peut supposer que par « paresse ou négligence » le travail préalable n'a pas été fait par l'Administration douanière et que par prestige, le pays devait démontrer, comme il le fait souvent, qu'il est en

---

[118] Article 1 f/ de la CKR : un ensemble de dispositions applicables à un ou plusieurs régimes douaniers et pratiques douanières visés par la présente Convention.

[119] DAILLIER Patrick, « Le Conseil de coopération douanière », op.cit., p. 477. Celui-ci soutient que « Dans les pays développés, l'apport budgétaire que constituent les droits de douane est devenu négligeable. Les administrations douanières de ces pays acceptent volontiers un certain degré de fraude, autorisé par une simplification des réglementations ou un allègement des contrôles. Il n'en va pas de même pour les pays en voie de développement, dont les tarifs douaniers sont en moyenne plus élevés et qui attendent des recettes douanières une portion importante de leurs ressources budgétaires ».

phase avec les pratiques internationales et que sa diplomatie est active dans tous les domaines.

Quoi qu'il en soit, il faudrait penser après étude à faire des réserves pour mieux prendre en considération les différentes réalités de nos pays et des économies, à l'instar de la plupart des pays développés.

Il convient de souligner à ce propos que pour la CKR, la plupart des pays développés[120] n'ont pas accepté toutes les annexes spécifiques alors que la plupart des pays africains[121] ont tout accepté.

2/ La consécration juridique du partenariat dans le Code des douanes

Le Sénégal est une ancienne colonie française et l'évolution du droit douanier en France a été marquée par des étapes depuis l'antiquité jusqu'à la Révolution qui a vu naitre plusieurs réformes[122].

Après l'indépendance, l'arsenal juridique était encore constitué des textes français en vigueur.

L'analyse des textes fait apparaître une évolution législative certaine de l'indépendance jusqu' en 2006.

C'est en 1974 que la loi 74-48 du 17 juillet 1974 portant Code des douanes du Sénégal a été adoptée[123] puis modifiée.

En 1987, un nouveau Code des douanes fut voté par l'Assemblée nationale ; il s'agit de la loi 87-47 du 28 décembre 1987. Dans l'exposé des motifs, le législateur affiche sa volonté d'accompagner la Nouvelle politique Economique (NPE) et la Nouvelle Politique Agricole (NPA) dans un contexte de libéralisation de l'économie. Le Sénégal à l'époque était membre du CCD. Une des préoccupations du législateur était « la restauration de l'orthodoxie douanière pour une meilleure régulation de l'économie[124] ».

---

[120] Source : document PG0235Fa du Secrétariat général de l'OMD créé le 20 février 2012 à Bruxelles. On retrouve l'Allemagne, la Belgique, le Canada, la Chine, les Etats-Unis, la Russie, la Suisse, la Suède et la France qui n'ont rien accepté ou n'ont accepté que quelques chapitres spécifiques de la CKR.

[121] Même source ; on retrouve les pays africains comme la Côte d'Ivoire, l'Egypte, le Gabon, l'Ouganda et le Sénégal qui ont accepté tous les vingt-cinq (25) chapitres spécifiques.

[122] CAMARA Boubacar, op.cit., pp. 8-11.

[123] Journal Officiel de la République du Sénégal (JORS), numéro 4375 du 26 août 1974.

[124] Idem, p.10.

Le souci d'adaptation à la situation économique était incontestable à travers cette réforme ; l'entreprise y apparaît comme un acteur important et des mesures devaient être prises pour assainir la mise en œuvre des régimes économiques[125].

C'est en 2007, après avoir ratifié la CKR, que le Sénégal a commencé à poser les jalons pour la mise en place d'un véritable partenariat avec le secteur privé. L'idée était de respecter les engagements internationaux du Sénégal mais surtout de répondre aux besoins des opérateurs qui voyaient le Code de 1987 comme répressif et non adapté. Il fallait donc réformer et surtout le faire de façon consensuelle, c'est-à-dire impliquer dans les réflexions tous les acteurs du commerce, les fonctionnaires, les universitaires, les praticiens du droit tels que les avocats, les huissiers, les notaires.

Le premier colloque douane-entreprise fut organisé en 2007 à Dakar ; les travaux durèrent trois jours et permirent d'aboutir à plusieurs recommandations générales[126]. La multitude des recommandations spécifiques[127] témoigne de la volonté des acteurs présents de régler toutes les questions qui se posaient à l'époque.

L'une des recommandations fortes était la réforme du Code des douanes pour tenir compte des engagements internationaux du Sénégal et mettre en œuvre les dispositions de la CKR.

---

[125] CAMARA Boubacar, op.cit., p. 11.

[126] Voir le rapport du premier colloque organisé les 24 et 25 octobre 2007 à Dakar avec comme thème « Quel partenariat douane-secteur privé pour une meilleure compétitivité de l'entreprise? ».

Les recommandations générales étaient les suivantes :

1) institutionnaliser la rencontre Douane-Entreprise pour en faire un événement annuel ;

2) mettre en place, par arrêté ministériel, un comité de suivi chargé d'assurer le suivi de la mise en œuvre des recommandations issues du présent Colloque et de comprendre en son sein un comité de veille ;

Ledit comité de suivi devra particulièrement veiller à l'élaboration d'un échéancier précis et des modalités pratiques pour une mise en œuvre effective des recommandations et conclusions du Colloque ;

3) organiser une séance de reconstitution des travaux et des recommandations du Colloque au Comité Présidentiel sur l'investissement (CPI) ;

4) présenter les recommandations issues de ce colloque sous forme de matrice prioritaire d'actions ;

5) mettre en place un comité national de concertation Douane-Secteur Privé.

[127] Voir les quarante recommandations formulées dans le rapport précité.

C'est ainsi qu'a été mis en place un Comité de suivi des recommandations du Colloque[128].

Cette volonté commune d'adaptation des textes ressort clairement d'un séminaire[129] organisé en 2013 ; en effet, d'après le document, « les participants ont souligné la nécessité d'avoir un Code évolutif qui tient compte du degré d'intégration des normes communautaires et des mutations de la douane ».

A la suite du séminaire, il a été mis en place un Comité paritaire composé de l'Administration des douanes et du secteur privé.

Le 28 février 2014, l'Assemblée vota la loi 2014-10 portant nouveau Code des douanes du Sénégal.

La consécration du nouveau Code des douanes au Sénégal présente une particularité certaine ; il s'agit du fruit d'un travail de plusieurs années et l'innovation majeure était que les acteurs du secteur privé avaient été impliqués du début jusqu'à la fin de cette importante réforme.

L'adhésion à la CKR suppose l'acceptation de l'Annexe générale qui prévoit des relations étroites entre la douane et les acteurs du commerce[130].

La norme 1.3 du chapitre 1 de l'Annexe générale prévoit que « la douane institue et entretient officiellement des relations d'ordre consultatif avec le commerce afin de renforcer la coopération et de faciliter la participation, en établissant, en fonction des dispositions nationales et des accords internationaux, les méthodes de travail les plus efficaces ».

---

[128] Arrêté n° 4678 MEF/DGD/DEL du 29 /05/2008 portant création, composition et fonctionnement du Comité de suivi des recommandations du premier colloque Douane-Entreprise. L'arrêté comprenait 6 articles. L'article 3 précisait les missions du Comité de suivi qui devait procéder au tri desdites recommandations, fixer un échéancier de mise en œuvre, prendre toute initiative permettant une bonne exécution des recommandations, procéder à l'évaluation en vue du prochain colloque.

[129] Voir le relevé des conclusions du séminaire scientifique sur la réforme du Code des douanes organisé du 04 au 06 juin 2013 à Dakar. La cérémonie d'ouverture a été présidée par le Ministre délégué auprès du MEF, chargé du budget, en présence du Directeur général des douanes de l'époque Mouhamadou Makhtar CISSE. Les modérateurs étaient Monsieur Ousmane MBENGUE (Inspecteur des douanes à la retraite et ancien Directeur de la Facilitation et du Partenariat avec l'Entreprise), l'Inspecteur général d'Etat Boubacar CAMARA et le Pr Isaac Yankhoba NDIAYE, agrégé des facultés de droit.

[130] Voir l'article 12 de la CKR.

L'Administration des douanes sénégalaises venait ainsi de faire un grand saut permettant un rapprochement entre elle et les acteurs du commerce conformément aux directives et recommandations de l'OMD.

Dans l'exposé des motifs de la nouvelle loi, il est clairement mentionné cette volonté du législateur « de rendre le Code conforme aux lois internationales communautaires et nationales en vue d'obtenir un instrument juridique adapté aux mutations touchant notamment les procédures de dédouanement, le partenariat avec le secteur privé, la dématérialisation des formalités et procédures de dédouanement et les règles du contentieux douanier ».

Le nouveau Code des douanes du Sénégal compte seize (16) titres et quatre cent vingt-neuf (429) articles ; il a pris en compte l'essentiel des normes contenues dans la CKR.

S'agissant des normes contenues dans l'Annexe générale de la CKR, elles sont regroupées dans dix (10) chapitres intitulés :

- principes généraux ;
- définitions ;
- formalités de dédouanement et autres formalités douanières ;
- droits et taxes ;
- garantie ;
- contrôle douanier ;
- application de la technologie de l'information ;
- relations entre la douane et les tiers ;
- renseignements et décisions communiqués par la douane ;
- recours en matière douanière.

La CKR renvoie souvent à la législation nationale pour les modalités pratiques de mise en œuvre des normes. Celle-ci est définie comme « l'ensemble des prescriptions législatives et réglementaires concernant l'importation, l'exportation, l'acheminement ou le stockage des marchandises que la douane est expressément chargée d'appliquer et des réglementations éventuellement arrêtées par la douane en vertu des pouvoirs qui lui ont été attribués par la loi[131] ».

La conformité des dispositions du nouveau Code aux normes de la CKR (Annexe générale) apparaît clairement dans l'exposé des motifs, aux articles 1, 31 à 34, 122 à 127, 109 à 119, 120, 129 à 134, 141, 142,

---

[131] Voir l'Annexe générale de la CKR, Chapitre 2/F18/E 10.

135 à 138, 139, 141, 139, 140, 144, 145,44 à 61, 94 à 108, 10, 68,69, 111, 14, 414 à 425.

En ce qui concerne les Annexes spécifiques, elles sont au nombre de 10 et chaque Annexe spécifique contient un ou plusieurs chapitres ; elles sont numérotées de A à K et intitulées comme suit :

- Arrivée des marchandises sur le territoire ;
- Importation ;
- Exportation ;
- Entrepôts de douane et zones franches ;
- Transit ;
- Transformation ;
- Admission temporaire ;
- Infractions ;
- Procédures spéciales ;
- Origine.

Ces règles contenues dans les chapitres de ces annexes spécifiques acceptées par le Sénégal se retrouvent dans la nouvelle loi portant Code des douanes[132].

Ainsi, le Sénégal a pu respecter son engagement de prendre en compte les normes de la CKR en prenant les mesures internes qui s'imposent par l'adoption d'un nouveau Code qui est censé répondre aux besoins des entreprises et de l'Administration des douanes.

En plus du nouveau Code des douanes, des textes réglementaires[133] ont été pris pour définir les conditions dans lesquelles doivent s'appliquer certaines dispositions.

---

[132] Voir les Titres I, III, V, VI, VII, VIII, XI, XII et XIII intitulés respectivement : principes généraux, conduite des marchandises en douane, réglementation applicable aux marchandises introduites dans le territoire douanier en attente d'une destination douanière, opérations de dédouanement, régime général des acquits-à- caution, dépôt en douane, opérations privilégiées, zones franches, contentieux, voies de recours et règlement.

[133] Il y a seize (16) arrêtés d'application qui ont été élaborés par les services de la DGD plus d'une année après l'adoption du nouveau Code des douanes : l'arrêté n° 13706/MEF/DGD/DRCI du 14 juillet 2015 déterminant les conditions d'application du régime de l'exportation temporaire ; l'arrêté n° 13707/MEF/DGD du 14 juillet 2015 déterminant les conditions d'agrément et d'exploitation des entrepôts de stockage ; l'arrêté n° 13708/MEF/DGD du 14 juillet 2015 déterminant les conditions d'application du régime de l'entrepôt industriel ; l'arrêté n° 13709/MEF/DGD/DRCI du 14 juillet

En ce qui concerne plus spécifiquement les régimes économiques douaniers, la volonté de les rendre conformes aux dispositions de la CKR apparaît explicitement dans les notes de présentation des arrêtés d'application.

B/ <u>Le cas du Bénin</u>

L'ancien Code des douanes du Bénin est le fruit de l'Ordonnance n° 54/PR/MFAE/DD du 21 novembre 1966 portant Code des douanes. Il s'était inspiré pour l'essentiel du Code français des douanes du 8 décembre 1948. En réalité, comme pour les autres pays anciennes colonies françaises, le Code des douanes du Bénin avait pris sa source dans le Code français.

Le Code a été modifié par la réforme du 29 décembre 1977 dans un souci d'adoucissement en accordant aux contribuables des garanties en matière de procédures douanières.

2015 déterminant les conditions d'application du régime du cabotage ; l'arrêté n° 13710/MEF/DGD/DRCI du 14 juillet 2015 déterminant les conditions d'application du régime de l'admission temporaire pour perfectionnement passif ; l'arrêté n° 13711/MEF/DGD/DRCI du 14 juillet 2015 déterminant les conditions d'application du régime de l'admission temporaire pour perfectionnement actif ; l'arrêté n° 13712/MEF/DGD du 14 juillet 2015 fixant les règles applicables pour l'Administration des douanes des marchandises confisquées, abandonnées ou en suite de dépôt en douane ; l'arrêté n° 13713/MEF/DGD du 14 juillet 2015 fixant les conditions d'application du régime de l'admission temporaire exceptionnelle ; l'arrêté n° 13714/MEF/DGD du 14 juillet 2015 fixant les conditions d'agrément et d'utilisation du régime de la consignation ; l'arrêté n° 13715/MEF/DGD du 14 juillet 2015 déterminant les conditions d'application du régime de la transformation de marchandises destinées à la mise à la consommation ; l'arrêté n° 13716/MEF/DGD du 14 juillet 2015 déterminant les conditions d'établissement, d'exploitation et les modalités d'utilisation des magasins, aires de dédouanement ou d'exportation ; l'arrêté n° 13717/MEF/DGD du 14 juillet 2015 déterminant les conditions d'application du régime de l'admission temporaire spéciale ; l'arrêté n° 13718/MEF/DGD du 14 juillet 2015 portant désignation des représentants du Ministre chargé des Finances en matière de poursuite des infractions à la réglementation des changes ; l'arrêté n° 13719/MEF/DGD du 14 juillet 2015 déterminant les conditions d'application du régime du drawback ; l'arrêté n° 13720/MEF/DGD/DRCI du 14 juillet 2015 portant application de l'article 280 du Code des douanes; l'arrêté n° 13721/MEF/DGD du 14 juillet 2015 fixant les conditions d'application du régime du transbordement ; l'arrêté n° 13722/MEF/DGD du 14 juillet 2015 déterminant les conditions de délivrance et de validité du renseignement tarifaire contraignant ; l'arrêté n° 13723/MEF/DGD du 14 juillet 2015 déterminant les conditions de vérification des marchandises taxées au poids et le régime des emballages importés pleins.

Le Code des douanes au Bénin n'a jamais été révisé malgré l'évolution du coût et du niveau de vie, des règles de droit et des mesures sociales dans un monde où l'économie tend vers la globalisation. Le Code de 1966 avait été jugé obsolète et inadapté à l'environnement économique.

Le processus de révision du Code a démarré en 2008 et il a abouti par l'adoption de la loi N° 2014-20 du 12 septembre 2014 portant Code des douanes en République du Bénin.

Le nouveau Code des douanes ainsi élaboré répond aux normes et conventions qui régissent le commerce international.

Il est composé de treize (13) titres, quarante-trois (43) chapitres et quatre cent quatre-vingt-neuf (489) articles avec une batterie de réformes pour favoriser une douane plus transparente et proche de ses usagers[134].

C/ <u>Le cas de la Côte d'Ivoire</u>

Avant l'indépendance et comme pour les autres pays colonisés par la France, c'est le Décret du 1er juin 1932 réglementant le service des douanes en AOF qui s'appliquait en Côte d'Ivoire.

Après l'indépendance, la loi n° 64-291 du 1er août 1964 instituant le Code des douanes fut votée. Elle a été modifiée par une ordonnance n° 88-225 du 02 mars 1988[135]. Ce Code comprend 313 articles et comporte en outre une partie réglementaire (décrets et arrêtés qui déterminent ou précisent les modalités et les conditions de fonctionnement de certaines procédures douanières).

La Côte d'Ivoire a adhéré à la CKR en 2013 ; depuis lors les douanes ivoiriennes « sont engagées sur un vaste chantier de réformes et de redynamisation…Les dispositions idoines ont été prises pour la réforme du Code des douanes vieux de plus de 50 années [136] ».

Selon le Directeur général des douanes ivoiriennes à l'époque, « le nouveau projet de Code comporte des innovations majeures issues essentiellement de la Convention de Kyoto révisée…Le Code prévoit

---

[134] Voir le site de la douane béninoise www.benin.net; voir aussi http://news.acotonou.com/h/59650.html consulté le 16/09/2017.

[135] J.O. de la République de Côte d'Ivoire, 1988, p.78.

[136] Selon le site linfodrome.com dans un article publié le 20/07/2013 à 21h15mn dans Economie, du 15 au 19 juillet 2013, les agents de cette administration ont planché sur l'avant-projet de Code des douanes et le guide de procédure des contrôles après dédouanement.

plusieurs amendements et une transposition du Code communautaire UEMOA. Le but d'une telle entreprise, c'est de faciliter les procédures tout en renforçant les contrôles basés sur des prescriptions légales[137] ».

La volonté des autorités est très explicite et ce projet de Code des douanes est consensuel, puisque l'ensemble des acteurs du secteur privé ont pris part aux différentes rencontres sous l'égide des douanes ivoiriennes.

Le projet de Code comporte treize (13) titres, quarante-cinq (45) chapitres et trois cent soixante-quatorze (374) articles.

D'autres pays comme le Mali[138] ont connu cette évolution mais tardent à produire un nouveau Code des douanes compte tenu de contraintes locales.

En somme, le partenariat avec le secteur privé a été consacré par les codes douaniers conformément à la CKR. Le droit douanier est aussi devenu un droit plus souple en matière de procédures.

Paragraphe II : Un droit douanier plus souple en matière procédurale

Une procédure est « la manière de procéder juridiquement ; série de formalités qui doivent être remplies[139] ».

En matière douanière, les procédures sont souvent très nombreuses et complexes car pour chaque opération douanière, il est prévu des formalités à respecter sous peine d'irrecevabilité ou de sanctions. On les retrouve avant l'importation, au moment du dédouanement des

---

[137] Voir le site de la douane ivoirienne www.douanes.ci. consulté le 16/09/2017.

[138] Dans l'ancien soudan français, il n'existait qu'un seul texte qui réglementait la douane au Mali. Après l'accession à l'indépendance, une nouvelle Constitution vit le jour et le Service des douanes fut créé par Ordonnance n° 16 PG-RM du 27 septembre 1960. Le Code des douanes maliennes a connu une évolution.
Après l'indépendance, le premier Code des douanes vit le jour avec la loi n° 63-43/AN-RM du 31 mai 1963 instituant le Code des douanes de la République du Mali. Ce sont ces dispositions qui ont prévalu jusqu'en 2001.
Les autorités maliennes ont voulu tenir compte de l'évolution de l'environnement des affaires et une nouvelle loi n° 01-075 du 18 juillet 2001 fut votée.
C'est en 2010 que le Mali a adhéré à la CKR et de ce fait, a pris l'engagement de rendre conforme sa législation nationale aux dispositions de cette convention.
Actuellement un projet de réforme du code est en cours et devra prendre en compte la souplesse dans les procédures douanières.

[139] Nouveau petit Robert, année 2007 p. 2029.

marchandises, lors de l'exportation, en cas de suspension des droits et taxes, en cas d'exonération, en cas de contentieux, etc.

La vision de l'OMD par le biais de la CKR est de promouvoir des procédures souples, prévisibles, claires et connues[140]. En effet, il ne sert à rien pour les administrations douanières d'avoir des règles douanières compliquées, peu connues et mal utilisées. Le principe, c'est de faciliter les échanges et de réduire les contrôles.

Mettre en œuvre les dispositions de la CKR permet d'obtenir des règles souples dans la législation nationale des Parties contractantes.

Cette souplesse apparaît dans les dispositions des nouveaux codes des douanes du Sénégal, du Bénin et de la Côte d'Ivoire à travers la consécration du renseignement tarifaire contraignant (A), le dédouanement par procédé électronique (B), l'élargissement des procédures simplifiées de dédouanement (C), les nouveaux régimes douaniers (D), l'assouplissement du fonctionnement de régimes économiques douaniers, le renforcement des voies de recours (F).

A/ La consécration du renseignement tarifaire contraignant

Les renseignements tarifaires contraignants (RTC) sont délivrés en application de la norme 9.9 de l'Annexe générale de la Convention de Kyoto révisée et de l'article 3 de l'Accord sur la Facilitation des Echanges, concernant les décisions anticipées.

Au Sénégal, le nouveau Code consacre le renseignement tarifaire contraignant même s'il ne l'a pas défini.[141]. Mais la définition est donnée dans l'arrêté d'application ; d'après l'article 1er de l'arrêté 13772 du 14 juillet 2015 précisant les conditions d'application du RTC, « le renseignement tarifaire contraignant est une procédure créée par l'administration des douanes afin de permettre aux opérateurs économiques et à leurs mandataires de pouvoir disposer, avant l'importation ou l'exportation des marchandises, d'un classement tarifaire ». Il permet ainsi d'éviter des difficultés d'interprétation ou de classement des marchandises. Il permet d'éviter le contentieux douanier. L'administration est tenue de rendre une décision de classement tarifaire

[140] Dans le préambule de la CKR, il est rappelé que l'évolution de l'environnement commercial international oblige les administrations douanières à offrir des régimes douaniers simples, prévisibles et efficaces aux fins du dédouanement des marchandises.

[141] Voir les articles 14 et 15 de la loi 2014-10 du 28 février portant Code des douanes du Sénégal.

à la demande d'un usager (importateur, exportateur ou son représentant qui peut être un commissionnaire agréé en douane). La décision sur le classement tarifaire lie l'Administration des douanes sauf les cas où il existe une modification des règles déjà signées par voie législative ou réglementaire, par un accord international ou par une décision judiciaire.

Au Bénin, l'article 488 du Code le prévoit puisque celui-ci mentionne que « toute personne peut demander aux autorités douanières des renseignements concernant l'application de la réglementation douanière. Les renseignements sont fournis gratuitement au demandeur. Toutefois, une telle demande peut être refusée lorsqu'elle ne se rapporte pas à une opération d'importation ou d'exportation réellement envisagée ».

La Cour de Justice de l'UE a rendu un arrêt[142] important dans ce sens pour mieux préciser la portée du RTC ; selon la Cour européenne, le renseignement tarifaire contraignant a pour objectif de donner à l'opérateur économique toute sécurité lorsqu'un doute subsiste sur le classement d'une marchandise dans la nomenclature douanière existante, le protégeant vis-à-vis de toute modification ultérieure de la position prise par les autorités douanières concernant le classement des marchandises. En revanche, comme il est confirmé de façon claire et précise par le libellé de l'article 13, premier alinéa, premier tiret, du règlement n° 1715/90, relatif aux renseignements donnés par les autorités douanières des Etats membres en matière de classement des marchandises dans la nomenclature douanière, un tel renseignement n'a pas pour objectif et ne saurait avoir pour effet de garantir à l'opérateur que la position tarifaire à laquelle il se réfère ne sera pas par la suite modifiée par un acte adopté par le législateur communautaire.

Dans une autre affaire[143], la Cour estime que les dispositions du Règlement 2913/92, établissant le Code des douanes communautaire et modifié, doivent être interprétées en ce sens qu'elles constituent pour les autorités douanières un fondement légal autorisant la révocation d'un RTC, lorsque ces autorités modifient l'interprétation, qui y est donnée, des dispositions légales applicables au classement tarifaire des marchandises concernées.

---

[142] Voir arrêt de la CJCE (5ème chambre) 29 janvier 1998 (Affaire : C-315/96), in Jean PANNIER, *Recueil de Jurisprudence douanière*, op.cit., p. 528.

[143] Voir CJCE 22 janvier 2004 (Aff jointes : C-133/02 et C-134/02), in *Recueil de jurisprudence douanière*, p.529.

Toujours à propos du RTC, la Cour dans une autre affaire[144], partant du Règlement établissant le Code des douanes communautaire européen, précise que « le RTC ne crée de droits qu'au profit de son titulaire et à l'égard des seules marchandises qui y sont décrites. Par conséquent, dans le cas d'un litige pendant devant une juridiction d'un Etat membre, les parties ne disposent d'aucun droit personnel à se prévaloir d'un RTC relatif à une marchandise similaire délivrée à un tiers par les autorités d'un autre Etat membre ».

Par rapport à la valeur juridique d'un avis de classement, la juridiction européenne mentionne dans un autre arrêt[145] que « si une autorité compétente a délivré un RTC incorrect, une juridiction nationale est tenue, en vertu de l'article 10 CE, de prendre, dans le cadre de ses compétences, toutes les mesures nécessaires afin que ledit renseignement soit annulé et qu'un nouveau RTC, conforme au droit communautaire, soit délivré ». Dans ce cas, la Cour estime qu'un juge national peut annuler une décision d'une autorité douanière qui viole les règles communautaires.

B/ <u>La consécration du dédouanement par procédé électronique</u>

Au Sénégal, la déclaration en détail qui est obligatoire au moment du dédouanement des marchandises peut être transmise par voie électronique et elle est considérée comme déposée au moment de son enregistrement dans la plateforme électronique prévue à cet effet[146].

La signature électronique est ainsi prévue ; après avoir mentionné que les déclarations en détail doivent être signées par le déclarant, le Code précise que cette signature peut être électronique ou manuelle[147].

Il s'agit là d'une avancée remarquable car l'ancien Code de 1987 ne prévoyait pas cette faculté alors que l'informatisation du système de dédouanement avait conduit à des changements notoires dans le processus.

Dans la même logique, le manifeste peut se présenter sur support papier ou électronique[148] ; le capitaine du navire ou son représentant doit,

---

[144] Voir CJCE 15 septembre 2005 (Aff : C-495/03), in *Recueil de jurisprudence douanière*, pp.529-530.

[145] Voir CJCE (1ère chambre) Ordonnance du 19 janvier 2005 (Aff: C-206/03), in *Recueil de jurisprudence douanière*, p.530.

[146] Article 111 al 5 et article 113 al 1 du Code des douanes du Sénégal.

[147] Article 111 al 4 du Code des douanes du Sénégal.

[148] Articles 69 et 70 du Code des douanes du Sénégal.

quarante-huit (48) heures avant l'arrivée du navire, télécharger le manifeste électronique dans la plate-forme prévue à cet effet. Avant cette opération, le capitaine d'un navire qui se trouve dans la zone maritime doit mettre les agents des douanes en mesure de consulter le manifeste électronique.

Le dédouanement par le procédé électronique suppose l'utilisation de procédés électroniques par les acteurs chargés d'effectuer des opérations liées au dédouanement des marchandises importées ou exportées. De même, en sus des consignataires, les commissionnaires sont obligés maintenant d'inscrire leurs opérations sur des répertoires annuels ; la loi prévoit que ces supports peuvent être sur support électronique ou sur support papier[149]. Tous ces changements sont nécessaires pour prendre en charge le commerce électronique.

Il faut retenir que le commerce électronique a été codifié suite à l'adoption de la loi n° 2008-10 du 25 janvier 2008 portant loi sur la société de l'information (LOSI). La volonté de respecter des engagements internationaux et d'adapter le dispositif juridique apparaît nettement dans l'exposé des motifs de la loi[150].

---

[149] Article 125 du Code des douanes du Sénégal.

[150] « Par l'adoption de la Résolution 56/183 du 21 décembre 2001, l'Assemblée générale des Nations unies a pris la décision de lancer le Sommet Mondial de la Société de l'Information (SMSI), L'objectif de ce sommet est de déterminer une stratégie commune pour faciliter l'utilisation des technologies de l'information et de la communication (TIC) afin que le bénéfice puisse rejaillir sur la prospérité économique, le développement des savoirs, le renforcement de la paix et la promotion de la démocratie…

Le présent projet de loi prend en charge les engagements actuels du Sénégal au plan sous-régional, régional et international en vue de l'édification de la société internationale. A cet effet, le Sénégal contribue à la réalisation des objectifs de l'initiative africaine de la Société de l'information entérinée par les gouvernements des pays africains en 1996 comme cadre d'action pour l'édification d'une infrastructure africaine de l'information et de la communication.

Le présent projet de loi vise à la fois à définir les objectifs et les grandes orientations de la société de l'information au Sénégal et à compléter la législation actuelle en matière de technologie et de la communication...

En définitive, le présent projet de loi d'orientation constitue le premier jalon d'une série de réformes à entreprendre pour mettre en harmonie l'ensemble du droit positif avec les exigences de la société de l'information… »

Le dispositif légal est complété par les textes réglementaires pris pour application[151].

Le commerce électronique qui est une nouvelle donne en matière douanière a fait l'objet de nombreuses publications à partir du 21ème siècle[152] sur différentes questions. Certains auteurs ou organismes[153] (OCDE, CNUCED, OMD) ont tenté de définir la notion.

La matière intéresse aussi les chercheurs et experts douaniers africains ; en effet, dans son ouvrage, le Dr Alioune DIONE part de l'avènement de l'internet et analyse la relation entre le droit douanier et les transactions électroniques. Il estime qu'il existe une relation ambivalente entre le droit douanier et le commerce électronique et dégage des perspectives pour l'adaptation du droit douanier au commerce électronique. L'enjeu est de taille surtout pour les pays africains qui sont encore en retard par rapport à l'évolution de l'informatique[154]. L'adaptation du droit douanier s'impose et c'est pourquoi la législation douanière nationale doit tenir compte des mutations contraintes de la douane du point de vue de ses missions, de ses prérogatives, de ses procédures et de ses relations avec les autres acteurs du commerce.

Au Bénin, le dédouanement par voie électronique est expressément consacré car le nouveau Code mentionne que la déclaration transmise par voie électronique est considérée comme déposée au moment de sa réception par le système électronique de la douane ; en outre, le Code prévoit que la déclaration est faite soit par l'utilisation d'un procédé électronique soit par d'autres procédés[155].

---

[151] Il s'agit du décret n° 2008 -719 du 30 juin 2008 relatif aux communications électroniques, du décret n° 2008-720 du 30 juin 2008 relatif à la certification électronique et du décret n° 2008 -718 du 30 juin 2008 relatif au commerce électronique.

[152] RABAGNY-LALGOA Agnès, *Droit du commerce électronique*, Paris, Ellipses, 2011, qui estime que « le commerce électronique est régi par un cadre juridique complexe ; il dispose de règles spécifiques, mais relève également du droit des obligations, des contrats spéciaux et du droit de la consommation » ; GAUTRAIS Vincent, *Droit du commerce électronique*, Paris, éditions Thémis, 2002 ; DIONE Alioune, *Le droit douanier, le commerce et la dématérialisation*, op.cit., pp. 14-15.
Avant, des auteurs comme LOUSSOUARN et BREDIN se sont posé la question de savoir si le commerce électronique est une branche du droit commercial international. (*Droit du commerce international*, Sirey, 1969, spécial, n° 2, p.5).

[153] DIONE Alioune, op.cit., pp. 9-27.

[154] Idem, pp. 29-30 et pp.137-138.

[155] Voir les articles 142 et 153 du Code des douanes du Bénin.

C/ L'élargissement des procédures simplifiées de dédouanement

L'article 2 de l'Annexe générale a prévu que « chaque Partie contractante peut accorder des facilités plus grandes que celles que prévoit la CKR ; il est recommandé à chaque Partie d'accorder de telles facilités dans la mesure du possible ».

En matière douanière, le dédouanement est effectué selon des règles et des procédures générales. Les administrations douanières, conformément à l'esprit de la CKR, sont appelées à prévoir dans leur législation des mesures souples pour permettre le dédouanement de marchandises en l'absence de certains éléments formels qu'il faut régulariser par la suite. L'idée est de permettre la mise à disposition rapide des marchandises par une facilitation dans le processus de dédouanement.

Il faut préciser qu'il s'agit d'une transposition du chapitre 3 de l'Annexe générale de la CKR qui traite des formalités de dédouanement et autres formalités spéciales[156].

Les opérateurs économiques peuvent demander à bénéficier de privilèges et de facilités élargis dans le cadre de programmes, de conventions ou d'accords signés avec l'administration[157].

Pour le cas du Sénégal, le nouveau Code prévoit d'abord que les procédures simplifiées de dédouanement[158] peuvent être autorisées par le Directeur général des douanes alors que l'article 87 de l'ancien Code de 1987 renvoyait à un arrêté du Ministre chargé des finances.

L'évolution est réelle car le Code de 1987 prévoyait notamment que certaines indications des déclarations en détail seront fournies ultérieurement sous la forme de déclarations complémentaires pouvant présenter un caractère global, périodique ou récapitulatif.

---

[156] Le chapitre 3 de l'Annexe générale de la CKR renferme des dispositions concernant le dédouanement et les formalités douanières notamment les bureaux de douane compétents. Le déclarant, la déclaration des marchandises, le dépôt, l'enregistrement et l'examen de la déclaration, les procédures spéciales pour les personnes agréées, la vérification, les erreurs, la mainlevée, l'abandon ou la destruction des marchandises.

[157] La norme 1.3 du chapitre 1 de l'Annexe générale de la CKR prévoit que « La douane institue et entretient officiellement des relations d'ordre consultatif avec le commerce afin de renforcer la coopération et de faciliter la participation, en établissant, en fonction des dispositions nationales et des accords internationaux, les méthodes de travail les plus efficaces ».

[158] Voir l'article 120 du Code des douanes du Sénégal.

Le nouveau Code reprend la même formulation mais prévoit aussi la mainlevée sur la base d'une déclaration en détail incomplète avec établissement ultérieur de la déclaration en détail complète des marchandises et le dédouanement des marchandises dans des locaux du déclarant ou de tout autre lieu agréé.

Pour le cas du Bénin, le Code a tenu compte de certaines spécificités de certains secteurs d'activité et a ainsi voulu assouplir des formalités de dédouanement ; c'est pourquoi l'Administration des douanes peut autoriser le dépôt de déclarations dites provisionnelles, simplifiées ou globales[159].

Les déclarations provisionnelles couvrent un ensemble d'opérations d'importation ou d'exportation portant sur une même espèce de marchandises, dont les éléments quantitatifs, devant figurer sur la déclaration en détail, ne sont pas fournis ou ne sont indiqués qu'à titre approximatif au moment du dépôt de la déclaration provisionnelle. Dès que ces éléments sont connus et au plus tard avant l'expiration d'un délai fixé par l'administration des douanes, ils sont déclarés et annexés à la déclaration provisionnelle. La déclaration provisionnelle permet l'enlèvement des marchandises au fur et à mesure de leur dédouanement durant le délai fixé pour la déclaration des éléments quantitatifs.

La déclaration simplifiée est une déclaration qui ne comporte pas certaines énonciations ou certains documents prévus par la réglementation en vigueur. Elle peut avoir la forme d'un document commercial ou de tout autre document en tenant lieu ou d'une inscription des marchandises dans la comptabilité matières de l'importateur ou de l'exportateur concerné selon la forme agréée par l'administration des douanes. Elle permet l'enlèvement des marchandises en cause, à charge pour le déclarant de présenter une déclaration complémentaire.

La déclaration globale couvre des importations ou des exportations fractionnées et échelonnées dans le temps de différents éléments ou parties de marchandises relevant de positions ou sous-positions tarifaires distinctes et dont l'ensemble constitué est à déclarer à une position ou sous-position tarifaire unique. Dans ce cas particulier, les éléments ou parties de marchandises faisant l'objet d'envois fractionnés et échelonnés demeurent sous surveillance de l'administration des douanes, dans les conditions définies par le Directeur général des douanes, jusqu'à délivrance de la mainlevée de l'ensemble constitué.

[159] Voir l'article 157 du Code des douanes du Bénin.

Le Code va plus loin en précisant que « lorsque la fréquence des opérations le justifie, le dépôt des déclarations dites provisionnelles ou simplifiées peut faire l'objet d'une convention entre l'Administration des douanes et les intéressés ».

Ces procédures simplifiées concernant le dédouanement des marchandises présentent des avantages pour les usagers mais aussi pour la douane. Ces facilités permettent de désengorger les ports surtout par une libération des marchandises au moyen de déclarations en douane à compléter ultérieurement. Les contrôles douaniers sont reportés et assouplis après la présentation de garanties par le demandeur.

D/ La création de nouveaux régimes douaniers

Le passage des marchandises dans un bureau des douanes donne lieu à une déclaration en détail sous un régime douanier. La CKR ne donne pas une définition de la notion. Certains auteurs sénégalais notamment ont essayé de traiter de la question en faisant un « guide »[160] ou en faisant un travail de recherche des fondements théoriques[161] .

Monsieur Ibrahima DIAGNE estime que cette notion est peu étudiée et que ces régimes étaient hérités de la colonisation. Il propose une classification et tente une définition des régimes douaniers à partir de quatre éléments : l'expression des besoins des importateurs et exportateurs, la destination de la marchandise ou la nature de l'opération, la reconnaissance par les autorités étatiques, la marchandise qui est objet du régime douanier[162].

Selon lui, le régime douanier peut être défini comme « un cadre légal dans lequel l'importateur ou l'exportateur choisit de placer ses marchandises pour réaliser une opération commerciale au moment de déposer une déclaration de marchandises en douane[163] ».

Au Sénégal, le nouveau Code des douanes [164] définit le régime douanier comme « le traitement applicable par l'administration douanière aux marchandises assujetties à son contrôle. Il s'agit notamment :

---

[160] DIOUF Jean Baptiste, *Douane et échanges*, Dakar, L'Harmattan, 2009.

[161] DIAGNE Ibrahima, *Les régimes douaniers au Sénégal*, Dakar, L'Harmattan, 2016, pp. 17- 45.

[162] Idem, pp.34-39.

[163] Ibid., p.41.

[164] Article 1er de la loi 2014-10 du 28 février 2014 précitée.

a) de la mise à la consommation ;

b) de l'exportation ;

c) du transit ;

d) du cabotage ;

e) du transbordement ;

f) de l'entrepôt de douane ;

g) de l'admission temporaire ;

h) de l'usine exercée ;

i) de l'exportation préalable ;

j) du drawback ;

k) de l'importation et de l'exportation temporaires ;

l) de la réexportation ;

m) ou de tout autre régime autorisé par la législation en vigueur.

Le Code donne une liste exhaustive de régimes pouvant être utilisés et ces régimes sont prévus dans la CKR au niveau des annexes spécifiques acceptées aussi par le Sénégal.

Le Code de 1987 était un peu flou sur ce point car non seulement il ne comportait pas de définition mais il reprenait seulement des généralités, les régimes suspensifs, l'exportation préalable, le drawback et l'exportation temporaire dans le Titre 5[165].

Le Code a été rédigé de façon plus claire et précise ; le Titre VI intitulé « Régimes économiques » prévoit désormais le transbordement, le cabotage, l'importation temporaire, la transformation de marchandises destinées à la mise à la consommation, la consignation en plus de ceux déjà existants (entrepôt de stockage, entrepôt industriel, admission temporaire, exportation préalable, drawback).

---

[165] Le Titre 5 de la loi 87- 47 du 28 décembre 1987 comprenait huit (8) chapitres :

- régime général des acquits-à-caution,
- transport avec emprunt du territoire étranger ou de la mer,
- transit,
- entrepôt de stockage,
- entrepôt industriel,
- usines exercées par la douane,
- admission temporaire,
- exportation préalable,
- drawback,
- exportation temporaire.

L'on constate un élargissement de la panoplie de régimes économiques pour prendre en compte le développement de certains secteurs de la vie économique.

Nous avons le transbordement qui est un régime en application duquel a lieu sous douane le transfert de marchandises qui sont enlevées du moyen de transport utilisé à l'importation et chargées sur celui utilisé à l'exportation. Le déchargement et le chargement s'opèrent dans le ressort d'un seul bureau qui constitue le bureau d'entrée et de sortie des marchandises transbordées[166].

Ce régime facilite les activités du Port (pole d'éclatement des marchandises) ; il favorise aussi les opérations de transport, de manutention, d'assurance, etc.

Ensuite, le cabotage[167] qui favorise les activités de transport maritime à l'intérieur du territoire douanier ; c'est le régime applicable aux marchandises importées qui n'ont pas été déclarées, à condition qu'elles soient transportées à bord d'un navire autre que le navire à bord duquel elles ont été transportées dans le territoire douanier. Les marchandises, chargées à bord d'un navire en un point du territoire douanier, sont transportées en un autre point du même territoire douanier où elles ont été déchargées.

Par ailleurs, nous avons la consignation[168] qui est le régime douanier par lequel une société nationale importe des produits pétroliers pour le compte d'une société internationale en suspension des droits et taxes et sans application des dispositions en matière de change. Les produits sont destinés exclusivement à la réexportation ou à l'avitaillement des navires. La consignation permet de mieux prendre en charge les problèmes liés à l'approvisionnement correct en produits pétroliers et de faciliter les transactions y afférentes.

Enfin, l'on retrouve le régime de la transformation de marchandises destinées à la mise à la consommation[169] : c'est le régime en application duquel les marchandises importées peuvent subir, sous le contrôle de l'administration des douanes avant leur mise à la consommation, une transformation ou une ouvraison ayant pour effet que les droits et taxes

---

[166] Articles 242 à 245 du Code des douanes du Sénégal.

[167] Article 249 du Code des douanes du Sénégal.

[168] Articles 250 à 255 du Code des douanes du Sénégal.

[169] Articles 246 à 248 du Code des douanes du Sénégal.

applicables aux produits obtenus soient inférieurs à ceux qui seraient applicables aux marchandises importées.

Elle est ouverte aux entreprises travaillant essentiellement pour le marché intérieur. Ce régime permet d'assurer une meilleure compétitivité de certaines industries notamment les industries de montage, les industries pharmaceutiques et les industries d'éditions.

Au Bénin, le Code reprend mot pour mot la définition du régime douanier figurant dans le Code du Sénégal. Contrairement au Sénégal, il reprend dans le Titre 5 des régimes suspensifs, de l'exportation préalable, de l'importation et de l'exportation temporaire, du drawback.

On retrouve dans les régimes suspensifs, le régime général des acquits-à-caution[170], le transit[171], l'entrepôt de douane[172], l'admission temporaire[173] et l'usine exercée[174]. Il s'agit de dispositions qui montrent les survivances de l'ancien Code de 1966. Le terme de régimes suspensifs a été reconduit.

En Côte d'Ivoire, l'ancien Code des douanes qui est toujours en vigueur reprend dans le Titre 5 [175] des régimes suspensifs, de l'exportation préalable, de l'importation et de l'exportation temporaire, du drawback.

E/ L'assouplissement des conditions d'éligibilité et d'octroi de certains régimes économiques douaniers

La CKR, le Code des douanes de l'UEMOA et le Code des Douanes du Sénégal ne donnent pas une définition d'un régime économique.

Certains auteurs ont préféré utiliser le terme de régimes douaniers provisoires[176].

---

[170] Articles 192 à 199 du Code des douanes du Bénin.
[171] Articles 201 à 214 du Code des douanes du Bénin.
[172] Articles 215 à 243 du Code des douanes du Bénin.
[173] Articles 244 à 251 du Code des douanes du Bénin.
[174] Articles 252 à 263 du Code des douanes du Bénin.
[175] Voir les articles 100 à 151 de la loi 64-291 du 1er aout 1964, J.O. n° 64, p.1103 modifiée par l'Ordonnance n° 88-225 du 2 mars 1988, J.O. n° 88, p.78.
[176] DIAGNE Ibrahima, op.cit., pp. 85-277. L'auteur qualifie ces régimes de régimes douaniers provisoires (transit, entrepôt de stockage, admission temporaire et perfectionnement actif).

Les régimes économiques douaniers pourraient être définis comme des régimes destinés à favoriser le développement de certaines activités économiques et à renforcer la capacité concurrentielle des entreprises sur les marchés internationaux, par la mise en jeu de mécanismes selon l'activité considérée (suspension de droits et taxes, octroi d'avantages fiscaux ou financiers attachés à l'exportation[177]...).

Ce sont des régimes dérogatoires aux règles du droit commun permettant une suspension des droits et taxes de marchandises lors de leur importation.

C'est le vocable qui est utilisé dans notre législation nationale alors qu'en France, il existe une distinction entre régimes suspensifs et régimes économiques[178]. Pour Jean Luc Albert « le régime économique est présenté comme un instrument important dans la concurrence internationale au travers des avantages conférés aux opérateurs sur les marchés internationaux ».

La Cour de justice de l'Union Européenne[179] apporte une clarification et affirme qu'« une mesure de retenue douanière ne pourrait être opérée pour des raisons de propriété industrielle et commerciale à l'égard de marchandises sous régime de transit communautaire, en régime suspensif, qui ne constitue pas une mise sur le marché ».

L'importance de ces régimes n'est plus à démontrer car ces derniers ont un grand apport dans la compétitivité des entreprises[180].

On peut classer les régimes économiques en trois grandes fonctions (stockage, utilisation, transformation) : c'est en effet le motif économique de l'opération envisagée qui détermine le choix d'un régime économique.

La réforme du Code des douanes a donné lieu à un assouplissement des conditions d'éligibilité et d'octroi de certains régimes économiques ;

---

[177] DIOUF Jean Baptiste, op.cit., pp.15-20.

[178] ALBERT Jean Luc, op.cit., p.200 ; ce dernier mentionne que les deux formulations concernent une pluralité assez commune de régimes, à savoir l'entrepôt douanier, la transformation sous douane, l'admission temporaire, le perfectionnement actif (à nuancer), le transit externe relevant du seul régime suspensif, le perfectionnement passif relevant spécifiquement du régime douanier économique.

[179] CCJE, 23 octobre 2003, aff. C 115/02, Administration des douanes et droits indirects, Rec., 2003, I.

[180] DIOP Pape Djigdjam, « L'apport des régimes économiques douaniers dans les performances des entreprises sénégalaises », *Revue Echos finances*, 2010, pp. 33-35.

on peut, à titre d'exemples pour le cas du Sénégal, relever plusieurs points.

D'abord, l'élargissement de la liste des bénéficiaires du régime de l'entrepôt public qui est un régime douanier qui permet le stockage de marchandises importées en suspension des droits et taxes exigibles[181] : il est désormais concédé par arrêté du Ministre chargé des Finances par ordre de priorité, aux collectivités locales, au Port autonome de Dakar, ou à la Chambre de commerce ; lorsque la nécessité l'impose, l'entrepôt public peut être concédé à d'autres personnes morales. Ceci est une ouverture qui permettra en cas de besoin, de faire appel à d'autres structures publiques ou privées.

Ensuite, l'éclatement du régime de l'entrepôt spécial[182] : on y retrouve les produits pétroliers, les produits non pétroliers et les produits énergétiques.

Enfin, l'accord de l'entrepôt industriel[183] qui est un régime de transformation par décision du DGD ; ceci permet de réduire les délais de traitement qui sont anormalement longs, lorsque l'agrément au régime est signé par arrêté du Ministre chargé des Finances.

L'entrepôt industriel est un régime douanier permettant la transformation sous douane de marchandises importées en suspension des droits et taxes exigibles, avec possibilité de réexporter les 40% des produits finis et de mettre à la consommation 60% des produits finis. C'est un régime qui n'est pas prévu dans la CKR mais qui est régi par le Code des douanes de l'UEMOA.

F/ <u>Le renforcement des voies de recours</u>

La CKR[184] prévoit un droit de recours en matière douanière. Elle prévoit que toute personne directement concernée par une décision ou une omission de la douane dispose d'un droit de recours. Les législations nationales prévoient un droit de recours.

---

[181] Voir les articles 180 à 183 du Code des douanes du Sénégal.

[182] Articles 186 à 200 du Code des douanes du Sénégal.

[183] Article 201 du Code des douanes précité : l'entrepôt industriel est un établissement placé sous le contrôle de l'Administration des douanes, où les entreprises qui travaillent pour l'exportation ou à la fois pour l'exportation et le marché intérieur peuvent être autorisées à procéder, pour ces deux destinations, à la mise en œuvre de marchandises importées en suspension des droits et taxes dont elles sont passibles.

[184] Norme 10.1 du Chapitre 10 de l'Annexe générale de la CKR.

Lorsqu'un recours introduit devant la douane est rejeté, le requérant a le droit d'introduire un nouveau recours devant une autorité indépendante de l'administration des douanes[185]. En dernière instance, le requérant dispose d'un recours devant une autorité judiciaire[186].

Pour le cas du Sénégal, il existe trois niveaux : le recours introduit devant la douane, celui introduit devant une autorité indépendante de la douane et un recours devant une autorité judiciaire.

L'idée est de pouvoir garantir les droits de la défense à un usager devant la douane, quel que soit l'objet du litige (valeur, espèce, origine, etc.).

Le Code des douanes, conformément à la Constitution du Sénégal qui consacre le droit de la défense[187], prévoit la possibilité de recours en matière douanière ; en effet, le Titre XIII intitulé « Voies de recours et règlement de litiges douaniers » contient des dispositions permettant à un usager lésé par une décision de l'administration des douanes de la contester.

L'article 414 du Code dispose : « toute personne a le droit d'exercer un recours contre les décisions relatives à l'application de la législation douanière prises par les autorités douanières et qui la concernent directement et personnellement ».

L'usager doit respecter ainsi des formalités (formuler une demande écrite, donner les explications). Le recours doit en outre être présenté dans un délai d'un mois suivant la publication ou la notification de la décision attaquée.

Le Directeur général des douanes est tenu de donner une réponse écrite motivée dans un délai de deux (02) mois. Selon les cas, la décision peut être rapportée, maintenue ou modifiée[188] .

Il s'agit d'une procédure qui est similaire à celle du recours gracieux en matière administrative.

---

[185] Norme 10.5 du Chapitre 10 de l'Annexe générale de la CKR.

[186] Norme 10.6 du Chapitre 10 de l'Annexe générale de la CKR.

[187] L'article 9 de la Constitution de janvier 2001 dispose que « la défense est un droit absolu dans tous les états et à tous les degrés de la procédure ».

[188] Voir les articles 414 et 415 du Code des douanes du Sénégal.

Le Code prévoit en outre la possibilité d'un recours devant une commission indépendante appelée Commission de règlement des litiges douaniers[189].

Selon l'article 413, ladite commission comprend :

- un magistrat du siège, président ;
- un magistrat du siège, suppléant ;
- deux assesseurs titulaires et deux assesseurs suppléants choisis en raison de leur compétence technique ;
- le Président du conseil de discipline des commissionnaires agréés en douane ou son représentant ;
- un secrétaire.

Le nouveau Code donne plus de pouvoirs à la Commission en lui permettant de régler des litiges douaniers ; les membres de la CRLD sont issus de divers horizons et doivent être indépendants pour rendre des décisions d'une certaine technicité.

La Commission peut être saisie en cas de contestation portant sur l'espèce, l'origine ou la valeur. Elle peut être saisie par l'administration douanière ou par l'usager[190].

La Commission statue en premier et dernier ressort ; ses décisions s'imposent aux parties, sous réserve de l'application de certaines dispositions légales [191] , ou d'une disposition d'une convention internationale.

Les articles 422 et 423 prévoient la possibilité pour les parties de saisir les organes communautaires ou le tribunal compétent dans un délai d'un mois après notification de la décision de la CRLD.

L'application de ces procédures permet d'éviter d'aller devant les tribunaux pour vider le contentieux douanier mais aussi permet aux usagers de ne pas être en position de faiblesse le cas échéant. La CKR prône des règles transparentes et prévisibles ; ceci permet d'éviter au maximum les contestations en matière douanière. Les textes sont clairs mais il faut espérer que la CRLD puisse être saisie pour que son utilité soit démontrée[192].

---

[189] Dans le Code des douanes de 1987, on parlait de la Commission d'arbitrage des litiges douaniers (CALD).

[190] Voir les articles 418 à 425 du Code des douanes du Sénégal.

[191] Voir les articles 422 et 423 du Code des douanes du Sénégal.

[192] La CALD était régie par les articles 332 à 339 du Code des douanes de 1987 pour statuer sur les recours formés contre les décisions de classement et d'assimilation ; elle

Concernant le Bénin, le droit de recours ressort des dispositions légales[193] intitulées « dispositions finales diverses »; en effet, le Code mentionne l'existence d'un Comité de recours habilité à connaître de tous litiges, réclamations et contestations en matière douanière. Ce Comité est institué au niveau de la Direction générale des douanes et de chaque Direction régionale des douanes.

Le Code renvoie à une décision du Directeur général des douanes pour la composition, la procédure de saisine et les modalités de fonctionnement des comités de recours. Lorsqu'une personne sollicite des autorités douanières une décision relative à l'application de la réglementation douanière, elle fournit tous les éléments et documents nécessaires à ces autorités pour statuer. La décision doit intervenir et être communiquée aux demandeurs dans un délai maximum de vingt et un (21) jours. Lorsque la demande de décision est faite par écrit, la décision intervient dans un délai fixé conformément aux dispositions en vigueur à compter de la date de la réception par les autorités douanières de ladite demande. Elle est communiquée par écrit au demandeur. Dans certains cas, ce délai peut être dépassé. Les décisions prises par écrit sont motivées par les autorités douanières.

Quelle que soit la situation, l'idée des législations douanières est de pouvoir permettre aux usagers de se défendre devant les autorités douanières. La législation nationale doit permettre une pluralité de recours. Cela permet à l'administration de ne pas abuser de ses pouvoirs.

Pour le cas de la Côte d'Ivoire, il est prévu dans le dispositif réglementaire, un Comité supérieur du Tarif des douanes[194] compétent pour connaître des contestations des usagers portant sur l'espèce, l'origine ou la valeur des marchandises déclarées.

La saisine de ces comités pourrait permettre d'avoir des « étincelles contentieuses[195] » qui peuvent déboucher sur la saisine du juge national

---

n'a été saisie qu'une seule fois. Elle n'était pas compétente en matière de valeur. La raison est que souvent les usagers préfèrent régler l'affaire de façon officieuse en faisant jouer les relations avec les plus hautes autorités douanières. Cet état de fait entraine un manque de documents d'interprétation de la législation douanière et contribue à rendre celle-ci plus « ésotérique et mystérieuse ».

[193] Voir les articles 485,486, 487 et 488 du Code des douanes du Bénin.

[194] Décret n° 63-304 du 17 août 1964 portant organisation et fonctionnement du Comité Supérieur du Tarif des douanes comprenant une annexe, 4 titres et 21 articles sur la composition dudit Comité, le choix des experts, l'instruction des affaires, la procédure, les délibérations et la notification des décisions.

[195] SALL Alioune, *La justice de l'intégration*, op.cit., p.33.

ou communautaire ; cela peut renforcer les règles du droit douanier car permettant une meilleure interprétation desdites règles par les administrations douanières, par les autorités indépendantes et par les autorités judiciaires.

En plus de ces changements induits par l'avènement de lois douanières consensuelles et plus souples, les administrations douanières ont essayé de faire leur mue. Elles ont essayé d'adapter leur fonctionnement à plusieurs niveaux.

SECTION II : LA « TRANSFIGURATION » DES ADMINISTRATIONS DOUANIERES

Les administrations douanières en Afrique sont le fruit d'une longue évolution. La CKR utilise le terme « douane » qu'elle définit comme les services administratifs responsables de l'application de la législation douanière et de la perception des droits et taxes et qui sont également chargés de l'application d'autres lois et règlements relatifs à l'importation, à l'exportation, à l'acheminement ou au stockage des marchandises.

Compte tenu du contexte, des régimes et des engagements des Etats, les douanes sont appelées à revoir leur fonctionnement mais surtout leur organisation et leurs modes d'intervention.

Les textes régissant les douanes ont fait l'objet de réformes pour prendre en charge de nouvelles questions et préoccupations.

Le constat révèle depuis quelques années que les administrations douanières se sont réorganisées en interne (Paragraphe I) et en externe pour mieux gérer leurs relations avec les autres acteurs du commerce (Paragraphe II).

Paragraphe I : La réorganisation interne

Au Sénégal, c'est l'arrêté n° 7282/MEF/DGD du 30 juillet 2009 qui organise la Direction générale des douanes[196]. Il comprend quarante-deux (42) articles et a vu le jour pour mieux prendre en charge les questions de la facilitation, de la prospective, de la sécurité, de l'informatique et de la fraude de façon générale.

---

196 Ce nouvel arrêté a abrogé l'arrêté n° 8381/MEF/DGD du 25 août 2000 ; à propos de l'évolution des textes de l'Administration des douanes du Sénégal de 1960 à 2000, voir CAMARA Boubacar, op.cit., p. 12.

Les missions de la DGD sont reprises dans l'article 1er ; elle est chargée :

- de la liquidation des droits et taxes exigibles à l'occasion de l'importation ou de l'exportation des produits ou marchandises ;
- de la recherche, de la constatation et de la répression de la fraude douanière, ainsi que de la contrefaçon et de la piraterie ;
- de la poursuite et de la répression des infractions à la réglementation des changes ;
- de la sécurité et de la facilitation de la chaîne logistique internationale ;
- de la formation professionnelle et du perfectionnement des personnels d'encadrement et d'exécution ;
- de l'élaboration, en collaboration avec les services intéressés tant au plan national qu'au sein des instances internationales, de la législation et de la réglementation douanières relatives aux échanges extérieurs et au change. Elle concourt également à l'application de la réglementation relative notamment à la sécurité, à la santé publique et à la protection de l'environnement ;
- du suivi et du traitement des questions relatives aux relations douanières internationales ;
- de l'administration, de l'orientation, de la coordination et du contrôle des directions et services qui la composent ;
- des secrétariats de la Commission de Règlement des Litiges douaniers, du Comité national de Lutte contre la Fraude et du Comité de direction des Commissionnaires en douane agréés.

A l'analyse, l'on remarque que les missions de l'administration douanière ont évolué [197] pour être adaptées au contexte local et international. La DGD comprend des services centraux et des services extérieurs[198]. Selon l'article 12 de l'arrêté, les services centraux sont:

- la Direction du Contrôle interne ;

---

[197] L'arrêté n° 8381/MEF/DGD du 25 août 2000 comprenait six (06) directions techniques : la Direction du Contrôle interne, la Direction des Etudes et de la Législation, la Direction des Opérations douanières, la Direction des Enquêtes douanières, la Direction du Personnel et de la Logistique et la Direction des Systèmes informatiques douaniers.

[198] Les services extérieurs sont composés des Directions régionales de Dakar port, des produits pétroliers et unités spécialisées, de l'Ouest, du Nord, du Centre, du Sud et du Sud-Est.

- la Direction de la Réglementation et de la Coopération internationale ;
- la Direction des Opérations douanières ;
- la Direction de la Facilitation et du Partenariat avec l'Entreprise ;
- la Direction du Renseignement et des Enquêtes douanières ;
- la Direction du Personnel et de la Logistique ;
- la Direction des Systèmes informatiques douaniers.

Les faits saillants à propos de cette réorganisation concernent tout d'abord la meilleure prise en charge de la dimension actuelle de la facilitation par la création d'une Direction nouvelle dédiée à cette mission. L'article 20 de l'arrêté précise que « sous l'autorité du Directeur général des douanes, la Direction de la Facilitation et du Partenariat avec l'Entreprise est chargée :

- de la facilitation et du partenariat avec l'entreprise ;
- de la gestion des régimes économiques ;
- de la gestion des régimes de franchise et d'exemption ;
- de l'application du Code des investissements et des conventions particulières ».

Elle remplace la Division de la Facilitation et des Régimes économiques douaniers (DFRED) qui était logée à la Direction des Etudes et de la Législation (DEL).

Les missions qui sont assignées à la DFPE sont très importantes et renseignent sur la volonté de l'administration de mieux gérer le partenariat avec le secteur privé à la suite de la ratification de la CKR.

La DFPE est composée de trois bureaux que sont le Bureau des Régimes économiques et particuliers [199] (BREP), le Bureau des Franchises et des Investissements (BFI) et le Bureau du Conseil aux Entreprises et de la Facilitation (BCEF).

Ensuite, l'autre élément est la création d'une Division de l'Orientation et de la Prospective (DOP) chargée entre autres de « procéder aux analyses économiques en vue de fixer, en rapport avec les politiques et objectifs retenus par le Gouvernement, les indicateurs de l'action de l'administration des douanes » ; il s'agit là d'une innovation en la matière

[199] Le BREP est chargé de la rédaction des projets de lettres, de décisions ou d'arrêtés accordant la suspension des droits et taxes importés par des personnes physiques ou morales éligibles et agréés aux régimes économiques douaniers. Ce bureau représente l'Administration des douanes aux réunions du Comité de gestion de la CKR qui se tiennent au moins une fois par an à Bruxelles.

car permettant une meilleure implication des douanes dans la mise en œuvre de la politique nationale.

Enfin, la DSID reste une direction incontournable car elle est chargée entre autres de la réalisation de la politique informatique et de la gestion des systèmes informatiques.

Dans le domaine de la criminalité, il faut saluer la création du Bureau des Investigations criminelles et des Stupéfiants qui est logé à la Direction du renseignement et des Enquêtes douanières (DRED) et la création du Groupement polyvalent de recherches et de la répression de la fraude (GPR) logé au sein de la Direction des Opérations douanières.

La CKR encourage les administrations des douanes à utiliser les technologies de l'information. L'utilisation et le développement du système GAINDE par le Sénégal depuis une vingtaine d'années permettent de mesurer leur impact dans l'environnement des affaires.

Les réformes institutionnelles ou organisationnelles sont nécessaires dans les douanes surtout en Afrique ; elles permettent de mieux cerner les missions et de leur donner un contenu plus clair. Elles ont été souvent encouragées ou rendues obligatoires suite aux missions de la Banque mondiale ou du FMI[200].

Faut-il réformer l'organisation douanière pour marquer son temps ou pour mieux gérer l'Administration ? Ne doit-on pas procéder à des évaluations annuelles de l'organisation interne ? Ces réformes sont-elles bien préparées pour ne pas tout le temps y revenir ?

Les réformes sont nécessaires mais elles doivent être bien préparées ; les Directeurs généraux des douanes procèdent à des réorganisations internes souvent pour marquer leur temps. Ceci n'est pas une mauvaise chose. Seulement pour plus d'efficacité et compte tenu des changements fréquents de postes dans les pays, il conviendrait d'organiser des réformes rationnelles et objectives.

Pour le cas du Bénin, c'est le décret N° 2016 - 421 du 20 juillet 2016 portant attributions, organisation et fonctionnement du Ministère de l'économie et des finances qui détermine les attributions de la Direction

---

[200] GILLES Montagnat-Rentier, GILLES Parent, « Réforme et modernisation des douanes en Afrique subsaharienne francophone, 1995-2010. Customs Administration Reform and Modernization in Francophone Sub-Saharan Africa, 1995-2010 », *Revue d'économie du développement* 2012/3 (Vol. 20), pp. 105-146.

générale des douanes et des droits indirects (DGDDI)[201] ; l'article 96 du décret énumère celles-ci.

La Direction générale des douanes et droits indirects est chargée :

- d'exécuter la politique douanière de l'Etat ;

- de déterminer l'assiette et de procéder à la liquidation des droits et taxes sur toutes les marchandises importées, exportées ou en transit sur le territoire national ;

- de recouvrer et de reverser les droits et taxes au Trésor public et aux institutions financières ;

- d'appliquer les prohibitions d'ordre public définies par les autorités compétentes liées à l'importation, à l'exportation ou au transit de certaines marchandises ;

- d'assurer la surveillance des trafics et mouvements frontaliers, la protection et la régulation de l'économie nationale ;

- de rechercher et de réprimer la fraude douanière ainsi que la contrefaçon et la piraterie ;

- de lutter contre le trafic illicite des stupéfiants, des espèces protégées de la faune et de la flore et des œuvres d'art ainsi que le blanchiment des capitaux ;

- de poursuivre et de réprimer les infractions à la réglementation des changes ;

- d'assurer la sécurité de la chaîne logistique internationale et la facilitation du commerce ;

- d'entretenir les relations douanières internationales ;

- d'assurer et de suivre la formation professionnelle et le perfectionnement des personnels des douanes, sous la coordination de la Direction de l'administration et des finances.

Ces attributions tiennent compte de l'évolution de l'environnement et de la nécessité de respecter les engagements communautaires et internationaux.

La Direction générale des douanes et des droits indirects (DGDDI) est l'une des régies financières relevant du Ministère de l'Economie et des Finances (MEF). Traditionnellement et à titre principal, elle accomplit trois missions à savoir : une mission fiscale, une mission économique et

---

[201] Voir le document intitulé : aof_ministere_economie_finances_20072016.pdf consulté le 10/09/2017.

une mission de surveillance et de répression. Sur le plan fiscal, elle contribue pour près de 50% à la mobilisation des ressources budgétaires nécessaires à la réalisation de la politique du Gouvernement[202].

En ce qui concerne la Côte d'Ivoire, la Direction générale des douanes est chargée :

- d'élaborer les projets de textes législatifs et réglementaires et d'appliquer cette réglementation dans les matières douanières ;
- d'assurer la préparation et le suivi des accords douaniers bilatéraux et multilatéraux ;
- de déterminer l'assiette, l'émission, la liquidation et le recouvrement des droits et taxes inscrits au tarif des douanes ;
- de gérer le contentieux de l'assiette et le recouvrement ainsi que la répression des infractions douanières ;
- d'assurer la protection économique du territoire ;
- d'assurer l'élaboration et la gestion des statistiques du commerce extérieur ;
- d'assurer l'élaboration et l'application des mesures législatives et réglementaires, notamment des annexes fiscales relatives aux matières douanières ;
- de procéder à l'exploitation et à la gestion du Système de Dédouanement Automatisé des Marchandises (SYDAM).

En parcourant les attributions des différentes administrations douanières du Sénégal, de la Côte d'Ivoire et du Bénin, l'on remarque le souci de prendre en charge la liquidation des droits et taxes, la facilitation des échanges commerciaux, l'informatisation des procédures, la lutte contre les fraudes notamment la criminalité transnationale organisée, la coopération internationale, la gestion du renseignement douanier.

Le souci de prendre en charge le partenariat avec le secteur privé est décliné ; en effet, les administrations ont chacune une direction ou un service chargé de gérer la question conformément à la CKR.

Les formulations dans les textes régissant les administrations douanières diffèrent mais les préoccupations sont les mêmes : il s'agit en somme pour les administrations d'assurer la mission fiscale, économique, d'assistance à d'autres administrations et in fine d'assurer

---

[202] Voir le lien http://www.finances.bj/directions/les-directions-techniques/direction-generale-des-douanes-et-droits-indirects/ consulté le 20/09/2017.

la mission de sécurisation et de facilitation des échanges qui leur est désormais dévolue.

Les douanes se sont aussi réorganisées pour mieux gérer leurs relations avec les usagers.

Paragraphe II : La réorganisation externe

La croissance économique et la prospérité de nos pays dépendent du commerce international. En tant que services présents aux frontières, les administrations douanières doivent se demander quelles incidences ont leurs actions sur les entreprises qui font du commerce international, et comment devenir plus efficace afin de réduire au maximum le fardeau de la réglementation et encourager le commerce international.

Les administrations douanières essaient de s'adapter en organisant au mieux les contours de leurs relations avec les autres acteurs du commerce.

Si les administrations douanières travaillent en interaction constante avec les entreprises, la forme que prennent les relations entre ces deux acteurs du commerce international varie de pays à pays ; généralement, elle varie selon la situation économique, la culture nationale, les impératifs politiques, les ressources et besoins opérationnels, etc.

La Convention de Kyoto révisée stipule dans ses principes généraux que « la douane institue et entretient officiellement des relations d'ordre consultatif avec le commerce afin de renforcer la coopération et de faciliter la participation, en établissant, en fonction des dispositions nationales et des accords internationaux, les méthodes de travail les plus efficaces [203]».

Pour qualifier cette relation douane-entreprises, on parle désormais de « partenariat » au sein duquel chacun convient de travailler en coopération dans la poursuite d'objectifs communs.

De nombreuses administrations ont adopté cette approche partenariale, développant des relations de coopération avec le secteur privé à travers la signature d'instruments de coopération et la création de plateformes de liaison dans le but d'accélérer, de simplifier et de sécuriser les échanges commerciaux.

---

[203] Voir le Préambule de la CKR.

Les bénéfices d'un partenariat sont nombreux et tous liés aux avantages d'un environnement où règne ce que l'on appelle en anglais le « good will [204]».

Dans tous les pays, les opérateurs commerciaux qui importent ou exportent des marchandises se voient contraints de communiquer et d'interagir avec les douanes. La qualité de cette relation imposée et l'état d'esprit de ses intervenants varient sensiblement d'un pays à l'autre. Dans certains pays, elle s'appuie sur la grande confiance qui s'est instaurée entre les parties en général, tandis que dans d'autres elle doit faire face à une méfiance - parfois justifiée - réciproque[205].

L'OMD reconnaît depuis longtemps l'importance d'un partenariat avec les entreprises. S'appuyant sur les travaux importants de groupes comme le Groupe consultatif du secteur privé, l'OMD est en mesure de connaître le point de vue du secteur privé et de s'assurer que ses instruments tiennent compte des besoins de ce secteur.

Selon Martyn DUNNE, « une coopération et une collaboration plus étroites avec l'industrie offrent donc de nombreux avantages mutuels. Il n'y a donc aucun doute que la coopération et la collaboration avec les entreprises sécurisent les échanges, favorisent l'efficacité et permettent de mieux faire respecter la loi »[206].

Les administrations sont appelées à être des administrations de services[207] ; la mise en place d'un partenariat Douane-Entreprise répond à plusieurs enjeux d'importance.

En cherchant à faire des services douaniers une administration qui est au service des opérateurs économiques, ces règles internationales ont aussi eu pour objet d'accélérer, de simplifier et de sécuriser toutes les opérations d'importation et d'exportation.

La CKR encourage les Parties contractantes à entretenir des relations d'ordre consultatif avec le secteur privé. Il s'agit de voir dans ce cas, les différents cadres de concertation et d'échanges qui existent et qui permettent une meilleure collaboration. On peut citer les cadres suivants pour le Sénégal.

---

204 Voir la revue *OMD Actu*, février 2010, p.15.

205 RAVEN John, « Information, consultation et coopération : les principaux ingrédients du partenariat OMD-secteur privé », in *OMD Actu*, février 2010, p.17.

206 DUNNE Martyn, président du Conseil de l'OMD, « Partenariat Douane-Entreprises : combiner nos talents pour être plus performants », in *OMD Actu*, février 2010, p.16.

207 JEANNARD Sébastien, « Faire de la douane une administration de services », in *OMD Actu*, février 2010, p.24.

Le Comité du partenariat douanes-entreprise[208] dont la mission principale est de contribuer au partenariat public-privé ; il est chargé entre autres de veiller à la mise en œuvre des recommandations des deux colloques[209] et de la journée de l'Entreprise[210] , de définir les attributions des commissions spécialisées et de veiller à leur bon fonctionnement, d'examiner toute question forte relative au partenariat et n'ayant pas trouvé de solution auprès des services compétents de l'administration des douanes.

Le Comité du partenariat est composé :

- d'un (01) président : le Directeur de la Facilitation et du Partenariat avec l'Entreprise ou son représentant ;

- de deux (2) vice-présidents dont un représentant de la Chambre de Commerce et un représentant de l'Union des Chambres de métiers du Sénégal ;

- d'un Secrétaire permanent en la personne du chef du Bureau du Conseil aux Entreprises et de la Facilitation (BCEF) ;

- de membres dont six représentants pour la douane, six représentants du secteur privé, un représentant de la Direction de l'Appui au Secteur privé (DASP), un représentant de la Direction des petites et moyennes entreprises (DPME), un représentant de l'APIX, un représentant de l'ASEPEX, deux représentants du Port autonome de Dakar et un représentant du COSEC (Conseil sénégalais des Chargeurs).

La composition de ce cadre renseigne sur la volonté du partenariat car en plus de l'administration des douanes sénégalaises et de certaines directions nationales et agences, tous les acteurs du secteur privé sont normalement représentés.

Le Sous-Comité national sur la facilitation des échanges a été créé par arrêté ministériel n° 8683 du 09 septembre 2009[211]. Selon l'article 2 de l'arrêté, le Sous- Comité sur la Facilitation des Echanges a pour mission entre autres d'assurer la mise en œuvre de l'Accord sur la facilitation des

[208] Le Comité du partenariat a été créé par l'arrêté 7920/MEF/DGD du 04 octobre 2012 en remplacement du Comité de Suivi des recommandations du Colloque de 2007.

[209] Le premier colloque Douane- Entreprise au Sénégal a eu lieu les 23 et 24 octobre 2007 à Dakar ; il a permis de lancer les jalons du partenariat entre la douane et le secteur privé ; le deuxième colloque organisé en 2009 a consacré l'octroi de privilèges personnalisés aux entreprises.

[210] La journée de l'Entreprise a été organisée pour la première fois en 2012 avec comme thème « le Programme de Partenaires privilégiés ».

[211] Voir J.O. n° 5004 du samedi 26 décembre 2009 ou le site jo.gouv.sn.

échanges[212] (Accord de Bali). Il est présidé par un coordonnateur relevant de la Direction générale des douanes et le rapporteur relève de la Direction du commerce extérieur. Il s'agit d'un cadre que partagent l'administration des douanes et le service du commerce pour les questions liées à la politique commerciale.

L'Accord de Bali recommande aux Etats la mise en place de comités nationaux sur la facilitation des échanges afin de parvenir à une meilleure harmonisation des règles en la matière. L'OMC compte particulièrement sur l'OMD pour la mise en œuvre technique des règles de l'Accord.

L'adoption de l'Accord a suscité des interrogations de la part des pays africains[213] car certains experts ont étudié la question de l'impact sur nos économies.

Pour le cas du Bénin, la table ronde consacrée au dialogue secteur public - secteur privé pour la relance de l'économie du Bénin, avait été initiée par le Chef de l'Etat, Thomas Boni YAYI en octobre 2012 ; cette rencontre avait pour ambition d'établir, avec le concours et sur la base des propositions des opérateurs privés eux-mêmes, les conditions de développement et de compétitivité du secteur privé ainsi que les mesures spécifiques tendant à le faire participer davantage, dès le court terme, à la croissance économique.

De façon sectorielle, l'administration des douanes du Bénin entretient des rapports très fluides avec la Chambre de Commerce et d'Industrie du Bénin (CCIB) qui a pour ambition d'être une véritable institution d'appui au développement et au rayonnement des entreprises du Bénin dans le monde entier. Les douanes béninoises et la CCIB ont mis en place des Comités techniques paritaires pour examiner les questions d'intérêt commun[214].

En ce qui concerne la Côte d'Ivoire, il existe aussi un grand cadre de dialogue dénommé Comité de Concertation Etat-Secteur Privé (CCESP) ; celui-ci organise annuellement, en partenariat avec le Groupe de la Banque Mondiale et de la Banque Africaine de Développement, une rencontre de réflexions et d'échanges entre l'Etat et le Secteur Privé,

---

[212] L'Accord sur la facilitation des échanges est le premier accord commercial multilatéral depuis la création de l'OMC. D'après l'OMC, son entrée en vigueur devra réduire le coût du commerce pour les tous les pays en simplifiant la circulation des marchandises à travers les frontières (www.omc.org).
[213] KANYIMBO Patrick, « Facilitation des échanges : quels gains pour l'Afrique », *ICTSD*, 2014, volume 1.
[214] Source : http://www.douanes-benin.net/ consulté le 20 octobre 2017.

autour des grandes orientations de développement économique de la Côte d'Ivoire[215].

Dans un cadre plus spécifique, il a été mis en place par le gouvernement, l'Observatoire de la célérité des opérations de dédouanement (OCOD) [216], qui matérialise le partenariat entre l'administration des douanes et le secteur privé.

L'observatoire, qui s'inscrit dans la droite ligne des réformes mises en œuvre par l'administration depuis 2001 et composé à égalité de membres douaniers et du secteur privé[217], a également pour mandat de détecter dans la chaîne logistique les goulots d'étranglement occasionnés par d'autres structures que les douanes.

La création de cet instrument qui scelle le partenariat ou le mariage entre l'administration des douanes et le secteur privé a été appréciée par les acteurs. Pour la tutelle, « l'OCOD est le gage d'une compétitivité meilleure, résultant d'un équilibre bien compris entre la nécessité du contrôle d'une part, et les impératifs de fluidité d'autre part[218] ».

Des rencontres périodiques et sectorielles sont souvent organisées entre les différents acteurs depuis plusieurs années[219].

Ainsi, les objectifs visés par les autorités douanières procèdent de l'engagement de l'Administration douanière à disposer d'un service de qualité pour renforcer au mieux le partenariat avec tous les acteurs.

En résumé, il faut retenir que les engagements pris par les administrations douanières de mettre en œuvre les dispositions

---

[215] Voir l'article intitulé « Enjeux d'un dialogue public-privé constructif pour la vision 2020 de notre économie », sur le site http://www.webbfontaine.com/ consulté le 20/09/2017.

[216] Voir http://www.panapress.com/Mise-en-place-d-un-observatoire-de-la-celerite-douaniere--12-730070-4-lang4-index.html consulté le 20/09/2017.

[217] L'OCOD comprend seize (16) membres et a été dirigé pour la première fois par le Colonel Agnès M'LANHORO qui est Inspecteur des douanes ivoiriennes.

[218] Propos du ministre ivoirien de l'Economie et des Finances, M. Bohoun BOUABRE, voir http://www.panapress.com/Mise-en-place-d-un-observatoire-de-la-celerite-douaniere--12-730070-4-lang4-index.html consulté le 20/09/2017.

[219] Voir http://news.abidjan.net/h/361868.html. consulté le 20 /09/2017. En effet, à titre d'exemple, la Direction générale des douanes ivoiriennes a procédé le mardi 13 Avril 2010, à l'école des douanes, au lancement de six nouveaux produits (le guide de procédure des services douaniers, le guide de la procédure d'application de la circulaire 1449 du 19 janvier 2010 sur le transit, le lancement officiel de la démarche qualité, la mise en place d'un système d'analyse de risques et de sélectivité, le lancement du séminaire sur l'exonération, les opérations immobilières au profit des agents de douanes) en présence des représentants du secteur privé.

pertinentes de la CKR ont permis un toilettage des textes régissant l'environnement douanier de façon générale. En effet, des Codes douaniers consensuels et mieux adaptés ont vu le jour et des cadres officiels d'échanges et de concertation sur toutes les questions intéressant le commerce international ont été mis en place.

L'OMD prône une approche dynamique et consensuelle dans les relations entre les douanes et les acteurs du commerce pour pouvoir faciliter les échanges. Les administrations douanières ont été obligées de « faire leur mue » pour mieux gérer leurs missions et mieux faire face aux nouveaux défis par des contrôles prévisibles, sélectifs et efficaces.

Même s'il y a des efforts à faire, il faut tout de même se réjouir des changements importants et des ruptures substantielles opérées par les administrations douanières des pays objet de l'étude.

La mise en œuvre des dispositions de la CKR a aussi entraîné des mutations technologiques importantes.

CHAPITRE II

LES MUTATIONS TECHNOLOGIQUES

La CKR prévoit que « la douane utilise la technologie de l'information à l'appui des opérations commerciales lorsque celle-ci est efficace et rentable tant pour la douane que pour le commerce[220] ».

Il s'agit d'une obligation de moyens pour les Parties contractantes qui doivent prendre en compte dans leur droit interne ce nouvel aspect. La douane est appelée à adapter son fonctionnement en utilisant les nouvelles technologies.

Que recouvre cette notion ? Quels sont les bouleversements induits par l'usage de l'Internet ?

« Technologies de l'Information et de la Communication (TIC) est une expression principalement utilisée dans le monde universitaire pour désigner le domaine de la télématique, c'est à dire les techniques de l'informatique, de l'audiovisuel, des multimédias, d'internet et des télécommunications qui permettent aux utilisateurs de communiquer, d'accéder aux sources d'information, de stocker, de manipuler, de produire et de transmettre l'information sous toutes les formes : texte, musique, son, image, vidéo et interface graphique interactive (HM)[221] ».

Efficacité et rentabilité pour tous les acteurs ne sont plus à démontrer surtout avec l'avènement du commerce électronique[222] qui a bouleversé les règles traditionnelles de dédouanement et de contrôles douaniers.

Les enjeux sont importants aussi bien pour les acteurs du commerce (Section I) que pour les administrations douanières (Section II).

SECTION I : L'UTILISATION DES TECHNOLOGIES DE L'INFORMATION PAR LES ACTEURS DU COMMERCE

Selon le Pr BERR et TREMEAU, « le droit douanier est effectivement constitué par différents instruments juridiques permettant la réalisation

[220] Voir le chapitre 7 de l'Annexe générale de la CKR.
[221] C'est la définition donnée par le site en ligne Wikipédia ; voir fr.m.wikipedia.org consulté le 08/12/2016.
[222] DIONE Alioune, op.cit., pp.9-23 ; celui-ci donne une définition du commerce électronique et avance que le droit douanier doit subir une mutation pour bien cerner l'activité économique autour du commerce électronique.

de la politique douanière… Le contenu du droit douanier est par nature variable dans le temps et dans l'espace [223] ».

Les règles douanières sont ainsi appelées à changer en tenant compte du contexte. Le droit douanier est évolutif et il est particulier.

La mondialisation des échanges et l'apparition de nouvelles formes de commerce impliquent de nouvelles règles pour les contenir et permettre à la douane d'effectuer correctement ses missions.

Les acteurs du commerce doivent profiter des avantages de l'utilisation des technologies de l'information en matière douanière.

La CKR renseigne que toute législation nationale nouvelle ou révisée doit prévoir des méthodes de commerce électronique comme solution alternative aux documents à établir sur papier.

Ainsi, les Codes douaniers doivent impérativement intégrer la possibilité d'utiliser le commerce électronique, de faire les formalités et procédures informatisées.

La CKR consacre l'automatisation des procédures de dédouanement qui est appelée à aboutir à une dématérialisation.

L'usager peut recourir à la technologie à toutes les étapes : dans le pré-dédouanement (Paragraphe I), dans le dédouanement et dans d'autres domaines liés (Paragraphe II).

Paragraphe I : Dans le pré-dédouanement

« L'internet est le principal progrès technologique du 21ème siècle[224] », selon Michel DANET[225].

L'internet a marqué le début d'un bouleversement profond de l'économie mondiale en engendrant trois phénomènes nouveaux : l'accélération des échanges commerciaux, leur internationalisation progressive et leur dématérialisation[226].

---

[223] BERR J. Claude et TREMEAU Henri, op.cit., p.78 et s.

[224] http://www.wcoomd.org. Propos de Michel DANET, ancien Secrétaire général de l'OMD en juin 2002 sur le thème intitulé : « Internet, un élargissement des marchés mondiaux ».

[225] Michel DANET est ancien haut fonctionnaire de la DGDDI de France avec un parcours riche et diversifié de trente-cinq (35) années ; il a été élu Secrétaire général de l'OMD en 1998 et a été réélu le 28 juin 2003 pour un mandat de cinq ans par un vote à la majorité des pays membres de l'organisation. Voir le lien www.gouv.fr

[226] DIONE Alioune, op.cit., p. 9.

La dématérialisation est le remplacement dans une entreprise ou une organisation de ses supports d'informations matériels (souvent en papier) par des fichiers informatiques et des ordinateurs, jusqu'à la création de bureau sans papier » ou « zéro papier » quand la substitution est complète.

Les transactions électroniques sont caractérisées par une certaine dématérialisation, se traduisant par une absence de référence physique et corporelle et certains auteurs ont pu démontrer l'importance et les enjeux de la dématérialisation[227].

L'OMD par le biais de la CKR entend jouer sa participation en élaborant des règles douanières modernes et adaptées à l'environnement économique.

L'intensification des échanges commerciaux de biens et services interpelle particulièrement les douanes qui sont chargées du contrôle des mouvements de marchandises.

La part de l'Afrique dans le commerce mondial est très faible ; bien qu'elle englobe 12% de la population mondiale, l'Afrique représente moins de 2% du commerce mondial [228] . Les explications sont nombreuses : passé colonial, absence de vision des autorités publiques, environnement des affaires peu attirant, procédures lourdes et complexes, corruption généralisée, absence de politique commerciale adaptée, etc.

Avant de procéder au dédouanement des marchandises, il y a des formalités à accomplir ou des documents à collecter pour les besoins intérieurs du contrôle douanier : il peut s'agir de factures, de licences, des documents de transport, d'autorisation d'importer, de certificats d'origine, de certificats (sanitaire, phytosanitaire, etc.), de déclaration préalable d'importation, d'attestation de vérification.

---

[227] DIONE Alioune, op.cit., p 29 : celui-ci estime que « cette situation d'immatérialité constitue un atout non négligeable pour les autorités douanières dans leurs missions et leurs défis actuels de répondre positivement aux problématiques nouvelles du commerce mondial que sont la facilitation et la sécurisation des échanges ».

Avant lui, Monsieur Pierre BREESE rappelait que « l'internet offre des possibilités de diffusion des informations, des créations et des offres nouvelles, en raison de la dématérialisation de tous les échanges, de l'indépendance entre la localisation matérielle des moyens techniques et le lieu d'exécution des échanges, et enfin du caractère nécessairement mondial de tout acte commis sur Internet » , guide Vuibert, p.17.

[228] DIEYE Cheikh Tidiane, « Que vaut l'Afrique dans le système commercial international », *Passerelles*, volume 16, numéro 8 ou suivre le lien fr.icstd.org consulté le 02 juillet 2017.

La collecte de ces documents auprès de différents services administratifs ou privés constitue un « parcours de combattant » et peut faire perdre beaucoup de temps à l'importateur.

La dématérialisation devrait présenter plus de transparence et de célérité pour l'importateur qui gagnerait non seulement du temps mais aussi de l'argent.

« Le degré de modernisation d'une administration douanière se mesure à l'aune de sa capacité à nouer un partenariat dynamique et fécond avec le secteur privé. Il s'évalue et s'apprécie également à travers sa propension à utiliser les technologies de l'information et de la communication, en vue de traduire en applications informatiques les procédures de facilitation élaborées au bénéfice exclusif des usagers du service public de la douane[229] ».

Ces mots traduisent une philosophie qui implique que la dématérialisation doit apporter sa contribution à la compétitivité des entreprises et à la croissance économique.

Les enjeux de la dématérialisation sont multiples pour le secteur privé ; en effet, elle permet un gain de compétitivité avec la célérité des procédures de dédouanement. Les délais de traitement pour le dédouanement sont réduits de même que les délais pour la phase d'enlèvement des marchandises.

En plus, elle concourt à la prévisibilité des échanges commerciaux telle que prônée par l'OMC. En effet, cette dernière encourage les initiatives allant dans le sens de la facilitation et de la simplification des procédures car lorsqu'il y a stabilité et prévisibilité, l'investissement est encouragé, des emplois sont créés et les consommateurs profitent des avantages résultant de la concurrence[230].

La dématérialisation participe aussi à l'amélioration de la place de nos pays au regard des indicateurs internationaux de mesure de performance. Dans le cadre d'une économie mondiale globalisée, la compétitivité est devenue un impératif pour tout Etat soucieux de son avenir.

Selon l'OCDE, « la compétitivité est la latitude dont dispose un pays évoluant dans des conditions de marché libre et équitable pour produire des biens et services qui satisfont aux normes internationales du marché

---

[229] JANCOVICI Jean Marc, « La dématérialisation de l'économie, mythe ou réalité ? », *La jaune et la rouge*, août /septembre 2007.

[230] SENE Cheikh Ahmadou Bamba, *La dématérialisation des procédures et formalités du commerce extérieur*, Mémoire de fin d'études, ENA, Dakar, 2013, pp. 67 et s.

tout en maintenant et en augmentant simultanément les revenus réels de ses habitants dans le long terme ».

Les pays africains sont appelés à jouer un rôle dans le commerce mondial et doivent créer les conditions pour la compétitivité de leurs économies qui gardent encore des séquelles de la colonisation ou plus généralement des « hypothèques d'hier [231] ».

Les Etats africains membres de l'OMC, tenus par des engagements internationaux et communautaires, veulent tous créer des cadres attractifs pour les investisseurs étrangers ; cet objectif stratégique de la politique économique est défini au plus haut sommet par les Etats et apparaît clairement avec l'organisation de Conseils présidentiels de l'Investissement. Il s'agit de cadres d'échanges entre les Gouvernements et les acteurs de l'économie pour identifier les obstacles à l'investissement privé et les contraintes qui plombent les efforts pour la compétitivité des entreprises.

Les efforts conjugués des acteurs du secteur public et du privé visent à améliorer le classement des pays au niveau du rapport Doing Busness qui est particulièrement suivi par les responsables politiques, les investisseurs et les chercheurs.

Les critères[232] tels que « la facilité de faire des affaires » ou « le commerce transfrontalier » intéressent particulièrement les administrations des douanes qui œuvrent pour réduire les obstacles non tarifaires au développement des échanges commerciaux.

Au Sénégal, la dématérialisation des formalités du commerce extérieur[233] est devenue une réalité d'une part avec la mise en place d'une plateforme appelée ORBUS Logistic[234]. Il permet le partage électronique des documents de transport, notamment le manifeste.

---

[231] SALL Alioune, *Les mutations de l'intégration des Etats de l'Afrique de l'Ouest : une approche institutionnelle*, Dakar, 2010, L'Harmattan, pp. 15-58.

[232] A ce propos, les rapports Doing busness illustrent cet état de fait ; l'environnement des affaires dans un pays ne peut être propice que lorsque les douanes jouent un rôle en facilitant les procédures douanières aux frontières.

[233] Il convient de souligner que le projet d'autonomisation des procédures douanières a vu le jour en 1986. Le système dénommé « GAINDE » qui signifie Gestion Automatisée des Informations Douanières et des Echanges a été lancé en 1990. Il a été conçu par le Sénégal contrairement à la plupart des Etats africains qui utilisent le système SYDONIA mis en place par la CNUCED.

[234] Voir le lien m.lejecos.com consulté le 25 aout 2017. ORBUS est un guichet unique géré par le GIE GAINDE 2000 permettant aux opérateurs économiques de faire les formalités préalables avant le dédouanement.

Son utilité est grande ; destiné aux compagnies de consignation, le service permet une double anticipation qui facilite les opérations au niveau du Port : d'abord pour la répartition des manifestes entre les bureaux de douane sur la base des scores des navires et des prévisions d'entrée ; ensuite pour les opérations de dédouanement en procédant au ciblage des articles du manifeste.

Il permet en résumé de simplifier la conduite en douane des marchandises importées.

D'autre part, ORBUS a mis en place un guichet électronique unique qui consiste en un système de collecte et de transmission des documents accompagnant la déclaration en détail.

Les usagers ont la possibilité de centraliser tous les documents justificatifs[235] délivrés par les administrations publiques (services de la santé, du commerce, de l'environnement...), les compagnies d'assurance, les institutions financières, les compagnies de transport... qui doivent accompagner la déclaration en douane.

Ce système constitue une facilité permettant aux acteurs impliqués dans le commerce de déposer des informations et des documents numérisés auprès d'un seul point d'entrée afin de remplir toutes les formalités liées à l'importation, à l'exportation et au transit.

Pour en bénéficier, l'usager doit ouvrir un dossier électronique sur le réseau ORBUS pour chaque opération.

Le guichet unique permet à l'opérateur de communiquer les renseignements exigés en une seule opération, par voie électronique à une seule autorité désignée qui est l'Administration des douanes.

La Côte d'Ivoire a mis en place un système informatisé dénommé Guichet Unique du Commerce Extérieur (GUCE) pour accélérer les procédures de dédouanement au Port d'Abidjan depuis le 1er juillet 2013[236].

Cela fait suite à la nouvelle orientation stratégique et politique de l'Etat qui entraîne tous les secteurs (l'éducation, les médias, le transport, le commerce extérieur...) à procéder à la dématérialisation et à

[235] On peut citer la déclaration préalable d'importation, l'attestation de vérification, le certificat d'origine, la facture, le connaissement, la lettre de transport aérien, la police d'assurance, le certificat sanitaire ou phytosanitaire, la déclaration d'importation de produits alimentaires, l'autorisation de change, etc.

[236] Source : www.guce.gouv.ci.

l'informatisation de leur système de gestion afin de rendre l'accès aux informations plus rapide et par conséquent améliorer leur efficacité.

En effet, l'objectif gouvernemental est de faire de la Côte d'Ivoire un pays émergent à l'horizon 2020 et d'arriver au TOP 50 dans le classement du Doing business en 2018.

Le Guichet Unique du Commerce Extérieur (GUCE) entend regrouper progressivement toutes les informations relatives au commerce extérieur en un portail transactionnel unique, pour permettre à tout individu désirant faire du commerce vers ou depuis la Côte d'Ivoire d'obtenir une marche à suivre claire, ainsi qu'un soutien adéquat, afin de mener à bien ses opérations commerciales en ligne.

Cette plateforme permet aux opérateurs qui participent au commerce et au transport de communiquer des informations et documents normalisés à un seul point d'entrée, afin de satisfaire à toutes les formalités requises en cas d'importation, d'exportation et de transit.

Le GUCE dispose d'une interface publique destinée à informer tous les acteurs ou potentiels acteurs du commerce extérieur sur la marche à suivre (portail d'information) et d'une interface privée réservée aux professionnels du commerce détenteurs de compte d'accès à la plateforme.

Le GUCE repose sur les technologies les plus avancées. Son architecture flexible et modulaire permet son enrichissement progressif et son adaptation facile aux changements règlementaires[237].

Le Bénin a aussi mis en place un guichet unique suite à l'application de différentes recommandations : recommandations de la Conférence ministérielle de l'OMC à Bali en 2013, la Convention de Kyoto révisée sur la simplification et l'harmonisation des procédures douanières, les recommandations de l'OMD sur la facilitation des échanges, les recommandations de la Banque Mondiale dans le cadre de l'amélioration du climat des affaires (volet facilitation du commerce transfrontalier).

Selon les autorités, les améliorations de la performance des corridors de marchandises, la simplification des processus logistiques et administratifs, la réduction des délais et des coûts liés au commerce extérieur, l'accroissement de l'efficacité du Port de Cotonou étaient des

[237] Source : www.guce.gouv.ci.

priorités pour un meilleur positionnement du Bénin dans l'espace communautaire[238].

Les objectifs visés sont :

- la sécurisation et l'augmentation des recettes fiscales et douanières ;
- la transparence des transactions ;
- la réduction significative des délais de passage portuaires ;
- l'optimisation des procédures de passage physique des marchandises.

Dans le cadre de ses réformes juridiques[239], le gouvernement du Bénin a pris plusieurs mesures depuis 2006 afin d'améliorer la compétitivité du Port de Cotonou face la concurrence des Ports de Lagos, Lomé et Téma. On peut ainsi noter l'avènement du Guichet Unique du Port (GUP) ou Guichet Unique pour le Commerce Extérieur (GUCE) en octobre 2011 et la dématérialisation des procédures de pré-dédouanement, depuis avril 2015.

En mettant en place le GUP, les objectifs principaux du Gouvernement étaient de mieux sécuriser les recettes douanières de l'Etat, à travers un mécanisme de facturation unique (le Bordereau de Frais Unique) et d'accélérer le passage portuaire des marchandises.

Ainsi, au lieu de se rendre physiquement auprès des sept (7) administrations impliquées dans le processus d'enlèvement de toute marchandise (douanes, chambre de commerce, port autonome, société béninoise des marchés publics, etc.) pour y obtenir les factures des services que chacune offre, il a suffi de mettre en place une plateforme électronique (le GUP) dans laquelle toutes ces administrations concernées sont présentes depuis octobre 2011.

---

[238] Voir le document benin-guichet-unique-comme-outil-de-facilitation-du-commerce-exterieur.pdf intitulé « Le Guichet Unique comme outil de facilitation du Commerce Extérieur (GUOCE) » présenté à Marrakech en Septembre 2016 par l'Agence de Promotion des Investissements et de l'Exportation (APIEX) du Bénin.

[239] Dans le domaine douanier, la réforme repose juridiquement sur le décret n° 2015-259 du 15 mai 2015 portant fixation du cadre applicable à la dématérialisation de la liasse documentaire du pré-dédouanement en République du Bénin et l'arrêté interministériel n° 097 du 22 mai 2015 portant barème des coûts de délivrance de certificats, permis et autorisations relatifs à la dématérialisation des liasses documentaires de pré-dédouanement des marchandises et véhicules, à l'importation, à l'exportation, en transit au port de Cotonou, à travers le mécanisme de la signature électronique.

A partir de ce moment, le GUP fut en mesure d'émettre et de délivrer, au nom de toutes les administrations qui contribuent à l'enlèvement des marchandises de l'espace portuaire, un Bordereau de Frais Unique (BFU) à l'importateur/l'exportateur, que ce dernier est appelé à solder auprès de l'une des banques également présentes sur la plateforme électronique, en fournissant juste le numéro du BFU (et non son support papier).

Après la réforme du «Bordereau des Frais Unique (BFU)» électronique et celle de la dématérialisation du «Bordereau de Suivi des Cargaisons (BSC)», devenu «Bordereau Electronique de Suivi des Cargaisons (BESC)», le Gouvernement béninois a poursuivi la mise en œuvre de son programme de réformes en exécutant, depuis avril 2015, la dématérialisation complète de tous les documents de pré-dédouanement (certificats, permis, licences, autorisations, etc.), à travers l'utilisation de la plateforme électronique du Guichet Unique des Opérations de Commerce Extérieur (GUOCE).

Seuls les commissionnaires agréés en douane sont pour l'instant autorisés à accéder à ladite plateforme électronique, pour son utilisation.

Pour comprendre l'envergure d'une telle réforme, il faut savoir qu'il s'est agi ici de mettre sur la même plateforme électronique (le GUOCE), quatorze (14) administrations, les banques et les compagnies d'assurance. Il faut aussi retenir qu'il s'est agi de dématérialiser plus de trente (30) documents administratifs (autorisations, certificats, permis etc.)....dans un premier temps[240].

La mise en place du guichet a considérablement amélioré les délais liés à la préparation requis pour le dédouanement des marchandises. En effet, avec l'installation du guichet unique, le temps de préparation de documents à l'import est passé de quatorze à trois jours au Bénin[241].

L'utilisation des technologies dans le dédouanement proprement dit est aussi salutaire.

---

[240] Source http://www.gufebenin.org/index.php/actualites/104-commerce-transfrontalier-la-dematerialisation-des-procedures-de-pre-dedouanement consulté le 20/09/2017.

[241] Source http://www.gufebenin.org/index.php/actualites/104-commerce-transfrontalier-la-dematerialisation-des-procedures-de-pre-dedouanement consulté le 20/09/2017.

Paragraphe II : Dans le dédouanement

La CKR recommande l'établissement par la douane de « méthodes de travail efficaces » et le développement de certaines applications informatiques en vue de faciliter les procédures en est la preuve.

La dématérialisation est une mesure de simplification et de facilitation profitable aux opérateurs qui effectuent des gains de temps et d'argent lors des opérations de dédouanement. Elle permet à la douane de moderniser son système et d'accompagner les opérateurs. La dématérialisation des procédures de dédouanement offre aux opérateurs économiques des services en matière d'établissement et de traitement de la déclaration en détail qui permet à ceux-ci d'assigner un régime douanier aux marchandises.

Pour le cas du Sénégal, la DSID a pu mettre en place une application dénommée GAINDE Intégral[242] permettant l'établissement et le dépôt électronique des déclarations en douane par les commissionnaires en douane agréés. Cette application est le prolongement du guichet unique électronique. GAINDE intégral possède toutes les fonctionnalités de la version de 2010 auxquelles s'ajoutent la signature électronique, l'extension GAINDE et le Portail Douane[243].

GAINDE Intégral permet aux services douaniers de recevoir la déclaration électronique et via ORBUS les documents numérisés accompagnant celle-ci. Tout est fait par voie électronique entre l'opérateur, ORBUS et les services douaniers.

Le traitement de la déclaration en douane par les agents chargés du contrôle au niveau du bureau compétent s'effectue électroniquement ; il s'agit de la recevabilité et de la délivrance du bon à enlever (BAE) qui permet de libérer la marchandise.

Cette application permet de simplifier la collecte, le traitement et la gestion des déclarations en douane.

---

[242] Arrêté n° 06942 du 02 août 2010 portant dématérialisation des procédures et formalités du commerce extérieur ; note de service n° 00450/DGD/DRCI/BRD/mg du 17 avril 2012 relative aux formalités de dédouanement et procédures dématérialisées ; note de service n ° 01557/DGD/DFPE/DRCI/BRD/mg du 12 juillet 2012 relative à certaines opérations ; note de service n° 1781/DGD/DFPE-DRCI/BRD/mg du 10 août 2012 portant procédures dématérialisées relatives à l'enlèvement des marchandises ; note de service n° 582/DGD/DFPE-DRCI/BRD/mg du 05 mars 2013 relative à la mise en œuvre de la dématérialisation des procédures de dédouanement et des formalités du commerce extérieur,...

[243] SENE Cheikh Ahmadou Bamba, op.cit., pp. 41-42.

Pour le paiement des droits et taxes, une application dénommée CORUS a été mise en place dans le même sillage ; son objectif est de permettre le paiement électronique des droits et taxes après la liquidation.

Sa mise en œuvre nécessite une collaboration entre l'administration des douanes, le Trésor public et la BCEAO. C'est dans ce cadre qu'une convention a été signée le 08 novembre 2013 entre ces institutions et des banques de la place pour rendre opérationnel ce système. Mais dans la pratique, le système n'est pas encore opérationnel.

Avec le nouveau système GAINDE Intégral, c'est l'ensemble des formalités liées au dédouanement qui sont dématérialisées car l'usager ou l'opérateur peut effectuer lesdites formalités à partir de son lieu de travail avec son ordinateur. Il existe aussi un projet pour mettre en place un Ticket libératoire électronique qui permettra d'effectuer tous les paiements (travail supplémentaire commercial, droits, prestations informatiques) en une seule opération.

Même s'il y a encore des difficultés techniques de mise en œuvre, il faut tout de même reconnaître que des efforts sont menés pour une plus grande souplesse dans les procédures de dédouanement au Sénégal.

La Côte d'Ivoire a mis en place un système informatisé dénommé Guichet Unique du Commerce extérieur (GUCE) pour accélérer les procédures de dédouanement au Port d'Abidjan.

C'est la société Webb Fontaine qui est chargée par le Gouvernement de mettre en œuvre des solutions qui apporteront des résultats tangibles dans des domaines cruciaux, tels que la facilitation du commerce.

La solution de Guichet Unique dématérialisée du Commerce Extérieur de Webb Fontaine est une plateforme unique visant à regrouper tous les acteurs du commerce, et offrir un panel riche de fonctionnalités afin de faciliter le travail des opérateurs économiques et de l'Etat[244].

La dématérialisation des procédures du commerce permet un dédouanement des marchandises dans un délai raisonnable.

Pour le Bénin, la dématérialisation des procédures de dédouanement est un maillon très important pour rendre le port de Cotonou compétitif. C'est pourquoi la dématérialisation des procédures douanières présente de multiples avantages ; elle va consister à informatiser tous les

[244] Voir http://www.webbfontaine.com.

documents nécessaires au dédouanement avec pour but, un gain substantiel[245] de temps et l'élimination des faux frais.

Avec la réforme de la dématérialisation, l'ensemble des documents, désormais informatisés et réunis sous l'appellation de « documents administratifs uniques », devrait permettre de passer de quatorze à un ou deux jours ouvrables. Ce qui devrait forcément faire tâche d'huile sur l'ensemble de la chaîne avec à la clé, l'accroissement des performances du Port de Cotonou et l'amélioration sensible de ses revenus fiscaux selon les autorités douanières[246].

Pour les pays objet de l'étude, en plus de la procédure de dédouanement, le système devrait permettre d'accompagner les administrations douanières dans la gestion des franchises et des régimes économiques douaniers[247], dans la gestion électronique des documents et dans le suivi de la suspension de la TVA prévue par exemple dans le Code des investissements[248].

L'utilisation de ces technologies présente aussi des avantages certains pour les administrations douanières dans l'accomplissement de leurs missions.

SECTION II : LE RECOURS AUX TECHNOLOGIES DE L'INFORMATION ET DE LA COMMUNICATION PAR LES ADMINISTRATIONS DOUANIERES

La CKR prévoit le recours par la douane aux technologies de l'information pour mieux assurer sa fonction de contrôle des activités commerciales.

---

[245] Voir l'article du Journal La Tribune intitulé « Dématérialisation des procédures de dédouanement au Port autonome de Cotonou : la SEGUB consolide le bilan de BONI Yayi », édition du 1er décembre 2014. Au Bénin, environ quatorze jours, assortis de tracasseries de toutes sortes, sont encore nécessaires pour remplir les formalités administratives pour le dédouanement des marchandises par voie maritime.

[246] Voir l'article précité.

[247] Par exemple, au Sénégal, l'application dénommée GRED et mise en place par la DSID devrait permettre une gestion dématérialisée des titres d'exonérations et des différentes demandes traitées par la DFPE.

[248] Au Sénégal, la loi 2004-06 du 06 février 2004 portant Code des Investissements prévoit une exonération des droits de douane et une suspension de la TVA pour les marchandises importées par des personnes physiques ou morales agréées par l'APIX.

A travers cet instrument, on peut dire sans ambages que les objectifs visés sont importants pour le commerce et pour les services douaniers ; il s'agit de s'adapter à l'environnement économique en utilisant des procédures automatisées, dématérialisées pour faciliter le commerce et permettre un contrôle douanier efficace et rentable.

Les enjeux sont énormes pour la douane car la modernisation impose le recours à des nouveautés technologiques adaptées aux missions douanières (Paragraphe I).

Mais il existe encore des obstacles à surmonter car la technologie est difficilement cernable du fait de plusieurs facteurs liés à la faiblesse des moyens et à l'environnement sécuritaire (Paragraphe II).

Paragraphe I : Les enjeux pour les administrations douanières

La douane est chargée de la collecte des impôts et de la lutte contre les trafics divers ; elle assure des fonctions statistiques et sert aussi de conseillère pour les entreprises. La douane est en tant que tel un acteur du commerce international[249].

Elle est ainsi chargée de contrôler les opérations d'importation et d'exportation des marchandises objet du commerce international.

Dans le chapitre 2 de l'Annexe générale de la CKR, le contrôle de la douane est défini comme « l'ensemble des mesures prises par la douane en vue d'assurer l'application de la législation douanière ».

La loi douanière ou Code des douanes[250] reprend les missions de la douane et définit le contrôle douanier comme « l'accomplissement d'actes spécifiques, tels que la vérification des déclarations et des marchandises, le contrôle de l'existence et de l'authenticité des documents, l'examen de la comptabilité des entreprises et autres écritures, le contrôle des moyens de transport ou des personnes, le contrôle des bagages et des autres marchandises transportées par ou sur des personnes, l'exécution d'enquêtes administratives et autres actes similaires, en vue d'assurer le respect de la réglementation douanière et, le cas échéant, des autres dispositions applicables aux marchandises sous surveillance douanière ».

Cette longue définition fait ressortir tous les actes qui peuvent être effectués par la douane dans l'exécution de ses missions aussi bien pour

---

[249] ALBERT Jean Luc, op.cit., p.15.

[250] Article 1er de la loi 2014-10 du 28 février 2014 portant Code des douanes du Sénégal.

le contrôle immédiat au niveau des frontières que pour le contrôle à postériori qui nécessite des enquêtes et des investigations après le dédouanement.

Quelles sont les raisons pour lesquelles la douane doit utiliser les technologies modernes et passer de l'automatisation à la dématérialisation des procédures et formalités de dédouanement ?

Dans un contexte économique mondial marqué par une compétition acharnée entre les zones économiques pour attirer les investissements directs étrangers, toutes les mesures visant l'amélioration du climat des affaires dans les pays africains sont salutaires.

La modernisation des douanes est indispensable et celle-ci passe par une adaptation des procédures aux nouvelles technologies afin de rendre plus fluides et plus sécurisées toutes les opérations commerciales.

A ce propos, « l'innovation est indispensable pour faire face aux enjeux d'un environnement douanier en constante mutation, tels que la sécurisation de la chaîne logistique internationale, la facilitation des échanges commerciaux, le recouvrement équitable, efficace et effectif des recettes et la protection de la société contre le commerce illicite[251] ».

Les administrations douanières sont toutes interpellées et doivent sans cesse adapter leurs outils, leurs organisations et leurs procédures aux nouvelles exigences de leurs missions.

Les administrations des douanes en Afrique mobilisent une bonne partie des recettes fiscales qui doivent alimenter le budget des Etats[252].

Les douanes en Afrique ont été appuyées techniquement par certains partenaires au développement, notamment le FMI et la Banque mondiale, afin qu'elles puissent mettre en place des systèmes modernes de dédouanement.

Selon les constats et conclusions de l'assistance technique du Département des Finances publiques du FMI, les douanes des pays

---

[251] http://www.wcoomd.org. Ces propos de l'actuel Secrétaire général de l'OMD, Monsieur Kunio MIKURYA, ont été tenus lors de l'édition de la Journée internationale de la douane en 2013 qui avait pour thème : « l'innovation au service du progrès douanier ».

[252] Voir les cas du Sénégal, de la Côte d'ivoire et du Bénin dans les sites officiels de ces administrations.

francophones d'Afrique subsaharienne (PFAS) ont entrepris des réformes de 1995 à 2010[253].

Partant de l'engagement des douanes à suivre un processus de modernisation conforme aux conventions de l'OMD et aux obligations nées de l'adhésion à l'OMC[254], l'assistance technique du FMI et les autres partenaires techniques au développement ont pu ajuster des prescriptions et recommandations internationales en fonction de la situation de chaque administration et ont fixé les objectifs de modernisation que sont :

- adopter des politiques commerciales et tarifaires cohérentes et mettre en place la législation appropriée ;
- adopter des procédures simples et modernes ;
- revoir l'approche et les méthodes des contrôles douaniers ;
- s'assurer que les structures administratives, les pratiques de gestion et les incitations soutiennent l'efficacité et une conduite éthique des douanes ;
- mettre en œuvre l'informatisation de l'intégralité du processus.

En matière de modernisation des administrations des douanes, l'informatique est l'outil indispensable pour le succès des réformes.

Les organisations internationales telles que l'OMD et l'OMC ainsi que les partenaires techniques[255] encouragent l'utilisation des systèmes modernes, généralisés et pleinement utilisés par les acteurs que sont les douaniers et les opérateurs.

A l'exception du Sénégal qui a conservé son propre système informatique douanier dénommé « GAINDE », les autres pays tels que le Mali, le Bénin et la Côte d'Ivoire ont reçu un appui technique de la CNUCED pour la mise en place de SYDONIA et de ses versions améliorées. Le logiciel SYDONIA est fourni par la CNUCED à la demande des pays en voie de développement avec l'assistance des

---

[253] GILLES Montagnat - Rentier et GILLES Parent, « Réforme et modernisation des douanes en Afrique francophone, 1995-2010, *Revue Economie du développement*, 2012/3, pp.105-146.

[254] Les pays francophones d'Afrique subsaharienne sont membres de l'OMC. L'OMD et l'OMC s'appuient sur des bonnes pratiques reconnues facilitant l'insertion dans les échanges internationaux et encouragent la coopération entre les douanes et les opérateurs selon l'article cité plus haut.

[255] Dans l'article précité, il est mentionné qu'à compter de 2003, l'assistance technique à l'administration douanière a considérablement augmenté car sur quarante et une (41) missions organisées par le FMI, douze (12) ont été exclusivement consacrées aux douanes.

experts mais ce sont les pays demandeurs qui sont responsables du financement du projet.

Des problèmes liés à l'installation, à la gestion et au financement sont notés dans les pays, ce qui limite la valeur ajoutée du système.

Malgré tout, grâce à SYDONIA, 85 à 90% des recettes ont pu être gérés électroniquement au niveau des ports[256].

Les douanes sont un enjeu majeur pour le développement[257] ; en effet, dans la plupart des pays africains, les droits et taxes collectés par les douanes représentent 30 à 70% des recettes du budget national.

Les auteurs Gaël RABALLAND [258] et Thomas CANTENS [259] estiment que les douanes sont au cœur de l'économie africaine car elles demeurent la principale institution capable de collecter elle-même des revenus publics. Ils constatent que les impôts sur le revenu ou sur le foncier sont délaissés en raison de leur collecte difficile.

D'après ces derniers, économiquement les douanes ont un impact direct sur les prix à la consommation ; étant peu modernisées, elles représentent un frein important au commerce par le renchérissement des coûts de transaction[260].

Il convient de noter qu'il existe un impact énorme de la modernisation des systèmes informatiques douaniers sur la mobilisation des recettes douanières. En effet, l'évolution des recettes douanières depuis la mise en place des réformes liées à l'informatisation est constante dans les pays africains.

---

[256] GILLES Montagnat- Rentier et GILLES Parent, op.cit., p.111.

[257] RABALLAND Gaël et CANTENS Thomas, « Réforme des douanes et développement en Afrique subsaharienne », *Afrique contemporaine* 2009/2, pp. 19-31.

[258] Gaël RABALLAND est économiste senior de la région Afrique de la Banque mondiale, titulaire d'un doctorat en économie, coauteur d'un livre sur les prix et coûts de transport en Afrique (Transport Prices and Costs in Africa) et chercheur associé à l'Institut Choiseul, Paris.

[259] Thomas CANTENS est inspecteur des douanes françaises et docteur en anthropologie sociale et ethnologie à l'École des hautes études en sciences sociales (EHESS), rattaché au Laboratoire d'anthropologie sociale (LAS-Paris), sous la direction de M. André BOURGEOT. Il a bénéficié de deux détachements au ministère des Affaires étrangères et européennes, pour exercer, au titre de la coopération française, les fonctions de conseiller technique des directeurs généraux des douanes du Mali (2001-2003) et du Cameroun (2006-2010).

[260] RABALLAND Gaël et CANTENS Thomas, « Réforme des douanes et développement en Afrique subsaharienne », Idem, p.21.

Les enjeux de la dématérialisation pour les douanes sont spécifiques et multiples ; en effet, l'amélioration de l'efficacité de la douane qui doit fournir un service fiable et qualitatif reste un impératif et une exigence de plus en plus accrue. La douane doit pouvoir réaliser de bonnes performances en matière de mobilisation de recettes.

La dématérialisation est un processus et il est démontré qu'il y a un lien entre celle-ci et l'évolution des recettes douanières dans les pays.

Un autre enjeu est celui de la transparence de l'action des douanes ; en effet, le recours à l'informatique permet d'éviter au maximum les contacts entre douaniers et usagers ; ce qui permet de réduire la corruption et les trafics de tous genres. La question de l'éthique reste une réelle priorité pour l'OMD[261] qui l'a définie comme « un ensemble d'attitudes positives favorisant un comportement et des pratiques de travail honnêtes et intègres ».

L'OMD a adopté en 1993 la Déclaration d'Arusha sur l'éthique douanière qui reprend douze (12) recommandations destinées à rendre les administrations douanières plus efficaces et à réduire les facteurs de corruption. La plupart des administrations douanières ont signé ladite Déclaration et se sont engagées à opérer des réformes dans ce sens.

Les douaniers sont des fonctionnaires et ils doivent fournir des services qui répondent aux attentes des usagers. En tant qu'agents publics, ils doivent faire preuve de dévouement, de dignité, d'intégrité, de loyauté et de patriotisme.

L'importance des missions douanières et l'existence de pouvoirs exorbitants de droit commun doivent entraîner une lutte accrue contre la corruption dans les douanes pour la mise en œuvre des réformes concernant les douanes en Afrique. Il s'agit même d'exigences pour les bailleurs de fonds ou partenaires techniques. Beaucoup d'études permettent de démontrer l'effet de la corruption sur la mise en œuvre des réformes douanières[262].

Le fait d'éliminer les contacts non nécessaires entre les fonctionnaires des douanes et les acteurs du commerce devrait rendre les procédures du

---

[262] DIEYE Cheikh Tidiane, *la corruption bureaucratique au Sénégal : trajectoires, ressorts et représentations populaires*, l'Harmattan, Dakar, 2018 ; FJELDSTAD Odd-Helge, « Vers plus d'éthique dans les douanes en Afrique subsaharienne », *Afrique contemporaine* 2009/2 (n° 230), pp.33-54. DJEUWO Marcellin, « La corruption dans le management des ressources humaines de l'administration douanière », *CAIRN.INFO* pp. 55-67 consulté le 27/10/2016.

commerce extérieur plus transparentes et conformes aux recommandations de l'OMD.

Le chapitre 6 de l'Annexe générale de la CKR[263] traite du contrôle douanier ; il définit d'abord le champ d'action de l'intervention douanière concernant les marchandises importées ou exportées.

Les contrôles douaniers doivent être réalisés s'ils sont nécessaires et dans ce cas, l'utilisation de l'analyse des risques et le contrôle par audit sont recommandés.

Il est demandé aux douanes de coopérer entre administrations mais aussi de coopérer avec les acteurs du commerce pour l'amélioration des contrôles douaniers. La douane est même appelée à évaluer les systèmes commerciaux des entreprises qui ont une incidence sur les opérations douanières afin de s'assurer de leur conformité aux prescriptions douanières.

Il s'agit en fait de nouvelles orientations pour les douanes qui doivent adapter les contrôles dans le cadre de leurs activités. La CKR est, sur ce point, particulière, car elle entend non seulement adapter les règles douanières aux dispositions de l'OMC mais aussi et surtout créer des synergies entre les douanes et entre les douanes et les usagers en « humanisant les relations ».

Il s'agit d'une véritable évolution car les contrôles doivent se faire non seulement de « façon concertée » mais aussi de « façon rationnelle » par l'utilisation de techniques modernes et efficaces qui permettent de mieux contrôler tout en facilitant les échanges commerciaux par l'utilisation notamment de la gestion des risques.

Ne peut-on pas voir ici l'idée même d'une volonté expresse d'éviter ou de réduire le contentieux douanier qui fait l'objet de multiples reproches par la Doctrine[264] ? A notre avis, la réponse est affirmative. En effet, l'on sait souvent que c'est suite à un contrôle douanier que l'infraction est découverte et sa constatation entraîne des sanctions pénales et civiles pour l'usager. La douane vérifie les éléments de taxation tels que la valeur, l'espèce, le poids et l'origine au moment de la vérification de la déclaration en détail qui couvre les marchandises.

---

[263] Voir les normes 6.1 à 6.10 du chapitre 6 de l'Annexe générale de la CKR.

[264] Le contentieux douanier a longtemps été caractérisé par sa rigidité et son particularisme. Il a été jugé souvent trop répressif et attentatoire aux droits des citoyens. A ce propos, voir les ouvrages de BERR et TREMEAU, ALBERT Jean Luc, CAMARA Boubacar, FAYE Malick déjà cités.

En coopérant avec la douane notamment par la signature de protocoles d'accord, les usagers ont la possibilité d'obtenir tous les éléments indispensables et peuvent bénéficier de contrôles allégés ou souples compte tenu du degré de confiance existant.

L'utilisation des nouvelles technologies de l'information, l'utilisation du commerce électronique et la dématérialisation permettent de rationaliser les contrôles douaniers ; cela permet en effet d'améliorer le contrôle immédiat et le contrôle après le dédouanement[265].

Tout compte fait, la douane ainsi que les acteurs du commerce peuvent tirer des avantages des nouvelles technologies pour mieux gérer leurs rapports et mieux s'acquitter de leurs missions respectives. Cette démarche pourrait aussi inspirer les autres acteurs du service public (justice, administration générale, administration fiscale, etc.) qui peuvent tirer d'énormes profits de la dématérialisation.

Mais l'utilisation des nouvelles technologies comporte aussi des limites et des obstacles qui peuvent constituer un frein pour leur développement et leur utilisation optimale par les douanes des pays africains.

Paragraphe II : Les obstacles divers liés au recours aux technologies de l'information et de la communication

Les avantages liés à l'utilisation des technologies de l'information modernes ne sont plus à démontrer pour les différents acteurs du commerce. Mais il faut noter que cela suppose l'existence de gros moyens pour les gouvernements et les acteurs impliqués.

Le premier problème est la question du financement des administrations douanières pour les réformes en matière d'informatisation. La dématérialisation des procédures douanières par exemple nécessite la mise en place de réseaux adaptés et modernes dont les coûts s'élèvent à plus d'un milliard de francs CFA[266].

Or les budgets mis en place pour le fonctionnement des administrations douanières n'atteignent pas souvent ces montants. C'est pourquoi ce sont les partenaires techniques (FMI, BM, CNUCED, ICF, UE) qui souvent financent les projets de modernisation ; ce qui non

[265] DIONE Alioune, op.cit., pp.119- 130.

[266] Source DSID : le projet de la dématérialisation au Sénégal financé par le Fonds pour le climat d'investissement en Afrique (ICF) s'élevait à 3.8 millions de dollars.

seulement crée des problèmes de coordination dans la mise en œuvre mais aussi limite notre autonomie dans le processus.

La gestion du processus de la dématérialisation est un problème car elle nécessite une mise à niveau des process et des outils. Les technologies de l'information et de la communication évoluent à une vitesse extraordinaire, ce qui nécessite une perpétuelle et constante adaptation des administrations douanières. C'est pourquoi le fonctionnement harmonieux du processus de la dématérialisation des procédures de dédouanement nécessite des moyens pour être à jour et avoir des systèmes adaptés.

Le manque de volonté politique et la corruption[267] annihilent les efforts devant être réalisés pour accompagner le processus de modernisation des douanes en Afrique. Les gouvernements préfèrent utiliser les ressources disponibles pour des projets de moindre importance plutôt que de les mettre à la disposition des administrations financières qui sont très utiles pour la bonne marche des économies.

Plusieurs études réalisées entre 1999 et 2006 en Afrique démontrent que la corruption dans les douanes en Afrique reste un facteur qui retarde la mise en œuvre des réformes douanières.

D'après Odd-Helge FJELDSTAD[268], « la lutte contre la corruption dans l'administration des douanes constitue un défi pour de nombreux pays africains, mais aussi pour les agences de développement qui leur apportent une assistance technique ». Selon l'Indice de corruption des pays exportateurs en 2008, dans nombre de pays africains, l'administration des douanes est perçue par les chefs d'entreprise comme l'un des pans les plus corrompus du secteur public. D'après une étude réalisée par Afrobaromètre en 2008, la douane fait partie des institutions les plus discréditées dans certains pays[269].

L'autre problème qui est lié à l'utilisation des technologies est la question de l'hébergement des données[270] et de la mobilité du système

---

[267] DJEUWO Marcellin, « La corruption dans le management des ressources humaines de l'administration douanière », https: www.cairn.info/article_ p.php?ID _ARTICLE=AFCO_230_0055 consulté le 27/10/2016 ; FJELDSTAD Odd-Helge, « Vers plus d'éthique dans les douanes en Afrique subsaharienne », op.cit., pp.33-54.

[268] FJELDSTAD Odd-Helge est professeur à l'Université de Pretoria. Il est Directeur de recherches à l'ICDT (International Centre for tax and development). Voir le lien www.ictd.ac

[269] FJELDSTAD Odd-Helge, « Vers plus d'éthique dans les douanes en Afrique subsaharienne », op.cit., pp.33-34.

[270] SENE Cheikh Ahmadou Bamba, op.cit., pp.77- 81.

qui nécessite l'amélioration des infrastructures qui sous-tendent le processus de la dématérialisation. Le stockage, la conservation et l'archivage des données générées par le nombre de déclaration en détail traitées dans les bureaux de douane doivent être réalisés correctement par la douane. Or, la prise en charge pose des difficultés majeures. Certains acteurs ont proposé le recours au « cloud computing » ou « l'informatique par les nuages » qui est un nouveau concept défini en France[271] comme « mode de traitement des données d'un client, dont l'exploitation s'effectue par Internet, sous la forme de services fournis par un prestataire ... » Cette solution n'est pas partagée par d'autres surtout pour des raisons de sécurité , de souveraineté et de confidentialité[272].

Il y a aussi la question de la cybercriminalité qui est un phénomène très complexe nécessitant des précautions particulières. Le doyen Jean CARBONNIER [273] a estimé que « l'évolution des mœurs et des techniques donne naissance à de nouvelles formes de délinquance [274]». La plupart des grandes découvertes technologiques ont engendré presque toujours, à côté des progrès économiques qu'elles procurent à l'humanité, des retombées négatives parmi lesquelles figure en bonne place l'avènement de nouvelles formes de criminalité[275].

La cybercriminalité est définie comme « l'ensemble des actes criminels dont on considère la fréquence et la nature, l'époque et le pays où ils sont commis [276]».

Selon le Dr Pape Assane TOURE, le phénomène criminel est difficile à conceptualiser car il ne fait l'objet d'aucune définition légale. Mais des définitions ont été proposées compte tenu de l'évolution du phénomène.

Les experts considèrent que l'infraction informatique recouvre « tout comportement interdit par la législation et/ou par la jurisprudence qui :

a) est dirigé contre les technologies de calcul électronique et de communication elles-mêmes ;

---

[271] J.O. de la République française du 6 juin 2010.

[272] DIONE Alioune, op. cit., pp.131-136.

[273] Le doyen Jean CARBONNIER est un juriste français, professeur de droit privé et spécialiste du droit civil ; il est l'auteur de plusieurs publications de 1969 à 2002.

[274] CARBONNIER Jean, *Flexible droit : pour une sociologie du droit sans rigueur*, Paris, P.U.F., 1978, p.401.

[275] TOURE Pape Assane, *Le traitement de la cybercriminalité devant le juge : l'exemple du Sénégal*, Paris, L'Harmatan, 2015, p. 17.

[276] Nouveau Petit Robert de la langue française, 2009, nouvelle édition millésime, 2009, V° criminalité, p.85.

b) fait intervenir l'utilisation de technologies numériques pour la commission de l'infraction ; et

c) suppose l'utilisation incidente d'ordinateurs pour la commission d'autres infractions ».

En tenant compte de l'utilisation et de la mise en œuvre des NTIC dans le processus infractionnel, la cybercriminalité pourrait être définie comme l'ensemble des infractions qui supposent l'implication des NTIC dans une activité délictueuse, en vue de porter atteinte soit à des valeurs traditionnelles de la société (propriété des biens, honneur, foi publique, intimité de la vie privée, etc.), soit à des valeurs nouvelles nées de ces technologies (système informatique, données informatiques, logiciels, etc.[277]).

La cybercriminalité reste un phénomène complexe sur tous les plans. Elle peut revêtir la nature d'une criminalité d'affaires ou d'une délinquance économique car la recherche de l'argent des autres est l'objectif des cybercriminels qui peuvent modifier, introduire ou supprimer des données appartenant à autrui par simple clic d'ordinateur[278].

La cybercriminalité peut être une criminalité organisée car étant le fait d'organisations criminelles (groupes de « hackers » et associations de fraudeurs informatiques comme les cyberescrocs, les skimmers, les crackers, etc.[279]).

La plupart des pays ont mis en place une législation pour prendre en charge la cybercriminalité.

La sécurité en matière informatique n'est pas assurée et des agissements répréhensibles sont notés généralement[280].

Les systèmes informatiques douaniers sont stratégiques puisque c'est grâce à eux que s'effectuent les liquidations douanières. Les directions chargées des services informatiques comprennent des agents douaniers

---

[277] TOURE Pape Assane, op.cit., p.21.

[278] Idem., p.24.

[279] Ibid., p.25.

[280] Ibid., pp.17-18. A titre d'exemple concernant le développement de la cybercriminalité, le Dr TOURE mentionne qu'au mois de mai 2010, le site officiel du gouvernement du Sénégal (http://www.gouv.sn) a été victime d'une attaque de la part d'un pirate informatique se disant membre de la Hack Army. En janvier 2008, les actes de sabotage informatique, réalisés au moyen d'un cheval de Troie envoyé depuis le forum de discussion du site d'informations « nettali.com », ont rendu indisponible son serveur pendant des semaines.

et non douaniers. Les administrations douanières recrutent des ingénieurs informaticiens et le risque existe que des manipulations du système puissent être opérées pour l'obtention de paiements de droit réduits ou nuls. Les ingénieurs informatiques utilisent des codes et opèrent des paramétrages au niveau des réseaux. Ces informaticiens peuvent être corrompus ou servir des intérêts d'autres sociétés (commissionnaires en douane agréés, entreprises privées, industriels, transitaires, banques, assurances, etc.).

C'est pourquoi des mesures répressives ont été prévues pour décourager d'éventuels fraudeurs informatiques ; par exemple le Sénégal dans son nouveau Code des douanes a prévu un délit de troisième classe avec des sanctions sévères contre les auteurs d'attaques du système informatique douanier [281].

Par ailleurs, il convient de noter parmi les contraintes, le faible niveau de maitrise des outils informatiques par les usagers des services douaniers dans les pays africains.

---

[281] Article 392 de la loi 2014-10 du 28 février portant Code des douanes du Sénégal.
1. Est puni de la confiscation des moyens ayant servi à commettre l'infraction, d'une amende de 10.000.000 à 20.000.000 de francs et d'un emprisonnement de cinq (05) à dix (10) ans, quiconque :
- accède ou tente d'accéder frauduleusement à tout ou partie du système informatique douanier ; - se maintient ou tente de se maintenir frauduleusement dans tout ou partie du système informatique douanier ; - entrave ou fausse ou tente d'entraver ou de fausser le fonctionnement du système informatique douanier ; - introduit ou tente d'introduire frauduleusement des données dans le système informatique douanier ; - intercepte ou tente d'intercepter frauduleusement par des moyens techniques des données informatisées lors de leur transmission non publique à destination, en provenance ou à l'intérieur du système informatique douanier ; - endommage ou tente d'endommager, efface ou tente d'effacer, détériore ou tente de détériorer, altère ou tente d'altérer, modifie ou tente de modifier, frauduleusement des données douanières informatisées ; - produit ou fabrique un ensemble de données numérisées par l'introduction, l'effacement ou la suppression frauduleuse de données informatisées stockées, traitées ou transmises par le système informatique douanier, engendrant des données contrefaites, dans l'intention qu'elles soient prises en compte ou utilisées à des fins légales comme si elles étaient originales ; - obtient frauduleusement, pour soi-même ou pour autrui, un avantage quelconque, par l'introduction, l'altération, l'effacement ou la suppression de données informatisées ou par toute forme d'atteinte au fonctionnement du système informatique douanier.
2. Est puni des mêmes peines, celui qui se procure ou tente de se procurer frauduleusement, pour soi-même ou pour autrui, un avantage quelconque en s'introduisant dans le système informatique douanier.
3. Dans les cas de récidive ou de commission en bande organisée, les peines prévues à l'alinéa 1 du présent article sont doublées.

Le développement de l'internet et les progrès des NTIC interpellent et posent de nombreux défis aux juristes et aux hommes politiques[282].

La question de la sécurité reste un défi majeur pour les administrations douanières. L'internet a généré le commerce électronique, l'enseignement à distance, les forums internationaux sans déplacement des personnes physiques, des relations totalement renouvelées entre les administrations publiques, le téléchargement des textes juridiques dès leur publication. Mais, victime de ses premiers a priori d'échanges à tout va et de non-sécurisation, l'internet a aussi généré une insécurité de plus en plus grande, des risques avérés d'intrusion, des fraudes informatiques gravissimes.

D'un côté, la liberté et l'échange du commerce, de l'autre, l'insécurité et le risque[283].

La question de la sécurité des systèmes se pose car les systèmes informatiques douaniers dépendent de sociétés nationales d'électricité et de sociétés privées de téléphonie.

Le problème de l'autonomie se pose car en cas de panne ou de grève des acteurs privés, tout le système informatique reste bloqué.

Même les pays en avance du point de vue de la technologie sont touchés par des difficultés techniques qui peuvent remettre en cause la fiabilité des systèmes informatiques douaniers. L'exemple le plus récent concerne le blocage de millions de passagers dans les aéroports américains à cause d'une défaillance du système informatique des douanes américaines[284].

Les infrastructures actuelles abritant des réseaux informatiques douaniers sont aussi des sites stratégiques pouvant faire l'objet d'attaques terroristes et l'Afrique de l'Ouest reste une zone marquée par une certaine instabilité politique.

---

[282] CHATILLON Georges, *Le droit international de l'Internet*, Bruylant, Bruxelles, 2003, p.5. Monsieur Raymond FORNI, président de l'Assemblée nationale française estimait que … « certains de nos concitoyens s'inquiètent, d'autres s'alarment, prompts à dénoncer les menaces du totalitarisme électronique ou de la délinquance numérique. Le clavier peut aujourd'hui se transformer en l'instrument de pratiques frauduleuses que nous devons condamner et combattre. La cybercriminalité est une réalité et certaines questions se posent désormais de façon urgente ».

[283] Idem, p.8.

[284] Article publié le 15 octobre 2015 sur le site www.le mondeinformatique.fr consulté le 20 octobre 2017.

Pour conclure, il convient de souligner que la CKR est d'abord une convention particulière à plusieurs égards ; ce sont les normes contenues dans l'Annexe générale qui sont obligatoires pour toutes les Parties contractantes. Les annexes spécifiques le sont seulement pour les pays qui les ont acceptées comme le Sénégal.

Le délai de mise en œuvre qui est de trois (3) ans n'est pas respecté par les Parties contractantes qui ont des difficultés internes pour procéder rapidement à l'adoption de nouvelles lois puisque ces changements nécessaires impliquent l'intervention des parlements nationaux.

La CKR a pour objectif de simplifier les procédures douanières pour faciliter davantage le commerce conformément aux recommandations de l'OMC. C'est un objectif qui est facile à atteindre puisque les normes de la CKR peuvent être mises en œuvre rapidement par le biais des nouvelles technologies.

Par contre, l'objectif d'harmonisation recherché est difficile à atteindre puisqu'il existe une option pour les Parties contractantes ; en d'autres termes, les annexes spécifiques ne sont pas obligatoires. D'ailleurs la plupart des pays membres de l'OMD n'y ont pas adhéré[285].

Il se trouve que les intérêts en jeu sont multiples et chaque administration douanière défend ses intérêts spécifiques au niveau de l'OMD ; en effet, les priorités ne sont pas les mêmes pour les pays. Certains pays développés préfèrent ne pas prendre des engagements internationaux qui peuvent avoir des impacts négatifs sur leur politique commerciale.

Les pays africains et particulièrement ceux visés ici ont la possibilité de s'engager tout en n'oubliant pas d'accorder une attention aux priorités de nos économies. Certes, l'essentiel est de pouvoir moderniser le fonctionnement des administrations en passant par des réformes juridiques et techniques appropriées comme le promeut l'OMD. Mais l'on doit avoir pour objectif de s'engager au niveau des organisations internationales afin de trouver des moyens qui permettent de densifier le tissu industriel pour permettre notamment la transformation des matières premières et de promouvoir les exportations.

[285] Voir le tableau des pays ayant adhéré ou ratifié la CKR sur le site www.omd.org.

Il existe un Comité de gestion [286] de la CKR qui est chargé d'interpréter les règles. Mais ledit Comité n'a pas un pouvoir de sanction. Les Parties contractantes préfèrent trouver un consensus sur toutes les questions.

Le droit douanier évolue et est influencé de façon progressive par les règles contenues dans la CKR. Ces règles prévisibles, simples et fondées sur un partenariat avec les autres acteurs du commerce peuvent être mises en œuvre et ainsi faciliter les transactions commerciales.

Ne peut-on pas dire que l'on assistera surement à un déclin du contentieux douanier pour le commerce licite ?

A priori, on peut répondre par l'affirmative. En mettant à la disposition des usagers toute l'information relative à leurs opérations commerciales, il devient plus facile d'éviter de commettre une infraction douanière. En permettant la coopération ou la collaboration entre la douane et le secteur privé, l'on assiste à une meilleure prise en charge des problèmes.

En outre, les transactions deviennent plus faciles et mieux contrôlables par les administrations douanières. Chacune des parties devient consciente de son rôle et le plus important est que la douane et les acteurs du commerce sont obligés de collaborer pour faire face aux nouveaux défis de l'heure imposés par l'évolution technologique et la mondialisation des échanges qui entraînent des mutations et des réorganisations contraintes.

A notre avis, le contentieux douanier va subir des mutations et un déclin inexorable car les règles douanières sont devenues de plus en plus consensuelles et adaptées aux échanges commerciaux.

Les règles contenues dans la CKR sont mises en œuvre progressivement par les administrations douanières conformément à leurs engagements.

Quid du Cadre de normes SAFE qui est aussi un instrument juridique de l'OMD ?

---

[286] Article 6 de la CKR : « un Comité de gestion est créé pour examiner la mise en application de la présente Convention et étudier toute mesure destinée à en assurer une interprétation et une application uniformes ainsi que tout amendement proposé ».

TITRE II

L'IMPACT DU CADRE SAFE : UN DROIT DOUANIER TIMIDEMENT ORIENTE VERS LA SECURISATION ET LA FACILITATION DES ECHANGES

L'OMD agit dans certains domaines par le biais de Résolutions. Depuis les années 1980, elle en a adopté plus d'une dizaine selon le contexte et l'actualité[287]. Il s'agit de déclarations par lesquelles l'OMD demande aux Etats de prêter une attention particulière à certaines questions.

Le Cadre de normes SAFE demeure depuis plusieurs années, à côté de la CKR, un instrument juridique de référence pour toutes les administrations membres de l'OMD, du fait du contenu de ses normes, du contexte de son adoption et de ses objectifs.

Selon Kunio MIKURYA le Secrétaire général de ladite organisation, « cet instrument unique demeure une référence pour la douane et les opérateurs économiques, et l'OMD fera en sorte qu'il continue à jouer un rôle clé dans la réalisation de la vision de l'Organisation concernant « La douane au 21ème siècle » en répondant tant aux besoins de la douane qu'à ceux de tous les intervenants du commerce international[288] ».

Dans le cas du contexte africain, il faut souligner que les normes contenues dans le Cadre SAFE de l'OMD influencent actuellement de façon timide les règles douanières des pays objet de l'étude.

Deux raisons permettent de l'affirmer : la première est liée à l'instrument juridique lui-même qui est d'une grande souplesse contrairement aux conventions (Chapitre I) et la deuxième est liée à l'environnement externe et local qui ne favorise pas une mise en œuvre rapide desdites normes (Chapitre II).

---

[287] Source www.wcoomd.org. Nous avons par ordre chronologique seize (16) résolutions de juin 1988 à décembre 2015.

[288] Voir le Cadre de normes SAFE version de juin 2015 sur le site de l'OMD www.wcoomd.org.

CHAPITRE I

LA PERSPECTIVE INTRINSEQUE : LE CADRE SAFE, UN INSTRUMENT JURIDIQUE D'UNE GRANDE SOUPLESSE

Le contexte qui a présidé à l'adoption du Cadre SAFE est marqué par les attentats terroristes du world trade center en 2001 qui ont couté la vie à des centaines d'américains et entraîné l'effondrement aux USA d'un certain mythe à propos de la sécurité et de la lutte contre la criminalité.

Ces actes criminels ont entraîné une réaction rapide des pays au plan international. L'OMD n'a pas été en reste, consciente des efforts supplémentaires devant être réalisés par tous les pays membres, pour faciliter le commerce, mais aussi pour sécuriser la chaîne logistique internationale.

La raison principale qui a entraîné le choix de la Résolution comme instrument en lieu et place d'une Convention est liée à la matière en question ; en effet, les questions sécuritaires ne sont pas une spécialité de l'OMD. Autrement dit, c'est un domaine qui n'est pas spécifiquement douanier ou ne peut être traité comme tel.

La lutte pour la sécurisation de la chaîne logistique nécessite l'engagement de tous les intervenants. En plus, la Résolution est plus facile à adopter.

L'on note ainsi une souplesse aussi bien dans l'adhésion des Etats (Section I) que dans la mise en œuvre, ce qui a un impact sur les délais et les objectifs poursuivis (Section II).

SECTION I : LA SOUPLESSE DANS L'ADHESION DES ETATS : UN ATOUT ET UNE FAIBLESSE

En droit international, les Etats parviennent à coopérer librement en utilisant divers mécanismes comme les traités et les conventions.

La Convention de Vienne sur le droit des traités du 23 mai 1969 reconnaît dans son Préambule « l'importance de plus en plus grande des traités en tant que source du droit international et en tant que moyen de développer la coopération pacifique entre les nations, quels que soient leurs régimes constitutionnels et sociaux… ».

Les traités doivent être exécutés normalement puisque le respect des principes de bonne foi et la règle *pacta sunt servanda* sont universellement reconnus.

Mais la coopération internationale peut être obtenue au moyen de procédures très souples où les Etats prennent des engagements non conventionnels qui ont tout de même une certaine portée.

En matière douanière, l'OMD intervient techniquement par le biais de conventions internationales. Mais dans certains cas, elle initie des procédures d'adhésion souples comme des Résolutions pour permettre la mise en œuvre de dispositions non spécifiquement douanières. La Résolution du Cadre SAFE présente des avantages certains pour les Etats membres de l'OMD (paragraphe I) ; mais elle comporte aussi des inconvénients certains (paragraphe II).

Paragraphe I : Les aspects positifs

L'OMD a entrepris, suite aux attentats de 2001, de trouver une solution pour mieux sécuriser le commerce international. Sa réaction fut salutaire car le Cadre de normes SAFE a été adopté avec une certaine célérité pour permettre aux membres de s'engager et de réagir ensemble (A). Elle a aussi favorisé le ralliement à la cause de beaucoup d'Etats membres de l'OMD (B).

A/ La célérité dans l'adoption du Cadre de normes SAFE

Les actes concertés conventionnels occupent une place importante en droit international. Mais la pratique et la jurisprudence internationales reconnaissent l'existence d'autres catégories d'instruments juridiques qui se distinguent des traités[289].

On entend par acte unilatéral « un acte imputable à un seul sujet du droit international[290] ». On distingue les actes unilatéraux des Etats[291] et les actes unilatéraux des organisations internationales[292].

Les statuts des organisations ne définissent pas toujours la portée des différents actes adoptés par leurs organes ou leur attribuent une portée variable.

---

289 DAILLIER P., FORTEAU M. et PELLET A., op.cit., p.393 ; J.-P. JACQUE, *Eléments pour une théorie de l'acte juridique en droit international*, LGDJ, 1972, 512 p.

290 Idem, p.393.

291 Ibid., pp.394-402.

292 Ibid., pp.403-422.

La doctrine constate « une incertitude terminologique et une ambigüité conceptuelle » dans la pratique quotidienne des organisations internationales[293]. Ces dernières peuvent adopter des résolutions, des recommandations et des décisions, donner des avis consultatifs, rendre des arrêts ou des jugements.

Cette absence de rigueur dans la dénomination est favorisée par le fait que c'est la même procédure d'adoption qui s'applique aux divers actes de ces organisations internationales. L'OMD n'échappe pas à la situation « anarchique » évoquée à propos de ce laxisme terminologique.

Le CCD est compétent pour l'adoption et pour l'amendement des conventions[294] ; en effet, il est chargé « d'élaborer des projets de conventions et d'amendements aux conventions ainsi que d'en recommander l'adoption aux Gouvernements intéressés…». Le texte ne fait pas référence à d'autres actes unilatéraux que le Conseil pourrait prendre.

Mais le CCD peut faire des recommandations dans certaines situations spécifiques ; il est aussi chargé de :

- faire des recommandations pour assurer l'interprétation et l'application uniformes des conventions conclues à la suite de ses travaux ainsi que de la Convention sur la Nomenclature pour la Classification des Marchandises dans les Tarifs douaniers et de la Convention sur la Valeur en douane des Marchandises élaborées par le Groupe d'Etudes pour l'Union Douanière Européenne et, à cette fin, de remplir les fonctions qui lui seraient expressément assignées par les dispositions des dites Conventions[295];
- faire des recommandations en tant qu'organisme de conciliation pour le règlement des différends qui viendraient à surgir au sujet de l'interprétation ou de l'application des Conventions visées[296]…

---

[293] DAILLIER P., FORTEAU M. et PELLET A., op.cit., p.404 ; par exemple l'Assemblée générale des Nations-Unies baptise certaines de ses résolutions « déclaration », « charte », « programme », « programme d'action » sans préciser la nature spécifique.

[294] Article III d/ de la Convention portant Conseil de Coopération douanière du 15 décembre 1950.

[295] Article III e/ de la Convention portant Conseil de Coopération douanière du 15 décembre 1950.

[296] Article III f/ de la Convention portant Conseil de Coopération douanière du 15 décembre 1950.

Pourtant l'OMD utilise en plus des instruments juridiques que sont les conventions et les accords, des recommandations, des résolutions, des décisions et des déclarations.

D'ailleurs, les instruments juridiques non conventionnels sont les plus fréquemment adoptés par l'OMD depuis quelques années.

Les questions de terminologie ont une incidence directe sur la portée juridique des actes unilatéraux des organisations comme l'OMD.

Le droit international a donné des définitions des instruments juridiques que sont la décision, la recommandation et la résolution.

La décision est un « acte émanant d'une manifestation de volonté de l'organisation, imputable donc à celle-ci, et qui crée des obligations à la charge de son ou de ses destinataires[297] ».

La recommandation est un acte qui émane en principe d'un organe intergouvernemental et qui propose à ses destinataires un comportement donné[298]. Le Pr Michel VIRALLY[299] avait proposé une définition dès 1956 en estimant que la recommandation est une « résolution d'un organe international adressée à un ou plusieurs destinataires (et impliquant) une invitation à adopter un comportement déterminé, action ou abstention [300]».

La distinction entre recommandation et résolution n'est pas aisée dans le contexte de l'OMD.

Selon la terminologie discutable en son sein, les recommandations s'opposent aux résolutions. Dans la pratique, les résolutions correspondent en quelque sorte aux habituelles recommandations, tandis que les recommandations font l'objet d'une procédure d'acceptation de la part des Etats destinataires[301].

Le Pr DAILLIER constate ce manque de rigueur dans la distinction qui explique la confusion dans la pratique de l'organisation ; par exemple, il souligne que certains Etats, conformément à leurs habitudes à propos des recommandations, avaient communiqué au Conseil les mesures qu'ils avaient adoptées pour la mise en œuvre de la Résolution

---

[297] DAILLIER P, FORTEAU M. et PELLET A., op.cit., pp. 405.

[298] Idem, p. 415.

[299] Le Pr Michel VIRALLY est un juriste français spécialisé dans le domaine de la législation internationale. Il a été professeur aux universités de Strasbourg et de Genève. Il est l'auteur de plusieurs publications comme *Le droit international en devenir : essais au fil des ans* ; *la pensée juridique*.

[300] Ibid., pp. 404-422.

[301] DAILLIER Patrick, « Le Conseil de Coopération douanière », op.cit., p.483.

du 1er juin 1965 qui portait sur la suppression du contrôle aux frontières de l'assurance des véhicules importés.

L'usage des Résolutions est réservé « aux domaines qui ne sont pas à compétence totalement douanière [302]».

Souvent, l'organisation y a recours pour pouvoir intervenir de façon rapide dans des domaines touchant à l'activité douanière.

Il existe plusieurs résolutions prises par l'OMD dans des domaines particuliers ; en effet, la pratique montre que la plupart des Résolutions émanent du Conseil de Coopération douanière qui est l'organe de décision central et regroupant ainsi toutes les Parties contractantes. Mais la Commission de Politique générale[303] , qui est un organe, est aussi compétente pour prendre des Résolutions.

Après ces précisions, il faut relever que la Résolution relative au Cadre SAFE présente une particularité pour plusieurs raisons ; d'abord, elle reprend des règles déjà contenues dans la CKR mais a été adoptée dans un contexte de crise sécuritaire mondiale avec les attentats du 11 septembre 2001.

A partir de ce moment, les USA avaient déjà entrepris des programmes pour assurer une meilleure sécurisation de leurs ports et aéroports :

- le Partenariat Douane-Commerce contre le terrorisme (C-TPAT) a été lancé en novembre 2001 ;

- le Container Security Initiative (CSI) est initié le 17 janvier 2002 ;

- « la règle des 24 h » qui permet d'avoir des informations à l'avance sur le contenu des chargements 24 h avant leur chargement à destination des USA est adoptée en 2003[304].

Cette initiative privée, venant d'un « géant de la planète » devenu vulnérable, a inspiré les représentants des administrations douanières qui ont décidé de réagir pour faire face à la menace terroriste et sécuriser la chaîne logistique internationale tout en n'entravant pas le commerce licite.

---

[302] *La vie de la Douane*, in Patrick DAILLIER, op.cit., p. 17.

[303] Source : OMD. Créée en 1978, la Commission de Politique générale est chargée d'agir en qualité de groupe dynamique de direction auprès du Conseil de Coopération douanière. Elle comprend 24 membres sélectionnés sur une base régionale. Sa fonction et sa portée sont contenues dans la Décision n° 334 du CCD.

[304] HYEANS Andy, op.cit., p 27.

Cette réaction était nécessaire pour rassurer les acteurs du commerce et essayer de faire plus attention aux questions sécuritaires qui ne sont pas à proprement parler de la compétence technique de l'OMD.

L'adoption d'une Convention qui nécessite des formalités et beaucoup d'efforts avec des risques sur les ratifications nécessaires n'était pas adaptée au contexte. Il fallait aussi trouver une solution tout en prenant en compte la dimension spécifique des administrations douanières par rapport à leurs capacités. Le but était de rassurer, de convaincre de l'urgence de réagir face à la menace terroriste mais aussi d'anticiper.

La première Résolution concernant la sécurité et la facilitation de la chaîne logistique internationale a été prise en juin 2002 et le Préambule renseigne sur les véritables motivations.

Le CCD prend d'abord acte « des préoccupations suscitées à l'échelon mondial, de la vulnérabilité des échanges commerciaux, de la nécessité d'assurer la sécurité de la chaîne logistique internationale et du rôle crucial joué par les Administrations des douanes en raison de leurs compétences particulières dans la protection de la société... ».

Ensuite, le CCD est convaincu entre autres de « la nécessité pour la communauté douanière internationale d'apporter une contribution dynamique et énergique aux mesures visant à assurer la sécurité et la facilitation du commerce international... ».

Enfin, le CCD a donné des orientations pour le Secrétaire général de l'OMD en décidant que celui-ci :

1. « Veillera à ce que :

1°) pour juin 2003, le modèle de données douanières de l'OMD soit réexaminé afin de s'assurer qu'il comprend un jeu d'éléments de données normalisé nécessaire à l'identification des marchandises à haut risque ;

2°) pour juin 2003, des directives soient établies afin de permettre aux Membres de se doter d'une base juridique et de prendre toutes les mesures nécessaires pour permettre la transmission préalable des données douanières par voie électronique ;

3°) pour juin 2003, des directives soient établies aux fins de la conclusion d'accords de coopération entre les Membres et le secteur privé afin de renforcer la sécurité de la chaîne logistique et de faciliter la circulation des marchandises à l'échelon international ;

4°) l'utilisation par les Membres dans les meilleurs délais des instruments visés aux points 1°) à 3°) soit encouragée ;

5°) les besoins des Membres en matière d'assistance pour la mise en place de programmes visant à renforcer la sécurité de la chaîne logistique soient définis et une stratégie en matière de renforcement des capacités soit développée pour assister les Membres à mettre en œuvre la présente Résolution ;

6°) des donateurs soient recherchés et invités à apporter une contribution financière, humaine ou autre aux fins de poursuivre la mise au point et la mise en œuvre de procédures destinées à assurer la sécurité de la chaîne logistique ;

7°) des mesures soient prises afin de renforcer l'assistance offerte aux Membres souhaitant améliorer leurs programmes internationaux concernant la sécurité et la facilitation de la chaîne logistique internationale en intensifiant par exemple les mesures de contrôle à l'importation, à l'exportation et en transit, en améliorant l'automatisation, en recourant aux techniques de gestion et d'évaluation des risques pour sélectionner les marchandises et les moyens de transport à examiner, en améliorant les techniques utilisées et en veillant à maintenir chez leur personnel un haut niveau d'éthique ;

8°) une banque de données sur les technologies et techniques les plus avancées, de nature à permettre de renforcer la sécurité de la chaîne logistique et d'accroître la facilitation soit créée.

2. S'assurera que les mesures visées dans cette résolution soient mises au point et mises en œuvre dans le cadre du Plan stratégique de l'OMD et avec l'aide d'un groupe d'étude composé d'experts provenant des administrations membres du Conseil qui, tenant compte des différences existant entre les Membres en matière de capacités et de besoins :

1°) travaillera en collaboration avec d'autres autorités compétentes (telles que l'Union européenne, les autorités portuaires, les organismes en poste aux frontières, les autorités responsables des transports et les unions douanières ayant compétence dans ce domaine) ;

2°) procédera à des consultations avec les milieux commerciaux, les organisations non-gouvernementales et intergouvernementales intéressées, et les fera participer à ses travaux.

3. A compter de décembre 2002, adressera des rapports réguliers à la Commission de politique générale et au Conseil sur l'état d'avancement de la mise au point et de la mise en œuvre de la présente Résolution. La

Commission de politique générale et le Conseil détermineront toute autre action à entreprendre ».

L'examen de la Résolution permet d'avoir une nette idée des objectifs recherchés, du rôle des organes dans le processus et de la volonté de l'OMD de faire face aux défis de l'heure.

En juin 2004, soit deux ans après, une autre Résolution relative aux mesures mondiales de sécurité et de facilitation concernant la chaîne logistique internationale est prise par le CCD[305].

Dans cette Résolution, il est établi un bilan des orientations figurant dans la Résolution de 2002.

Ensuite, il est envisagé la création d'un Groupe stratégique de haut niveau composé d'un groupe restreint de Directeurs généraux de divers pays chargé de participer aux travaux sous la responsabilité de la Commission de politique générale. Ceci pour donner plus de crédit à la structure en élevant la représentation et pour pouvoir accélérer les travaux.

Les administrations des douanes membres ont vu leurs engagements étendus et le rôle du Secrétaire général renforcé.

Lors des sessions annuelles du Conseil de juin 2005 à Bruxelles, les Directeurs généraux représentant 166 pays membres de l'OMD ont adopté le Cadre de normes SAFE à l'unanimité, par acclamation. La Résolution relative au Cadre de normes vise à sécuriser et à faciliter le commerce mondial[306]. Il est demandé aux administrations de mettre en

---

[305] Voir le lien www.wcoomd.org.

[306] LE CONSEIL DE COOPERATION DOUANIERE,
DECIDE :
1. d'adopter le Cadre de normes visant à sécuriser et à faciliter le commerce mondial.
2. que les Membres du Conseil et les Unions douanières ou économiques devront :
2.1. mettre en œuvre le plus rapidement possible, en fonction des capacités de chaque administration et des prérogatives dont elle dispose effectivement sur le plan législatif, les principes, normes et autres dispositions contenus dans le Cadre de Normes de l'OMD;
2.2. encourager toute amélioration à apporter à l'éthique et aux capacités de la douane afin d'offrir un cadre complet pour la sécurité des échanges à l'échelon mondial ;
2.3. définir des mesures durables à prendre en matière de renforcement des capacités, notamment les modifications à apporter le cas échéant aux règles et procédures nationales de nature juridique et administrative, et veiller à les appliquer afin de permettre une mise en œuvre complète des dispositions du Cadre de Normes ;
2.4. envisager d'apporter une assistance technique afin d'encourager la mise en œuvre du Cadre de Normes ;

œuvre le plus rapidement possible les dispositions. Toute administration qui le souhaite peut signer la lettre d'intention du Cadre SAFE par laquelle elle s'engage à prendre les dispositions idoines et à intégrer les règles contenues dans son dispositif juridique national.

Pour le Secrétaire général de l'OMD à l'époque, « un commerce mondial plus sûr est devenu une réalité en ce 23 juin 2005 », jour de l'adoption de cette résolution qu'il a qualifiée d'« instrument international unique [307]».

Le Cadre SAFE a été adopté avec célérité pour réagir face à la menace sécuritaire et cette cause a suscité l'adhésion de la plupart des Etats membres de l'OMD.

B/ <u>Le ralliement à la cause d'un maximum d'Etats membres de l'OMD</u>

Selon l'OMD[308], en juin 2010, 161 sur les 177 membres que comptait le CCD avaient déjà signé la lettre d'intention du Cadre SAFE.

2.5. présenter à l'OMD à titre indicatif un calendrier de mise en œuvre du Cadre de Normes correspondant à leurs capacités ;
2.6. s'efforcer d'obtenir la pleine coopération des milieux commerciaux dans la mise en œuvre du Cadre de Normes ;
2.7. participer à des réunions périodiques d'évaluation visant à mesurer les progrès réalisés dans la mise en œuvre;
2.8. fournir à l'OMD des rapports périodiques concernant les progrès réalisés dans la mise en œuvre du Cadre qui seront examinés lors de chaque réunion d'évaluation ; et
2.9. envisager le recours à l'application de méthodes d'analyse comparative afin d'évaluer les processus de mise en œuvre appliqués par chaque Membre.
3. que les Membres et les Unions douanières ou économiques devront notifier à l'OMD leur intention de mettre en œuvre le Cadre de Normes. L'OMD communiquera ces renseignements aux administrations des douanes de tous les Membres, ainsi qu'aux Unions douanières ou économiques qui auront notifié l'OMD.
4. que les Membres et Unions douanières ou économiques, qui auront notifié à l'OMD leur intention de mettre en œuvre le Cadre de Normes, devront travailler les uns avec les autres à la conception de mécanismes prévoyant la reconnaissance mutuelle de la validation et de l'accréditation des opérateurs économiques agréés, ainsi que des résultats des contrôles douaniers, et d'autres mécanismes éventuellement nécessaires pour supprimer ou réduire les redondances ou les doubles emplois en matière de validation et d'accréditation.

[307] Propos de Michel DANET, dans la version du Cadre SAFE de 2005, éditée par l'OMD en juin 2005.

[308] Recueil des Programmes économiques agréés, *Document de recherches de l'OMD* n° 25, Edition 2012, Mariya POLNER.

Le 1er mars 2011, 164 pays figuraient sur la liste des Membres qui ont exprimé leur intention de mettre en œuvre le Cadre de normes de l'OMD visant à sécuriser et à faciliter le commerce mondial[309].

En notifiant le document au Conseil, chaque Etat s'engage à mettre en œuvre les normes contenues dans ladite Résolution.

Les contraintes sont inexistantes car chaque Etat s'engage en fonction de ses capacités et prend l'engagement de tout faire pour arriver au résultat escompté qui est voulu par tous le Etats signataires : mettre en place des règles adaptées pour sécuriser et faciliter le commerce international.

Le Sénégal, la Côte d'Ivoire, le Bénin ont signé la lettre d'intention du Cadre SAFE depuis juin 2006.

L'adoption du Cadre SAFE a été bien accueillie par les gouvernements mais aussi par les acteurs du privé[310]. Selon Kunio

---

309 En Afrique de l'Ouest et du Centre, nous avons le Bénin , le Burkina Faso, le Cameroun , le Cap-Vert, la République du Congo, la Côte d'Ivoire, le Gabon, la Gambie, le Ghana, la Guinée, la Guinée-Bissau, le Libéria, le Mali, la Mauritanie , le Niger, le Nigéria, la République centrafricaine, la République démocratique du Congo, le Sénégal, la Sierra Leone, le Tchad et le Togo.

310 Quelques réactions le prouvent : d'abord celle de John SIMPSON, Directeur général, Global Express Association qui affirme : « Depuis quelques dizaines d'années, l'industrie mondiale du fret express réussit particulièrement bien à permettre à des entreprises de toutes tailles d'optimiser l'efficacité de leurs opérations logistiques et de leur compétitivité sur les marchés à l'exportation. Ce succès est dû notamment aux importants investissements des opérateurs express dans des systèmes d'information très complexes et de transport intégré, entièrement sécurisés et, dans une large mesure, aux efforts des administrations des douanes du monde entier pour appliquer des procédures de plus en plus innovantes et simplifiées, leur permettant de faciliter la circulation du commerce licite et de cibler plus efficacement les chargements suspects méritant un contrôle plus approfondi.
Les attaques terroristes du 11 septembre 2001 aux Etats-Unis ont menacé et continuent de menacer les avantages importants acquis dans le domaine de la modernisation douanière et de la facilitation des échanges. Le nouveau Cadre de normes de l'OMD représente un pas en avant par rapport à ce scénario catastrophique et une réponse équilibrée à la menace terroriste, il apporte à la douane comme aux entreprises une série de normes qui, si elles sont appliquées correctement, amélioreront la sécurité de la chaîne logistique internationale sans interrompre la circulation continue des marchandises, grâce à une meilleure coopération et coordination entre les administrations des douanes dans les pays importateurs et exportateurs et, ce qui est peut-être le plus important, entre les Administrations des douanes et les entreprises ».
Ensuite, celle de Herman DE MEESTER, Secrétaire général adjoint, Association des armateurs de la Communauté européenne qui disait ceci : « La Chambre internationale de la Marine marchande (ICS), l'Association des armateurs de la Communauté

MIKURIYA, « l'apparition de cet instrument international unique laissait présager non seulement la mise en œuvre d'un système commercial mondial plus sûr mais annonçait également l'aube d'une nouvelle approche s'agissant de la gestion de bout en bout de la circulation transfrontalière des marchandises qui tient compte de l'importance que revêt une coopération plus étroite entre la douane et les entreprises ».

Le ton était ainsi donné ; par cet instrument, l'OMD entendait ainsi changer d'approche et de stratégie pour s'adapter au contexte actuel et pour mieux adapter ses missions. C'est l'une des résolutions les plus importantes prises par l'OMD. Sa particularité vient du fait qu'elle est un condensé de différentes règles qui permettent à la douane de mieux assurer ses missions en tenant compte des évolutions du commerce international et des réalités des Etats membres.

La raison secondaire qui a fait que la plupart des pays du monde ont accepté de signer la lettre d'intention est que ce projet a été initié et défendu par les USA, qui ont montré la voie à suivre aux autres pays partenaires. Tout pays qui n'acceptait pas pouvait être considéré comme soutenant le terrorisme. D'un point de vue économique, les pays africains ne voulaient pas prendre le risque de voir leurs exportations bloquées par les USA surtout après la mise en place de l'AGOA (African Growth and Opportunity Act).

D'une manière générale, les USA appliquent les droits consolidés à l'OMC pour les produits couverts par l'Uruguay round, lorsque les produits sont importés dans le cadre de la Clause de la nation la plus favorisée. Les USA appliquent des droits de douane inférieurs au régime de la nation la plus favorisée dans le cadre d'accords préférentiels réciproques ou dans le cadre de préférences non réciproques.

Les systèmes non réciproques regroupent le système généralisé de préférence (SGP) et des systèmes de préférences régionaux[311].

Les préférences non réciproques accordées sur une base régionale comprennent :

---

européenne (ECSA), le BIMCO et le Conseil de la Marine marchande ainsi que leurs associations membres et un certain nombre d'entreprises, se sont engagés à améliorer la sécurité et à soutenir la mise en place de règles et de principes internationaux pour sécuriser les envois tout en facilitant les échanges. Nous sommes favorables au Cadre de normes de l'OMD visant à sécuriser et à faciliter le commerce mondial car c'est une étape qui nous rapproche du but ».

[311] ILLY Ousseni, op.cit., p.285.

- le CBI (Caribbean Basin Initiative) qui comprend un volet commercial ;
- l'ATPA (Andean Trade Preference Act) ;
- le TDA (Trade and Development Act).

C'est ce dernier qui comprend deux sous- chapitres intitulés: African Growth and Opportunity Act (AGOA) et le Caribbean Basin Trade Partnership Act (CBTPA)[312].

La loi instituant l'AGOA a été signée le 18 mai 2010 par le Président des Etats-Unis afin d'aider les pays d'Afrique subsaharienne dans leurs efforts de développement, en soutenant un marché basé sur les forces du marché et les échanges. Cette loi a subi des modifications ou révisions à plusieurs reprises[313]. Les préférences octroyées aux quarante (40) pays d'Afrique subsaharienne [314] couraient jusqu'au 30 septembre 2015. L'AGOA accorde ainsi un accès à droit nul au marché américain pour les pays bénéficiaires pour environ 6400 produits.

Les objectifs[315] de l'AGOA étaient les suivants :

1/ institutionnaliser un processus de relations économiques entre les USA et les pays d'Afrique, afin de favoriser à la fois la croissance et un processus de réformes économiques basées sur le marché ainsi que des réformes politiques (démocratie, état de droit) ;

2/ offrir aux pays d'Afrique subsaharienne un accès au marché américain à droit nul et sans quota pour l'essentiel de leurs produits ;

3/ établir un forum de coopération économique pour faciliter les discussions sur les échanges et les investissements entre les Etats-Unis et les pays africains ;

4/ promouvoir l'assistance technique comme moyen de renforcer les réformes, le développement, en particulier à travers des partenariats entre entreprises américaines et africaines.

La loi énonçait aussi des possibilités à long terme d'établir une zone de libre-échange entre les USA et les pays d'Afrique subsaharienne.

L'AGOA a soulevé des controverses et a été à la base de débats au sein de l'OMC[316]. L'orientation de la politique commerciale des USA va

[312] OCDE, « Les régimes préférentiels dans les domaines agricole et alimentaire : le cas de l'UE et des Etats- Unis », Paris, *OCDE*, 2005, p.73.

[313] AGOA II en 2002. AGOA III en 2004, AGOA IV en 2006.

[314] Voir http : //www.agoa.gov/agoa_legislation/agoa_legislation.html.

[315] Section 103 du Trade and Development Act de 2000.

[316] ILLY Ousseni, op.cit., pp.286-288.

dans le sens du démantèlement réciproque des barrières aux échanges entre eux et les pays en développement. Cette tendance est généralisée à l'image des APE proposées par l'UE.

Quoi qu'il en soit, il s'agissait d'opportunités qui étaient offertes aux pays africains pour développer leurs échanges et pouvoir atteindre le marché américain. Les attentats de 2001 ont bouleversé la donne et les USA ont imposé des règles pour pouvoir sécuriser les envois de marchandises dans leur territoire.

Les conditions fixées par les USA pour être éligible à l'AGOA étaient très strictes ; en effet, pour pouvoir bénéficier de ces préférences commerciales, le pays demandeur devait non seulement remplir les critères exigés pour le SGP américain mais aussi remplir d'autres conditions supplémentaires appréciées de façon discrétionnaire par le Président des USA (économie de marché, mise en place de politiques de lutte contre la pauvreté, bonne gouvernance, état de droit, transparence, respect des droits humains).

En outre, le pays demandeur devait aussi s'engager à éliminer les barrières au commerce et aux investissements des USA mais aussi, et surtout, ne devait pas être engagé dans des activités nuisibles aux intérêts de sécurité nationale et de politique étrangère des USA, ni soutenir des activités terroristes[317].

C'est pour éviter d'être considérés comme soutenant le terrorisme et les ennemis des USA que la plupart des pays de l'OMD et presque tous les pays africains membres ont accepté de travailler sur l'adoption d'un instrument juridique pour pouvoir sécuriser le commerce international.

Pour les pays africains, l'on peut affirmer qu'il s'agissait d'une contrainte ou d'une imposition car ces derniers, voulant continuer à bénéficier des avantages de l'AGOA malgré tout, étaient obligés de montrer une réelle volonté de poursuivre la coopération avec le géant américain.

Les obstacles techniques tels que les normes n'ont pas permis aux pays du Sud du Sahara notamment de profiter pleinement de l'AGOA.

Les actes concertés non conventionnels comme les résolutions sont largement utilisés dans les relations internationales et semblent exercer un attrait croissant sur les Etats. Cet attrait s'explique par la souplesse de ces instruments bien adaptés aux conditions mouvantes de la vie internationale - spécialement en matière économique - et dans certains

[317] Voir la Section 104 du Trade and Development Act.

cas au moins, par le souci des responsables de la politique extérieure, d'échapper aux contraintes constitutionnelles en matière de traité[318].

L'on pourrait retenir qu'il s'agit d'un recours qui comporte des avantages pour les Etats mais qui a aussi des conséquences certaines dans la mise en œuvre des normes au niveau interne.

Paragraphe II : Les aspects négatifs

L'adoption du Cadre SAFE a été précédée par une série de rencontres afin de mieux cerner tous les contours liés à l'environnement douanier. La réaction de l'OMD a été rapide mais elle a produit des effets négatifs ; en effet, l'on a pu constater une précipitation dans la rédaction des règles (A) et une certaine confusion ou ambiguïté dans le contenu desdites règles du Cadre SAFE (B).

A/ L'existence de plusieurs versions du Cadre de normes SAFE

La rédaction des règles contenues dans le Cadre SAFE a été confiée à des experts douaniers qui ont tenu compte du contexte et des objectifs assignés pour proposer un document de référence qui contient des normes répondant aux besoins du commerce mondial. La complexité de la question sécuritaire qui est un aspect technique dépassant le domaine douanier n'est plus à démontrer.

L'on peut souligner une certaine précipitation dans la rédaction des normes, qui est à l'origine de l'existence de plusieurs versions du Cadre SAFE de 2005 à 2015[319].

La version de 2005[320] contient les grandes orientations prises par l'OMD et le rôle que toutes les parties doivent jouer pour arriver au résultat escompté. Le document de 44 pages comprend six parties : l'avant-propos, les avantages, les normes de l'OMD visant à sécuriser et à faciliter le commerce mondial (il contenait deux piliers que sont : le pilier douane-douane et le pilier douane-entreprises), l'annexe 1 et son appendice, l'annexe 2 et la Résolution de juin 2005.

Les dispositions relatives au Cadre SAFE et celles relatives aux obligations pour les OEA n'étaient pas reprises dans un même document.

---

318 DAILLIER P., FORTEAU M. et PELLET A., op.cit., p. 428.

319 Voir le Cadre de normes SAFE de l'OMD édité en juin 2012, avec les propos introductifs du Secrétaire général de l'OMD à l'époque.

320 Voir le lien www.wcoomd.org.

Le texte de la version de 2007 contient principalement des dispositions détaillées concernant les modalités et obligations pour la douane et les opérateurs économiques agréés (OEA) dans le même document.

Par la suite, l'OMD a publié le dossier SAFE de 2010 reprenant tous les instruments et directives de l'OMD destinés à appuyer la mise en œuvre du Cadre de normes SAFE[321].

La version du Cadre SAFE de 2012 contient 7 parties avec des annexes ; plusieurs changements sont notés :

- la version de juin 2012 de cet instrument contient une nouvelle partie 5 concernant la Gestion coordonnée des frontières ;

- elle comporte aussi une nouvelle partie 6 concernant la continuité et la reprise des activités ;

- le texte relatif à la reconnaissance mutuelle a été déplacé dans une nouvelle partie 7 ;

- la partie Modalités, obligations et avantages relatifs aux OEA a été déplacée dans une nouvelle Annexe III ;

- le texte de la Résolution du CCD relative au Cadre SAFE a été déplacé dans une nouvelle Annexe IV ;

- une nouvelle Annexe I a été créée pour les Définitions, dont celle du « fret à haut risque ».

La version de juin 2015[322] du Cadre SAFE comprend, entre autres, l'ajout d'un nouveau pilier 3 visant à encourager la coopération entre les douanes et d'autres organes gouvernementaux, afin d'assurer une réponse gouvernementale efficace et effective aux défis de la sûreté de la chaîne

---

[321] Il contient neuf documents en sus du Cadre de normes :
- les Directives relatives à la gestion de la chaîne logistique intégrée ;
- le guide de mise en œuvre du programme relatif aux OEA ;
- le modèle de procédures de recours concernant les OEA ;
- le document sur les avantages offerts aux OEA ainsi qu'une contribution du Groupe consultatif du secteur privé de l'OMD ;
- les Directives concernant l'achat et le déploiement de matériel de scanographie/ d'inspection non intrusive ;
- le mécanisme de tenue à jour des éléments de données du SAFE ;
- les Directives concernant la reprise des activités et les Questions les plus fréquemment posées pour les petites et moyennes entreprises ;
- les Directives aux fins de l'élaboration d'un accord/arrangement de reconnaissance mutuelle (ARM) ;
- un modèle d'OEA.

[322] Voir le site de l'OMD www.wcoomd.org.

logistique. Elle intègre également des normes relatives aux « renseignements préalables concernant le fret (RPCF) avant chargement » pour le fret aérien qui constituent la première couche d'analyse des risques sûreté ; la définition du « conteneur » aux fins du Cadre de normes SAFE ; ainsi que la mise à jour du texte pertinent pour tenir compte de l'évolution des volumes 1 et 2 du Recueil de l'OMD sur la gestion des risques en matière douanière. Le Dossier SAFE a également été mis à jour pour y inclure de nouveaux outils tels que la boîte à outils pour le pilier 1, les nouvelles Directives pour l'acquisition et le déploiement de matériels d'imagerie et/ou d'inspection non intrusive y compris les Directives sur les menaces et les solutions technologiques et la Recommandation de l'OMD concernant les formalités douanières relatives aux dispositifs de sécurité des conteneurs (CSD) dans le cadre de l'admission temporaire.

Une analyse fait ressortir des changements dans les règles avec des orientations et des directives qui ne cessent de croître. Les versions SAFE contiennent toujours d'autres règles en sus de celles déjà existantes. S'agit-il d'un pilotage à vue ou d'une volonté de montrer le souci de s'adapter à l'environnement douanier ?

Pour les responsables de l'OMD, il s'agissait d'actualiser et d'améliorer le Cadre SAFE car « il s'agit d'un instrument juridique dynamique qui fait une part équilibrée entre facilitation et contrôle tout en assurant la sécurité de la chaîne logistique internationale[323] ».

A notre avis, l'existence de ces multiples versions du Cadre SAFE est à l'origine d'une certaine incompréhension qui a des conséquences sur la mise en œuvre notamment dans les pays étudiés.

B/ L'ambiguïté dans le contenu des normes du Cadre SAFE

Le Cadre SAFE est composé de règles visant à sécuriser et à faciliter le commerce. C'est pourquoi il doit contenir des règles compréhensibles et claires qui permettent leur application par les parties. L'application du Cadre SAFE n'est pas le seul fait de la douane car certaines normes concernent le secteur privé ou d'autres acteurs étatiques.

Les diverses versions du Cadre SAFE ont eu comme conséquence une certaine ambigüité dans le contenu des normes.

A notre avis, le texte de la Résolution du Cadre SAFE est trop général.

---

[323] Voir le Cadre de normes SAFE de l'OMD édité en juin 2015, avec les propos introductifs du Secrétaire général de l'OMD Kunio MIKURIYA, sur www.wcoomd.org.

Les Directives permettent certes d'orienter les membres mais elles sont nombreuses et concernent divers domaines.

L'on a ajouté un autre pilier douane-secteur public alors que des difficultés existent pour les deux premiers piliers douane- douane et douane- entreprises.

Une analyse permet de voir qu'il n'existe pas de priorité ; en effet, on a une superposition de nombreuses normes qui parlent de la douane, des opérateurs économiques agréés, d'autres acteurs du commerce. Ces questions traitées dans le Cadre SAFE (partenariat, statut de l'OEA, renseignement, contrôles, audit, assistance mutuelle, équipements, etc.) sont souvent gérées au niveau des administrations douanières par des services différents. Cette situation est à l'origine de confusion même dans l'attribution et dans la gestion des questions relatives au Cadre SAFE au sein des directions techniques douanières.

Le souci de vouloir tout clarifier, de confiner toutes les règles dans un document unique, d'établir des directives, des annexes, de nouvelles parties, de changer les emplacements, d'anticiper sur certaines questions soulevées par le secteur privé a plus contribué à rendre les normes du Cadre SAFE incompréhensibles ou discutables[324].

Cette souplesse textuelle du Cadre de normes SAFE entraîne directement une souplesse dans la mise en œuvre des engagements des Etats membres de l'OMD.

SECTION II : LA SOUPLESSE DANS LA MISE EN ŒUVRE DES ENGAGEMENTS DES ETATS

En matière d'actes concertés non conventionnels, même si les engagements ne sont pas contraignants, il est à noter que ceux-ci doivent être respectés. A ce propos, il faut préciser que « l'absence de force obligatoire des actes concertés non conventionnels a d'importantes conséquences juridiques : leur non-respect n'engage pas la responsabilité internationale de leurs auteurs et ne peut faire l'objet d'un recours juridictionnel[325] ».

En ce qui concerne le Cadre SAFE, les dispositions sont très souples et les Etats signataires ont beaucoup de marges dans la mise en œuvre

---

324 IDIR Kousri, « Le statut d'opérateur économique agréé », un texte discutable, *le phare* n° 164, janvier 2013.

325 DAILLIER P., FORTEAU M. et PELLET A., op.cit., p. 428.

(Paragraphe I). Malheureusement, il n'existe pas de surveillance pour faire respecter les engagements (Paragraphe II).

Paragraphe I : L'absence de plan de mise en œuvre

La réalisation concrète des normes du droit international, ou des engagements internationaux qui en forment la substance, comporte plusieurs aspects. Par mise en œuvre, il faut entendre « les procédés juridiques à la disposition des sujets de droit international pour remplir leurs engagements, exercer leurs droits ou assumer leurs obligations[326] ».

Fondamentalement, l'entreprise de mise en œuvre des normes n'est pas en droit international organiquement distincte de leur formation. En d'autres termes, les Etats dont les engagements internationaux sont à l'origine des éléments de formation du droit sont également en charge de leur exécution.

La responsabilité de chaque Etat dans l'exécution de ses propres engagements est en partie justifiée par la considération qu'ils s'appliquent d'abord à lui-même. Ils orientent son comportement international, mais ils sont également appelés à avoir des effets internes, dans son propre ordre juridique[327].

Après l'adoption du Cadre SAFE, chaque Etat membre de l'OMD a signé une lettre d'intention par laquelle il s'engage à mettre en œuvre les dispositions qui y sont contenues. Cette mise en œuvre implique normalement des changements internes aux plans juridique, institutionnel, organisationnel et technique.

Plusieurs remarques peuvent être faites à ce propos.

D'abord, il n'y a pas un délai fixé pour la transposition dans la législation ou dans la réglementation des normes du Cadre SAFE. Le texte se limite seulement à des généralités.

Ensuite, il n'y a pas de délai pour la mise en œuvre technique ; les Etats doivent se conformer aux règles progressivement en fonction de leurs capacités. La gestion des questions de sécurisation exige non seulement une grande volonté politique mais aussi des moyens financiers énormes surtout dans le contexte africain.

---

[326] COMBACAU Jean et SUR Serge, *Droit international public,* Paris, L.G.D.J., 11ème édition, 2014, p.169 et s.

[327] Idem., p. 169.

Le souci de laisser les Etats décider du processus conduit à des conséquences puisque certains Etats n'en font pas une priorité ou alors avancent lentement dans leurs démarches. La mise en œuvre devrait commencer par des changements législatifs ou réglementaires dans les Etats ayant accepté les normes du Cadre SAFE.

Au Sénégal, le Code des douanes dans son préambule fait référence au Cadre SAFE en précisant qu'« il est apparu nécessaire pour assurer une meilleure protection du territoire douanier, de renforcer davantage le dispositif de lutte contre la fraude sous toutes ses formes notamment… ». L'idée est de mieux surveiller le territoire douanier et de mieux réprimer la fraude en faisant de certains trafics des délits douaniers et d'innover en mettant en place de nouvelles techniques de surveillance et d'investigation comme l'infiltration[328], la livraison surveillée[329] et l'incitation à la vente[330].

Au Bénin, le Code des douanes ne fait nullement référence au Cadre de normes SAFE ou à l'application des dispositions contenues dans les

---

[328] Article 59 de la loi 2014-10 du 28 février 2014 portant Code des douanes du Sénégal : « Lorsque les investigations le justifient et afin de constater les infractions douanières d'importation, d'exportation ou de détention de marchandises frauduleuses, d'identifier les auteurs et complices de ces infractions ainsi que ceux qui y ont participé comme intéressés au sens des articles 375 et 376 du présent code et d'effectuer les saisies prévues par le présent code, le procureur de la République peut autoriser qu'il soit procédé, sous son contrôle, à une opération d'infiltration dans les conditions prévues par le présent article.

[329] Voir l'article 58 de la loi 2014-10 du 28 février 2014 portant Code des douanes du Sénégal : « Sans préjudice de l'application des dispositions des articles 44 à 57 du présent code, afin de constater les délits douaniers, si la peine maximale encourue est égale ou supérieure à deux (02) ans d'emprisonnement, les agents des douanes habilités par le Ministre chargé des finances, dans les conditions fixées par décret, procèdent sur l'ensemble du territoire national, après en avoir informé le Directeur général des douanes ou l'un de ses représentants habilités et sauf opposition de celui-ci, à la surveillance de personnes contre lesquelles il existe une ou plusieurs raisons plausibles de les soupçonner d'être les auteurs d'un délit douanier ou d'y avoir participé comme complices ou intéressés à la fraude au sens des articles 375 et 376 du présent code.
Les mêmes dispositions sont applicables pour la surveillance de l'acheminement ou du transport des objets, biens ou produits tirés de la commission de ces infractions ou servant à les commettre ».

[330] Voir l'article 60 de la loi 2014-10 du 28 février 2014 portant Code des douanes du Sénégal : « Sans préjudice des dispositions de l'article précédent, et aux seules fins de constater les infractions visées à l'alinéa 1 dudit article, peut être autorisée dans le cadre de l'opération d'infiltration, l'incitation à la vente illicite de marchandises frauduleuses par un agent des douanes intervenant directement ou par l'intermédiaire d'une personne agissant conformément à ses instructions.

conventions internationales. Toutefois, il précise que « le présent Code a pour objet de réglementer les échanges douaniers entre la République du Bénin et les autres pays sans préjudice des dispositions particulières édictées dans d'autres domaines[331] ». Par ailleurs, il prévoit aussi des dispositions relatives au partenariat et à la coopération[332] qui sont nécessaires pour la mise en œuvre des normes SAFE.

Cette étude permet de voir les spécificités dans chaque pays. Quel que soit le schéma retenu pour traduire la volonté de mettre en œuvre le Cadre SAFE (précisions ou généralités dans les Codes), l'on note tout de même un désir de changement. Il convient de dire que l'affirmation claire dans le Préambule des lois douanières de la volonté des Etats de mettre en œuvre le Cadre SAFE aurait été plus logique. Cela aurait permis aux administrations douanières d'être « plus liées » et de travailler davantage dans ce sens en mettant, au besoin, des commissions ou des cellules chargées du suivi de la mise en œuvre des normes dans chaque pays.

Paragraphe II : L'absence de suivi et de surveillance

L'OMD n'exerce pas de pressions sur les Etats membres pour qu'ils respectent des délais de mise en œuvre concernant le Cadre SAFE. Elle prévoit des programmes qui permettent de faciliter aux gouvernements la progression dans le processus de mise en œuvre.

L'on dénote une absence totale de contrôle et de suivi aux niveaux interne, international, communautaire (A). De même, le juge est absent de tout le processus, ce qui entraîne des conséquences non seulement dans les changements juridiques souhaitables mais aussi dans l'application proprement dite des normes (B).

A/ L'absence de suivi au plan national et communautaire

En matière conventionnelle, des mécanismes existent pour surveiller le respect des engagements étatiques. Des textes peuvent prévoir l'arbitrage ou la conciliation en cas de difficultés entre Etats concernant l'application des règles internationales[333].

---

[331] Article 1er de la loi N° 2014-20 du 27 juin 2014 portant Code des douanes de la République du Bénin.
[332] Article 80 à 83 de la loi N° 2014-20 du 27 juin 2014 portant Code des douanes de la République du Bénin.
[333] Voir le cas de CKR, de l'AFE entre autres qui prévoient un Comité de gestion ou un Comité national de facilitation des échanges.

Pour les règles non conventionnelles, ces mécanismes n'existent pas car les obligations ne sont pas contraignantes.

Le Cadre de normes SAFE est un condensé de plusieurs règles et de plusieurs Conventions de l'OMD. Ces règles sont importantes pour assurer la sécurité et la facilitation des échanges commerciaux. Le constat est qu'il n'est pas prévu dans les textes la mise en place d'organes de coordination des réformes au niveau des pays membres.

Au niveau des administrations douanières des pays objet de notre étude, il n'existe pas de structure nationale ou de direction spécifique chargée de coordonner les actions. Les réunions et les rapports du groupe SAFE de l'OMD sont difficilement exploitables car les questions soulevées touchent à tous les domaines (renseignement, sécurité, partenariat, coopération, audit, gestion des risques, scanning, etc.).

Toutefois, depuis le 1er janvier 2006, l'OMD a lancé un certain nombre de programmes et d'activités en matière de renforcement des capacités. Le plus significatif étant le Programme Columbus, qui est une aide pour sécuriser les échanges. Le Programme Columbus est l'initiative la plus importante et la plus complète jamais entreprise en matière de renforcement des capacités douanières.

Son objectif est d'aider les Membres à mettre intégralement en œuvre le Cadre de normes SAFE, mais également à se préparer au résultat éventuel des négociations en matière de facilitation des échanges qui se déroulent au sein de l'OMC à Genève, ainsi qu'à soutenir la mise en œuvre d'autres normes de l'OMD, notamment la Convention de Kyoto révisée[334].

Le Programme Columbus se compose de trois phases devant être suivies par les pays.

La première phase qui est l'évaluation des besoins consiste à établir un diagnostic complet de la situation actuelle à la fois en termes de capacité de développement général et de conformité avec les normes internationales. Elle se fonde sur le Cadre de diagnostic de l'OMD qui

---

[334] Voir le site officiel du BRRAOC www.omdaoc.org/BRRC/?page=programme_columbus.
Sur 171 Membres de l'OMD, 110 administrations douanières bénéficient actuellement du Programme Columbus et le nombre de participants ne cesse d'augmenter. L'OMD étend également le programme aux non-membres par le biais d'accords de coopération avec des organisations régionales telles que l'OCO (Organisation des douanes de l'Océanie) et le CCLEC (Conseil de coopération douanière des Antilles).

est un outil reconnu par des organisations telles que les Nations Unies, l'OCDE, la Banque mondiale, le FMI et d'autres.

La deuxième phase concernant la mise en œuvre comprend toutes les mesures prises par les Membres pour progresser dans le cycle du développement (la préparation et l'approbation d'un programme de modernisation complet, l'obtention d'un soutien politique et financier approprié jusqu'à la mise en œuvre complète).

La troisième phase qui est le suivi consiste à surveiller et à évaluer les progrès.

L'OMD aborde la phase de mise en œuvre du Programme Columbus suivant deux niveaux[335] .

Au premier niveau, l'OMD apporte une assistance à tous les Membres grâce à de multiples outils, y compris notamment des directives de nature technique telles que le Guide de l'OMD sur la gestion du risque; des ateliers à thème sur des sujets tels que l'éthique ; des avis en matière de perfectionnement des cadres ; des conseils stratégiques ; des conventions internationales telles que la Convention de Kyoto révisée ; une formation, notamment la formation des formateurs ; et l'enseignement à distance (e-learning).

Au second niveau, l'OMD a élaboré un modèle en matière de mise en œuvre qui s'appuie sur le recours à des projets pilotes menés par un nombre restreint de bénéficiaires et destinés à être étendus à d'autres pays en se basant sur les succès concrets obtenus.

Le renforcement des capacités des administrations douanières fait partie des éléments essentiels pour la mise en œuvre des normes de l'OMD[336]. La nécessité de disposer de ces outils et le fait que l'on attribue désormais un rôle plus important à l'OMD sont conformes aux résultats des missions de diagnostic effectuées dans le cadre du Programme Columbus, selon lesquels l'amélioration de la gestion et du leadership, en s'appuyant sur l'éthique, est un élément essentiel pour développer les capacités et mettre en œuvre les normes de l'OMD. Une autre priorité consiste à s'assurer d'un appui de haut niveau, basé sur des études, pour

---

[335] Rapport d'analyse des tendances et pratiques de l'OMD, p. 10 sur les Stratégies de l'OMD en matière de renforcement des capacités ; voir wcoomdpublications.org/downloadable/download/sample/...

[336] Rapport du Dialogue mondial en matière de renforcement des capacités douanières : Stratégies durables de réforme et de développement de la douane, Londres, Royaume-Uni, 2 octobre 2008, 22 p.

bénéficier d'un soutien et d'un engagement politiques en faveur du renforcement des capacités douanières[337].

Au niveau communautaire, les organisations internationales telles que l'UEMOA et la CEDEAO ne sont pas membres de l'OMD comme l'UE[338] et ne peuvent ainsi prendre des dispositions pour surveiller l'application ou inciter les pays membres.

L'UE a été acceptée en tant que membre de l'OMD sous réserve d'une révision des Traités relative à l'adhésion d'unions douanières à cette organisation, sans pour autant que les Etats membres de l'Union aient été amenés à quitter l'OMD. Pour la Commission européenne, cette adhésion permet d'assurer une coordination avec les Etats membres pour définir et représenter les positions communautaires dans les instances chargées de l'application des Conventions de l'OMD[339]. Cet état de fait montre « l'ambiguïté de la situation spécifique de l'Union avec les rapports Etats/ Union sur le plan international [340]».

Pour l'Afrique de l'Ouest, il en est autrement car les organisations internationales ne s'impliquent pas de façon officielle dans ces questions même si la dimension sécuritaire occupe une place importante dans les programmes communautaires. L'UEMOA et la CEDEAO ont juste un statut d'observateur et peuvent participer à certaines réunions. Mais leur rôle reste très modeste ou inexistant dans le processus de suivi des réformes induites par l'adhésion des membres aux instruments juridiques de l'OMD généralement et du Cadre SAFE particulièrement.

B/ L'absence de surveillance judiciaire

En matière conventionnelle, les Etats mettent en place des dispositifs juridiques qui permettent de sanctionner des Etats en cas de violation des règles internationales. Les traités prévoient la mise en place de

---

[337] MIKURIYA Kunio, in *rapport final du Dialogue mondial en matière de renforcement des capacités douanières*, op.cit., p.1.

[338] Décision du Conseil du 25 juin 2007 concernant l'exercice à titre transitoire, par la Communauté européenne, au sein de l'OMD, de droits et d'obligations identiques à ceux des membres de cette organisation, publiée au Journal Officiel de l'UE le 18 octobre 2007. Elle souligne la nécessité pour les Etats membres d'adopter une position commune afin d'assurer l'unité de la représentation internationale de la Communauté européenne et de ses Etats membres.

[339] ALBERT Jean Luc, op.cit., p. 45.

[340] Idem, p.45.

juridictions chargées de statuer sur les violations des règles internationales.[341]

Pour le cas des conventions de l'OMD, les Etats préfèrent régler les divergences en faisant recours au Conseil et en privilégiant le consensus. Cette spécificité est due à la complexité de la matière douanière et des réalités des Etats surtout dans le domaine économique.

L'on note également une absence aussi bien du juge national que du juge communautaire dans tout le processus ; il ne peut rien faire pour faire respecter les engagements internationaux des Etats. En l'absence de lien conventionnel, le pouvoir judicaire ne peut intervenir. Cette situation fait que les autorités chargées de l'application des normes SAFE peuvent dérouler à leur rythme ou même ne pas faire ce qui est nécessaire car il n'existe pas de censure ou « d'épée de Damoclès » qui pourrait planer sur eux.

La rareté du contentieux de l'intégration au niveau communautaire en Afrique de l'Ouest s'explique essentiellement par une raison liée à l'économie[342] ; en effet, note le Pr Alioune SALL, « les échanges qui existent entre les Etats membres, entre les acteurs économiques respectifs, ne sont pas suffisamment denses, suffisamment intenses pour produire des étincelles contentieuses ». Il soutient que « si les économies des Etats membres étaient plus intégrées, si les besoins de commercer dans la sous-région étaient mieux ressentis, par exemple par les compagnies industrielles, la probabilité du surgissement d'un contentieux serait accrue et le droit de l'intégration serait proprement en cause dans les affaires portées à la connaissance de la Cour ».

En outre, la plupart des affaires contentieuses en matière douanière sont souvent réglées par la voie transactionnelle ou administrative qui ne donne pas lieu à une décision juridictionnelle. Dans nos pays, les juges sont rarement saisis sur la matière douanière. La Cour de justice de l'UEMOA et celle de la CEDEAO n'ont pas une importante jurisprudence douanière[343].

La faiblesse du contentieux en matière douanière au niveau des juridictions internationales reflète un phénomène qui se traduit par la

---

[341] Par exemple, la Cour internationale de Justice ou la Cour pénale internationale, la Cour de justice de la CEDEAO et celle de l'UEMOA.

[342] SALL Alioune, *La justice de l'intégration*, op.cit., pp.32-33.

[343] Dans son recueil de jurisprudence communautaire en Afrique de l'Ouest, l'on ne retrouve pas d'affaires douanières portées devant les Cours. Comme le note le Pr SALL, les recours portés pour atteinte aux droits de l'homme sont plus nombreux.

peur pour les acteurs d'ester en justice. Souvent, des contraintes locales existent car les administrations douanières disposent d'importants pouvoirs qui, utilisés de façon abusive, peuvent ruiner un chef d'entreprise et décourager certains qui s'aventureraient à trainer celles-ci devant la justice.

L'autre aspect est lié à la méconnaissance par les acteurs commerciaux de la réglementation douanière et des normes internationales devant être appliquées normalement par les administrations douanières.

Pourtant, il ne peut y avoir d'épanouissement de la jurisprudence sans la vivacité des contradictions que génèrent les commerces de toutes sortes. Le développement de la jurisprudence pourrait aider la doctrine à mieux appréhender les réalités douanières dans un cadre d'intégration où les administrations douanières sont appelées à jouer un rôle important pour la libre circulation des marchandises, des personnes, des biens et des capitaux conformément aux objectifs des Traités existants.

En Europe, les douanes ont joué un rôle important pour la réalisation de l'intégration suite aux différentes transformations du droit de l'Union européenne[344]. La jurisprudence a été d'un apport significatif avec des arrêts de principe en matière de droit communautaire[345].

---

[344] DE SCHUTTER Olivier et NIHOUL Paul, *Une Constitution pour l'Europe. Réflexions sur les transformations du droit de l'Union européenne*, Bruxelles, 2004, Editions LARCIER, pp. 23-79.

[345] Voir https://www.touteleurope.eu/actualite/les-caracteristiques-du-droit-de-l-union-europeenne.html consulté le 20 septembre 2017.

C'est l'arrêt Van Gend en Loos du 5 février 1963 qui fait de l'effet direct du droit de l'Union européenne un principe fondamental de l'ordre juridique communautaire. La Cour de justice s'est ainsi écartée de la solution traditionnelle du droit international (normalement, les particuliers ne peuvent pas se prévaloir directement des avantages qui leur sont conférés par certains traités).

La primauté du droit de l'Union européenne implique que les règles et les actes de droit national ne peuvent contredire les règles de droit européen. En cas de conflit, ce sont ces dernières qui s'appliquent et doivent être respectées. L'application de ce principe peut ainsi conduire à écarter une norme nationale au profit d'une norme européenne. Ce principe a été consacré par l'arrêt Costa c/ Enel du 15 juillet 1964.

Le juge national se voit soumis à l'obligation de faire prévaloir cette primauté, quels que soient les obstacles de son propre droit interne. Cette obligation, qui s'étend à la totalité des normes européennes, primaires ou dérivées, à l'encontre de toutes les normes nationales, même constitutionnelles, a été clairement affirmée par l'arrêt Simmenthal du 9 mars 1978. Elle s'impose à l'ensemble des autorités nationales, y compris les autorités décentralisées telles que les collectivités territoriales.

Dans l'UE, la jurisprudence douanière communautaire est assez riche et permet une bonne interprétation des règles douanières. Ce travail favorise des recherches doctrinaires en matière douanière.

La Cour de Justice de l'Union européenne (CJUE) a rendu des arrêts en matière de conventions et traités, de mesures de transposition et dans d'autres domaines liés à l'intégration.

Dans un arrêt rendu le 1er mars 2005 (Aff : C-377/02), la CJCE précise le régime juridique des accords de l'OMC en soulignant que, « compte tenu de leur nature et de leur économie, les accords OMC ne figurent pas en principe parmi les normes au regard desquelles la cour contrôle la légalité des actes des institutions communautaires. Ce n'est que dans l'hypothèse où la Communauté a entendu donner exécution à une obligation particulière assumée dans le cadre de l'OMC, ou dans l'occurrence où l'acte communautaire renvoie expressément à des dispositions précises des accords OMC, qu'il appartient à la Cour de contrôler la légalité de l'acte communautaire. Dès lors, un opérateur économique ne peut pas invoquer devant une juridiction d'un Etat membre qu'une réglementation communautaire est incompatible avec certaines règles de l'OMC, alors même que l'ORD a déclaré ladite réglementation incompatible avec celles-ci[346] ».

A propos des mesures de transposition, un arrêt du 17 octobre 1991 (Aff : 58/59) de la CJCE précise les conditions de la transposition d'une directive en droit interne.

Selon elle, d'une part, « la transposition en droit interne d'une directive n'exige pas nécessairement une reprise formelle et textuelle de ses dispositions dans une disposition légale, expresse et spécifique et peut, en fonction de son contenu, se satisfaire d'un contexte juridique général si celui-ci assure effectivement la pleine application de la directive d'une façon suffisamment claire et précise, permettant aux bénéficiaires de reconnaître la plénitude de leurs droits et de s'en prévaloir devant les juridictions nationales » ; d'autre part, elle souligne que « la transposition en droit interne d'une directive n'est pas faite avec une force contraignante incontestable ni avec la spécificité, la précision et la clarté requises par la jurisprudence de la Cour pour satisfaire à l'exigence de sécurité juridique, lorsque l'Etat membre se borne à invoquer des circulaires ou instructions ministérielles dont il n'est pas démontré qu'elles aient effet direct à l'égard des tiers, ou des

[346] PANNIER Jean, *Recueil de Jurisprudence douanière*, op.cit., p.169.

communications ministérielles notifiant les exigences de la directive aux autorités locales alors que leur caractère contraignant n'est pas établi [347]».

Quelques années plus tard, dans un autre arrêt rendu le 17 juillet 1997 (Aff : C-2895), la Cour souligne qu'« elle est compétente , au titre de l'article 177 Tr CE, pour interpréter le droit communautaire lorsque celui-ci ne régit pas directement la situation en cause, mais que le législateur national a décidé, lors de la transposition en droit national des dispositions d'une directive, d'appliquer le même traitement aux situations purement internes et à celles régies par la directive, en sorte qu'il a aligné sa législation interne sur le droit communautaire[348] ».

Les instruments juridiques non conventionnels sont caractérisés par leur souplesse qui répond à la flexibilité des situations surtout en matière économique et qui demande des règles souples au lieu d'obligations précises. C'est pourquoi COMBACAU et SUR estiment que cette situation est à l'origine d'« une sorte de décomposition du processus normatif, qui comportera plusieurs étapes successives et demeurera indéfiniment ouvert [349]».

Par définition, les instruments juridiques comme les résolutions échappent au contrôle juridictionnel des différends qu'ils pourraient susciter, comme à une responsabilité internationale en cas de méconnaissance. On pourrait les qualifier d' « instruments concertés non contentieux[350] ».

En effet, les membres de l'OMD ont accepté l'adoption du Cadre SAFE tout en gardant les mains libres. Ainsi, ils entendent fermer la voie au contentieux en prenant des engagements. C'est pourquoi il est difficile pour l'OMD d'apprécier les manquements et les retards dans la mise en œuvre des normes. Toutefois, des réunions et des rappels sont nécessaires pour la relance.

La pratique montre que nos pays ont l'habitude de ne pas respecter leurs obligations conventionnelles. Que peut-on attendre d'eux s'agissant d'engagements non conventionnels ?

La violation ou la non-application des règles internationales douanières par les administrations douanières ne donne pas lieu à une

---

[347] PANNIER Jean, op.cit., pp.278-279.
[348] Idem, p.279.
[349] COMBACAU et SUR, op.cit., p.91.
[350] Idem, p.92.

intervention du juge chargé de gérer le contentieux. Celui-ci n'a donc pas les possibilités d'interpréter ou de faire appliquer des règles internationales qui doivent être mises en œuvre.

Les Résolutions échappent ainsi au contrôle juridictionnel car les différends qu'elles pourraient susciter comme la responsabilité internationale en cas de méconnaissance des règles ne sont pas soumis au juge.

En résumé, il convient de retenir que les difficultés de mise en œuvre des normes contenues dans le Cadre SAFE sont dues en partie à la structure textuelle qui est d'une grande souplesse. Mais il y a aussi d'autres difficultés liées à l'environnement externe qui ne favorisent pas une bonne application des normes du Cadre SAFE.

CHAPITRE II

LA PERSPECTIVE EXTRINSEQUE : UN ENVIRONNEMENT PEU FAVORABLE A LA SECURISATION ET A LA FACILITATION DES ECHANGES

Les attentats du 11 septembre 2001 ont entraîné une prise de conscience puisque le terrorisme peut frapper partout et que tous les modes d'échanges sont susceptibles d'être exploités et utilisés pour perpétrer des actes terroristes. Depuis cette date, la sécurisation des échanges est devenue une préoccupation majeure des Etats.

La sécurisation de la chaîne logistique peut être perçue a priori comme entrant en contradiction avec l'objectif de facilitation des échanges[351].

L'objectif pour l'OMD est que les marchandises soient placées sous surveillance douanière depuis leur production jusqu'à leur lieu de consommation mais sans entraver le commerce mondial.

Le Cadre SAFE reposait essentiellement sur deux piliers : le pilier douane-douane et le pilier douane-entreprise. Cela veut dire que la mise en œuvre des règles contenues dans le Cadre nécessite d'une part des échanges entre les douanes au niveau mondial et d'autre part des relations soutenues entre la douane et les entreprises[352]. Un troisième pilier intitulé douane-autres organes gouvernementaux et intergouvernementaux a été institué.

En Afrique, la mise en œuvre des normes SAFE reste timide du fait de plusieurs facteurs. Le constat est que d'abord, la coopération entre administrations douanières n'est pas très huilée ou est limitée (Section I) ; ensuite, il n'existe pas encore un véritable partenariat fécond entre la douane et les acteurs du commerce (section II) et enfin, la coopération entre la douane et les autres acteurs visés dans le dernier pilier n'est pas encore fructueuse (Section III).

---

351 HYEANS Andy, op. cit., p.24.

352 Idem, p. 28.

SECTION I : UNE APPLICATION LENTE DES NORMES DU PILIER DOUANE-DOUANE

Au fur et à mesure de l'évolution des échanges, les administrations douanières se sont vues confier des « fonctions à prédominance sécuritaire[353] ». L'on a pu observer qu'elles ont comme une mission générale de protection des citoyens et du patrimoine. En effet, les Directions générales des douanes sont des administrations de sécurité économique.

Pour certains analystes, la douane est appelée à « tout faire, et tout faire avec des moyens limités, voire se réduisant... [354]». Le rôle de la douane est en constante évolution.

L'OMD a mis en place un instrument qui contient des principes et normes constituant le seuil minimal des mesures à prendre pour faciliter les échanges tout en les sécurisant.

Le programme SAFE repose sur quatre éléments clés[355] :

- l'harmonisation des renseignements préalablement fournis par voie électronique aux administrations douanières ;
- l'adoption d'une démarche en termes de gestion des risques ;
- l'inspection au départ sur demande du pays de destination en utilisant du matériel de détection non intrusif ;
- des avantages à octroyer aux entreprises qui appliquent les pratiques conseillées et respectent les normes minimales en matière de sécurité de la chaîne logistique.

L'objectif visé est très important pour tous les acteurs du commerce mondial qui œuvrent pour des échanges sécurisés et profitables à tous. En Afrique, le défi est plus important ; en effet, des échanges licites et sûrs peuvent permettre normalement une meilleure participation des pays au commerce mondial. Le défi sécuritaire est aussi énorme plus particulièrement en Afrique de l'Ouest avec un contexte géopolitique et économique marqué par le terrorisme, les trafics de toutes sortes et différentes entraves à la libre circulation des personnes et des biens.

Les Etats membres de l'OMD ont décidé de mettre en œuvre le Cadre SAFE en prenant des dispositions idoines. Dans le Résolution de l'OMD de juin 2005, il est clairement dit que... « les Membres du Conseil et les Unions douanières ou économiques devront mettre en œuvre le plus

---

353 ALBERT Jean Luc, op.cit., pp.119-121.

354 Idem, p.119.

355 HYEANS Andy, op. cit., p 28.

rapidement possible, en fonction des capacités de chaque administration et des prérogatives dont elle dispose effectivement sur le plan législatif, les principes, normes et autres dispositions contenus dans le Cadre de Normes SAFE ».

Cependant, dans la pratique, la souveraineté des Etats constitue des obstacles dans la mise en œuvre rapide des normes (Paragraphe I).

En sus, les administrations douanières en Afrique subissent des pressions de toutes sortes et un confinement doublé d'une absence de vision claire des autorités douanières en matière de réformes, ce qui freine ou retarde l'application des règles (Paragraphe II).

La manipulation des administrations douanières constitue aussi une réalité (Paragraphe III).

Paragraphe I : La souveraineté économique des Etats : un facteur retardateur

La société interétatique est constituée de sujets égaux et également souverains [356] et le système juridique international est un « système anarchique » du fait de son mode d'organisation.

Selon Bal LIDER, « le thème de la souveraineté est inépuisable car le concept est aussi flou que largement utilisé [357] ». Comme toutes les notions de la vie sociale, celle de souveraineté est un symbole vague, imprécis et indéterminé[358]. BENYEKHLEF estime quant à lui que c'est une notion plurielle, fluide, insaisissable, dynamique, évolutive[359].

Selon Mireille DELMAS MARTY, « l'indéterminé et l'incertain sont des moyens de s'adapter aux courbures de l'espace et du temps [360] ».

La notion de souveraineté qui est très controversée est au cœur du droit international ; elle a beaucoup évolué[361].

---

[356] COMBACAU et SUR, op.cit., pp.22 et s.

[357] BAL Lider, *Le mythe de la souveraineté en droit international. La souveraineté des Etats à l'épreuve des mutations de l'ordre juridique international*, thèse de doctorat Université de Strasbourg, 2012, p.17.

[358] ROUSSEAU Charles, « *L'indépendance de l'Etat dans l'ordre international* », Cours de Droit international public, *RCADI*, vol. 73, 1948, p. 173. Celui-ci se réfère à Paul VALERY.

[359] BENYEKHLEF K., *Une possible histoire de la norme : les normativités émergentes de la mondialisation*, Ed. Thémis, 2008, pp. 59 et s.

[360] DELMAS –MARTY M., « La grande complexité juridique du monde », in *Etudes en l'honneur de G.Timsit*, Bruylant, 2004, p. 93.

[361] DAILLIER P., FORTEAU M. et PELLET A., op.cit., p. 95.

Les considérations économiques n'ont jamais été absentes du droit international, elles sont apparues plus pressantes dans la période récente [362]. Un débat concernant la place du droit des relations économiques dans le droit international public a divisé la doctrine[363].

Si une partie du droit international public constitue bien un encadrement des relations économiques internationales, représente-t-elle la totalité ou seulement l'essentiel de cet encadrement normatif ? s'interroge la doctrine.

L'une des constantes du problème est la place considérable conservée, malgré l'interventionnisme étatique, par le droit commercial privé et par les droits nationaux dans la réglementation des relations économiques externes. La puissance des agents économiques et la souplesse nécessaire des relations économiques expliquent l'importance de la « lex mercatoria » qui est un ensemble de règles d'origine privée[364]. Celle-ci est constituée de règles professionnelles propres sans référence à un droit déterminé. Elle s'appuie ainsi sur des usages et des principes largement reconnus et respectés, sur des usages observés entre commerçants, sur des contrats types et des principes consacrés par les sentences arbitrales rendues en matière de commerce international[365].

La place du droit international public tend à augmenter par une démarche volontaire d'une majorité d'Etats. Ce droit délimite l'étendue des compétences de l'Etat en ce qui concerne les activités économiques et garantit l'exercice. D'autre part, il régit la circulation internationale des

---

362 DAILLIER P., FORTEAU M. et PELLET A., op.cit., p.1149.

363 Ibid., pp.1149-1150. La question est de savoir s'il faut parler de droit économique international, de droit international économique, de droit international de l'économie ? Pour Prosper WEIL, le droit international économique ne constitue qu'un chapitre parmi tant d'autres du droit international général (le droit international économique, mythe ou réalité », in *Aspects du droit international économique,* Colloque d'Orléans de la SFDI, Pedone, 1972, p.34). Pour les auteurs DAILLIER, FORTEAU et PELLET, il s'agit d'un regroupement au deuxième degré de matières régies par le droit international classique sous des systématisations répondant directement aux préoccupations des juristes…

364 COMBACAU et SUR, op.cit., pp.9-12. La « lex mercatoria » a fait l'objet de nombreux débats par rapport aux ordres juridiques. Certains auteurs comme COMBACAU et SUR estiment qu'une part importante des relations internationales met en présence des particuliers seulement et ceci peut entrainer la création de règles spécialisées destinées à régir leurs relations hors de toute intervention des Etats. Partant de plusieurs hypothèses, ils font une application du droit des marchands en évoquant les usages ou pratiques appliqués par les agents économiques. En définitive, ils concluent que leur droit n'est que du droit comme une série de sous-ensembles de même contenu, d'origine extérieure mais incorporés aux ordres juridiques des Etats.

365 Voir https://www.glossaire-internationa.com.

biens et services en apportant la sécurité juridique qu'implique de plus en plus l'ampleur des flux financiers mis en œuvre[366].

La matière douanière est complexe dans la mesure où les règles concernant les activités d'importation et d'exportation sont nombreuses et l'application pose souvent des difficultés dans l'ordre interne.

Au niveau de l'OMD, l'organisation, les statuts et les missions accomplies par celle-ci depuis sa création, montrent un certain réalisme avec la prise en compte des sensibilités étatiques et des réalités des Etats en voie de développement. Toutes les questions douanières sont traitées avec une grande attention et souvent avec le consentement et l'approbation des pays concernés. Le Secrétariat général de l'OMD joue à ce niveau un rôle déterminant.

Les gouvernements qui sont à l'origine du CCD avaient d'ailleurs pris un certain nombre de précautions en vue de rester les maîtres du jeu. Cette volonté s'est traduite par une très grande prudence dans la structure mise en place : le CCD est une organisation intergouvernementale de type traditionnel, très éloignée des formules supranationales imaginées à la même époque pour l'intégration économique européenne[367].

Les normes douanières sont des moyens complémentaires d'uniformisation du droit douanier : ayant renoncé à l'idée d'un code douanier « idéal », projet envisagé au début des années 1960, le CCD a retenu l'idée moins ambitieuse d'un « modèle de règles » proposé aux Etats qui envisagent de modifier leur législation douanière. Les administrations douanières sont simplement invitées à s'en inspirer et à les mettre en application dès qu'elles seront en mesure de le faire.

Contrairement au système des recommandations, il n'est pas question de leur donner un caractère contraignant même au prix de certaines conditions. Cet apriori autorise un plus grand dynamisme que dans le cas des recommandations : il est possible de s'entendre entre Etats membres du CCD sur des règles de fond et de mise en œuvre plus précises[368].

Au niveau communautaire, notamment au sein de l'UEMOA qui est une union douanière, il existe un Code communautaire qui est le fruit du Règlement n° 09/2001/CM/UEMOA du 26 novembre 2001. Pour des raisons de souveraineté, seule la première partie qui renferme les généralités, les règles d'organisation et procédures a été harmonisée. Le

---

366 DAILLIER P., FORTEAU M. et PELLET A., op.cit., p.1150.
367 DAILLIER Patrick, op.cit., p. 478.
368 Idem., p. 486.

contentieux douanier est exclu et relève du droit national des Etats. Aujourd'hui, ce Code est inutile et non applicable car incomplet et contenant des règles non actualisées.

Pourtant en Europe, le programme « SAFE » se décline au niveau communautaire au travers de l'amendement « sûreté-sécurité » et du programme de douane électronique « e-customs [369] ». En effet, le Règlement (CE) n° 648/2005 du Parlement européen et du Conseil du 13/04/2005 ainsi que le Règlement (CE) n° 1875/2006 datant du 18/12/2006 de la Commission dits « amendements sûreté » modifiant le Code des douanes communautaire et ses dispositions d'application constituent la déclinaison du Programme SAFE en matière de sûreté/sécurité. Ces règlements mettent en place un système de gestion commune des risques dans l'UE, au sein duquel les contrôles douaniers reposent sur l'analyse de risques utilisant des procédés informatiques.

La souveraineté économique reste un facteur retardateur de l'application des règles en matière douanière ; il en est de même de la coopération entre administrations douanières.

Paragraphe II : Une coopération entre administrations douanières peu fructueuse

La mise en œuvre pertinente des règles du Cadre SAFE nécessite une coopération efficace entre administrations douanières sur certaines questions (A). Des efforts ont été faits pour une gestion mutuelle des risques. Mais la tâche n'est pas aisée et les résultats sont peu reluisants du fait de certains facteurs (B).

A/ Le contenu des normes du pilier douane - douane

Le pilier 1 contient onze normes qui traitent de différentes questions ayant trait à la chaîne logistique internationale.

La Norme 1 est relative à la gestion de la chaîne logistique intégrée. L'administration douanière devrait appliquer les procédures de contrôle douanier intégré décrites dans les Directives douanières relatives à la gestion de la chaîne logistique intégrée (Directives GCLI) de l'OMD.

La Norme 2 traite des prérogatives pour l'inspection du fret : l'administration douanière devrait être habilitée à inspecter le fret à

[369] HYEANS Andy, op.cit., p.123. A propos de la réglementation communautaire européenne sur l'amendement et le Code des douanes communautaire, voir l'Annexe 2 de l'ouvrage.

l'entrée, à la sortie, lors du transit (y compris celui demeurant à bord) ou du transbordement.

La Norme 3 a trait à la technologie moderne pour le matériel d'inspection ; du matériel d'inspection non intrusif et du matériel de détection des rayonnements devraient être disponibles et utilisés pour procéder, le cas échéant, aux inspections et cela conformément à l'évaluation des risques ; ce matériel est nécessaire pour inspecter rapidement le fret et/ou les moyens de transport à haut risque sans entraver la circulation du commerce licite.

La Norme 4 décrit les systèmes de gestion des risques ; l'administration douanière devrait créer un système de gestion des risques permettant d'identifier les envois susceptibles de présenter des risques élevés et l'automatiser. Le système devrait comprendre un mécanisme permettant de valider l'évaluation des menaces et les décisions prises en matière de ciblage, et de mettre en œuvre les pratiques conseillées.

La Norme 5 est relative à la sélection, à l'établissement de profils et au ciblage ; la douane devrait utiliser des méthodes sophistiquées pour identifier et cibler le fret susceptible de présenter des risques élevés, notamment la transmission préalable, par voie électronique, de renseignements concernant les envois commerciaux destinés à un pays ou arrivant d'un pays, avant leur départ ou leur arrivée, le renseignement stratégique, les données commerciales informatisées, l'analyse des anomalies, et la sécurité relative de la chaîne logistique de l'opérateur.

La Norme 6 traite des renseignements fournis à l'avance par voie électronique ; l'administration douanière devrait exiger que des renseignements soient fournis à l'avance par voie électronique, en temps opportun pour permettre une évaluation adéquate des risques.

La Norme 7 a trait au ciblage et à la communication ; les administrations douanières devraient prévoir des programmes conjoints de ciblage et de contrôle par examen analytique, l'utilisation d'un ensemble normalisé de critères de ciblage, ainsi que des mécanismes compatibles aux fins de la communication et de l'échange d'informations ; ces éléments concourront à la mise au point à l'avenir d'un système de reconnaissance mutuelle des contrôles.

La Norme 8 traite des mesures de performance ; l'administration douanière devrait établir des rapports statistiques contenant des mesures de performance, qui porteront notamment sur le nombre d'envois examinés, le sous-ensemble des envois à haut risque, les vérifications d'envois à haut risque effectuées, les vérifications d'envois à haut risque effectuées au moyen de techniques d'inspection non intrusive, les vérifications d'envois à haut risque effectuées au moyen de techniques d'inspection non intrusive et de dispositifs matériels, les vérifications d'envois à haut risque effectuées au moyen de dispositifs matériels uniquement, le temps nécessaire au dédouanement, ainsi que les résultats positifs et négatifs obtenus.

La Norme 9 renseigne sur l'évaluation de la sécurité ; l'administration douanière devrait coopérer avec les autres autorités compétentes pour effectuer des évaluations en matière de sécurité relatives au mouvement des marchandises dans la chaîne logistique internationale et s'engager à combler rapidement les lacunes décelées.

La Norme 10 traite de l'éthique du personnel ; l'administration douanière et les autres autorités compétentes devraient mettre en place des programmes visant à prévenir les manquements aux règles d'éthique commis par le personnel, à identifier les violations en la matière et à les réprimer, dans la mesure du possible.

La Norme 11 a trait à l'inspection au départ aux fins de la sécurité ; l'administration douanière devrait procéder à une inspection au départ du fret et des moyens de transport à haut risque, afin d'assurer leur sécurité, à la demande raisonnable du pays d'importation.

L'un des éléments moteurs du Cadre SAFE est la création et l'amélioration d'accords du réseau douane-douane visant à promouvoir la circulation ininterrompue des marchandises le long de chaînes logistiques internationales sécurisées. Ces accords de réseau entraîneront notamment des échanges de renseignements précis, en temps opportun, qui permettront aux administrations des douanes de gérer plus efficacement les risques. Cela renforcera non seulement la capacité de la douane à détecter les envois à haut risque, mais permettra également aux administrations des douanes d'améliorer les contrôles qu'elles exercent le long de la chaîne logistique internationale, et d'assurer un déploiement plus efficace des ressources dont elles disposent.

Les accords du réseau douane - douane renforceront la coopération entre les administrations des douanes et permettront aux administrations d'exercer des contrôles plus tôt dans la chaîne logistique, par exemple lorsque l'administration d'un pays d'importation demande à l'administration du pays d'exportation d'entreprendre des vérifications en son nom. Le Cadre SAFE prévoit également la reconnaissance mutuelle des contrôles dans certaines circonstances.

L'application de cet instrument permettra aux administrations des douanes d'avoir une vue plus large et plus exhaustive de la chaîne logistique mondiale et créera une opportunité de supprimer les doubles emplois ainsi que la multiplication des exigences en matière de notification. Comme indiqué ci-dessus, le Cadre SAFE permettra aux administrations des douanes de relever les défis du nouvel environnement commercial international en mettant en place les pierres angulaires de la réforme et de la modernisation douanières.

Le Cadre SAFE a également été structuré de manière souple afin de permettre aux administrations des douanes de progresser à des rythmes différents. Elles pourront ainsi mettre le Cadre SAFE en œuvre selon le niveau de développement, les conditions et les exigences qui leur sont propres[370].

Qu'en est-il de la situation relative à la coopération entre administrations douanières ?

B/ <u>Etat des lieux de la coopération douane - douane</u>

La sécurité s'inscrit désormais en droite ligne des objectifs des administrations douanières. Celles-ci sont de plus en plus sollicitées pour contribuer à l'atteinte des objectifs fixés en matière de sécurité[371].

Au fil des temps, les administrations douanières ont reçu un mandat de protection de la société car les administrations douanières ont la responsabilité de prévenir les mouvements de marchandises dangereuses ou peu sûres. L'attention ne porte pas seulement sur les importations mais aussi sur les exportations et les marchandises en transit. Toute la chaîne logistique doit être protégée ; c'est pourquoi des mesures de sécurité ont été préparées et mises en place dans le Cadre SAFE.

La mise en œuvre des normes du pilier 1 relatif à la coopération entre les douanes suppose des accords d'assistance mutuelle administrative qui définissent les conditions et les modalités.

D'autres cadres juridiques au niveau communautaire existent ; c'est l'exemple de la Convention A/P5/5/82 sur l'assistance mutuelle administrative en matière douanière signée à Cotonou le 29 mai 1982[372].

---

370 Document de l'OMD sur le Cadre de normes SAFE, édité en juin 2015.

371 WULF De Luc et SOKOL José B., op.cit., p.6.

372 La Convention comprend trente-deux (32) articles comprenant le champ d'application, les modalités générales d'assistance, des dispositions techniques, des renseignements à fournir, des modalités de coopération entre administrations douanières, etc.

Le préambule de ladite Convention énonce que « les gouvernements des Etats membres de la CEDEAO sont convaincus de la nécessité et de l'opportunité de l'établissement d'une condition d'assistance mutuelle en matière de douane en vue d'un meilleur contrôle des échanges normaux et d'une lutte efficace contre la fraude ». Cette convention qui a précédé le Cadre de normes SAFE reste un outil important permettant de contourner les obstacles de coopération en matière douanière. D'ailleurs, c'est ce qui a permis la mise en place du TRIE et des postes de contrôles juxtaposés au niveau de l'Afrique de l'Ouest notamment.

Quelques commentaires peuvent être faits à propos des dispositions pratiques au niveau des administrations douanières concernées.

La plupart des administrations douanières ont manifesté leur intention de mettre en œuvre le Cadre de normes SAFE en juin 2005[373] mais elles ne disposaient pas d'un plan de mise en œuvre des normes du pilier 1. Néanmoins, elles prévoyaient d'achever la mise en œuvre dans un délai de cinq (5) ans au maximum.

En ce qui concerne la mise en œuvre des dispositions en matière de renseignements électroniques fournis à l'avance, les administrations des douanes n'exigeaient pas que des renseignements soient fournis à l'avance par voie électronique au sujet du fret et des envois conteneurisés, que ce soit à l'arrivée, au départ ou lors du transit. La réglementation douanière ne le prévoyait pas et les systèmes informatiques douaniers étaient inadaptés puisque la connexion avec les consignataires pour l'envoi des manifestes était défaillante ou inexistante.

Mais avec les réformes douanières, les codes prévoient l'envoi des informations au moins 24 h avant l'arrivée des navires au niveau des bureaux de dédouanement[374]. Les manifestes peuvent se présenter sous un support papier ou sous un support électronique ; dans tous les cas, ils doivent être présentés au service des douanes pour contrôle.

En ce qui concerne les dispositions en matière de gestion des risques, les administrations des douanes disposent de systèmes automatisés de

---

[373] Voir l'enquête effectuée auprès des administrations douanières par Crown pour le compte de l'OMD en 2009.

[374] Pour le cas du Sénégal, voir les articles 68 à 74 du Code des douanes ; pour le Bénin, voir l'article 89 du Code des douanes.

gestion des risques[375] mais ils sont utilisés à des fins de ciblage surtout pour lutter contre la fraude commerciale.

Les administrations disposent de systèmes de ciblage automatisés pour les envois maritimes mais seulement à l'arrivée. Au niveau des ports, il existe des unités ou cellules mixtes (douane-police et gendarmerie) chargées du contrôle des conteneurs et de la lutte contre les trafics illicites des stupéfiants[376].

A noter que le système de gestion des risques n'est pas appuyé par une fonction nationale en matière de renseignement. Mais on retrouve dans les organigrammes actuels des directions générales, des bureaux centraux chargés du renseignement et de la documentation[377].

Toutefois, il faut déplorer l'absence d'échanges réguliers d'informations entre les administrations. Le cadre existe mais il n'est pas fonctionnel.

Plusieurs accords d'assistance mutuelle ont été conclus par les pays membres de l'OMD. Pour le cas du Sénégal[378], l'on recense une dizaine d'accords avec plusieurs pays.

Il existe un Accord-cadre de coopération en matière informatique entre le Gouvernement du Sénégal et le Gouvernement du Togo[379]. Le Togo a sollicité du Sénégal, l'acquisition et l'exploitation au profit de l'administration des douanes togolaises, du système de collecte électronique des documents requis pour le dédouanement des véhicules

---

[375] Voir l'exemple du SIAR (système informatisé d'analyse du risque) mis en place par la COTECNA au Sénégal.

[376] C'est le cas pour le Sénégal de l'Unité Mixte de Contrôle des Conteneurs (UMCC) qui dépend de la subdivision des douanes du Port et qui opère des ciblages de conteneurs pour la lutte contre les trafics de stupéfiants. Elle est dirigée par un Inspecteur des douanes et comprend des agents de la police et de la gendarmerie. Elle travaille en étroite collaboration avec l'Office des Nations Unies contre la drogue et le crime.

[377] L'on retrouve une Direction des enquêtes douanières en côte d'Ivoire et des Directions du renseignement et des enquêtes douanières au Sénégal et au Bénin avec en leur sein des bureaux centraux spécialisés en matière d'enquêtes, d'investigations et de poursuites.

[378] Source : Direction de la Règlementation et de la Coopération internationale (DRCI) et spécialement le Bureau de la réglementation douanière qui détient la liste de tous documents, actes, accords, projets et autres signés par l'Administration et faisant l'objet d'une certaine confidentialité.

[379] Voir Accord-cadre de coopération en matière informatique entre le Gouvernement du Sénégal et le Gouvernement du Togo qui a été signé le 12 décembre 2007 à Dakar ; il comprend 12 articles. Source : Bureau de la réglementation douanière, DRCI, DGD du Sénégal.

et une collaboration technique en matière de système informatique douanier. Le Sénégal s'est engagé à commettre la DGD et le GIE GAINDE 2000 pour la réalisation effective du projet. Par cet accord, les deux parties se sont engagées à élargir leur coopération technique par un partenariat plus étendu en fonction des besoins exprimés.

Un Accord d'assistance administrative mutuelle en matière douanière a été signé entre le Gouvernement du Sénégal et le Royaume du Maroc[380] le 21 mai 2015. Les deux pays se prêtent mutuellement assistance en vue d'appliquer comme il convient la législation douanière, de prévenir, de rechercher et de réprimer les infractions douanières ainsi que d'assurer la sécurité de la chaîne logistique. Les informations à échanger concernent l'application de la législation douanière, la liquidation des droits et taxes, les infractions douanières. L'Accord précise les conditions dans lesquelles s'effectuent l'échange automatique d'informations et l'échange préalable d'informations. La lutte contre le blanchiment de capitaux, la lutte contre la contrefaçon et la piraterie, la surveillance, le recouvrement des créances douanières, l'appel à des experts et témoins sont aussi visés par l'Accord.

Il y a aussi un protocole d'accord d'assistance mutuelle administrative entre les administrations des douanes du Sénégal et du Mali[381]. Les deux parties se prêtent mutuellement assistance en vue d'appliquer correctement la législation douanière, de prévenir, de rechercher et de réprimer les infractions douanières. L'assistance est prévue en matière de contrôle et d'application de la réglementation en matière de surveillance, pour l'appel à des experts et à des témoins. Des règles sont prévues pour la communication des demandes, l'exécution des demandes et la protection de l'information. Des dérogations sont aussi prévues car l'assistance administrative peut être refusée en cas d'atteinte à la souveraineté, à la sécurité, à l'ordre public ou à d'autres intérêts essentiels de l'une des parties. L'assistance administrative peut être aussi différée lorsqu'elle perturbe une enquête, des poursuites ou une procédure en cours.

---

[380] Voir Accord d'assistance administrative mutuelle en matière douanière signé entre le Gouvernement du Sénégal et le Royaume du Maroc le 21 mai 2015. Il comprend 29 articles. Source : Bureau de la réglementation douanière, DRCI, DGD du Sénégal.

[381] Voir le protocole d'accord d'assistance mutuelle administrative entre les administrations des douanes du Sénégal et du Mali qui a été signé le 07 septembre 2007 ; il comprend 23 articles. Source : Bureau de la réglementation douanière, DRCI, DGD du Sénégal.

Nous avons un protocole d'accord relatif à l'interconnexion des systèmes informatiques des administrations douanières du Burkina Faso, de la Côte d'Ivoire, du Mali et du Sénégal[382]. Les quatre pays signataires conviennent de l'interconnexion de leurs systèmes informatiques douaniers en vue d'échanger les informations sur les opérations de transit international de marchandises. Les parties signataire se sont engagées à échanger leurs expériences et à coopérer étroitement en matière d'informatisation des procédures douanières. Deux organes ont été créés pour la gestion et l'organisation de ce projet : le Comité de pilotage et le Comité de suivi et d'évaluation.

Il existe aussi un Accord de coopération et d'assistance mutuelle administrative en matière douanière entre le République de Guinée et la République du Sénégal[383]. Dans le préambule, sont visés la Convention de Nairobi du 09 juin 1997 et le Protocole des Nations-Unies contre le trafic illicite de stupéfiants et de substances psychotropes du 19 décembre 1988. Les parties conviennent de lutter contre la fraude douanière dans le domaine du transit tout en fluidifiant le commerce licite conformément au Cadre de normes SAFE de l'OMD. Comme pour le Mali, les deux parties se prêtent mutuellement assistance en vue d'appliquer correctement la législation douanière, de prévenir, de rechercher et de réprimer les infractions douanières. L'assistance est prévue en matière de contrôle et d'application de la réglementation en matière de surveillance, pour l'appel à des experts et à des témoins.

Un protocole d'accord existe entre la Direction générale des douanes de Guinée Bissau et la DGD du Sénégal[384].

Ce protocole a pour objet de mettre en place un dispositif de contrôle des opérations d'exportation et de réexportation des marchandises entre les deux pays. Le protocole mentionne les points de sortie retenus par les deux pays pour le dédouanement des marchandises, contient les

---

[382] Voir le protocole d'accord relatif à l'interconnexion des systèmes informatiques des administrations douanières du Burkina Faso, de la Côte d'Ivoire, du Mali et du Sénégal qui a été signé à Abidjan le 19 mars 2005 ; il comprend 15 articles. Source : Bureau de la réglementation douanière, DRCI, DGD du Sénégal.

[383] Voir l'Accord de coopération et d'assistance mutuelle administrative en matière douanière existant entre la République de Guinée et la République du Sénégal qui a été signé le 19 février 2013 à Conakry ; il comprend 23 articles. Source : Bureau de la réglementation douanière, DRCI, DGD du Sénégal.

[384] Voir le protocole d'accord entre la Direction générale des douanes de Guinée Bissau et la DGD du Sénégal qui a été signé le 19 février 2004 et qui comprend 10 articles. Source : Bureau de la réglementation douanière, DRCI, DGD du Sénégal.

procédures avec un registre de prise en charge des marchandises et une fiche de contrôle, l'utilisation des moyens de communication disponibles, la formation des agents, l'assistance médicale et un programme de réunions trimestrielles pour l'évaluation de la coopération entre les deux administrations.

Un protocole d'accord existe entre l'administration des douanes du Sénégal et la Gambia Revenue Authority ; il est relatif aux modalités de réouverture de l'axe BASSE- BADIARA-VELINGARA-TAMBACOUNDA-KIDIRA. Dans le préambule, les deux administrations reconnaissent la nécessité de promouvoir et d'intensifier les échanges commerciaux et de faciliter la circulation des biens et des personnes en vue d'une meilleure intégration sous régionale et sont désireuses de dynamiser la coopération bilatérale en matière de lutte contre la fraude. Les parties ont convenu de la réouverture de l'axe pour une durée de six (06) mois et se sont engagées à assurer une plus grande fluidité des échanges en allégeant au maximum les formalités de contrôle aux bureaux et postes de passage. L'engagement des deux administrations concerne aussi l'échange d'informations relatives au transit et le recensement des difficultés rencontrées.

L'on recense aussi un autre protocole d'accord entre le Gouvernement de la République du Sénégal et le Gouvernement de la République gabonaise[385]. Le préambule fait référence à la Déclaration de Chypre de juillet 2000, à la Résolution sur la sécurité et la facilitation des échanges de la chaîne logistique internationale de juin 2002, au pilier douane - douane du Cadre SAFE de l'OMD, à la Convention des Nations-Unies sur la CTO dite Convention de Palerme et à l'accord de coopération économique, commerciale et industrielle signé le 30 mars 1978 entre le Sénégal et le Gabon. Les deux parties se prêtent mutuellement assistance en vue d'appliquer correctement la législation douanière, de prévenir, de rechercher et de réprimer les infractions douanières.

L'on retrouve aussi un Mémoire d'entente concernant la coopération et l'assistance administrative mutuelle en matière douanière entre la DGDDI de la République française et la DGD de la République du

---

[385] Voir le protocole d'accord entre le Gouvernement de la République du Sénégal et le Gouvernement de la République gabonaise qui a été signé le 15 septembre 2012 à Dakar ; il comprend 20 articles. Source : Bureau de la réglementation douanière, DRCI, DGD du Sénégal.

Sénégal [386]. Les deux parties conviennent essentiellement d'une assistance en matière de surveillance, de lutte contre la fraude et plus spécifiquement en matière de stupéfiants, de psychotropes, de tabac manufacturé, d'alcools et de spiritueux, de contrefaçon de marque, de détention de fonds provenant d'un délit douanier, de vérification de tous moyens de transport utilisés pour la commission d'infractions douanières, de marchandises importées illégalement ou de mouvements suspects de personnes ou de marchandises.

Un accord entre le Gouvernement des USA et le Gouvernement de la République du Sénégal [387] en matière d'assistance administrative mutuelle entre leurs administrations douanières a été conclu. Les parties ont décidé de se prêter mutuellement assistance aux fins de prévention, de détection et d'investigation de toute infraction douanière. Chaque administration des douanes prête son assistance à l'autre sous forme de communication d'informations afin d'assurer la mise en application de la législation douanière et l'imposition exacte des droits de douane et autres taxes.

Les administrations douanières s'informent mutuellement sur la question de savoir si les marchandises exportées du territoire d'une partie ont été importées en toute légalité sur le territoire de l'autre partie. En cas de demande, l'accord précise que les informations doivent contenir la procédure douanière suivie pour dédouaner les marchandises.

Enfin, une convention d'assistance mutuelle administrative dans le domaine du renforcement des capacités des agents des douanes a été conclue entre la DGD du Sénégal et le Comité d'Etat des douanes de la République d'Azerbaïdjan [388]. Les parties ont prévu de coopérer uniquement en matière de renforcement des capacités et dans tous les domaines (échanges de publications scientifiques, séminaires,

---

[386] Voir le Mémoire d'entente concernant la coopération et l'assistance administrative mutuelle en matière douanière signé entre la DGDDI de la République française et la DGD de la République du Sénégal le 21 avril 2011 à Montreuil ; il comprend 20 articles. Source : Bureau de la réglementation douanière, DRCI, DGD du Sénégal.

[387] Voir l'Accord entre le Gouvernement des USA et le Gouvernement de la République du Sénégal en matière d'assistance administrative mutuelle entre leurs administrations douanières, qui a été signé le 27 avril 2015 à Dakar ; il comprend 14 articles. Source : Bureau de la réglementation douanière, DRCI, DGD du Sénégal.

[388] Voir la Convention d'assistance mutuelle administrative dans le domaine du renforcement des capacités des agents des douanes qui a été signée le 18 mai 2016 entre la DGD du Sénégal et le Comité d'Etat des douanes de la République d'Azerbaïdjan et comprenant 8 articles. Source : Bureau de la réglementation douanière, DRCI, DGD du Sénégal.

réglementations douanières, formation dans le domaine cynophile, renseignements, recherches, contrôles douaniers, formation des formateurs, lutte contre la CTO, géolocalisation des marchandises, informatique douanière…).

L'on peut souligner que des efforts sont faits par le Sénégal dans le domaine de la coopération douanière. Plusieurs observations peuvent être faites à ce propos.

D'abord, l'on remarque la diversité des termes utilisés : tantôt on parle d'Accord, tantôt d'Accord-cadre, tantôt de mémoire ou de convention pour désigner la coopération douanière.

Ensuite, l'on peut relever la diversité des autorités signataires : on retrouve soit le Ministre de l'Economie et des Finances, soit le Ministre des affaires étrangères ou le Directeur général des douanes.

Par ailleurs, l'on note la variation dans le contenu des accords et dans le nombre d'articles composant les documents (entre dix et vingt articles essentiellement).

Les généralités concernant les accords renvoient à l'assistance mutuelle pour le respect de la législation douanière.

Enfin, selon les pays partenaires, leur situation géographique (pays frontalier ou non), leurs intérêts économiques et le cadre d'intégration (UEMOA, CEDEAO, UE par exemple), les accords contiennent des objectifs spécifiques qui renvoient à des actions spécifiques en matière douanière (criminalité, gestion du transit, facilitation des échanges, optimisation des recettes douanières, formation, informatisation, surveillance, etc.).

Toujours concernant l'assistance mutuelle administrative, un protocole d'accord portant sur la mise en place du Procès-Verbal Simplifié (PVS) a été signé entre les douanes de Côte d'Ivoire et les douanes du Bénin le 12 février 2015[389].

Ce protocole tient compte de l'évolution sans cesse croissante du commerce international et des nouveaux défis budgétaire et sécuritaire qui imposent une modernisation plus affirmée des Administrations douanières, qui doivent concilier davantage leur mission de contrôle avec les exigences de facilitation des échanges.

---

[389] http://www.douanes.ci/?page=Infos.DG.News&id=364&rub=actualite_dg&typrub=srub consulté le 15 septembre 2017.

Le PVS est une base de données des infractions douanières qui permet :

- de gérer la sélectivité des déclarations en douane pour le contrôle sur la base de l'analyse de risques ;
- d'informatiser l'ensemble de la procédure contentieuse depuis l'élaboration du procès-verbal jusqu'à la répartition des amendes ;
- de segmenter les opérateurs économiques et commissionnaires en douane agréés dans la gestion des OEA ;
- d'évaluer les performances des agents et des services en matière de contentieux.

Cette initiative est à saluer, car le « Procès-Verbal Simplifié » reste, dans l'espace communautaire de l'UEMOA et de la CEDEAO, un instrument innovant comme pour des contrôles plus pertinents dans un contexte de dématérialisation des procédures douanières.

En ce qui concerne les dispositions en matière d'inspection au départ aux fins de sécurité, il convient de dire que les législations douanières ne s'opposent pas à une inspection au départ des envois maritimes ; celle-ci ne se fait pas systématiquement à cause de certaines raisons (inexistence de l'infrastructure matérielle nécessaire pour inspecter les envois maritimes au départ ; absence des matériels et des nouvelles technologies d'information et de communication nécessaires, absence de personnel dédié à cette tâche, absence de politique interne pour instituer obligatoirement l'inspection au départ des envois).

En ce qui concerne les dispositions en matière de technologie pour le matériel d'inspection, les administrations douanières utilisent du matériel de détection non intrusif, mais les contrôles concernent seulement les inspections à l'arrivée et reposent aussi sur la gestion des risques.

A la suite d'une mission d'AFRITAC, il a été prévu la mise en place de systèmes autonomes propres aux administrations douanières. C'est pourquoi au Sénégal par exemple, il a été mis en place le Traitement et Analyse de risque des Marchandises par voie Electronique baptisé « TAME[390] » qui est un système d'analyse et de gestion propre à la douane.

Le TAME est une solution informatique de calcul du risque ; il permet le ciblage des opérations commerciales à risque et l'orientation des déclarations vers des circuits de dédouanement.

---

[390] SENE Cheikh Amadou Bamba, op.cit., pp.45 - 46.

Il faut ajouter que des scanners sont utilisés dans les ports majeurs mais le matériel de détection des rayonnements pour effectuer les inspections n'est pas disponible pour des raisons financières.

Concernant le pilier 1 du Cadre SAFE, le niveau de mise en œuvre est relativement faible même si quelques progrès notoires ont été constatés depuis quelques années.

Paragraphe III : L'absence de soutien politique et la manipulation des administrations douanières

La plupart des administrations douanières ont des responsabilités opérationnelles auprès des politiques gouvernementales mises en place. Dans les pays étudiés, ce sont souvent les Ministres des Finances qui supervisent les activités ; ce qui implique que tout changement nécessite un soutien fort du gouvernement.

Le constat est que les administrations douanières sont perçues simplement comme des administrations pourvoyeuses de recettes fiscales pour le compte du budget de l'Etat. Chaque année, les objectifs de recettes sont revus à la hausse, ce qui entraîne des contrôles plus rigoureux aux frontières pour atteindre les objectifs définis par les politiques.

Les réformes induites par la mise en œuvre des normes du Cadre SAFE nécessitent une implication forte des Ministres des Finances qui doivent piloter, au besoin par la mise en place de comités avec des tâches claires et un planning bien détaillé.

Etant donné les changements importants qui devront être introduits, le soutien externe est indispensable[391].

Le constat est que la politique politicienne prend le dessus sur les aspects techniques. Non seulement, souvent les autorités ministérielles ne s'impliquent pas suffisamment, mais elles procèdent à la manipulation des administrations par des nominations contestées et un mauvais management du personnel qui entraînent des frustrations de tous ordres[392]. Dans ces conditions, il est difficile d'opérer des changements.

---

[391] DE WULF Luc et SOKOL José B., op.cit., p.9.

[392] Cyberdouane@yahoogroupes.fr du 19 septembre 2013. C'est le cas du Sénégal où des nominations de Directeurs généraux des douanes provenant du corps de l'Inspection générale d'Etat (IGE) ont été dénoncées plusieurs fois par des douaniers dans la presse. Pour le cas du Bénin, le bureau exécutif national de l'Amicale des retraités des douanes béninoises (Ardb) a fait face à la presse le lundi 10 avril 2017. A travers une

L'on remarque la lenteur des réformes qui se heurtent à l'épreuve des réalités africaines[393]. Certains analystes pensent que les acteurs de la politique économique des pays africains se heurtent à des intérêts contradictoires au sein même de leur institution[394].

Les facteurs qui affectent le cours des réformes sont nombreux[395] ; on note par exemple les difficultés en matière de coopération mutuelle entre administrations douanières. Pour la mise en œuvre, l'absence de professionnels expérimentés, les changements fréquents de personnels au niveau des Directions générales et des Ministères, la question du financement sont entre autres des difficultés qui entraînent des retards dans l'application des règles du Cadre SAFE.

En somme, il existe des difficultés d'application des normes du Cadre SAFE relatives à la coopération entre administrations douanières. Le constat est aussi le même pour l'application des normes du deuxième pilier.

SECTION II : UNE APPLICATION DIFFICILE DES NORMES DU PILIER DOUANE- ENTREPRISE

Le pilier 2 du Cadre SAFE est un condensé de six normes traitant des modalités de partenariat entre la douane et les entreprises.

La Norme 1 est relative au partenariat ; les opérateurs économiques agréés participant à la chaîne logistique internationale s'engagent dans un processus d'auto-évaluation par rapport à des pratiques conseillées et des normes de sûreté déterminées à l'avance afin de s'assurer que leurs procédures et leurs principes internes offrent des garanties adéquates contre la manipulation de leur chaîne logistique jusqu'à ce que le fret ne soit plus sous le contrôle de la douane à destination.

---

déclaration de presse lue à Cotonou par son président Théophile Bessanh NAGO, l'Ardb relève plusieurs situations inquiétantes et déplorables à la douane béninoise.. Dans ces différents dossiers, l'Ardb dénonce la violation des textes par Talon et ses ministres, du deux poids deux mesures, ainsi que le conflit d'intérêts évident au sommet de l'Etat. Pour y mettre fin, l'amicale formule une série de recommandations au gouvernement, puis aux agents de douanes.
Voir https://lanouvelletribune.info/2017/04/douane-gouvernement-viole-les-textes/ consulté le 06 juin 2017.

[393] RABALLAND Gaël, CANTENS Thomas, op. cit., p.23.

[394] GILLES Montagnat-Rentier, GILLES Parent, op.cit., p.137.

[395] Idem, pp.137-140.

Le programme de partenariat douane-entreprises devrait permettre que les plans de sûreté reposant sur le modèle commercial de l'OEA soient souples et personnalisés.

L'administration des douanes et l'OEA devraient déterminer conjointement, et consigner par écrit, les mesures de sûreté adéquates qui seront mises en œuvre et tenues à jour par l'OEA.

La Norme 2 traite de la sûreté ; les opérateurs économiques agréés incorporent les meilleures pratiques déterminées à l'avance en matière de sûreté dans leurs méthodes commerciales existantes. L'OEA met en œuvre des mesures de sûreté qui assurent la sûreté des bâtiments, et qui permettent de contrôler et de surveiller les périmètres extérieurs et intérieurs, ainsi que des dispositifs de contrôle d'accès qui empêchent tout accès non autorisé aux installations, aux moyens de transport, aux quais de chargement et aux zones de fret.

La Norme 3 a trait à l'agrément ; l'administration douanière, avec l'aide de représentants des milieux commerciaux, met en place des processus de validation ou des procédures d'agrément de la qualité qui inciteront les entreprises à devenir des opérateurs économiques agréés. Ces procédures incitent les entreprises à investir dans des pratiques et des systèmes satisfaisants en matière de sûreté, en raison notamment de la diminution du nombre des inspections et des évaluations qu'elles subissent aux fins du ciblage des risques, ainsi que du traitement accéléré de leurs marchandises.

La Norme 4 traite de la technologie ; toutes les parties préservent l'intégrité du fret et des conteneurs en facilitant le recours aux technologies modernes ; les opérateurs économiques agréés devraient se conformer, au minimum, aux obligations énoncées actuellement dans différents accords internationaux, notamment dans la Convention douanière relative aux conteneurs de 1972 et dans la Convention relative au transport international de marchandises sous le couvert de carnets TIR (Convention TIR de 1975).

La Norme 5 traite de la communication ; l'administration douanière met régulièrement à jour les programmes des partenariats douane-entreprises afin de promouvoir les normes de sûreté minimales et les pratiques conseillées en matière de sûreté de la chaîne logistique ; elle devrait établir, en consultation avec l'OEA ou ses agents, des procédures à suivre en cas de demande d'information ou de soupçon d'infraction douanière, en fournissant notamment à l'OEA ou à ses agents les coordonnées permettant de contacter les fonctionnaires des douanes compétents en cas d'urgence ; elle devrait procéder à des consultations régulières, tant à l'échelon national que local, avec tous les protagonistes de la chaîne logistique internationale afin d'examiner les questions d'intérêt commun, y compris les réglementations douanières, ainsi que les procédures et obligations relatives à la sûreté des locaux et des envois.

La Norme 6 traite de la facilitation ; l'administration douanière travaille en coopération avec les opérateurs économiques agréés afin de maximiser la sûreté et la facilitation de la chaîne logistique internationale qui commence sur leur territoire douanier ou qui emprunte ce dernier.

Le pilier II du Cadre SAFE prévoit le statut d'OEA pour les acteurs du commerce devant être piloté et être agréé par les administrations douanières.

Mais à l'analyse, l'on se rend compte d'abord que la mise en place de ce statut est difficilement réalisable (Paragraphe I). Ensuite, l'on relève que la spécificité des PME n'est pas bien prise en compte (Paragraphe II). Enfin, la responsabilité du secteur privé dans cette situation est engagée (Paragraphe III).

Paragraphe I : Un statut d'opérateur économique agréé difficilement réalisable

La mise en œuvre du pilier 2 du Cadre SAFE passe par un partenariat avec le secteur privé pour anticiper et mettre en place un dispositif sécuritaire. Chaque administration douanière est appelée à choisir des partenaires pour sécuriser la chaîne logistique.

Des difficultés existent dans la mesure où les conditions pour l'obtention de l'agrément ne sont pas à la portée de toutes les entreprises (A). Il existe aussi la possibilité de passer par des programmes intermédiaires devant aboutir au statut d'OEA, ce qui entraîne des retards par rapport à l'objectif d'uniformisation des règles en la matière (B).

A/ Des conditions d'octroi complexes et lourdes

L'opérateur économique agréé est défini dans le Cadre SAFE comme « … une partie intervenant dans le mouvement international des marchandises à quelque titre que ce soit et qui a été reconnue par ou au nom d'une administration nationale des douanes comme respectant les normes de l'OMD ou des normes équivalentes en matière de sécurité de la chaîne logistique. Les opérateurs économiques agréés peuvent être notamment des fabricants, des importateurs, des exportateurs, des agents en douane, des transporteurs, des agents de groupage, des intermédiaires, des exploitants de ports, d'aéroports ou de terminaux, des opérateurs de transports intégrés, des exploitants d'entrepôts ou des distributeurs ».

Le Cadre SAFE énonce les critères grâce auxquels les entreprises intervenant dans la chaîne logistique peuvent obtenir la reconnaissance d'un statut de partenaires agréés en matière de sûreté.

Ces critères[396] portent sur les éléments suivants :

- l'évaluation des menaces,
- l'existence d'un plan de sûreté adapté aux menaces ainsi évaluées, l'existence d'un plan de communication,
- l'existence de mesures et procédures visant à éviter que des marchandises illicites ou non accompagnées de documents ne pénètrent dans la chaîne logistique internationale,
- la sécurité matérielle des bâtiments et des locaux utilisés en tant que sites de chargement ou d'entreposage, la sûreté du fret, les moyens de transport, le contrôle du personnel et la protection des systèmes d'information.

Les conditions à remplir par un acteur intervenant dans la chaîne logistique sont nombreuses et complexes. Elles nécessitent des investissements dans les nouvelles technologies, des procédures internes qualitatives et un management humain adéquat. En Afrique, les entreprises ne sont pas très souvent en phase par rapport aux normes sécuritaires puisque les conditions minimales ne sont pas souvent respectées.

A ce stade actuel, aucun des pays objet de l'étude n'a mis en place un statut d'OEA pour ses entreprises[397]. Cela montre les difficultés qui existent pour la mise en œuvre depuis plus de 10 ans.

En Europe, le programme a été pris en charge au niveau communautaire avec le Règlement (CE) n° 648/2005 du Parlement européen et du Conseil datant du 13/04/2005 ainsi que le Règlement (CE)

---

[396] Cadre de normes SAFE édité en juin 2015 ; HYEANS Andy, op.cit., p.29.

[397] Voir le site www.douanes.sn consulté le 30 juin 2018. Au Sénégal, le lancement du programme des OEA a été fait par les douanes le 28 juin 2018 à Dakar. La rencontre présidée par l'actuel Directeur de la Facilitation et du Partenariat avec l'Entreprise, le Colonel Pape Thialaw FALL, avait pour but d'informer le secteur privé sur les enjeux du statut d'OEA et de recueillir des observations et des contributions des acteurs du commerce.

n° 1875/2006 datant du 18/12/06 de la Commission dits « amendements sûreté » modifiant le Code des douanes communautaire (CDC)[398].

Même au niveau des autres pays développés, les difficultés de mise en œuvre existent et les schémas et formats retenus sont différents.

En mai 2010[399], les programmes d'OEA opérationnels étaient peu nombreux ;

- l'Argentine avait mis en place le Système douanier d'opérateur fiable (SAOC) ;

- le Canada qui a institué les Partenaires en protection (PEP), le Programme d'autocotisation des douanes (PAD), les Expéditeurs rapides et sécuritaires (EXPRES), les Partenaires en matière d'observation (PMO) pour les importations et les exportations ;

- la Chine qui a mis sur pied la Gestion par catégorie des entreprises ;

- l'UE (27 pays) qui a institué les OEA pour les importations et les exportations ;

- le Japon qui a institué les OEA pour les importations et les exportations ;

- la Jordanie qui a institué la « Golden List » pour les importations/exportations ;

- la Corée qui a institué les OEA pour les importations et les exportations ;

- la Malaisie qui a mis sur pied les OEA pour les importations et les exportations ;

- la Nouvelle-Zélande qui a opté pour le Régime pour la sécurisation des exportations (SES) ;

---

398 HYEANS Andy, op.cit., p.123.

399 Recueil sur les Programmes d'OEA édité par l'OMD, en mai 2010. Pour la méthode de recherche, l'équipe de recherche de l'OMD a réalisé ses travaux en examinant les rapports internes et des sources ouvertes, et en consultant les Membres. En mai 2010, le présent Recueil comprenait des informations concernant 30 programmes différents de 56 pays (puisque 27 Etats membres de l'UE appliquent un programme unique et identique).

En vue d'organiser les données de manière systématique, tous les programmes sont divisés en trois catégories : programmes d'OEA opérationnels, programmes d'OEA lancés dans un proche avenir et programmes de conformité à la législation douanière. Même s'ils ne constituent pas techniquement des programmes d'OEA, les programmes de conformité à la législation douanière peuvent être considérés comme une étape initiale vers la création d'un programme d'OEA.

- la Norvège qui a institué les OEA pour les importations et les exportations ;

- Singapour qui a mis en place le Partenariat pour la sécurisation des échanges (STP) valable pour les importations et les exportations ;

- la Suisse qui a institué les OEA pour les importations et les exportations ;

- les Etats-Unis qui ont mis en place le Partenariat douane-commerce contre le terrorisme (C-TPAT) valable pour les importations.

A l'analyse, l'on se rend compte qu'aucun pays africain n'avait mis en place un projet allant dans le sens de créer un statut d'OEA conformément à la Résolution. Les USA, l'UE et certains pays asiatiques puissants aux plans commercial et diplomatique s'y sont lancés avec rapidité.

A cette date, d'autres pays (Ancienne République yougoslave de Macédoine, Andorre, Botswana, Chili, Colombie, Costa Rica, Guatemala, Israël, Maroc) avaient prévu de lancer leurs programmes.

Le Brésil, El Salvador, l'Indonésie, le Kenya, le Rwanda, la Serbie, la Tanzanie et la Thaïlande avaient commencé leurs programmes de respect de la législation douanière.

Actuellement, l'Algérie est en train de développer son programme d'OEA[400] car le nouveau projet de Code des douanes, qui a été adopté en

[400] http://www.elmoudjahid.com/fr/actualites/26420 consulté le 15/09/2017. Les conditions et modalités d'accès au statut d'opérateur économique agréé en douane viennent d'être définies par voie de décret exécutif 12-93 du 1er mars 2012.
Ce dernier ne doit pas faire l'objet d'antécédents, durant les trois dernières années cumulées dans l'exercice de son activité, à son encontre, à l'encontre de ses représentants légaux, ses cadres dirigeants ou ses principaux associés, avec les administrations douanière, fiscale, du commerce, du travail et de la Sécurité sociale et avec les autres institutions concernées par l'encadrement du commerce extérieur. L'accès à ce statut reste, ainsi, conditionné par la régularité vis-à-vis du fisc et de l'administration douanière et est exclusivement accordé par décision du DG des douanes dans un souci d'équité et de transparence, et exclut, de fait, tout opérateur ayant été condamné pour une infraction d'ordre économique. En fait, l'octroi du statut d'OEA qui cible, dans une première phase, les opérateurs économiques inscrits et suivis par la Direction des grandes entreprises (DGE), de la Direction générale des impôts, et exerçant une activité régulière à l'importation et ou à l'exportation et intervenant dans les domaines de production, de transformation, des travaux publics et dans les réseaux de distribution, est tributaire de la bonne moralité fiscale de l'opérateur, et de l'absence d'antécédents contentieux avec

2012, a prévu le renforcement de la mission économique de l'administration douanière qui comporte de nouvelles dispositions dont essentiellement celles relatives au renforcement de la mission de cette institution dans la sécurité et la protection de l'économie nationale[401].

Le décret précise que le statut d'OEA est accordé à tout opérateur économique établi en Algérie, personne physique ou morale, exerçant des activités d'importation ou d'exportation et intervenant dans les domaines de production de biens ou de services.

Même si l'Algérie a traversé une crise politique et économique durant quelques années, les efforts fournis en matière de modernisation douanière ont produit des résultats probants en matière de partenariat avec le secteur privé qui ont abouti au statut d'OEA.

Les conditions d'octroi du statut d'OEA semblent complexes. La possibilité de recourir à des programmes intermédiaires avant le statut d'OEA entraîne aussi un retard dans l'application du pilier 2 relatif du Cadre SAFE.

B/ La possibilité de recourir à des programmes intermédiaires de partenariat

« Le commerce international est la clé d'un développement réussi et durable des nations du monde entier. Une initiative visant à sécuriser cet environnement à l'échelle mondiale tout en favorisant la circulation de marchandises licites devrait bénéficier d'un soutien massif et inconditionnel de toutes parts[402]». Cet appel montre la complexité du travail qui doit être fait pour atteindre les objectifs visés.

Chaque administration douanière établira un partenariat avec le secteur privé afin de le faire participer aux mesures visant à assurer la sûreté de la chaîne logistique internationale. Ce pilier a pour principal objet de créer un système international permettant d'identifier les entreprises privées qui offrent un degré élevé de garantie en matière de sûreté s'agissant de leur rôle dans la chaîne logistique. Dans le cadre de

---

l'administration des douanes, des impôts, du commerce et d'autres institutions concernées par l'encadrement de l'activité du commerce extérieur.

[401] http://www.elmoudjahid.com/fr/actualites/87844 consulté le 15/09/2017. De 2012 à 2015, l'administration douanière en Algérie a accordé ce statut d'OEA à 226 entreprises, qui représentent 15% du commerce extérieur. Elle comptait atteindre le nombre de 300 OEA au premier trimestre de 2016.

[402] Propos de Michel DANET, ancien Secrétaire général de l'OMD, recueillis dans la fiche d'information sur le Cadre SAFE, édité par l'OMD en 2007.

tels partenariats, ces partenaires commerciaux devraient recevoir des avantages tangibles sous la forme d'un traitement accéléré de leurs marchandises et d'autres mesures[403].

Le Cadre SAFE énonce la possibilité pour les administrations douanières d'établir des programmes de partenariat avec les acteurs du secteur privé en fonction de leurs possibilités ; c'est encore une certaine souplesse qui est consacrée pour tenir compte des intérêts particuliers de chaque membre.

Le plus important reste d'abord la mise en place de cadres de partenariat qui permettent des échanges entre les acteurs impliqués dans la gestion de la chaîne logistique.

Le Programme de Partenaires Privilégiés (PPP) a été institué au Sénégal par Décision n° 381/DGD/DFPE/BREP du 17 juin 2011 ; il s'agit d'un programme dérogatoire à la procédure commune qui vise à développer un partenariat public-privé fondé sur l'éthique, la confiance, la transparence et la rentabilité des opérations[404]. Il constitue un pas vers la mise en place du statut d'OEA.

L'objectif principal est d'assurer « la sécurité budgétaire[405] » et accessoirement d'assurer la sécurisation de la chaîne logistique.

---

403 Cadre de normes SAFE de l'OMD, édité en juin 2015, p.24.

404 BALDE Oumar, op.cit., p.14.

405 Préambule de l'Instruction Cadre sur le Programme de Partenaires Privilégiés : « le Cadre de normes SAFE par le biais de son pilier n° 2 consacré aux partenariats douane-entreprises postule une coopération énoncée principalement ainsi qu'il suit : les entreprises qui font preuve d'une volonté avérée de renforcer la sécurité de la chaîne logistique en tireront donc des avantages. Le fait de minimiser les risques de cette manière aide la douane à exercer ses fonctions en matière de sécurité et permet de faciliter les échanges.
Dans ce cadre, des programmes dits d'Opérateur économique agréé (OEA) sont recommandés et mis en place. Ces programmes visent essentiellement la sécurité, mais les différentes facettes de cette notion de sécurité sont appréhendées différemment selon les préoccupations des administrations des douanes forcément tributaires de la situation économique de leurs pays respectifs. C'est ainsi que beaucoup d'administrations des douanes membres de l'OMD ont mis en place des programmes spécifiques de partenariat.
La Direction générale des douanes du Sénégal pour sa part, met en place ce programme de partenariat privilégié qui vise à accorder des avantages particuliers aux entreprises qui concourent à la réalisation des objectifs de sécurité budgétaire.
En tout état de cause, un des principes de tout programme d'opérateurs fiables est de classer les opérateurs en fonction du niveau de risque de leurs activités. Ici, ces risques seront plus appréciés sur la base de critères fiscaux et économiques que sécuritaires, sans

Le choix du Sénégal appelle plusieurs commentaires.

D'une part, il s'est agi d'un souci de réalisme et de contexte car les autorités politiques de l'époque étaient plus intéressées par la question de l'augmentation des recettes douanières. La mission fiscale occupe le devant de la scène et les nombreux projets d'investissements nécessitaient des rentrées substantielles de recettes douanières.

D'autre part, cette situation était une sorte d'équilibre entre la volonté de mettre en œuvre le Cadre SAFE en commençant par un programme intermédiaire et celle de tenir compte des difficultés administratives ou des préalables avec les autres acteurs du commerce.

Il a été choisi de mettre en place un PPP, devant précéder le statut d'OEA, qui comporte aussi quatre (04) étapes ou niveaux.

D'après la décision du DGD[406], les avantages ci-après peuvent être octroyés aux entreprises agréées au PPP :

- mainlevée immédiate accordée aux marchandises dès l'enregistrement de la déclaration en détail et procédure accélérée d'enlèvement ;
- admission pour conforme pour les opérations sélectionnées de manière aléatoire en circuit de contrôle et priorités de traitement desdites opérations ;
- possibilité de substituer un engagement personnel de l'entreprise aux garanties habituelles (cautions, consignations…) ;
- déplacement des contrôles physiques sur le site de l'entreprise ;
- fixation au service des douanes de délais impératifs de traitement pour toutes les étapes ;
- signature éventuelle de protocoles pour le règlement de situations particulières ;
- possibilité d'obtenir des renseignements tarifaires contraignants ;

---

pourtant occulter en rien le rôle de l'Administration des douanes dans la sécurisation du territoire national.

Il est attendu des futurs partenaires privilégiés, un haut degré de conformité à la législation douanière et une collaboration sans faille pour aider la douane à s'acquitter au mieux de ses missions, notamment par l'échange de renseignements en matière de lutte contre la fraude.

En retour, des avantages ciblés pouvant aller jusqu'à la signature de protocoles particuliers leur seront consentis ».

[406] Décision n° 381/DGD/DFPE/BREP du 17 juin 2011 instituant ledit Programme.

- réduction et rationalisation des contrôles après dédouanement ;
- procédures simplifiées à l'exportation ;
- label d'entreprise citoyenne.

Les niveaux A, B et C comportent des conditions et des avantages graduels. Les avantages douaniers sont accordés en fonction de certains critères qui sont évalués par l'administration des douanes.

C'est le label d'entreprise citoyenne qui constitue le niveau d'agrément le plus élevé dans le PPP. D'après le texte, « il est accordé aux entreprises qui ont satisfait à toutes les conditions requises pour les niveaux A, B, C et qui, par conséquent présentent un degré élevé de sécurité tant en matière budgétaire qu'en matière de lutte contre le terrorisme et la Criminalité transnationale organisée (CTO) ». L'entreprise agréée à ce label bénéficiera d'un rapport d'audit concluant. Ainsi, elle sera considérée comme suffisamment crédible pour bénéficier de la reconnaissance mutuelle tout au moins dans l'espace UEMOA. D'après les concepteurs dudit programme, il devrait s'agir de la dernière étape avant le statut d'OEA.

Plusieurs questions se posent par rapport à ce programme.

L'administration des douanes sénégalaises est t-elle habilitée à décerner un label d'entreprise citoyenne à une entreprise ? Le concept de citoyenneté n'est- il pas trop large et ne dépasse-t-il pas le domaine douanier ? Est-ce que le PPP a fait l'objet de concertations et de réflexions en interne avant d'être proposé aux entreprises ? Le PPP ne traduit t-il pas cette méfiance et ce manque de confiance des douanes vis-à vis du secteur privé au Sénégal ? Le PPP peut-il bénéficier d'une reconnaissance mutuelle au niveau de l'UEMOA ou ailleurs ? Pourquoi n'a-t-on pas mis en place un programme pour instituer l'OEA comme l'ont fait d'autres pays africains comme l'Algérie ou le Maroc ?

A notre avis, la mise en place du PPP, même s'il constitue un point de départ pour atteindre le statut d'OEA, a obéi à une logique de prudence, de calculs politiques et de méfiance. Il traduit une fuite en avant des autorités douanières qui n'ont pas voulu apporter la communication nécessaire sur le statut d'OEA. « Nous n'avons pas osé », devrais- je dire. Le programme n'a pas fait l'objet au sein de la douane de réflexions approfondies et la communication en externe a plus porté sur le PPP en lieu et place du Cadre SAFE de l'OMD.

Le concept d'entreprise citoyenne pose problème car le seul fait d'être en règle ou d'être agréé par l'administration des douanes ne saurait donner à une entreprise cette « haute distinction ». L'entreprise doit aussi être en règle vis-à-vis du fisc, des administrations telles que l'IPRES ou la Caisse de sécurité sociale, du Commerce et même vis-à-vis de ses fournisseurs ou de ses employés pour mériter un tel statut. En sus, la reconnaissance du PPP au niveau communautaire ne peut être automatique puisqu'elle ne pourra se faire que s'il existe d'autres programmes ou statuts similaires et que les pays acceptent cette reconnaissance mutuelle.

Les difficultés constatées par rapport à ce programme sont les suivantes :

- faible portée du texte instituant le PPP ; en l'occurrence, un arrêté primatorial aurait donné plus de poids au programme, aurait entraîné un maximum d'adhésions autour, et surtout, aurait motivé davantage l'administration des douanes et tous les services concernés ;
- problème d'évaluation des niveaux institués et des avantages accordés aux entreprises ;
- problème de coordination entre directions techniques de la DGD ;
- lenteurs administratives ;
- problème de passage des niveaux, car jusqu'en 2017 aucune entreprise sur les quatorze (14) agréées en 2011 au niveau A n'avait changé de niveau[407] ;
- difficultés éventuelles pour la reconnaissance du programme par d'autres pays ;
- non prise en compte totale de la dimension sécuritaire dans le programme.

Il faut noter que la Côte d'Ivoire et le Bénin ont lancé finalement leurs programmes OEA. Le Sénégal s'apprête à le faire d'ici peu.

Le statut d'OEA est encore difficilement réalisable du fait de plusieurs facteurs. La spécificité des PME est aussi un facteur à prendre en considération.

Paragraphe II : La non prise en compte de la spécificité des Petites et Moyennes Entreprises (PME)

Les économies des pays africains sont marquées par une forte présence des PME. Etant une catégorie d'entreprises spécifiques et

[407] Voir BALDE Oumar, op.cit.,p.19.

importantes dans la chaîne, elles devraient bénéficier d'une attention particulière pour plusieurs raisons (A).

Malheureusement, l'on se rend compte que leurs réalités ne sont pas souvent prises en compte lors des réformes, ce qui entraîne une inadaptation des règles qui rejaillit sur leur compétitivité (B).

A/ **Généralités sur les Petites et Moyennes Entreprises (PME)**

Selon le Pr Moustapha KASSE[408], il existe une idée fausse mais répandue qui consiste à dire que les pays africains doivent rentrer dans le train de la modernité industrielle par le chemin de la grande entreprise. Pourtant, les pays industrialisés ont construit le développement à partir de la ramification de plus en plus dense de petites activités de production et de commerce souvent « au ras du sol ». La véritable épine dorsale de l'économie européenne est constituée de PME qui représentent 99% des entreprises, fournissent 2/3 des emplois dans le secteur privé et génèrent plus de la moitié de la valeur ajoutée créée[409].

En Afrique subsaharienne, c'est la plus grande partie des populations qui vit grâce à ces PME, petites sociétés, urbaines ou rurales, dont les appellations sont diverses : secteur informel, économies populaires, etc.

Les PME symbolisent surtout le dynamisme, la capacité d'adaptation, la diversité nécessaire à la croissance. Leur rôle et leur place dans l'économie suscitent encore un large débat sur l'accès au marché, le coût du crédit, les obstacles au financement, la dépendance à l'égard des clients ou des fournisseurs importants[410].

C'est pourquoi les politiques fiscales, douanières et sociales doivent intégrer leur dimension complexe et leur assurer des conditions viables pour le bien de nos économies.

---

[408] Le Pr Moustapha KASSE est Doyen honoraire de la Faculté des sciences économiques et de gestion de l'UCAD. Professeur agrégé d'économie, il est membre de plusieurs organisations au niveau international. Ancien conseiller spécial à la présidence de la République, il dirige le Laboratoire d'Analyse, de Recherche et d'Etude du Développement (LARED). Il est auteur de plusieurs ouvrages portant sur l'économie de façon générale.

[409] KASSE Moustapha, *L'économie du Sénégal : les 5 défis d'un demi-siècle de croissance atone*, Dakar, L'Harmattan, 2015, p. 196.

[410] Idem, p.197 : le Pr KASSE estime que le poids des PME peut s'apprécier à trois niveaux : celui de la croissance économique, celui du développement global et au niveau social, voir les statistiques en termes d'emplois et de revenus.

Au Sénégal, le Code des Investissements, la loi d'orientation n° 2008-29 du 28 juillet 2008 relative à la promotion des PME modifiée par la loi n° 2012-32 du 31 décembre 2012, la nouvelle Charte élaborée par le Ministère chargé des PME retiennent trois critères de définition[411] des PME/PMI que sont :

- l'effectif des employés ;
- la tenue d'une comptabilité allégée ou de trésorerie certifiée ;
- le chiffre d'affaires hors taxes annuel n'atteignant pas certaines limites[412].

Les mesures d'aide et de soutien aux PME reprises dans la loi d'orientation[413] concernent le financement, les fonds d'aménagement et d'aides au transport, de l'accès aux fournitures, aux marchés publics et à la sous-traitance. La loi ne renvoie pas ainsi à des allégements, à des facilités ou à des mesures en matière douanière.

Autrement dit, en matière douanière, les PME ne font pas l'objet d'un traitement spécifique et ne bénéficient pas surtout d'avantages incitatifs. Au contraire, les conditions souvent exigées pour bénéficier d'avantages douaniers ou fiscaux sont très souvent lourdes ou difficiles à remplir pour elles[414].

Les administrations des douanes assurent une mission économique qui consiste à promouvoir la compétitivité des entreprises sénégalaises par le biais de certains mécanismes douaniers organisés selon les objectifs spécifiques et désignés sous le vocable de « régimes économiques douaniers ».

Aujourd'hui, beaucoup d'entreprises traversent des difficultés liées à la crise économique et à des facteurs endogènes qui font qu'elles réduisent considérablement leur compétitivité face à la concurrence nationale et internationale.

Les PME ont certes des atouts considérables mais elles sont confrontées à des difficultés énormes leur empêchant de jouer véritablement leur rôle dans le développement économique et social du pays.

---

411 KASSE Moustapha, op.cit., p. 198.

412 Article 4 et 5 de la loi d'orientation n° 2008-29 du 28 juillet 2008 relative à la promotion des PME modifiée par la loi n° 2012-32 du 31 décembre 2012.

413 Voir le Titre 2 de la loi précitée.

414 DIOP Pape Djigdjam, « Promouvoir la compétitivité des PME : quelle solution douanière », *Revue de la douane*, 2011, p. 15.

Le constat actuel est que les outils douaniers tels que les régimes économiques existants sont peu adaptés à la situation des PME.

En parcourant les régimes économiques douaniers, l'on note que les PME disposent d'un choix limité. Il n'y a pas un cadre global qui prenne en charge leurs activités. Elles ne peuvent évoluer que sous certaines conditions et de façon ponctuelle.

Les régimes de l'entrepôt de stockage, de l'entrepôt industriel, de l'admission temporaire pour perfectionnement actif, des magasins et aires de dédouanement sont par exemple inadaptés à la réalité des PME.

En effet, l'agrément à ces régimes est subordonné à la production de garanties financières (soumission cautionnée, crédit d'enlèvement) que n'ont pas ces entreprises. En sus, le stockage et/ou la transformation industrielle nécessitent parfois des installations, des aménagements et une technologie souvent hors de portée des PME.

L'on ne retrouve pas dans les Codes douaniers des dispositions spéciales qui régissent la « vie douanière » de ces structures importantes pour notre économie. Au niveau opérationnel et fonctionnel, il n'existe spécifiquement pas de bureau dédié à ce secteur.

Force est de constater qu'il est difficile voire impossible pour les entreprises d'être compétitives au plan international si elles ont du mal à s'imposer au plan local.

Les administrations douanières doivent accompagner les PME dans la recherche de solutions adaptées pouvant assurer leur pérennisation. Au Burkina Faso par exemple, il est prévu un dispositif spécifique en matière fiscale et douanière[415]. En effet, « les modalités de mise en œuvre des mesures spécifiques d'aide et de soutien aux PME…sont fixées par voie réglementaire et celles prévues au chapitre 3 par voie législative, notamment dans le Code des Investissements, le Code des impôts et le Code des douanes »[416].

A côté des régimes existants, il convient de tenir compte de la spécificité des PME.

L'OMD est pourtant consciente de l'importance de ce secteur dans la mise en œuvre du Cadre SAFE et particulièrement du statut d'OEA.

Selon elle, la définition très large des OEA vise à inclure toutes les entités impliquées dans la chaîne logistique internationale, de la

---

[415] Loi d'orientation des PME n° 015-2017/AN dans le cadre des mesures d'appui aux PME.

[416] Article 42 de la loi précitée.

fabrication à la libération des marchandises dans leur lieu de destination. L'intention à terme est de constituer des chaînes logistiques entièrement sécurisées. Les petites et moyennes entreprises sont une partie essentielle de ces chaînes logistiques et, dans certains cas, les PME peuvent représenter l'essentiel des opérateurs économiques d'une chaîne logistique[417].

L'OMD a conscience de la nécessité de promouvoir à grande échelle le Cadre de normes SAFE parmi les PME. Elle travaille avec des organismes représentant les PME sur des projets pilotes et des initiatives de renforcement des capacités.

Les PME sont spécifiques et devraient ainsi bénéficier d'un traitement spécifique. Les règles douanières actuelles ne sont pas aussi adaptées à leur situation.

B/ L'inadaptation des règles douanières à la situation des Petites et Moyennes Entreprises (PME)

Pour l'OMD, le principal avantage des OEA réside dans le statut lui-même. De plus en plus, les clients potentiels devront considérer ce statut comme un facteur important pour le choix de leurs partenaires commerciaux.

Pour les PME importatrices / exportatrices, les types d'avantages attendus peuvent être plus concrets et comprendre notamment :

- un jeu de données réduit pour la mainlevée des marchandises,
- l'accélération du traitement des envois et de leur mainlevée,
- la réalisation d'un nombre minimal de vérifications de sécurité,
- un traitement prioritaire par la douane lorsque le niveau de menace est élevé ou suite à un incident nécessitant la fermeture d'un port et / ou de frontières, etc.

En outre, la reconnaissance mutuelle des agréments d'OEA entre administrations douanières est largement considérée comme étant l'un des principaux avantages. Bon nombre d'administrations des douanes travaillent sur des accords bilatéraux de reconnaissance mutuelle, l'objectif à plus long terme étant un système mondial de reconnaissance mutuelle.

---

417 Voir www.wcomd.org : Document de l'OMD intitulé « OEA et PME », mai 2010, pp. 4-6.

L'OMD est consciente des difficultés d'insertion des PME du fait de l'absence d'un cadre juridique adéquat d'une part, et de l'importance des investissements à fournir en matière de sécurité, d'autre part[418].

De fait, nombre d'investissements peu onéreux peuvent contribuer à une bien meilleure efficacité en matière de sécurité. Cette étude montre que certains investissements peu onéreux dans le domaine de la sécurité procurent les avantages suivants :

- une meilleure vue d'ensemble du processus et des activités d'expédition ;
- rôles et responsabilités dans l'organisation plus clairs et plus transparents ;
- meilleures politiques et pratiques d'embauche et de licenciement ;
- amélioration des pratiques internes de gestion de la sécurité ;
- plus grande précision des renseignements sur expédition et meilleure conservation des registres ;
- évaluation qualitative des partenaires commerciaux plus précise.

---

[418] Source OMD. Une Etude menée par l'Association Cross Border Reverché Association (Association de recherche transfrontalière) au nom de la BASC (Business Alliance for Safe Commerce), organisation regroupant près de 60% de PME en Amérique du Sud, a conclu à l'absence de relation linéaire positive entre les investissements liés à la sécurité et à l'efficacité.

L'étude a également permis de conclure que de nombreux investissements coûteux en matière de sécurité, comme les solutions techniques mises en œuvre pour la vérification du fret, le contrôle de l'accès physique et le suivi du fret ou des moyens de transport sont d'une efficacité relativement faible en matière de sécurité.

Il est également intéressant de mentionner à cet égard une étude menée par des chercheurs de l'Université de Stanford au nom du Manufacturing Institute.

L'étude a permis d'établir que de nombreuses entreprises sont peu disposées à investir pour améliorer la sécurité. Ce phénomène s'explique par le fait que ces entreprises tiennent davantage compte des dépenses directes liées aux investissements nécessaires que des avantages collatéraux, aujourd'hui démontrés, qui pourraient découler de tels investissements.

Le rapport conclut que les investissements liés à la sécurité de la chaîne logistique pourraient non seulement être compensés mais dépassés par les avantages qui en découlent : amélioration de la sécurité des produits (38 % de réduction des vols et pertes), meilleure gestion du stock (14 % de réduction du surstock, 12 % font état de livraisons en temps voulu), amélioration de la visibilité de la chaîne logistique (amélioration de 50 % de l'accès aux données de la chaîne logistique, 30 % d'amélioration concernant la communication dans les délais des renseignements sur l'expédition), plus grande rapidité (29 % de diminution du temps de transit, 28 % de diminution de la fenêtre de livraison), plus grande satisfaction des clients (26 % de diminution de l'érosion de la clientèle et 20 % de nouveaux clients supplémentaires).

Les priorités pour les PME en Afrique sont entre autres la levée des obstacles concernant le financement de leurs activités[419], l'accès aux nouvelles technologies, la mise en place de cadres incitatifs, la qualité des produits et l'accès aux marchés internationaux.

Il pourrait toutefois se révéler plus difficile de démontrer les avantages du statut d'OEA pour les PME qui opèrent à distance du processus de traitement d'un mouvement de marchandises. C'est dans cette phase intermédiaire du mouvement des marchandises, entre leur fabricant et leur destinataire, qu'opère un grand nombre de PME.

Les réalités concernant les PME en Afrique de l'Ouest sont les mêmes ; les difficultés de tous ordres existent et les administrations douanières ont encore du mal à intégrer dans les programmes et réformes la spécificité des PME. Compte tenu de leur densité dans le tissu de nos économies et de l'inadaptation des règles concernant l'OEA, la mise en œuvre progressive et efficace reste encore une entreprise difficile.

Toutefois, il faut se réjouir de l'existence à l'heure actuelle d'un réseau régional des structures d'appui aux PME de l'espace UEMOA[420] créé en mars 2012. Ce regroupement pourrait ainsi donner plus de poids aux PME africaines.

L'UEMOA a aussi approuvé une charte communautaire à l'attention des PME[421].

En définitive, les PME ne bénéficient pas en matière douanière d'un accompagnement spécifique pour des raisons liées surtout à la faiblesse de la réglementation et à un manque d'organisation.

Le secteur privé est en partie responsable de cette situation, à notre avis, pour plusieurs raisons.

Paragraphe III : La responsabilité du secteur privé

La plupart des Etats ouest africains ont, depuis leur accession à l'indépendance, opté pour une stratégie d'économie mixte se fondant sur une répartition publique et privée des activités économiques[422].

---

419 KASSE Moustapha, op.cit., pp.202-205.

420 Source : Agence de Presse Sénégalaise (APS), 21 novembre 2016. Le réseau a été créé en mars 2012 par les huit pays de l'UEMOA.

421 Voir le lien m.lejecos.com consulté le 04 janvier 2018.

422 Idem, p.91.

Le secteur privé tarde à revendiquer sa place et à s'impliquer dans les processus d'élaboration et de mise en œuvre des projets et réformes étatiques.

Le secteur privé de façon générale connaît des contradictions internes (A). Mais il y a aussi des facteurs externes qui retardent son implication (B).

A/ Les contradictions internes

L'histoire du mouvement patronal et du secteur privé en Afrique est ancienne et a connu une certaine évolution du fait de plusieurs facteurs d'ordre politique, économique et social.

Avant les indépendances, existait un secteur privé essentiellement composé de syndicats et d'associations avec une forte présence d'étrangers.

Au moment des indépendances, les Etats ont encouragé la création de groupements d'opérateurs économiques nationaux. La diversité des secteurs d'activités, la divergence de vue par rapport au rôle du patronat, les tentatives de division du pouvoir politique dans les pays ont entraîné le foisonnement d'organisations patronales.[423]

Les contradictions internes au niveau du secteur privé en général sont nombreuses :

- problème de coordination entre organisations patronales ;
- problème de leadership ;
- problème de structuration et d'organisation interne ;
- problème de méthodes et de communication ;
- problème de représentation.

Le secteur privé peine à trouver un interlocuteur devant les autorités publiques ; la division est souvent profonde et cela rejaillit sur les résultats.

La démultiplication et l'atomisation des organisations patronales entraînent une dispersion de leurs efforts face aux enjeux nationaux et internationaux. Le secteur privé est appelé à jouer un rôle moteur dans la croissance.

---

[423] Pour le cas du Sénégal, KASSE Moustapha, op.cit., pp.195-196.

Au niveau de l'OMD, le secteur privé est considéré comme un partenaire stratégique car toutes les réformes douanières doivent passer par une implication à tous les niveaux des acteurs du commerce.

Malheureusement, le manque de solidarité, d'unité dans la conduite de leurs actions, le manque de moyens et les difficultés dans le fonctionnement des chambres de commerce entraînent une certaine inefficacité qui rejaillit sur la crédibilité des acteurs.

B/ Les contradictions externes

Le secteur privé rencontre toujours des difficultés dans ses relations avec les administrations douanières. Même s'il y a une évolution positive dans les rapports entre les administrations douanières et les acteurs du commerce, il faut constater que les relations ne sont pas encore normalement empreintes d'une confiance mutuelle.

Ceci s'explique par différentes raisons historiques. Les règles douanières sont en général considérées par les acteurs comme lourdes et complexes. Ce sont des règles héritées de la colonisation et inspirées par le droit français.

Le contentieux douanier est particulier et contient des règles qui portent atteinte aux droits des particuliers et les pouvoirs du juge sont limités[424].

En Afrique, les douanes ont eu toujours du mal à communiquer avec les usagers, entraînant du coup une certaine méfiance.

Les relations entre les acteurs du commerce et les administrations douanières ne sont pas souvent empreintes de respect mutuel et de transparence. Le dialogue n'est pas souvent privilégié et la méfiance réciproque règne toujours.

Le secteur privé n'est pas très exigeant vis-à-vis des administrations des douanes qui elles aussi, pour des raisons valables ou non, ont du mal à s'accommoder avec leur nouvelle mission de facilitation ou de partenariat. Celle-ci demande véritablement une réelle ouverture et une écoute permanente des usagers.

Le pilier 2 du Cadre de normes SAFE reste difficilement applicable du fait du statut d'OEA qui est difficile à réaliser, de la non prise en compte de la spécificité des PME et des difficultés et contraintes du secteur privé.

Qu'en est-il du dernier pilier ?

---

[424] CAMARA Boubacar, op.cit., pp.26-48.

SECTION III : UNE APPLICATION QUASI EMBRYONNAIRE DES NORMES DU PILIER DOUANE - AUTRES ORGANES GOUVERNEMENTAUX ET INTERGOUVERNEMENTAUX

Le pilier 3 a été intégré dans la version du Cadre SAFE de 2015 et traite des normes relatives aux relations entre la douane et les autres organes gouvernementaux et intergouvernementaux (Paragraphe I). Ce pilier comporte également des normes qui posent des difficultés dans l'application (Paragraphe II).

Paragraphe I : Le contenu du nouveau pilier

Depuis l'élaboration du Cadre de normes SAFE, en 2005, la coopération entre la douane et les autres organes gouvernementaux et intergouvernementaux associés aux échanges internationaux et à la sûreté de la chaîne logistique revêt davantage d'importance. L'OMD en a pris acte et a mis en place divers outils et instruments de premier plan, au rang desquels figurent les Recueils sur la gestion coordonnée des frontières et sur le guichet unique qui influencent et guident la coopération entre la douane, les autres organes gouvernementaux et les organes intergouvernementaux.

L'objectif premier de cette coopération est de veiller à ce que les gouvernements réagissent avec efficacité aux défis que pose la sûreté de la chaîne logistique, en évitant les chevauchements dans les exigences et les contrôles, en rationalisant les procédures et, à terme, en œuvrant à l'établissement de normes internationales qui sécurisent les mouvements de marchandises dans un but de facilitation des échanges.

La sûreté de la chaîne logistique fait l'objet d'une coopération entre la douane et de nombreux services gouvernementaux dont, notamment, les autorités chargées de la sûreté des transports et des affaires intérieures (la police et la gendarmerie par exemple), les services opérant aux frontières (agriculture, santé, élevage entre autres) et les agences émettant des licences (biens à double usage, par exemple).

Cette coopération revêt des formes diverses et variées : les services peuvent partager des locaux ou mettre en commun leur matériel et leurs bases de données. Ils peuvent également procéder à des échanges d'informations, mener des opérations conjointes de ciblage/d'évaluation des risques, de validation de programmes et effectuer, ensemble, les inspections. Elle peut inclure l'alignement des programmes sécuritaires et des mesures de contrôle des différents services.

À l'échelon national, la coopération entre ces diverses agences est indispensable. Eu égard à la nature de la chaîne logistique mondiale, une coopération efficace doit être promue au niveau bilatéral et multilatéral entre et parmi les organisations représentant différents secteurs et les instances réglementaires, afin d'encourager et de garantir une harmonisation internationale, et de réduire la charge imposée aux opérateurs commerciaux et aux gouvernements.

Pour faciliter la mise en œuvre de ce pilier, les Membres sont invités à se référer aux outils et instruments de l'OMD dont, notamment, la Convention de Kyoto révisée, ainsi que les Recueils sur la gestion coordonnée des frontières, le guichet unique, les OEA et la gestion des risques[425].

La norme 1 traite de la coopération mutuelle entre les administrations des douanes et les autres organes gouvernementaux compétents (autorités de l'aviation, autorités chargées de la sûreté maritime et portuaire, autorités compétentes en matière de transport terrestre, les opérateurs postaux…).

La norme 2 prévoit les procédures et les arrangements en matière de coopération entre leurs organes impliqués dans le commerce international et la sûreté.

La norme 3 traite de l'harmonisation des programmes sécuritaires mis en œuvre pour améliorer la sûreté de la chaîne logistique internationale.

La Norme 4 prévoit l'harmonisation des mesures nationales de contrôle, afin d'éviter qu'elles n'aient un effet négatif sur les échanges licites et les mouvements internationaux.

La Norme 5 traite de l'élaboration de mesures de continuité et de reprise en cas de perturbation.

La Norme 6 prévoit la coopération mutuelle entre les administrations douanières et les autres organes gouvernementaux compétents qui interviennent dans la sûreté de la chaîne logistique de part et d'autre des frontières ou dans le cadre d'une Union douanière.

La Norme 7 porte sur l'élaboration d'arrangements ou de protocoles de coopération entre les organes qui travaillent côte à côte à une frontière commune ou au sein d'une Union douanière.

---

[425] Document édité par l'OMD sur le Cadre SAFE en 2015, Section IV.

La norme 8 a trait à l'harmonisation des programmes de sûreté mis en œuvre pour renforcer la sûreté de la chaîne logistique internationale.

La Norme 9 renvoie à l'harmonisation des mesures de contrôle transfrontalier.

La Norme 10 prévoit la mise en œuvre d'une coopération mutuelle parmi et entre les organisations internationales qui participent à la sûreté de la chaîne logistique.

La Norme 11 contient les éléments sur l'élaboration d'arrangements ou de protocoles de coopération avec les organisations gouvernementales internationales (OACI, OMI et UPU par exemple) qui interviennent dans la sûreté de la chaîne logistique.

Paragraphe II : Les difficultés d'application des normes du nouveau pilier

Les règles contenues dans ce troisième pilier concernent la coopération ou la collaboration entre la douane et les autres services publics nationaux ou internationaux. Certaines questions ont commencé à être prises en charge par des unions douanières comme l'UEMOA qui a mis en place un programme pour la construction de postes de contrôle juxtaposés[426].

Le PCJ est défini comme étant « l'emplacement aménagé et équipé, situé près de la frontière, dans l'un ou l'autre des deux Etats frontaliers, ou chevauchant la frontière, utilisé en commun par les services de contrôle aux frontières desdits Etats pour effectuer les opérations de contrôle frontalier ».

Les difficultés apparaissent au niveau interne car les services chargés de la sécurité relèvent de ministères différents (sécurité, économie, santé, commerce, transport, environnement, etc.) qui n'ont pas souvent la même approche. Chaque service ou structure veut faire ses résultats et la collaboration n'est pas harmonieuse. Dans le cadre de la lutte contre la criminalité transnationale organisée, les administrations des douanes sont appelées à jouer un rôle central pour la sécurité aux frontières et la prévention de certaines infractions.

Un problème de confiance se pose entre acteurs ; des problèmes de moyens se posent également. La coordination des actions et des contrôles

[426] Ce programme a été adopté par Décision n° 08/2001/CM/UEMOA du 26 novembre 2001 modifiée par la Décision n° 38/2009/CM/UEMOA du 17 décembre 2009.

communs pose problème. Les conditions ne sont pas réunies pour permettre une certaine solidarité d'actions entre les services douaniers et les autres services qui interviennent aussi au niveau des frontières.

Au niveau communautaire, les questions d'intérêts [427] et la problématique du financement des infrastructures restent un facteur de blocage pour la libre circulation des biens, des capitaux et des personnes dans l'espace.

---

[427] A titre d'exemple, la mise en œuvre du TRIE entre le Sénégal et le Mali rencontre de sérieuses difficultés du fait d'une mésentente entre administrations douanières à propos de la gestion des cautions par les Chambres de commerce.

Conclusion de la première partie

Le droit économique constitue un terrain qu'on a qualifié de « droit mou » ou « soft law » chez les anglo-saxons. Pour la doctrine, « les obligations y sont énoncées de façon vague et plutôt sous forme d'engagements de comportements que de résultat[428]».

En ce qui concerne l'obligation de comportement, le contenu de l'obligation sera formulé de façon ambiguë ou vague ; l'on assiste à une sorte de permissivité pour prendre en compte la souveraineté étatique.

Pour l'obligation de résultat, le contenu de l'obligation est formulé de façon très précise.

Les politiques économiques sont une composante essentielle de la souveraineté de l'Etat moderne. Cette donne entraîne une tendance à adopter principalement des règles souples laissant aux Etats une grande marge d'appréciation.

L'on note une prudence et des imprécisions dans l'adoption des normes économiques du fait de la volonté des Etats de s'adapter à la conjoncture économique. Cela se justifie par le caractère technique des matières réglementées (commerce, douane, etc.).

Pour le cas de la CKR, les annexes comprennent des chapitres qui comportent des normes, des normes transitoires et des pratiques recommandées.

Pour la doctrine, dans le contenu des normes comme dans leur élaboration, c'est toujours l'efficacité à long ou moyen terme qui semble être recherchée, par un équilibre dynamique de la rigueur et de la souplesse[429].

En matière d'application des normes, la souplesse, l'adaptabilité des règles économiques rendent difficile l'appréciation des manquements[430].

Le droit douanier accompagne le développement des échanges internes ou externes des marchandises ; en ce sens, il est un droit économique[431].

---

428 DAILLIER P., FORTEAU M. et PELLET A., op.cit., p.1168.
429 Idem, p. 1169.
430 Ibid., pp.1170-1171.
431 ALBERT Jean Luc, op.cit., p. 7.

Le droit douanier n'est pas étranger à certaines conceptions doctrinales qui marquent les questions fiscales ou à certaines controverses relatives à la politique économique[432].

L'action des administrations douanières est faite de contrôles, d'appui aux entreprises et de collecte de l'impôt[433].

Cette action relève de la matière fiscale et administrative et est soumise à l'influence particulière des organisations telles que l'OMD qui adopte des instruments juridiques devant être mis en œuvre par les pays membres.

Le droit douanier en Afrique reste un ensemble de règles applicables aux échanges commerciaux. Son contenu est déterminé par les normes du droit international et du droit communautaire. Le droit douanier subit des mutations du fait de son influence par d'autres normes et par la pratique internationale. Même s'il est connu pour son caractère exorbitant, il tend à changer de caractère en étant plus conciliant et plus facile avec l'avènement de règles qui sont prévisibles, simples, connues et applicables sans soucis majeurs pour les acteurs du commerce.

La vocation du droit douanier est d'être un ensemble de règles respectées par les acteurs afin de fluidifier et de développer le commerce licite entre membres de la communauté douanière internationale.

La CKR reste un instrument juridique en vogue du fait de ses règles qui prévoient la prévisibilité dans les opérations de dédouanement, le partenariat, l'utilisation des nouvelles technologies de l'information et la modernisation des contrôles douaniers.

Elle offre un cadre idéal aux administrations douanières pour leur modernisation. L'OMD et les partenaires techniques insistent sur le renforcement des capacités. Les pays membres de l'OMD se sont inspirés de la CKR pour réformer leurs Codes des douanes qui étaient hérités de la colonisation et qui renfermaient des dispositions inadaptées. Les régimes douaniers ont été revus et simplifiés de même que certaines procédures. Des efforts conséquents ont été progressivement réalisés par les pays objet de l'étude pour davantage simplifier les règles et les rapports entre la douane et les acteurs du commerce. Des réformes juridiques ont été nécessaires. Des acquis ont été réalisés surtout avec l'évolution technologique qui est en train de passer de l'automatisation à

---

432 ALBERT Jean Luc, op.cit., p.7.

433 Idem, p.7.

la dématérialisation des procédures de dédouanement. Certes des difficultés existent, mais la volonté de progression semble réelle.

Le Cadre SAFE a été élaboré par l'OMD et ses Membres, en consultation étroite avec les organisations internationales et la communauté commerciale mondiale. La mise en place de ce Cadre contribuera de façon positive au développement économique et social, aura un effet dissuasif pour le terrorisme international, et permettra de sécuriser la perception des recettes tout en promouvant la facilitation du commerce mondial.

La souplesse des règles contenues dans le Cadre SAFE fait que l'application reste encore timide. Les normes devant être mises en œuvre restent complexes et l'environnement douanier n'est pas propice. Les nécessaires coordinations entre les administrations douanières et entre elles et tous les acteurs devant participer à la sécurisation de la chaîne logistique sont difficilement réalisables. Beaucoup de facteurs endogènes et exogènes limitent encore l'impact du Cadre SAFE de l'OMD. La question de l'éthique en matière douanière se pose avec acuité.

Le droit douanier en Afrique notamment du Sénégal, du Bénin et de de la Côte d'Ivoire est cependant appelé à tenir compte de l'évolution du commerce international ; l'influence renforcée et adaptée de ce droit reste une nécessité.

DEUXIEME PARTIE

VERS L'INFLUENCE RENFORCEE ET ADAPTEE DU DROIT DOUANIER AFRICAIN

La volonté d'appliquer les différentes normes contenues dans les nombreuses conventions de l'OMD a entraîné une augmentation quantitative des règles douanières durant ces dernières années.

La communauté internationale douanière a pour objectif de mettre en place des règles harmonisées dans les domaines de la simplification des procédures douanières, dans la sécurisation et la facilitation de la chaîne logistique internationale.

Cette mise en œuvre entraîne des mutations juridiques dans les pays ayant accepté lesdites normes.

Certes, des progrès ont été notés mais des efforts soutenus doivent être faits par les pays.

Doit-on seulement réformer de façon quantitative ? Le droit douanier actuel est-il adapté à l'environnement africain ? Tient-il compte des priorités de nos pays en matière économique, d'investissements, de lutte contre la fraude, etc. ?

Compte tenu des résultats et des pratiques actuelles, l'on pourrait répondre que les règles douanières sont souvent inadaptées pour différentes raisons.

D'une part, les Etats qui sont membres de l'OMD doivent respecter leurs engagements internationaux en poursuivant les réformes douanières engagées ou en cours (Titre I).

D'autre part, la prise en compte de la dimension qualitative s'impose à l'heure actuelle pour les administrations des douanes (Titre II).

TITRE I

LA POURSUITE DES REFORMES DOUANIERES : UNE OBLIGATION INTERNATIONALE

Aux termes de l'article 26 de la Convention de Vienne, « tout traité en vigueur lie les parties et doit être exécuté par elles de bonne foi ».

En matière conventionnelle, l'exécution de bonne foi et le respect de la règle « pacta sunt servanda » sont intimement liés pour constituer les deux aspects d'un même principe[434].

Le principe de bonne foi est très important dans le droit des traités.

Selon l'article 18 de la Convention de Vienne, exécuter de bonne foi signifie « s'abstenir de tout acte visant à réduire à néant l'objet et le but du traité[435] ».

Cette formulation a été considérée comme vague et une définition abstraite de ce principe a été proposée. Pour ces auteurs, « l'exécution de bonne foi devrait être définie comme celle qui exclut toute tentative de fraude à la loi, toute ruse, et exige positivement fidélité aux engagements pris[436] ».

Les résolutions et les recommandations ont une valeur normative ; en effet, l'absence de force obligatoire ne signifie pas qu'elles n'ont aucune portée[437].

C'est pourquoi tout Etat membre d'une organisation comme l'OMD est tenu d'abord d'examiner la recommandation de bonne foi et ensuite d'en faire application. L'exécution des résolutions est une suite logique même s'il n'y a pas force obligatoire[438].

---

[434] DAILLIER P., FORTEAU M. et PELLET A., op.cit., pp.238-239.
[435] Idem, p.240.
[436] Ibid., p.239.
[437] La Cour de Justice Internationale dans son Avis consultatif de 1996 sur la licéité de la menace ou de l'emploi nucléaire rappelle que « les résolutions de l'Assemblée générale, même si elles n'ont pas une force obligatoire, peuvent parfois avoir une valeur normative », voir Recueil, p.254 in Nguyen, op.cit., p.417.
[438] J.-P. Jacqué, « *Eléments pour une théorie de l'acte juridique* », in DAILLIER P., FORTEAU M. et PELLET A., op.cit., p.419.

La CKR et le Cadre de normes SAFE, même s'ils sont des instruments juridiques particuliers de l'OMD puisque renfermant des normes économiques qui tiennent compte de certaines réalités, doivent être exécutés de bonne foi, conformément au droit international.

Toutefois, il est important de tenir compte des contraintes locales externes et internes pour des réformes durables et adaptées (Chapitre I).

Dans le même sillage, les pouvoirs des administrations douanières devraient être renforcés pour leur permettre de pouvoir remplir correctement leurs missions (Chapitre II).

CHAPITRE I

LA NECESSITE D'UNE PRISE EN COMPTE DU CONTEXTE LOCAL AFRICAIN

Entreprendre une réforme durable et réussie nécessite la prise en compte de certains paramètres liés à l'environnement externe et interne des administrations douanières. Les nombreuses réformes douanières entreprises depuis les années 1990 ont connu des résultats mitigés ou décevants pour plusieurs raisons.

Toutefois, une meilleure connaissance des réalités douanières dans les pays africains demeure un préalable (Section I) : d'où l'intérêt d'une nouvelle approche inclusive (Section II).

SECTION II : UNE MEILLEURE CONNAISSANCE DE L'ENVIRONNEMENT DOUANIER

Une mise en œuvre efficace des règles en matière douanière exige une bonne connaissance de l'environnement dans lequel s'insèrent lesdites règles. La méthode consistant à « importer des solutions toutes faites » pour les administrations douanières a des limites. Même l'OMD reconnaît les difficultés pour certains pays de procéder à des réformes douanières.

Les instruments juridiques comme les conventions et les résolutions poussent les Etats à prendre des engagements peu contraignants avec une application graduelle.

L'environnement douanier doit être maitrisé et connu pour permettre d'avoir de meilleurs résultats. La dimension sociologique (Paragraphe I) et la dimension économique (Paragraphe II) sont deux éléments clés pour la réussite des programmes de réforme ou de modernisation douanière.

Paragraphe I : L'environnement sociologique

La prise en compte de cette dimension se justifie pour plusieurs raisons liées à l'échec, aux lenteurs constatées dans la mise en œuvre de certaines règles au plan interne (A). Elle présente des avantages certains pour la réussite des réformes douanières nécessaires (B).

A/ Justifications

Les réformes douanières doivent se matérialiser par des actes concrets et elles revêtent une importance cruciale surtout pour les pays en développement. Le succès de ces réformes dépend de leur contenu et de l'environnement.

Aujourd'hui, l'objectif pour les pays est de moderniser les administrations douanières. Cette modernisation suppose l'utilisation des techniques de gestion des risques, l'instauration de contrôles coordonnés avec d'autres institutions, la disponibilité de la législation et des renseignements douaniers, mais surtout l'existence d'un système informatique performant[439].

Selon certains spécialistes, la corruption continue d'influencer le recrutement et le management du personnel des douanes en Afrique subsaharienne ; cela crée la méfiance des entreprises citoyennes et a un impact négatif sur le processus de réforme des services douaniers[440].

Les réformes douanières doivent s'inscrire dans un contexte local maitrisé ; « elles doivent être orientées vers la recherche d'un but, mais surtout s'enraciner dans un environnement précis », souligne Marcellin DJEUWO[441].

De façon générale, la plupart des réformes administratives exécutées dans les pays africains ont été conçues dans les pays du Nord, ce qui pose un réel problème.

La matière douanière n'échappe pas à ce fâcheux constat ; pour s'en convaincre, il suffit de prendre l'exemple de l'informatisation des administrations douanières en Afrique. En effet, le Système SYDONIA et d'autres systèmes informatiques douaniers comme GAINDE fonctionnent dans une trentaine de pays en Afrique ; leur installation dans la plupart des pays africains s'est heurtée presque partout à beaucoup d'hostilité.

D'abord, des lenteurs sont observées dans les réformes des lois douanières ; en effet, la tendance constatée est que les Codes douaniers en Afrique font rarement l'objet de changements dans des délais courts ;

---

439 DJEUWO Marcellin, « la corruption dans le management des ressources humaines de l'administration douanière », *Revue CAIRN. INFO*, p.1.

440 Idem, p.10.

441 Inspecteur des douanes camerounaises, il est diplômé de l'ENAM du Cameroun depuis 1995. Il est enseignant à l'ENAM et à l'Université de Douala et participe à l'animation de séminaires au profit des acteurs du commerce extérieur et de la CEMAC.

à titre d'exemple, le Sénégal a réformé son code en 2014 alors que les réflexions et les travaux ont débuté en 2007 après l'organisation du premier Colloque douane- entreprise. La Côte d'Ivoire et le Mali sont toujours en attente d'un nouveau code. Le Togo a changé son code douanier plusieurs années après avoir adhéré à la CKR. Pourtant dans des domaines liés aux élections, les gouvernements et les parlements nationaux n'hésitent pas à déclencher la procédure et à la finaliser dans des délais très réduits.

Ensuite, il y a la prééminence de la notion de « chef » car certains fonctionnaires veulent exercer une influence sur leurs collaborateurs ou se comportent comme des « rois traditionnels ou chefs coutumiers » ; du coup, l'automatisation entraîne une érosion de leurs pouvoirs, ce qui fait que leur position reste ambigüe et n'entraîne pas une mise en œuvre rapide des réformes.

Par ailleurs et toujours dans le cadre du service, l'on remarque une faible diminution des délais de passage en douane du fait que les agents n'ont pas conscience de l'objectif de célérité et de facilitation recherché par l'automatisation des procédures.

Un autre point concerne l'absence d'appropriation de l'outil informatique par les douaniers qui en sont les principaux utilisateurs.

La trop grande politisation des postes stratégiques au niveau des administrations douanières reste une réalité qui affecte le cours des réformes à cause des lobbies religieux, politiques, industriels qui « contrôlent » les administrations douanières.

Il y a aussi une mauvaise formation du personnel et une mauvaise politique de recrutement qui peuvent rejaillir sur la qualité de travail.

Il y a enfin la corruption[442] qui est présente dans le milieu douanier et qui est un facteur de blocage ou de retard puisque l'implémentation d'une réforme suppose le sens des responsabilités au niveau de la hiérarchie administrative, un esprit patriotique et un sens élevé de l'intérêt général.

De nombreux articles et études[443] ont été réalisés durant ces dernières années par des chercheurs qui se sont intéressés à la question de la corruption.

---

[442] Marcellin DJEUWO estime que « la corruption, que l'on définit ici par l'enrichissement illicite d'un agent public en usant d'un pouvoir dont il est investi, a un impact négatif sur le processus de réforme d'une administration douanière ».
[443] FJELDSTAD Odd-Helge, op.cit., p.33.

Selon Odd-FJELDSTAD [444], la lutte contre la corruption dans l'administration des douanes reste un défi majeur pour de nombreux pays africains, mais aussi pour les agences de développement qui leur apportent une assistance technique. Pour lui, les réformes administratives des douanes et des services fiscaux sont souvent considérées comme un problème d'ingénierie, qu'il faut traiter au moyen de solutions toutes prêtes. Pour lui, l'approche prédéfinie et mécanique souvent privilégiée par les donateurs et les bailleurs de fonds est inefficace. Partant de l'existence de réseaux clientélistes informels dans les pays africains, il propose que les politiques publiques se concentrent davantage sur les mesures qui atténuent la possibilité ou l'attrait du clientélisme par rapport au service de l'intérêt général[445].

Un cadre juridique international existe en matière de lutte contre la corruption. Le préambule de la Déclaration faite à Arusha, le 7 juillet 1993 lors des Sessions du Conseil de l'OMD, reprend ceci : « Le Conseil de coopération douanière :

CONSIDERANT que les douanes sont un instrument essentiel pour la gestion efficace d'une économie et qu'elles doivent simultanément remplir deux rôles vitaux : la lutte contre la fraude et la facilitation du commerce légitime ;

RECONNAISSANT que : □ la corruption peut mettre en péril le bon fonctionnement de la société et diminuer la capacité de la douane à accomplir sa mission ; □ si la douane est corrompue, elle ne parviendra pas à recouvrer les recettes qui reviennent normalement à l'Etat, □ elle sera dépourvue d'efficacité dans la lutte contre le trafic illicite, et □ elle fera obstacle à la croissance du commerce international licite et entravera le développement économique ; □ la douane n'a aucun droit à l'estime ni à la confiance du public si son personnel enfreint habituellement la loi;

CONSIDERANT que la lutte contre la corruption ne peut être efficace que si elle est globale à l'échelle d'une nation ;

---

444 FJELDSTAD Odd-Helge est directeur de la recherche au Chr. Michelsen Institute (www. cmi. no), directeur du centre de ressources anti-corruption U4 (www. u4. no) et donne des cours sur l'éthique du développement et la corruption à la Norwegian University of Life Sciences (www. umb. no). Il est titulaire d'un doctorat d'économie, délivré par la Norwegian School of Economics and Business Administration. Monsieur FJELDSTAD compte plus de vingt ans d'expérience dans la recherche et l'analyse des politiques publiques en Afrique de l'Est, en Afrique australe et au Proche-Orient.

445 FJELDSTAD Odd-Helge, op.cit., pp. 34-35.

DECLARE que tous les gouvernements doivent veiller en priorité à protéger la douane de la corruption. Il faut à cet effet, un engagement résolu aux niveaux politiques et administratifs les plus élevés, en vue d'établir et d'imposer des normes éthiques rigoureuses dans l'ensemble de la fonction publique et en particulier la douane ».

Les codes douaniers comprennent des dispositions[446] prohibant la corruption.

Pour lutter contre la corruption douanière, les réformateurs doivent regarder au-delà des structures formelles de l'Etat et s'intéresser aux réseaux informels clientélistes et de domination sociale, qui déterminent souvent le comportement des agents des douanes ainsi que la manière dont le pouvoir est exercé en Afrique. C'est pourquoi un approfondissement de l'analyse des contextes nationaux et locaux s'impose.

Les réformes douanières doivent s'appuyer sur de solides connaissances du fonctionnement de l'administration. Pour certains auteurs comme Gaël RABALLAND, « il s'agit d'une contrainte inhérente à la gouvernance efficace de la réforme qui, plus que de répéter des objectifs connus et partagés par l'ensemble de la communauté douanière internationale, s'attache aux étapes pour y parvenir[447] ».

Thomas CANTENS estime que « la réussite de la réforme des douanes nécessite la connaissance du fonctionnement de la hiérarchie douanière [448]».

L'OMD semble consciente des difficultés de mise en œuvre des réformes douanières en Afrique et plus particulièrement en Afrique de l'Ouest ; en 2008, l'organisation avait demandé que les réformateurs puissent élaborer des recommandations qui permettront de savoir à quel rythme de progrès s'attendre étant donné la situation initiale d'un pays[449].

Les pays africains doivent faire preuve de réalisme et de pragmatisme en même temps pour arriver à l'objectif de modernisation douanière. Il ne s'agit pas de comparaison, mais le constat est que les pays occidentaux ont mis des siècles avant de pouvoir se doter d'administrations douanières efficaces. Il est difficile pour nos pays d'y parvenir en une

---

[446]Au Sénégal et au Bénin, les articles 42 et 59 respectifs des Codes des douanes prévoient qu' « il est interdit aux agents des douanes, sous les peines prévues par le Code pénal contre les fonctionnaires publics, de se laisser corrompre … ».

[447] RABALLAND Gaël, CANTENS Thomas, op.cit., p.24.

[448] Idem, p.25.

[449] FJELDSTAD Odd-Helge, op.cit., p. 34.

décennie. Les difficultés existent mais l'espoir demeure car, malgré les revers et les échecs, il faut toujours continuer les réformes.

C'est pourquoi nous admettons avec FJELDSTAD qu' « un changement durable suppose un effort, un engagement et un leadership durable à long terme[450] ».

En résumé, il convient de retenir que les réformes en matière douanière ou programmes de modernisation douanière doivent prendre en considération l'organisation douanière d'un pays, la politique budgétaire, fiscale, douanière, l'environnement communautaire et, surtout, doivent reposer sur une communication interne et externe efficace.

B/ <u>Avantages</u>

La connaissance des règles de la sociologie est déterminante pour tout projet politique, économique et social. La matière douanière est une matière complexe, large et dynamique car tenant compte de l'évolution des relations internationales, du droit communautaire et des objectifs de développement des Etats.

Le Sénégal, le Bénin et la Côte d'Ivoire ont certes des caractéristiques communes d'une part, mais, d'autre part, présentent aussi des différences dans beaucoup de domaines (géographie, paysage, productions, systèmes économiques, environnement des affaires, industrialisation, priorités économiques, etc.).

La prise en compte de cette dimension importante nécessite des études préalables pour la collecte de données statistiques sur les différentes contraintes. Les universitaires africains devraient être mis à contribution pour apporter leur aide. Malheureusement, ces derniers dans tous les domaines (droit, économie, sciences ou autres) s'intéressent peu à la matière douanière qui est en constante évolution.

Entreprendre des réformes durables suppose une approche inclusive ; c'est pourquoi les sociologues, les anthropologues, les psychologues et d'autres experts ou scientifiques devraient obligatoirement être associés aux discussions et aux plans d'actions de mise en œuvre des réformes en matière douanière.

L'implication de tous les acteurs est une nécessité car la mise en œuvre des dispositions contenues dans les instruments juridiques de

---

450 FJELDSTAD Odd-Helge, op.cit., p.35.

l'OMD suppose une collaboration étroite et sincère entre acteurs publics et acteurs privés.

La connaissance de l'environnement sociologique est nécessaire pour la mise en place de réformes durables. Il en est de même pour l'environnement économique.

Paragraphe II : L'environnement économique

L'environnement économique en Afrique est marqué par des réalités particulières. C'est pourquoi les réformes publiques en général et celles douanières en particulier doivent tenir compte de l'analyse économique (A) et des réalités des économies des pays (B).

A/ La prise en compte de l'analyse économique

La science économique est une science autonome qui possède une histoire, un langage et des outils d'analyse spécifiques. Mais elle entretient des relations étroites avec d'autres disciplines, notamment le droit.

La science économique ne peut appréhender directement la réalité économique dans son ensemble et lui donner une interprétation théorique ; elle est obligée de procéder par étapes au cours desquelles elle est amenée à effectuer des opérations d'abstraction pour isoler certains phénomènes.

L'analyse économique part de l'abstraction des phénomènes réels et comporte trois étapes : l'observation, l'explication, la prévision.

Récemment, l'économie du droit s'est émancipée par rapport à cette tradition en intégrant des réfléxions sur le positionnement de l'action publique par rapport aux acteurs individuels et privés. Comprendre les mécanismes de production et d'évolution des règles de droit est alors perçu comme essentiel car ces règles forment le cadre dans lequel se déroulent l'action publique et les activités économiques des agents privés[451].

Aucune activité ne se développe en effet en dehors de toute réglementation ; de fait, non seulement les règles influencent les comportements individuels mais, en outre, le fonctionnement de ces règles amène des comportements stratégiques[452].

---

[451] JOSSELIN Jean-Michel et MARCIANO Alain « L'analyse économique du droit et le renouvellement de l'économie politique des choix publics », *IDEP*, 2001, p.6

[452] Idem, p.6.

Les auteurs[453] analysent les rapports entre le droit et l'économie ; leur argument est que l'économie apporte une expertise au droit, sans pour autant, il est essentiel de le noter, se substituer au droit. Que l'économiste permette d'améliorer la prise de décision juridique est vrai lorsqu'on se situe dans un ensemble donné de règles. Ceci est d'autant plus vrai lorsque, comme c'est actuellement le cas avec l'intégration européenne et la confrontation de plusieurs traditions juridiques, il faut fusionner des règles dans des principes communs.

L'analyse économique fournit un cadre d'analyse permettant de dépasser les incompatibilités et les frictions.

L'utilisation de l'analyse économique du droit [454] permet d'enrichir les règles de droit et d'obtenir leur plus grande compréhension.

La connaissance de l'environnement économique a une importance capitale pour l'action efficace des administrations douanières. Il faut noter que l'analyse économique, qui préconise l'intervention de l'Etat s'il y a défaillance du marché, retient plusieurs types de politiques d'intervention, notamment la politique monétaire [455] et la politique budgétaire.

La politique budgétaire correspond à l'ensemble des modifications de l'imposition ou des dépenses publiques : elle fait intervenir les douanes en première ligne. C'est pourquoi le droit douanier doit contenir des règles adaptées et adaptables à la nature de l'économie selon la conjoncture.

B/ <u>La prise en compte des réalités des économies africaines</u>

Le secteur informel occupe une place considérable dans les économies africaines et son dynamisme n'est plus à démontrer.

---

[453] Jean-Michel JOSSELIN est professeur à l'Université de Rennes 1. Alain MARCIANO est professeur à l'Université de Corse-Pascal Paoli.

[454] JOSSELIN Jean-Michel et MARCIANO Alain, op.cit., pp. 6-7.

[455] Source fr.m.wikipedia.org consulté le 04 févier 2018. Cette politique a été défendue par le célèbre économiste britannique John Meynar KEYNES. La politique monétaire est l'action par laquelle la banque centrale agit sur l'offre de la monnaie dans le but de remplir son objectif de triple stabilité (intérêts, taux de change et prix). Elle tache également d'atteindre les autres objectifs de la politique économique qualifiés de triangle keynésien : la croissance, le plein emploi, l'équilibre extérieur.

L'importance grandissante du secteur informel dans la vie économique, sociale et politique des pays en développement est un phénomène incontesté[456].

Sous l'effet des politiques d'ajustement et du renouveau des doctrines libérales, deux positions opposées ou controversées ont été adoptées au cours des années 80. Les uns estiment qu'un contrôle plus strict des conditions d'exercice des activités informelles est indispensable pour garantir la rentabilité des investissements dans les entreprises modernes. Les autres préconisent une réforme en profondeur du système législatif et administratif afin de libérer les initiatives et le potentiel économique que recèlent les micro-entreprises.

Cette dualité est prise en compte dans la recommandation n° 169 concernant la politique de l'emploi, adoptée par l'OIT en 1984 et appelant simultanément les pays à « reconnaître l'importance comme source d'emplois du secteur informel » et à « chercher à étendre progressivement des mesures de réglementation au secteur informel [457] ».

Les économies des pays objet de l'étude ont la même réalité : la présence d'un secteur informel en pleine expansion. La complexité de la gestion du secteur informel n'est plus à démontrer. Beaucoup d'ouvrages et d'articles y sont consacrés en Afrique[458].

---

[456] MALDONO Carlos et autres auteurs, *Le secteur informel en Afrique face aux contraintes légales et institutionnelles*, BIT, Genève, 1999 ; https://books.google.sn/books?id=nV2F2lgTpeIC&pg=PA240&lpg=PA240&dq=douanes+et+secteur+informel&source=bl&ots=NAzsl0GRw3&sig=Zx2CAn4Nd2jZqmGDQ0wDC8EC2gE&hl=fr&sa=X&redir_esc=y#v=onepage&q=douanes%20et%20secteur%20informel&f=false

[457] Idem, pp. 2-3.

[458] CHENEAU LOQUAY Annie (2008), « Le rôle joué par l'économie informelle dans l'appropriation des TIC en milieu urbain en Afrique de l'Ouest » ; KANTE S. (2002), « Le secteur informel en Afrique », KASSE Moustapha, op.cit. ; MBAYE, Ahmadou Aly (2006), « Déficiences institutionnelles et performance du secteur manufacturier dans les pays de l'UEMOA : étude du cas du Bénin et du Sénégal », *CREA/GDN* ;
Voir le document intitulé « le rôle du secteur informel dans l'intégration régionale » sur https://www.afdb.org/uploads/tx_llafdbpapers/Le_role_du_secteur_informel_1377626686.pdf.
Pour le cas spécifique du Sénégal, voir sur Basse..pdf-Reader, l'article de Boubacar BASSE (Université de Ziguinchor) intitulé « Le rôle du secteur informel dans le développement de l'entrepreneuriat au Sénégal : historique et justification » : l'auteur analyse à partir du modèle entrepreneurial d'Ahmad et Hoffman (2007), les nouvelles conditions d'émergence d'un entrepreneuriat moderne résultant de l'éradication et de

Le poids du secteur informel dans l'économie et l'emploi des pays à faible revenu, notamment sur le continent africain, impose de l'inscrire parmi les priorités de la communauté internationale en matière de développement. Ses nombreuses conséquences en termes de productivité, de compétitivité, d'environnement des affaires et de qualité des emplois offerts, en font l'un des freins majeurs à la diversification de ces économies vers des activités plus productives dans les secteurs agricoles et industriels, et à leur intégration dans les chaînes de valeur régionales et internationales[459].

Jacques CHARMES[460] analyse le concept du secteur informel et affirme qu'il est progressivement parvenu à s'infiltrer dans la pensée économique et politique sur le développement et la transition en Afrique.

L'auteur retrace l'origine de l'existence de ce secteur et explique, après avoir défini le concept, pourquoi les activités informelles ont attiré l'attention des pouvoirs publics dans les années 1980. Il donne aussi les raisons d'ordre économique et les fondements politiques qui ont entraîné les changements d'attitude de l'Etat à l'égard du secteur informel[461].

---

l'inclusion progressive du secteur informel à l'économie moderne au Sénégal. Cinq aspects permettant d'appréhender les mutations du contexte entrepreneurial sont ici abordés : le nouveau rapport à l'entreprise, les modèles entrepreneuriaux de référence, le dispositif d'incitation à la formalisation, les financements et l'environnement des affaires.

[459] Document préparé pour l'Organisation internationale de la Francophonie par M. Ahmadou Aly MBAYE, Professeur titulaire des Universités Dakar, Sénégal en mars 2014 et intitulé « Le rôle du secteur informel pour la croissance, l'emploi et le développement durable. Eléments de réflexion », pp.1-8. Le document examine les mécanismes qui peuvent conduire le secteur informel à prendre le pas sur le secteur formel, pénalisant l'emploi et la croissance, induisant des pertes de recettes fiscales, décourageant les investissements étrangers et réduisant le commerce formel intra-régional. L'auteur en tire des propositions d'actions, aux niveaux national, régional et global, pour permettre l'intégration progressive des entreprises dans le secteur formel, seul capable d'offrir des emplois de qualité aux populations jeunes et dynamiques des pays les moins avancés.

[460] Jacques CHARMES est professeur d'université à Paris DESCARTES-INED ; il est directeur de recherche émérite à l'Institut de Recherches et de Développement (IRD).

[461] CHARMES Jacques. Le secteur informel, nouvel enjeu des politiques de développement. In: *L'Homme et la société*, N. 105-106, 1992. Vers quel désordre mondial? pp.63-77 ; www.persee.fr/doc/homso_00184306_1992_num_105_3_2664.

Jean Claude VEREZ[462] procède à une comparaison du secteur informel entre les pays d'Afrique subsaharienne et les pays asiatiques et affirme ceci : « la mondialisation s'accompagne d'un processus de régionalisation dont les niveaux et les rythmes varient de manière considérable selon les pays. L'un des contrastes les plus frappants est celui qu'offrent les pays de l'ASEAN, d'une part et ceux de l'Afrique subsaharienne, d'autre part. L'intégration de l'Asie du Sud-Est au commerce mondial semble continue alors que les pays africains sont marginalisés. Les tentatives d'explication ne peuvent ignorer l'impact des acteurs « du bas » et, in fine, le regard plus ou moins condescendant que l'État porte face aux micro-activités formelles bien sûr mais surtout informelles. A partir de réseaux multiples et de micro-institutions, les acteurs asiatiques développent leurs activités dans un cadre de libéralisme économique plus porteur qu'en Afrique Subsaharienne où l'administration est davantage tatillonne ».

VEREZ estime que la politique d'appui au secteur informel est insuffisante en Afrique subsaharienne et propose de favoriser les activités commerciales existantes - même si elles sont informelles-, de substituer à une réglementation administrative pesante et floue une législation adaptée au droit des affaires, un arbitrage fiable en cas de litige, une fiscalité stable qui ne pénalise pas les acteurs producteurs et une gestion des affaires publiques saine. Associées à une politique de développement des infrastructures, ces nouvelles orientations auraient le mérite de créer un environnement macro-économique et politique stable[463].

---

[462] Le Professeur VEREZ est un économiste et Maitre de conférences en économie à l'Université d'Artois.

[463] VEREZ Jean-Claude « Le rôle du secteur informel dans un contexte de régionalisation », In: *Tiers-Monde*, tome 39, n° 155, 1998 ; « La régionalisation comparée en Afrique sub-saharienne et en Asie de l'Est », sous la direction de Philippe HUGON, pp.581-596 ; www.persee.fr/doc/tiers_12938882_1998_num_39_155_5262.

Le Pr Moustapha KASSE montre l'importance du secteur informel et affirme qu'il joue un rôle palliatif même s'il n'est pas encore un levier de croissance. La difficulté commence dès qu'on veut définir le secteur informel. Plusieurs acceptions ont été proposées.

Le terme de secteur informel est à l'origine une création des experts des institutions internationales (Banque mondiale et surtout le BIT), une sorte de vocable méprisant pour désigner certaines micro-activités, les micro- entreprises agricoles ou artisanales, les activités de récupération caractérisant une économie de la débrouille et de l'imagination créatrice, le commerce de foire, les marchands ambulants, les ateliers de tous genres, les emplois précaires, etc. Le secteur informel est celui dans lequel les activités s'opèrent à petites échelles.

Par opposition au secteur informel, le secteur formel est représenté par le segment des grandes et moyennes entreprises structurées, tenant une comptabilité digne de ce nom et enregistrées auprès des autorités.

Les organismes internationaux et les bailleurs de fonds ont changé d'approche par rapport au secteur informel ; en effet, l'on est passé de la politique d'éradication à une stratégie d'accompagnement de ce secteur.

Les études et recherches réalisées durant ces dernières années montrent la place qu'occupe le secteur informel dans les économies africaines de façon générale. Au niveau de l'économie nationale, Annie LOQUAY estime que le secteur informel emploie trois quarts de la population active non agricole en Afrique subsaharienne en 2008 contre deux tiers une décennie avant[464]. KANTE souligne en 2002, que le secteur informel représentait sensiblement 75% du PIB dans les pays membres de l'UEMOA[465].

Ce secteur crée de la main d'œuvre et est générateur d'activités et de richesses pour les pays[466]. En 2004, un rapport de l'ONUDI mentionnait que le secteur informel assurait près de 60% du PIB et employait près de 90% de la population active[467].

La contribution du secteur informel à la formation du PIB a fortement évolué durant ces dernières années. Les recettes douanières et fiscales

---

[464] CHENEAU LOQUAY Annie, « Le rôle joué par l'économie informelle dans l'appropriation des TIC en milieu urbain en Afrique de l'Ouest », 2008, CEAN, *CNRS*.
[465] KANTE S., « Le secteur informel en Afrique », 2002.
[466] KASSE Moustapha, op.cit., p 150.
[467] Idem, p.150.

générées par les unités informelles sont non négligeables, même s'il existe encore beaucoup de difficultés pour le contrôle douanier et fiscal.

D'après le Pr KASSE, malgré la multitude de définitions, deux d'entre elles réalisent l'unanimité : pour la première, on désigne par secteur informel les activités économiques qui se réalisent en marge de la législation pénale, sociale et fiscale et qui échappent à la comptabilité nationale ; pour la seconde retenue par AFRISTAT en 1999, le secteur informel est « toute activité non enregistrée et/ ou dépourvue de comptabilité formelle ou écrite, exercée à titre d'emploi principal ou secondaire, par une personne en tant que patron ou à son propre compte [468]».

De façon générale, ce sont des activités qui échappent à la politique économique et sociale et donc à toute régulation de l'Etat.

Pour les Administrations des douanes, le secteur informel reste un secteur difficile à contrôler ; que ce soit pour les opérations d'importation ou d'exportation, les difficultés demeurent car souvent l'utilisation de faux documents et la corruption restent des pratiques courantes. Les contrôles douaniers faits à posteriori ne donnent que peu de résultats du fait de la non- maitrise des acteurs et des activités du secteur.

L'autre fait le plus alarmant, c'est que les activités de contrebande, de trafics de produits illicites ou prohibés sont souvent l'œuvre de ces acteurs au niveau des frontières terrestres ou maritimes.

Malgré les difficultés de contrôle, il convient de reconnaître que l'informel est présent dans tous les secteurs, principalement les industries, le commerce, les services, la pêche et le transport.

Son importance est reconnue par les institutions et les organisations internationales telles que la Banque mondiale, le FMI, le BIT. Le secteur informel forme la base économique de la plupart des économies africaines[469] et sud-américaines[470].

---

[468] KASSE Moustapha, op.cit., p.151.

[469] Idem, p.151 : la contribution du secteur au PNB des pays africains peut aller jusqu'à 80%. Le commerce représente 50% de la production du secteur informel, la production manufacturière 32%, les services 14% et les transports 4%. En matière d'emplois, il fournit 70% de l'emploi des jeunes. Sa part est importante dans la distribution des revenus.

[470] Pour le cas du Mexique, ALBA Carlos et LABAZEE Pascal, « Libéralisation et secteur informel », pp.77-98, *Transcontinentales* [En ligne], 4 | 2007, document 5, mis en ligne le 28 avril 2011, consulté le 19 juin 2017. URL : http://transcontinentales.revues.org/610.

Le secteur informel est au cœur du commerce intra-communautaire[471] grâce d'abord à des acteurs appelés « nanas bens », « modou modou » ou autres qui forment « une sorte de mondialisation bis », mais aussi grâce à l'existence de grands marchés célèbres dans les pays ouest africains (Sandaga, Dantokpa, Sekanse, Diaoube).

Thomas CANTENS a procédé à une analyse des pratiques commerciales informelles[472]. L'économie informelle est présente dans la plupart des pays[473]. Les économies informelles nationales reposent en partie sur le commerce international de marchandises, formel et informel, qu'il soit transfrontalier ou d'extension géographique plus large, associé à des flux financiers non déclarés aux administrations de contrôle. La part importante des recettes douanières dans les budgets de nombreux pays dits en développement ou émergents fait de l'informalité une question de gouvernance importante pour les administrations douanières, particulièrement dans les pays objet de l'étude.

Pour CANTENS, une meilleure connaissance est nécessaire pour adapter les réformes administratives aux contextes locaux sur des questions, par nature, rendues invisibles par les principaux acteurs qui sont dans le secteur informel.

Dans son article, CANTENS part de l'origine du secteur informel, avant de procéder à la distinction entre le formel et l'informel en essayant de dégager les caractéristiques propres au secteur informel. L'analyse s'inscrit dans un cadre complexe et évolutif (répression douanière, régulation étatique, insertion dans les politiques économiques, prise en compte de la dimension sociale…).

Pour l'auteur, la régulation étatique ne rend pas compte de la réalité des activités informelles pour trois raisons[474]:

---

[471] Ibid., p.156.

[472] CANTENS Thomas, (mai 2002), « Les pratiques commerciales informelles », Document de recherche de *l'OMD*, numéro 22, pp.1-15 ; http://www.wcoomd.org/fr/topics/research/~/~/media/337BBC262DD54B8EAE467EFCE7B2F752.ashx consulté le 19/06/2017.

[473] SCHNEIDER et AL (2010), in *Document de recherche de l'OMD*, mai 2012, p. 3 : cette étude faite sur la période de 1999 à 2007 conclut que sur 162 pays, 107 ont une économie informelle rapportée au PIB supérieure ou égale à 30%, dont 18 ont une part supérieure à 50%. Ces résultats varient selon les régions de l'OMD ; par exemple, dans la région Afrique occidentale et centrale, la part de l'économie informelle dans le PIB varie de 33,5% à 59,7%.

[474] CANTENS Thomas, op.cit., p.7.

- il n'y a pas nécessairement de lien mesurable entre secteur informel et régulation étatique ;
- il n'y a pas d'opposition entre régulation de l'Etat et modernisation et rationalisation du secteur privé ;
- on ne peut réduire la régulation à l'action de l'Etat car les autres institutions régulatrices aux frontières sont souvent liées à l'économie informelle.

Le constat révèle que les administrations douanières cherchent à contenir les activités informelles par divers instruments fiscaux et cette action est fondée sur certaines formes de négociation. Ainsi, une forme de gouvernance avec l'informel s'installe au niveau des bureaux frontaliers avec des pratiques bureaucratiques instituées et une corruption très active. Les fonctionnaires des douanes sont obligés de créer une sorte d'équilibre en gérant les situations locales afin de préserver la stabilité sociale, réaliser les objectifs de recettes assignés par le gouvernement, accompagner les acteurs de l'informel qui disposent de lobbies religieux, traditionnel et financier puissants. Les acteurs du secteur disposent aussi d'organisations syndicales ou d'associations très influentes pouvant faire reculer les gouvernements dans certains domaines.

CANTENS analyse les causes de cette situation informelle en affirmant que l'informel est aussi parfois un choix par défaut et ce choix n'est généralement pas un refus de se soumettre à la loi ou de partir à l'aventure. Les motivations peuvent être nombreuses : complexité de la réglementation douanière et fiscale, ignorance de celle-ci. L'on peut ajouter aussi l'analphabétisme des acteurs, la volonté de s'enrichir rapidement, l'enracinement dans des croyances populaires, les connexions avec les autorités politiques et religieuses qui assurent une sorte de protection, une survivance de certaines pratiques de refus d'obéir à la loi depuis la colonisation.

CANTENS propose en définitive que l'informel soit compris dans ses rapports avec l'Etat ; pour lui, le renforcement des contrôles pour contenir l'informel n'est pas une solution. L'approche technique et légaliste du secteur informel est insuffisante ; il propose des approches qualitatives voire micro-économiques par l'exploration, la compréhension des règles et des structures du secteur informel. La dimension quantitative ne doit pas être aussi négligée puisqu'elle permet d'obtenir des informations réelles sur les statistiques du commerce extérieur et de répondre aux objectifs d'efficacité dans la collecte des recettes[475].

Le secteur informel pose encore de réels défis en termes de connaissances car la plupart des aspects de ce secteur sont peu ou mal documentés.

La question du secteur informel reste une préoccupation actuelle de l'OMD ; en effet, elle a déjà fait l'objet de deux communications au niveau du Comité technique permanent avant l'année 2012[476].

Aujourd'hui, les douanes en Afrique sont fortement poussées vers la normalisation internationale de leurs pratiques. Les conventions internationales comme la CKR, les résolutions, les recommandations de l'OMD, les négociations en cours au niveau de l'OMC, l'Accord de BALI, les documents contenant les meilleures pratiques diffusées par les agences de développement contiennent tous des normes et règles standardisées et formalisées pour prendre en charge le commerce international. Malheureusement, ces normes ne tiennent pas en compte les réalités existantes dans les économies informelles des pays.

Des corrections et des ajustements s'imposent pour une adaptation des normes. C'est pourquoi l'OMD devrait continuer à étudier le rôle du secteur informel sur tous les plans, afin de pouvoir proposer des stratégies et règles qui prennent en compte cette réalité économique dans les pays africains.

La prise en compte du contexte local africain est une nécessité afin de faire des réformes douanières durables. Il est aussi important d'avoir une nouvelle approche inclusive.

SECTION II : L'INTERET D'UNE NOUVELLE APPROCHE INCLUSIVE

Compte tenu des difficultés évoquées en matière d'adaptation des règles douanières, de nouvelles stratégies méritent d'être étudiées. Le

---

[475] CANTENS Thomas, op.cit., pp. 11-13.

[476] Source : www.wcomd.org.
En 2008, l'OCDE avait déjà présenté un document de travail sur la facilitation et le commerce informel transfrontalier.
En 2011, l'OMD a présenté à ses membres le « Revenu Package » qui rassemble l'ensemble des outils pertinents pour renforcer la fonction fiscale des administrations douanières. La problématique du secteur informel devait être traitée dans un document qui devait paraitre au mois de juin 2012 intitulé « pratical guideliness for valuation controls ».

défi de la communication douanière (Paragraphe I) doit être relevé. La prise en compte de nouveaux défis en matière douanière pourrait être utile et réaliste (Paragraphe II).

Paragraphe I : Le défi de la communication douanière

Le droit administratif en Afrique rencontre de sérieuses difficultés de communicabilité[477]. Le Pr Demba SY[478] fait remarquer que « le droit administratif a une contribution limitée dans la consolidation de l'Etat de droit ». Selon lui, « les conditions de la production du droit ont des incidences sur sa diffusion dans la société. Le droit administratif doit être connu pour être compris et partant être effectif. Ce qui pose le problème de la réception de la communication juridique ».

Le droit douanier n'échappe pas à ce constat général en matière administrative.

Les normes économiques sont des normes qui touchent à tous les secteurs de la vie. Leur conception et leur mise en œuvre doivent faire l'objet d'une vulgarisation optimale. Le droit ne commande l'action qu'après avoir été reçu naturellement et psychologiquement par celui à qui il s'adresse.

La question est de savoir si les acteurs se retrouvent dans le droit douanier en général et dans les solutions préconisées. La condition de l'effectivité de la mise en œuvre des normes internationales passe par une connaissance et une acceptation de ces règles par tous les acteurs. Or, le droit douanier est peu compris et mal vulgarisé pour différentes raisons (A).

Mais des solutions existent pour corriger cette tendance par l'utilisation des nouvelles technologies (B).

A/ Le droit douanier en Afrique : un droit complexe, peu compris et peu vulgarisé

Les pays membres de l'UEMOA ont hérité de la France la complexité du droit douanier qui est un droit dérogatoire marqué par une histoire. Ce

---

477 SY Demba, *Droit administratif et communicabilité en Afrique*, pp.1-35, sur DROIT_ADMINISTRATIF_ET_COMMUNICABILITE_EN_AFRIQUE.pdf consulté le 21/06/2017.

478 Le Professeur Demba SY est agrégé des facultés de droit. Il est enseignant à la Faculté des Sciences Juridiques et Politiques de l'UCAD ; il est l'un des rédacteurs de la Constitution de 2001, responsable politique et auteur de plusieurs ouvrages portant sur le droit administratif.

droit renfermait des règles pour préserver les intérêts de l'Etat en offrant des prérogatives exorbitantes aux administrations douanières.

La matière douanière est complexe car elle renferme des règles relevant du droit administratif, du droit économique, du droit de l'intégration, du droit pénal, du droit commercial, du droit civil, etc.

Le droit douanier en Afrique subit une évolution et tente de s'adapter avec l'apparition de nouveaux domaines tels que la libéralisation de l'économie avec les règles de l'OMC, le droit de l'environnement, la criminalité dans son ensemble, la facilitation des échanges, le droit des affaires, le droit minier, le droit pétrolier, les droits de l'homme, le droit fiscal, le droit de la concurrence, le droit monétaire et financier, l'économie numérique, le terrorisme, etc.

Les nombreuses conventions et autres instruments juridiques internationaux contiennent des dispositions qui nécessitent une révision fréquente des textes nationaux.

Le langage juridique est un mode d'expression linguistique d'un message. La portée de ce message présente un grand intérêt lorsque la communication s'adresse au plus grand nombre. La formulation du message destiné au grand public pose quelques problèmes. Il s'agit de rendre accessible le langage du droit à l'homme de la rue, de le démythifier en le ramenant à une forme d'expression optimale qui répondrait à l'idéal de clarté, de concision et de simplicité vers lequel il devrait tendre[479].

Selon le Pr SY, « la manière d'informer et d'éduquer le citoyen sur le droit devient essentielle afin de réduire dans la pratique la distance temporelle et spatiale entre les règles juridiques et les citoyens au moment où la circulation de l'information et le développement de ses supports connaissent un essor considérable. Ainsi, l'insertion du droit dans son environnement social soulève la question de son appropriation par les populations et son impact sur la société qu'il est censé régir[480]». Cette réalité concernant le droit administratif est présente en matière douanière avec quelques spécificités.

De façon générale, l'on constate une très faible appropriation ou connaissance par les populations de la réglementation douanière. De façon particulière, même les intellectuels et universitaires ainsi que les

---

479 SY Demba, op.cit., pp.18-19.

480 Idem, p.19.

praticiens (avocats, magistrats, transitaires, consultants, forces de sécurité et autres) ont une connaissance limitée dans ce domaine.

Le droit douanier est un droit peu connu[481]. La douane est en outre une administration méconnue[482] partout.

La connaissance par les acteurs du commerce aussi bien des règles applicables (procédures douanières, régimes douaniers, facilitations douanières, contrôles douaniers, exonérations douanières, tolérances, interdictions, prohibitions, etc.) que des voies de recours prévues par les Codes douaniers est une nécessité.

Or, le droit douanier souffre de visibilité car la connaissance effective des normes et règles en vigueur pose un réel problème.

Le droit douanier reste un droit écrit, codifié. En effet, la réglementation douanière figure dans des lois qui sont complétées par des textes réglementaires divers (décrets, arrêtés et notes de services multiples). Ces règles sont souvent mal connues et inaccessibles car diffusées de façon restreinte.

La multiplicité des textes législatifs et réglementaires entraîne des difficultés dans la connaissance et la compréhension du droit douanier.

Aujourd'hui, la plupart des administrations douanières disposent de sites web[483] qui mettent en ligne les informations concernant les activités douanières et les règles y afférentes. Mais le fort taux d'analphabétisme, les difficultés de connexion et d'accès à l'internet ainsi que les problèmes de mise à jour font que ces informations sont peu accessibles et connues.

En outre, la langue française qui est la langue officielle au Sénégal, au Bénin et en Côte d'Ivoire n'est pas parlée par la majorité des acteurs ou

---

[481] ALBERT Jean Luc, op.cit., pp.8-9. Cette réalité est valable aussi en France. L'auteur fait remarquer pour illustrer la méconnaissance du droit douanier que la Revue française de finances publiques avait consacré son numéro 3 à la douane en 1983 et il n'y eut guère de réflexions en la matière depuis longtemps. Toutefois, quelques thèses de doctorat furent soutenues en ce domaine en nombre limité et quelques ouvrages aussi vers les années 2000 en France. Les questions douanières sont peu analysées dans les manuels de droit fiscal…

[482] Idem, p.10 ; en participant à la réflexion en matière douanière, Jean Luc ALBERT précise que son ouvrage « doit permettre d'analyser le droit douanier dans sa définition, si cela est possible, son cadre juridique, ses dimensions fiscales, processuelles, contentieuses, mais aussi l'activité de l'Administration des douanes qui est désormais polyvalente… ».

[483]Pour le Sénégal, www.douanes.sn ; pour le Bénin, www.douanes-benin.net ; pour la Côte d'Ivoire, www.douanes.ci.

destinataires des règles. Les textes ne font pas l'objet d'une traduction dans les langues nationales.

Le langage douanier est très technique et reste même inaccessible pour les lettrés. Le droit douanier reste un droit ésotérique ; il est incompris par les acteurs qui le considèrent comme « une affaire de spécialistes ».

Avec la prolifération quantitative des règles douanières internationales et communautaires, on assiste à une sorte d'inflation de normes instables difficilement compréhensibles.

La jurisprudence douanière existe en matière pénale [484] et administrative [485]. Par contre, il existe peu de décisions du juge communautaire ou international en la matière.

La doctrine universitaire est très rare et elle n'est l'œuvre que de rares professionnels douaniers qui ont fait des recherches.

L'existence de procédures complexes en matière douanière, l'existence de la possibilité de transiger avec l'Administration des douanes dans certains cas, ainsi que la méconnaissance des voies de recours par les usagers font que le juge est rarement saisi en matière douanière. Celui-ci n'a pas souvent l'occasion d'interpréter ou de vérifier si l'administration respecte ses engagements internationaux dans ses rapports avec les acteurs.

Le droit douanier est peu compris en raison de sa complexité et de son ambivalence ; en effet, il vise à garantir les intérêts des Etats, à protéger les intérêts des particuliers et des acteurs économiques en leur offrant des facilitations, à aménager un cadre juridique propice aux activités économiques licites, à assurer une protection de l'économie nationale de façon générale.

---

[484] Au Sénégal, la jurisprudence en matière douanière existe surtout en matière pénale (voir CAMARA Boubacar et FAYE Malick op.cit.,) : ces derniers traitent de façon exhaustive du contentieux douanier, de ses particularités, de sa place dans le droit pénal, du rôle du juge et de l'évolution des règles contentieuses au regard des évolutions au plan international et communautaire.

[485] - Pour le Conseil constitutionnel, voir la Décision n° 2/C/2012, Ndiaga SOUMARE contre Etat du Sénégal ; voir la Décision n° 2/C/2013, Pape Djigdjam DIOP contre Etat du Sénégal.

- Pour la chambre administrative de la Cour Suprême, voir l'arrêt n° 42 du 26 juillet 2012 ; arrêt n° 46 du 08 août 2012 ; arrêt n° 06 du 31 janvier 2013 ; arrêt n° 61 du 12 décembre 2013 ; arrêt n° 13 du 27 mars 2014 ; arrêt n° 16 du 10 mars 2016.

- Pour les chambres réunies de la Cour Suprême, voir l'arrêt n° 04 du 26 mai 2015 ; voir l'arrêt n° 4 du 08 mars 2016.

En d'autres termes, le droit douanier cherche à concilier des notions apparemment opposées que sont la facilitation des échanges commerciaux et la sécurisation de ceux-ci. Cet objectif nécessite un partenariat fécond avec les acteurs commerciaux et une collaboration étroite entre les autorités publiques.

Le droit douanier en Afrique doit être mieux connu et mieux vulgarisé pour être mieux appliqué. Pour cela, la communication par le biais des nouvelles technologies est nécessaire.

B/ La communication par le biais des nouvelles technologies

La communication [486] est définie comme l'action de communiquer, d'établir une relation avec autrui, de transmettre quelque chose à quelqu'un. Elle se révèle indispensable aujourd'hui en matière douanière.

Selon Guillaume PROVENCHER, les professionnels et les théoriciens du droit comme ceux de la communication sont ainsi confrontés dans leurs activités aux mêmes types de problématiques sachant qu'ils opèrent à partir d'une donnée centrale : l'information. Les uns comme les autres s'intéressent à la manière dont une information doit être traitée, codée, transmise ou encore mobilisée pour servir l'intérêt individuel ou général.

En définitive, ce dernier fait prendre conscience de la nécessité d'aborder les disciplines juridiques et communicationnelles de manière à les rendre complémentaires. Animés par des préoccupations communes, les théoriciens de ces disciplines doivent travailler ensemble afin de questionner et de définir au mieux l'autonomie ou l'identité du sujet et ainsi d'œuvrer à la consolidation du lien sociétal qui structure le comportement des citoyens. Il y va de l'amélioration des conditions de fonctionnement organisationnel de la démocratie[487].

Aujourd'hui, les relations entre l'administration et les administrés ont évolué à telle enseigne que l'usager est considéré comme « un client ». Les administrations douanières qui assurent une mission de service public ne devraient pas être en reste par rapport à cette dynamique. C'est

---

[486] Voir www.wikipedia.org ; voir aussi BATESON Gregory et RUESCH Jürgen, *Communication et société*, Paris, 2006, Editions Seuil, 237 p.

[487] PROVENCHER Guillaume, *Droit et communication. Liaisons constatées. Réflexions sur la relation entre la communication et le droit,* Bruxelles, Éd. Modulaires européennes, collection De Lege Ferenda, 2013, 204 p ; https://questionsdecommunication.revues.org/9124 consulté le 20 juin 2017.

pourquoi la communication de l'information en matière douanière doit être le premier socle de la facilitation.

Comme en droit administratif, une appropriation du droit douanier par les acteurs du commerce et les citoyens passe par le développement des technologies de l'information qui allègent les procédures et facilitent les échanges commerciaux. Une « socialisation du droit douanier » s'impose pour rendre les normes effectives et mises en œuvre de façon harmonieuse.

Dans la même perspective, les administrations douanières devraient modifier leurs rapports avec les acteurs du commerce en faisant preuve de plus d'ouverture et de transparence. Pour ce faire, le droit à l'information, les procédures de dédouanement informatisées, les recours prévus, le droit d'accès par tous les moyens à la documentation douanière, les consultations et rencontres fréquentes avec les acteurs, la publication des résultats réalisés par les administrations, la participation aux débats publics ayant des rapports avec la douane devront être privilégiés et encadrés.

Les administrations douanières devraient en définitive, par le dialogue et la concertation, créer une nouvelle dynamique et changer d'attitude dans leurs relations avec les usagers et avec le secteur privé, conformément aux dispositions de la CKR et du Cadre SAFE de l'OMD qui en font des priorités ou des préalables.

Dans cette optique, le rôle des structures chargées de la communication[488] au niveau des administrations des douanes pourrait être renforcé. En somme, les douanes devraient pouvoir mieux communiquer ; le défi de la communication doit être relevé surtout pour

---

[488] Au Sénégal, il existe un Bureau des relations publiques et de la Communication (BRPC) rattaché au Directeur général des douanes ; selon l'article 6 de l'arrêté 7282/MEF/DGD du 30 juillet 2009, celui-ci est chargé, notamment, d'assurer l'information des populations sur l'action de l'Administration des douanes, d'améliorer les relations du service avec les usagers, de valoriser l'image de marque de la douane, d'accueillir, d'assister et d'orienter les usagers vers les services compétents, de gérer la communication interne et externe en matière douanière…

Au Bénin, c'est l'Arrêté N° 0197/MEFPB/DC/SGM/DGDDI du 23 janvier 2015 portant Attributions, Organisation et Fonctionnement (AOF) de la Direction Générale des Douanes et Droits indirects (DGDDI), qui a créé une Direction du Bureau particulier qui comprend un Service aux usagers, un Secrétariat particulier, un Secrétariat administratif, un pool de saisie et l'accueil.

En Côte d'Ivoire, il existe une Direction de la Communication, de la Qualité et du Partenariat avec le Secteur Privé.

des raisons de transparence et d'efficacité. Elles devraient aussi prendre en compte spécifiquement de nouveaux défis surtout en matière sécuritaire.

Paragraphe II : La prise en compte des nouveaux défis

Le dispositif en matière douanière doit être adapté. L'Afrique de l'Ouest reste confrontée à de nombreux défis qui tournent de façon générale autour des questions sécuritaires (A). La lutte contre le trafic des médicaments devrait être spécifiquement une priorité commune (B).

A/ Les questions sécuritaires

L'Afrique de l'Ouest est aujourd'hui confrontée à des menaces sécuritaires avec la recrudescence de la criminalité transnationale organisée (CTO) qui, par ses formes diverses, remet en cause la stabilité des Etats et le processus d'intégration sous-régionale et régionale.

La CTO est considérée comme un phénomène hétéroclite qui englobe une multitude d'activités illicites comme le trafic de drogues, la traite des êtres humains, le trafic de migrants, le commerce illicite d'armes à feu, le trafic illicite de ressources naturelles (diamants, métaux rares, bois par exemple), le commerce illégal d'espèces sauvages, la vente de médicaments frauduleux, la contrefaçon de produits, la cybercriminalité.

Des statistiques alarmantes[489] démontrent l'ampleur de ce phénomène qui connaît une propagation très rapide due à la crise humanitaire et sécuritaire, à la montée en puissance de la piraterie maritime et à l'existence de groupes armés dans certaines zones.

---

[489] Source : Revue GRASCO n° 6 publié en 2013 ; d'après le FMI, le volume annuel des opérations dans le monde représente en moyenne entre 2% et 5% du PIB mondial ce qui correspond à une somme comprise entre 1000 et 3000 milliards de dollars US. Le trafic de stupéfiants représenterait 34% de l'argent blanchi, la fraude douanière 19% et les autres activités criminelles telles que la corruption, le vol, le trafic d'êtres humains, le trafic d'organes etc., 46%. Selon le PNUCID (Programme des Nations unies pour le Contrôle International des Drogues), le trafic illicite de drogues produit chaque année environ 400 milliards de vente au détail, soit près du double du revenu de l'industrie pharmaceutique mondiale ou 10 fois environ le montant de l'aide publique au développement. Selon le FMI, la CTO est « une grosse affaire » ; en 2009, elle générait 435 000 000 000 FCFA (quatre cent trente-cinq milliards de francs CFA) par an, soit un montant égal à 1,5% du PIB mondial, 6 fois le montant de l'aide publique au développement en 2009 et l'équivalent de près de 7% des exportations mondiales de marchandises.

Le développement de la CTO engendre le blanchiment de capitaux[490] et contribue au financement du terrorisme[491].

Des instruments juridiques internationaux existent pour faire face aux trafics illicites dont la lutte nécessite une coopération entre Etats.

La Convention des Nations Unies contre la criminalité transnationale organisée, adoptée par la Résolution 55/25 de l'Assemblée générale le 15 novembre 2000, est le principal instrument dans la lutte contre la criminalité transnationale organisée. Elle a été ouverte à la signature des Etats membres lors d'une Conférence politique de haut-niveau organisée à cette occasion à Palerme (Italie) du 12 au 15 décembre 2000, pour entrer en vigueur le 29 septembre 2003. La Convention est complétée par trois Protocoles, qui visent des activités et manifestations spécifiques de la criminalité organisée : le Protocole visant à prévenir, réprimer et punir la traite des personnes, en particulier des femmes et des enfants ; le Protocole contre le trafic illicite de migrants par terre, air et mer ; le Protocole contre la fabrication et le trafic illicites d'armes à feu, de leurs pièces, éléments et munitions. Les Etats doivent devenir « Parties » à la Convention avant de pouvoir devenir Parties à l'un des Protocoles.

La Convention représente une avancée majeure dans la lutte contre la criminalité organisée transnationale et indique que les Etats membres reconnaissent la gravité des problèmes qui en découlent, ainsi que la nécessité de créer et de renforcer une coopération internationale afin d'appréhender ces problématiques. Les Etats qui ratifient cet instrument s'engagent à prendre une série de mesures contre la criminalité organisée, notamment de reconnaître certains délits en tant qu'infraction pénale (participation à un groupe criminel organisé, blanchiment d'argent, corruption et entrave à la justice) ; d'adopter des cadres différents en matière d'extradition, d'entraide mutuelle en matière pénale, de coopération policière et judiciaire ; de promouvoir la formation et l'assistance technique afin de construire et améliorer la capacité des autorités nationales.

Le Protocole visant à prévenir, réprimer et punir la traite des personnes, en particulier des femmes et des enfants, a été adopté par la Résolution 55/25 de l'Assemblée générale. Il est entré en vigueur le 25

---

[490] CISSE Mame Assane, *Douanes et sécurité : les enjeux de la lutte contre le blanchiment de capitaux*, Mémoire pour l'obtention du Brevet de l'ENA, Dakar, 2011-2013, 88 p.

[491] SOUMARE Ndiaga, *Le droit douanier à l'épreuve de la criminalité transnationale organisée dans l'espace CEDEAO,* Dakar, L'Harmattan, 2019, pp.27-33.

décembre 2003. Il constitue le premier instrument juridique international comprenant une définition consensuelle de la traite des êtres humains. L'objectif de cette définition est de faciliter les convergences des approches nationales pour établir des infractions pénales qui permettraient une coopération internationale efficace dans la poursuite des affaires de traite de personnes. Le Protocole a également pour but de protéger et d'assister les victimes de la traite des personnes dans le respect de leurs droits fondamentaux.

Le Protocole contre le trafic illicite de migrants par terre, air et mer, adopté par la Résolution 55/25 de l'Assemblée générale, est entré en vigueur le 28 janvier 2004. Il traite du problème croissant du trafic de migrants par des groupes criminels organisés, souvent au péril des migrants et contre une somme d'argent élevée. L'un des accomplissements du Protocole a été d'arriver à développer une définition consensuelle du trafic de migrants, inédit dans un instrument juridique. Le Protocole vise à prévenir et à combattre le trafic de migrants, promouvoir la coopération entre les Etats parties, protéger les droits des migrants faisant l'objet d'un trafic et éviter leur exploitation, souvent caractéristique du trafic.

Le Protocole contre la fabrication et le trafic illicites d'armes à feu, de leurs pièces, éléments et munitions a été adopté par la Résolution 55/25 de l'Assemblée générale le 31 mai 2001. Il est entré en vigueur le 3 juillet 2005. L'objectif de ce protocole, premier instrument juridique contraignant sur les armes de petit calibre adopté au plan international, est de promouvoir la coopération entre les Etats parties afin de prévenir, combattre et éradiquer la fabrication et le trafic illicite d'armes à feu, de leurs pièces, leurs éléments et leurs munitions. En ratifiant le Protocole, les Etats s'engagent à adopter une série de mesures de contrôle de la criminalité et à intégrer trois provisions normatives dans leur ordre juridique national : la première implique de reconnaître la fabrication et le trafic illicites d'armes à feu en tant qu'infractions pénales selon les dispositions et les définitions du Protocole ; la deuxième implique de créer un système d'autorisations ou de licences gouvernementales afin d'assurer la fabrication et le transfert légaux d'armes à feu ; la troisième exige de marquer et de suivre les armes à feu[492].

La Convention unique sur les stupéfiants de 1961 convoquée par l'ONU fut ratifiée le 30 mars 1961 à New York. Elle comporte 183

---

492 https://www.unodc.org/unodc/fr/treaties/CTOC/index.html consulté le 15 octobre 2017.

signataires au 1er novembre 2005, elle est entrée en vigueur en 1964 et fut modifiée par le protocole du 25 mars 1972. Elle est dite unique parce qu'elle remplace plusieurs conventions internationales.

Son objectif est de limiter la production et le commerce de substances interdites en établissant une liste de ces substances, qualifiées de stupéfiants.

Cette Convention est à l'origine de la création de l'Organe international de contrôle des stupéfiants (OICS) qui est l'organe indépendant responsable de la mise en œuvre des conventions de l'ONU sur les drogues.

La Convention s'est aussi dotée de textes permettant d'inclure de nouvelles substances dans ces tableaux sous le contrôle de l'OMS[493].

La Convention de 1971 sur les substances psychotropes signée à Vienne s'en est prise avant tout aux substances synthétiques ou d'origine industrielle. Au moment de sa négociation, il y eut un revirement de situation, puisque les pays développés se sont retrouvés pour la première fois dans le rôle des producteurs. Les intérêts des pays étaient divergents ; pendant que les États-Unis et l'Europe réclamaient un allégement des contraintes concernant ces substances, les pays en voie de développement (PED) exigeaient au contraire leur alourdissement.

Le principe de la restriction de la production et de la consommation des psychotropes à des fins médicales et scientifiques est le pivot de la Convention de Vienne qui, exception faite des nouvelles substances contrôlées, est grosso modo assez semblable à la Convention unique qui lui a servi de modèle. Les nouvelles substances contrôlées furent classées, encore une fois, en quatre tableaux dont la cohérence scientifique est extrêmement discutable[494].

La Convention de 1988 sur le trafic des stupéfiants et des substances psychotropes : selon l'article 2, « l'objet de la présente Convention est de promouvoir la coopération entre les Parties de telle sorte qu'elles puissent s'attaquer avec plus d'efficacité aux divers aspects du trafic illicite des stupéfiants et des substances psychotropes qui ont une dimension internationale. Dans l'exécution de leurs obligations aux termes de la Convention, les Parties prennent les mesures nécessaires, y compris des mesures législatives et réglementaires compatibles avec les dispositions

[493] Site de l'ONUDC sur www.onudc.org.

[494] https://blocpot.qc.ca/fr/la-convention-de-1971-sur-les-substances-psychotropes consulté le 15 octobre 2017.

fondamentales de leurs systèmes législatifs internes respectifs. Les Parties exécutent leurs obligations au titre de la présente Convention d'une manière compatible avec les principes de l'égalité souveraine et de l'intégrité territoriale des Etats et avec celui de la non-intervention dans les affaires intérieures d'autres Etats. Toute Partie s'abstient d'exercer sur le territoire d'une autre Partie une compétence ou des fonctions qui sont exclusivement réservées aux autorités de cette autre Partie par son droit interne[495] ».

La Convention sur le commerce international des espèces de faune et de flore sauvage menacées d'extinction (CITES) a été rédigée pour donner suite à une Résolution adoptée en 1963 à une session de l'Assemblée générale de l'UICN (l'actuelle Union mondiale pour la nature). Le texte de la Convention a finalement été adopté lors d'une réunion de représentants de 80 pays, tenue à Washington, Etats-Unis d'Amérique, le 3 mars 1973 ; le 1er juillet 1975, la Convention entrait en vigueur. L'original de la Convention a été déposé auprès du gouvernement dépositaire en anglais, chinois, espagnol, français et russe, chaque version faisant également foi.

Les Etats et organisations ayant pour but une intégration économique régionale qui acceptent d'être liés par la Convention sont appelés « Parties ». La CITES est contraignante ; autrement dit, les Parties sont tenues de l'appliquer. Cependant, elle ne tient pas lieu de loi nationale ; c'est plutôt un cadre que chaque Partie doit respecter, et pour cela, adopter une législation garantissant le respect de la Convention au niveau national.

La Convention sur le commerce international des espèces de faune et de flore sauvages menacées d'extinction, connue par son sigle CITES ou encore comme la Convention de Washington, est un accord international entre Etats. Elle a pour but de veiller à ce que le commerce international des spécimens d'animaux et de plantes sauvages ne menace pas la survie des espèces auxquelles ils appartiennent.

Depuis des années, la CITES est au nombre des accords sur la conservation qui ont la plus large composition; elle compte actuellement 183 Parties[496].

La Convention sur l'interdiction des mines antipersonnelles, de son nom complet Convention sur l'interdiction de l'emploi, du stockage, de

---

[495] Voir convention_1988_fr.pdf consulté le 16 octobre 2017.
[496] https://www.cites.org/fra/disc/what.php consulté le 17 octobre 2017.

la production et du transfert des mines antipersonnelles et sur leur destruction (aussi appelée Convention d'Ottawa ou traité d'Ottawa), est un traité international de désarmement qui interdit l'acquisition, la production, le stockage et l'utilisation des mines antipersonnelles.

La Convention adoptée à Oslo le 18 septembre 1997 a été ouverte à la signature les 3 et 4 décembre 1997 à Ottawa, et déposée le 5 décembre de la même année à New York auprès du secrétaire général des Nations unies. Elle est entrée en vigueur le 1er mars 1999.

La Convention a été négociée afin de pallier les insuffisances du Protocole II (sur l'interdiction ou la limitation de l'emploi des mines, pièges et autres dispositifs) de la Convention sur certaines armes classiques que de nombreux États jugeaient inadapté pour répondre efficacement au défi de l'interdiction totale des mines antipersonnelles.

Chaque État partie s'engage à :

▪ ne jamais employer, mettre au point, produire, acquérir, stocker, conserver ou transférer à quiconque des mines antipersonnelles (article I) ;

▪ détruire toutes les mines antipersonnelles en sa possession au plus tard quatre ans après l'entrée en vigueur de la Convention pour cet État partie (article IV) ;

▪ détruire toutes les mines antipersonnelles présentes sur des zones de son territoire dans les dix ans après l'entrée en vigueur de la Convention pour cet État partie et après les avoir identifiées et signalées (article IV).

▪ fournir et/ou demander assistance auprès des autres États parties pour remplir ses obligations si possible et dans la mesure du possible (article VI).

▪ prendre toutes les mesures législatives appropriées pour prévenir et réprimer toute activité interdite à un État partie en vertu de la Convention (article IX).

Malgré le large soutien international envers la Convention d'Ottawa, il y a encore des États producteurs et/ou utilisateurs de mines antipersonnelles qui refusent d'adhérer au texte. Ensemble, six de ces États (la Chine, l'Inde, la République de Corée, le Pakistan, la Russie et les États-Unis) pourraient détenir des stocks de dizaines de millions de mines antipersonnelles et certains acteurs armés non étatiques continuent à employer, stocker et produire des mines antipersonnelles[497].

---

[497] Voir le site de l'ONUDC www.onudc.org.

Toutes ces conventions ont été ratifiées par les pays et elles contiennent des dispositions pour lutter contre les trafics illicites de toutes sortes. Les administrations douanières sont toutes interpellées et se doivent de lutter contre l'introduction de ces marchandises prohibées dans les territoires douaniers.

La sécurité aux frontières implique le contrôle des personnes et des biens ainsi que la prévention d'actes illicites contre les marchandises y compris les moyens de transport. Il s'agit d'une question complexe qui fait intervenir plusieurs acteurs et organisations internationales spécialisées dans le domaine de l'aviation civile (OACI) et de la navigation maritime[498] (OMI).

Les administrations douanières ont un rôle crucial à jouer du fait de leur position stratégique aux frontières qui leur permet de pouvoir anticiper, déceler et constater des atteintes à la sécurité publique.

L'OMD est consciente des préoccupations sécuritaires et incite les Etats membres à adopter des stratégies douanières pour faire face à ce phénomène. Le message du Secrétaire général de l'OMD est édifiant à ce propos : « Nous avons su nous adapter sans grandes difficultés au progrès technologique... D'autres défis nous attendent notamment au plan sécuritaire. Les administrations douanières se situent en première ligne de protection des frontières internationales et se trouvent plus que jamais interpellées face aux diverses menaces qui pèsent sur la stabilité au niveau mondial[499] ». Dans ce domaine, l'OMD a eu à adopter plusieurs instruments.

D'abord, l'on retrouve la Convention de Kyoto révisée qui comprend, dans l'Annexe générale et dans les Annexes spécifiques, des chapitres contenant des dispositions sécuritaires en matière de dédouanement, de contrôles douaniers, pour les voyageurs[500].

Ensuite, l'on a le Cadre de normes SAFE visant à sécuriser et à faciliter le commerce mondial adopté en juin 2005.

Il y a aussi la recommandation du CCD en date du 29 juin 2002 concernant le protocole contre la fabrication et le trafic illicite d'armes à feu, de leurs pièces, éléments et munitions.

---

[498] Résolution 9 de l'OMI concernant le renforcement de la sécurité en coopération avec l'OMD.

[499] Rapport annuel de 2015-2016 de l'OMD, page 4, sur www.wcoomd.org.

[500] Voir les chapitres 3 et 6 de l'Annexe générale et le Chapitre 1 de l'Annexe spécifique 1.

Par ailleurs, la recommandation de l'OMD concernant la nécessité d'élargir et de renforcer le rôle des administrations douanières en vue de réprimer le blanchiment des fonds et de récupérer le produit des délits a été aussi adoptée.

De même, des Directives douanières relatives à la mise en œuvre des mesures de lutte contre le blanchiment d'argent et le financement du terrorisme ont été adoptées.

Enfin, nous avons la Résolution de Punta Cana adoptée en décembre 2015 et qui met en exergue le rôle que les douanes peuvent jouer dans la lutte contre la criminalité transfrontalière.

Dans le rapport annuel 2015-2016 de l'OMD, il est mentionné que « les problèmes liés à la sécurité ont gagné en intensité dans le monde ». C'est pourquoi des stratégies sont déclinées pour essayer de concilier les aspects sécuritaires et le respect de la vie privée. Des initiatives sont développées pour un meilleur contrôle du fret aérien[501].

En dehors des trafics classiques (les trafics de drogues, d'animaux protégés, la contrebande de marchandises, le trafic des armes, des produits contrefaits, etc.), il existe de nouveaux enjeux sécuritaires qui ont un lien avec la santé et l'environnement des Etats africains. A notre avis, les priorités à prendre correctement en charge sont nombreuses.

D'abord, il y a la lutte contre les déchets toxiques et produits chimiques en provenance des pays européens suite aux différents scandales notés ces dernières années[502] ; en effet, l'Afrique de l'Ouest

---

[501] Rapport annuel de l'OMD 2015-2016, p.19, disponible sur le site www.wcomd.org

[502] ONUDC, « Trafics transnationaux et Etat de droit en Afrique de l'Ouest : une évaluation des menaces », juillet 2009. En 2006, en Côte d'Ivoire, 500 tonnes de déchets chimiques ont été déchargées dans divers sites situés autour d'Abidjan, causant la mort d'au moins 17 personnes. Les boues avaient été déroutées en direction de l'Afrique de l'Ouest après qu'un appel d'offre européen pour son traitement (500 00 euros) ait été jugé inabordable par la société affrétant le navire. La compagnie ouest-africaine ayant déchargé les produits n'a demandé que 18 500 dollars. La compagnie néerlandaise ayant affrété le navire a versé 200 millions de dollars de compensation au gouvernement de la Côte d'Ivoire en 2008.

Dans l'affaire Probo KAOLO relative à des déversements frauduleux de déchets toxiques dans le district d'Abidjan, la Commission nationale d'enquête a relevé que M. Gnamien KONAN, Directeur général des douanes, en méconnaissant les obligations liées à sa fonction, a aussi contribué au déversement desdits déchets toxiques.

Au Bénin, un contrat entre une société européenne de gestion de déchets et le gouvernement du bénin pour l'importation d'une tonne de déchets toxiques par an pendant 10 ans a été annulé (Source Rapport de Greenpeace en 2001). D'autres faits

reste une région d'exportation de déchets dangereux pour plusieurs raisons : faible réglementation en matière environnementale, coût d'élimination de déchets plus bas [503], responsabilité des services douaniers aux frontières, complicité avec les autorités administratives…

Ensuite, il y a la lutte contre la pollution des eaux maritimes pour préserver la reproduction des espèces halieutiques et lutter contre la criminalité environnementale.

L'on peut mentionner aussi la lutte contre le déversement des déchets électroniques ; envoyés souvent sous forme de dons, les ordinateurs usagés, les matériels et appareils médicaux usagés dégagent des radiations et présentent des dangers pour les populations qui les utilisent.

Par ailleurs, le trafic de bois qui est lucratif est entretenu par des entreprises asiatiques qui bénéficient de la complicité de certaines autorités administratives et des populations locales. Les administrations douanières sont appelées à lutter contre la contrebande du bois et doivent pouvoir renforcer leur dispositif de contrôle des exportations.

Enfin, on peut noter la lutte contre l'importation des marchandises présentant des menaces sur la santé des populations, notamment des produits alimentaires de mauvaise qualité (jus, boissons gazeuses, bouillons alimentaires, riz, etc.) et des matériels de construction de mauvaise qualité (matériels électriques, fer, matériels de plomberie, etc.).

Les Codes douaniers reprennent souvent des dispositions vagues (prohibitions, interdictions) qui ne prennent pas en compte la portée réelle de ces trafics d'une autre dimension. Même si la contrefaçon a été érigée actuellement en délit douanier[504], il reste que du point de vue

---

gravissimes ont eu lieu au Nigéria, en Guinée Conakry et en Guinée Bissau. Voir aussi SOUMARE Ndiaga, op.cit., pp.116-119.

[503] Selon le Programme des Nations Unies pour l'Environnement, éliminer une tonne de déchets toxiques en Afrique revient à 25 dollars alors qu'il coûte 250 dollars en Europe, soit 10 fois plus cher.

[504] Au Sénégal, voir l'article 390 du Code des douanes intitulé : délits douaniers de première classe :
1. Sont passibles de la confiscation de l'objet de fraude, de la confiscation des moyens de transport, de la confiscation des objets servant à masquer la fraude, indépendamment d'une amende égale à la valeur de l'objet de fraude sur le marché intérieur et d'un emprisonnement de trois (03) mois à trois (03) ans, les infractions ci-après lorsqu'elles portent sur des marchandises prohibées à l'entrée ou à la sortie ou fortement taxées à l'entrée ou soumises à des taxes intérieures ou de sortie : - tous faits de contrebande autres que ceux visés à l'article 391 du présent code ; - tous faits d'importation ou d'exportation sans déclaration de marchandises d'une valeur inférieure ou égale à 5.000.000 de francs.

technique et technologique, les moyens pour faire face à la contrefaçon sont inadaptés.

La question de la qualité des produits alimentaires relève des autorités en charge du commerce qui délivrent un document attestant que les produits alimentaires présentent des normes requises en la matière. Il n’en est pas de même pour les autres produits qui pourtant, même s’ils ne sont pas consommés, peuvent avoir des effets négatifs sur la santé (verres de lunettes de soleil, jouets des enfants, appareils médicaux usagés, pièces détachées par exemple).

Le manque de laboratoires pour les administrations douanières, l’absence de spécialisation et le manque de coordination entre les administrations douanières et les autres services chargés de gérer les questions de qualité font que beaucoup de marchandises ne répondant pas aux normes sont introduites dans les Etats.

Des études médicales’ et des analyses statistiques devraient être menées dans nos pays pour voir l’impact et l’ampleur du phénomène. Le développement de certaines maladies cardio-vasculaires et de façon générale l’aggravation des problèmes de santé publique pourraient être causés par la consommation de produits non qualitatifs ou dangereux.

Les administrations douanières doivent être en mesure de lutter contre toutes sortes de trafics de marchandises dangereuses ou nuisibles pour la santé publique.

---

2. La peine d'emprisonnement est de cinq (05) ans et l'amende de quatre fois la valeur de l'objet de la fraude sur le marché intérieur, lorsque :
- les faits de contrebande, d'importation ou d'exportation sans déclaration portent sur des marchandises dangereuses pour la santé, la moralité ou la sécurité publique, contrefaisantes ou portant atteinte à la propriété intellectuelle, dont la liste est fixée par arrêté du Ministre chargé des finances ;
- les faits ont été commis en bande organisée.

Au Bénin, voir l’article 461 alinéa 1 du Code des douanes intitulé : délit de troisième classe :
Sont passibles d’un emprisonnement de deux (02) ans à cinq (05) ans et d’une amende comprise entre deux (02) et quatre (04) fois la valeur de l’objet de fraude, les actes de contrebande, d’importation ou d’exportation sans déclaration lorsqu’ils sont commis en bande organisée, ou lorsqu’ils se rapportent à des marchandises dangereuses, pour la santé, la moralité ou la sécurité publique ou l’environnement dont la liste est définie par voie réglementaire, ou lorsqu’ils portent sur les marchandises visées aux articles 34 et 36 au présent code. La confiscation de l'objet de fraude, des moyens de transport et des objets servant à masquer la fraude est également prononcée.

B/ La lutte contre le trafic de médicaments contrefaits

Les enjeux de la lutte contre la contrefaçon sont multiples[505]. La contrefaçon est un phénomène mondial en forte croissance et les données quantitatives sur ce fléau sont rares. Comme le marché de la drogue, la contrefaçon est difficile à mesurer. Même l'OCDE qui a fait des années de recherche et d'analyse sur la question n'est pas en mesure de quantifier son poids économique. Les statistiques existantes de certaines organisations[506] démontrent de l'intérêt de faire de la lutte contre la contrefaçon une priorité surtout pour les pays africains. Le phénomène est surtout accentué par le développement du commerce électronique[507].

Les chiffres donnent une idée sur l'ampleur du fléau en 2016 : en 10 jours, 113 millions de médicaments illicites ou contrefaits (dont 248 000 produits vétérinaires) ont été saisis lors d'une opération d'envergure menée dans 16 ports maritimes africains conjointement par l'Organisation mondiale des douanes (OMD) et l'Institut international de recherche anti-contrefaçon de médicaments (IRACM)[508].

La très grande majorité de ces produits provenait de Chine et d'Inde. Parmi eux, des médicaments de première nécessité : antipaludéen (26,63%), anti-inflammatoires (25,50%), antibiotiques (15,07%), analgésiques (13,05*%).* Ce trafic représente l'équivalent de 10% du marché mondial de la pharmacie[509].

---

505 BA Amadou Adama, *Les enjeux de la lutte contre la contrefaçon*, Mémoire pour l'obtention du diplôme de l'ENA, Dakar, 2013, 68 p.

506 Dans un rapport publié en juin 2008, l'OCDE estime que le commerce mondial de biens contrefaits pourrait avoir représenté quelques 200 milliards de dollars US en 2005. Dans une enquête réalisée par la Chambre internationale de commerce (ICC) en 2005, 85% des entreprises sondées en Afrique indiquaient que la contrefaçon fait partie des problèmes les plus pressants auxquels les opérateurs économiques doivent faire face. Selon l'OMS, entre 7 et 10% des produits pharmaceutiques vendus dans le monde sont des produits contrefaits.

507 DIONE Alioune, « le bouleversement de la contrefaçon par les données numérisées : le cybersquatting », *Le Timonie*r, n° 3, juin 2009, p.28.

508 http://www.sciencesetavenir.fr/sante/l-organisation-mondiale-des-douanes-a-rendu-un-rapport-sur-une-operation-de-saisie-de-113-millions-de-medicaments-illicites-en-afrique_109930 consulté le 21 janvier 2017. Baptisé ACIM, ce "coup de filet" a été réalisé du 5 au 14 septembre 2016 - mais révélé seulement ce 20 janvier - à bord de... 243 conteneurs à peine.

509 Propos de Jean-David LEVITTE, ambassadeur de France et président du conseil d'administration de l'IRACM. http://www.sciencesetavenir.fr/sante/l-organisation-mondiale-des-douanes-a-rendu-un-rapport-sur-une-operation-de-saisie-de-113-millions-de-medicaments-illicites-en-afrique_109930 consulté le 21 janvier 2017.

Depuis 2012, quatre opérations de ce type ont été menées, conduisant à la saisie de 869 millions de produits pour un montant global de 400 millions d'euros, reconnaît Ana HINOJOSA, Directrice du contrôle de l'OMD, qui insiste sur l'extrême difficulté de coordonner des opérations de cette envergure avec l'ensemble des pays concernés. D'autant que ces analyses sont coûteuses, hors de portée de très nombreux pays, particulièrement des pays africains[510].

L'enjeu sanitaire concernant la contrefaçon de médicaments n'est plus à démontrer. La consommation de produits pharmaceutiques contrefaits constitue un réel danger pour la santé. La question de la contrefaçon des médicaments fait l'objet de débats au niveau des instances internationales, communautaires et nationales et semble être une préoccupation commune partagée par tous les acteurs politiques, les décideurs, les chercheurs et les responsables de la santé.

Les médicaments contrefaits n'ont pas de définition juridique et universellement acceptée. Déjà en 1992, une définition fut proposée lors de la première réunion sur les médicaments contrefaits [511] :« un médicament contrefait est un médicament qui est délibérément et frauduleusement muni d'une étiquette n'indiquant pas son identité et / ou sa source véritable. Il peut s'agir d'une spécialité ou d'un produit générique, et parmi les produits contrefaits, il en est qui contiennent les bons ou de mauvais ingrédients, ou bien encore pas de principe actif ; et il en est d'autres où le principe actif est en quantité insuffisante ou dont le conditionnement a été falsifié ».

Au mois de mai 2012, les experts de l'OMS ont décidé d'utiliser l'expression « produits médicaux de qualité inférieure/ faux/ faussement étiquetés/ falsifiés/ contrefaits » en attendant un consensus sur la définition.

Le trafic de faux médicaments au niveau mondial génère des revenus énormes aux réseaux criminels[512].

---

[510] Selon Bernard LEROY, « L'analyse d'une seule pilule coûte 5 euros et la machine pour le faire in situ, au pied des conteneurs, en vaut 40 000 ! ».
[511] Il s'agissait de la réunion internationale tenue à Genève du 1er au 3 avril 1992 et réunissant l'OMS et la Fédération Internationale de l'Industrie Pharmaceutique (FIIM).
[512] Selon Interpol, en 2010, le chiffre d'affaires était estimé à 75 milliards d'euros.

Pour le cas particulier de l'Afrique, les études menées sur la qualité des médicaments démontrent qu'une grande partie des médicaments introduits sont inefficaces et dangereux[513] .

Le trafic concerne les médicaments pour la pharmacie humaine et animale ; les produits sont souvent importés en contrebande ou sont faussement déclarés au niveau des bureaux des douanes frontaliers.

Les raisons qui expliquent ce phénomène sont nombreuses : pauvreté des ménages, analphabétisme, porosité des frontières terrestres, complicité des autorités religieuses dans certaines régions, absence de législation pharmaceutique, absence de régulation étatique, faiblesse ou inadéquation des sanctions pénales, corruption, absence ou faiblesse des moyens de lutte contre le trafic, etc.

Les médicaments faux ou contrefaits sont fabriqués dans les pays asiatiques (Chine et Inde, principalement) et font l'objet d'un transport par toutes les voies (postale, terrestre et maritime).

Même les pays occidentaux comme la France et l'Italie[514] ne sont pas épargnés ; en effet, sur le front des contrefaçons, le trafic de faux médicaments en provenance d'Inde et de Chine a volé la vedette aux produits de luxe fabriqués en Turquie. Les douanes françaises ont effectué en 2015 des saisies record concernant des produits illicites[515].

---

[513] Une étude menée par l'OMS en 2011 indique que c'est en Afrique de l'Ouest où on enregistre les plus forts taux d'échec thérapeutique du fait de la qualité des médicaments antipaludiques. Selon l'OMS, sur le million de décès annuels dus au paludisme, 200 000 pourraient être évités si les malades étaient soignés avec de vrais médicaments. Les médicaments provoquent chaque année des milliers de morts en particulier par insuffisance de traitement. Au Niger, en 1995, l'utilisation de médicaments contrefaits par les équipes de Médecins sans frontières, pendant une épidémie de méningite, a entrainé la mort de plus de 2500 personnes.
Les produits contrefaits représentent 40 % du chiffre d'affaires des médicaments vétérinaires, estimé à 5 milliards de FCFA, selon une étude de l'organisation mondiale des Nations unies pour l'alimentation et l'agriculture (FAO). (Source : Journal le Soleil Edition du 05 février 2013).

[514]Selon l'IRACM, le crime organisé italien serait ainsi derrière la distribution en 2014 d'un médicament anticancéreux (Herceptin) volé et contrefait, en Europe de l'Ouest (Royaume-Uni, Finlande, Allemagne, Autriche et Suède). D'un coût d'environ 675 dollars, ce médicament était volé dans des camions chargés de leur approvisionnement, puis dilués, avant d'être remis dans le circuit de distribution.

[515]Journal *LesEchos.fr* dans sa publication du mercredi 6 janvier 2016 avec un article intitulé « Douanier, profession sous pression », consulté le 28 janvier 2016.

En Afrique, c'est par conteneurs que l'essentiel des produits arrive dans les pays subsahariens après un transit effectué en Algérie[516].

Les saisies effectuées par les douanes[517] et les services de sécurité renseignent sur l'ampleur du trafic. Le contexte sous-régional et les réalités économiques locales font que le trafic des médicaments ne fait pas l'objet d'une attention sérieuse par les politiques et les populations[518].

Le manque d'engagement des Etats concernés, l'absence ou la rareté des poursuites et arrestations, le manque de moyens et de formation du personnel des services douaniers, l'inadaptation des législations et la corruption entraînent un développement du fléau et la sophistication des moyens utilisés par les trafiquants.

---

[516] L'Algérie est un pays de transit des biens de contrefaçon chinois, selon un rapport de l'OCDE et de l'Office de l'Union européenne pour la propriété intellectuelle. Ce rapport, publié vendredi 23 juin, étudie la provenance et les points de transit du commerce de produits de contrefaçon dans le monde pour la période 2011-2013. Ce commerce a représenté un montant de 461 milliards de dollars en 2013 et a correspondu à 2,5% du commerce mondial, selon l'étude. Si la contrefaçon touche tous les continents, c'est la Chine qui en est le premier producteur mondial, loin devant les autres pays que sont l'Inde, la Thaïlande, la Turquie, la Malaisie, le Pakistan et le Vietnam.

Concernant les produits pharmaceutiques de contrefaçon, l'Inde est le premier pays producteur, devant la Chine. Ces produits transitent notamment via le Yémen, les Émirats arabes unis et l'Iran et sont ensuite amenés par bateau vers l'Afrique subsaharienne, et par voie postale vers l'UE et les États-Unis. Parmi les médicaments de contrefaçon saisis par les autorités, on retrouve des traitements du SIDA, de la malaria et du cancer. La Chine et Hong Kong (Chine) totalisent à eux deux 80% des saisies des produits contrefaits effectuées par les autres pays du monde entre 2011 et 2013. À travers le monde, 62% saisies réalisées par les autorités concernent des produits transportés par voie postale. Suivent les produits transportés par voie aérienne (20% des saisies) et maritime (9%). Cependant, en termes de quantités et de valeur des produits transportés, le rapport indique que c'est la voie maritime qui permet de transporter des biens en plus grande quantité et pour des valeurs plus importantes.

Voir https://www.tsa-algerie.com/lalgerie-pays-de-transit-des-produits-contrefaits-chinois/ consulté le 10 mai 2017.

[517] Pour le cas du Sénégal, voir le rapport annuel de la lutte contre la fraude, année 2017, p.3 de la DGD. Les saisies de drogues et de faux médicaments représentaient une valeur de 6 754 076 288 FCFA. Concernant les médicaments, la valeur des saisies est estimée à 1 493 606 838 FCFA.

Pour le cas de la Côte d'Ivoire, voir l'article : « Côte d'ivoire : une hausse inquiétante du trafic de faux médicaments », afrique.latribune.fr consulté le 18/09/2017.

Pour le cas du Bénin, voir l'article : « Bénin, un outil pour tenter de finir avec les faux médicaments », afrique.latribune.fr consulté le 18/09/2017.

[518] DIOP Pape Djigdjam, « La lutte contre la contrebande de médicaments », *Revue de la douane, 2013*, pp.15-16.

La lutte contre le trafic ne semble pas être une priorité pour les Etats malgré ses effets néfastes pour la santé publique. L'on note une indifférence qui touche quasiment tous les pays du monde. Cette indifférence est plus visible en Afrique. En effet, la Convention MediCrim a été adoptée par le Conseil de l'Europe en 2010 ; celle-ci souhaite favoriser la coopération internationale et ériger en infraction pénale la fabrication de produits médicaux de contrefaçon. Jusqu'en 2018, elle n'avait été ratifiée que par 9 pays (France, Ukraine, Espagne, Hongrie, Moldavie, Guinée Conakry, Arménie, Albanie, Belgique).

Les infractions concernant le trafic des médicaments sont constatées et sanctionnées comme des délits avec des peines d'emprisonnement et des amendes lourdes. Mais il se trouve que la possibilité de transaction avec les douanes fait que les trafiquants ne reculent point et se tirent toujours d'affaire.

Pourtant, le trafic international de stupéfiants est criminalisé dans nos législations et à notre avis, il est moins nocif que celui des médicaments. Il serait bien de penser à criminaliser ce trafic pour mieux dissuader les trafiquants en plus de mener une bataille énergique pour empêcher l'importation frauduleuse des médicaments dans nos pays.

Il convient de signaler dans ce cadre, les efforts qui ont été fournis par les pays africains au niveau de l'OMC, pour une meilleure prise en charge de la question liée au médicament.

Le 23 janvier 2017, un amendement de l'Accord sur les ADPIC est entré en vigueur, garantissant aux pays en développement une voie juridique pour accéder à des médicaments abordables dans le cadre des règles de l'OMC. C'est la première fois, depuis la création de l'Organisation en 1995, qu'un Accord de l'OMC a été modifié. L'amendement est entré en vigueur après l'acceptation du protocole d'amendement par les deux tiers requis des Membres de l'OMC[519].

Adopté à l'unanimité par les Membres de l'OMC en 2005, le Protocole portant amendement de l'Accord sur les ADPIC confère un caractère permanent à un mécanisme destiné à faciliter l'accès des Membres de l'OMC les plus pauvres à des médicaments génériques abordables produits dans d'autres pays. L'amendement permet la fabrication de versions génériques de médicaments brevetés sous licences obligatoires (c'est-à-dire sans le consentement du titulaire du brevet) exclusivement pour l'exportation vers les pays qui ne peuvent pas

---

[519] Voir le lien www.wto.org

fabriquer eux-mêmes les médicaments dont ils ont besoin, ou qui ne peuvent pas le faire en quantités suffisantes.

« Cet amendement est d'une extrême importance. Il confère la certitude juridique que les médicaments génériques pourront être exportés à des prix raisonnables pour répondre aux besoins des pays dont la capacité de production dans le secteur pharmaceutique est inexistante ou limitée. Ce faisant, il aide les plus vulnérables à avoir accès aux médicaments dont ils ont besoin, et à traiter des maladies comme le VIH/SIDA, la tuberculose, le paludisme ou d'autres maladies épidémiques», a affirmé le Directeur général Roberto AZEVEDO[520].

En 2016, le Conseil a aussi examiné un rapport du Groupe de réflexion de haut niveau du Secrétaire général de l'ONU sur l'accès aux médicaments, à la demande du Brésil, de l'Inde, de la Chine et de l'Afrique du Sud. Ces Membres ont appelé l'attention sur les principales recommandations formulées dans le rapport, demandant notamment que la Déclaration de Doha de 2001 sur l'Accord sur les ADPIC et la santé publique soit respectée et que les flexibilités prévues dans l'Accord pour l'accès aux médicaments soient pleinement utilisées. La Déclaration de Doha de 2001 disposait que l'Accord sur les ADPIC « n'empêche pas et ne devrait pas empêcher les Membres de prendre des mesures pour protéger la santé publique[521] ».

Les organisations internationales sont conscientes de la nécessité de mieux prendre en compte la question des médicaments afin de faire face aux problèmes de santé publique.

En 2016, la question des ADPIC et de la santé publique a encore été abordée dans le cadre de diverses activités de coopération technique organisées par le Secrétariat de l'OMC en collaboration avec l'Organisation mondiale de la Santé et l'Organisation mondiale de la propriété intellectuelle. L'atelier annuel de l'OMC sur le commerce et la santé publique, organisé à Genève en octobre, a porté sur un large éventail de sujets, tels que les liens entre la santé, le commerce et la propriété intellectuelle, l'économie de l'innovation et l'accès aux technologies de la santé, les politiques de fixation des prix et d'approvisionnement, la politique et les règles de la concurrence, les services de santé et l'Accord de l'OMC sur la facilitation des échanges.

---

520 Rapport annuel 2017 de l'OMC, p.78.

521 Rapport annuel 2017 de l'OMC, p. 80.

Il faut une « véritable alerte contre les faux médicaments »[522]. Il urge donc de revoir le dispositif juridique et organisationnel au niveau des douanes pour lutter efficacement contre le trafic des médicaments.

Le développement du renseignement criminel, la motivation des agents des douanes et la modernisation des moyens de contrôle et d'intervention seront nécessaires.

En définitive, les réformes douanières doivent être poursuivies pour mieux adapter les législations nationales aux instruments juridiques internationaux. Elles nécessitent une meilleure prise en compte du contexte local africain.

Dans le même ordre d'idées, les pouvoirs des administrations douanières devraient aussi être renforcés pour leur permettre de jouer véritablement leur rôle.

---

[522]Suivre le lien http://www.ladepeche.fr/article/2012/04/29/1341841-alerte-aux-faux-medicaments.html consulté le 10 mai 2018.
En France en 2012, l'enjeu, pour les pouvoirs publics, était le démantèlement des cyberpharmacies clandestines : un coup de pied dans la fourmilière a été donné l'année dernière dans le cadre de l'opération internationale « Pangéa » pour lutter contre la vente illicite de médicaments sur internet. Bilan de l'opération : 109 700 médicaments de contrebande saisis en France et 46 sites internet illicites fermés.

CHAPITRE II

L'IMPERATIF D'UN RENFORCEMENT DES POUVOIRS DES ADMINISTRATIONS DOUANIERES

Le rôle des administrations douanières est de protéger les économies. L'exercice de la mission fiscale et économique révèle l'importance du travail réalisé pour le contrôle des marchandises objet du commerce international[523].

Les codes douaniers comprennent de nombreuses règles devant permettre aux douanes de pouvoir remplir correctement leurs missions.

Mais les missions douanières ont fortement évolué et une adaptation s'impose. Les moyens juridiques doivent être adaptés ainsi que les moyens techniques. Cette nécessaire adaptation suppose un renforcement des prérogatives reconnues aux administrations qui ne doivent plus être concurrencées ou affaiblies par l'existence d'autres structures privées de contrôle.

En somme, l'élimination des sociétés d'inspection s'avère nécessaire et actuelle (Section I) ainsi que le renforcement des capacités des administrations des douanes dans beaucoup de domaines (Section II). Les organisations sous-régionales ont aussi un rôle accru à jouer en matière de modernisation douanière (Section III).

SECTION I : L'ELIMINATION DES SOCIETES D'INSPECTION DANS LE PROCESSUS DE CONTROLE DES OPERATIONS D'IMPORTATION ET D'EXPORTATION

Les sociétés d'inspection se sont implantées en Afrique vers les années 1990 suite à des recommandations des bailleurs de fonds afin de pouvoir aider les administrations douanières dans le processus de modernisation douanière.

Cette présence devait être temporaire, le temps de permettre des changements dans la prise en charge des questions de facilitation des échanges commerciaux et des contrôles douaniers qui nécessitent une certaine technologie.

---

[523] Albert Jean Luc, op.cit., p.20.

Au Sénégal, au Bénin et en Côte d'Ivoire, ces sociétés exercent leur travail en concurrence avec les administrations douanières.

A l'heure actuelle, cette présence des sociétés d'inspection ne se justifie plus car les contrôles douaniers sont exclusifs et bien encadrés (Paragraphe I).

En plus, cette élimination permet d'observer une conformité avec les règles prônées par l'OMD qui œuvre pour une plus grande autonomie des administrations douanières (Paragraphe II).

Paragraphe I : Justifications

La plupart des études faites sur les sociétés d'inspection en Afrique démontrent l'existence de difficultés dans le processus de contrôle des marchandises suite à l'implication des sociétés privées dans la gestion des opérations commerciales aux frontières.

Certains préfèrent une réadaptation de l'intervention de ces sociétés pour leur permettre de continuer à exercer.

Pourquoi devrait-on envisager la suppression des contrats conclus par les gouvernements ? On peut répondre à cette interrogation en affirmant que la présence des sociétés d'inspection actuellement n'est plus une nécessité : elle est imposée, inutile et controversée (A) ; en outre, leur intervention comporte des limites en matière douanière (B).

A/ Une présence imposée, inutile et controversée des sociétés d'inspection

L'inspection avant expédition est une procédure selon laquelle un organisme privé va se charger de contrôler les détails de l'expédition, tels que le prix, la quantité et la qualité des marchandises commandées à l'étranger[524].

Le premier PVI a été instauré au Zaïre en 1963. Il fut suivi ensuite par l'adoption de programmes similaires dans une cinquantaine de pays autour du monde[525].

À l'origine, le principal objectif d'un PVI était de réduire la fuite des capitaux permise par la surévaluation des importations. Avec la

---

[524] DEQUIEDT Vianney, GEOURJON Anne-Marie et ROTA- GRAZIOSI Grégoire, « Les programmes de vérification des importations (PVI) à la lumière de la théorie de l'agence », *Afrique contemporaine*, volume 230, numéro 2, 2009, p.1.
[525] Idem, pp. 2-3.

suppression progressive des contrôles des mouvements de capitaux, l'objectif des PVI a évolué. Ceux-ci sont devenus des instruments de lutte contre l'évasion fiscale en matière douanière. Aujourd'hui encore, malgré la libéralisation des échanges et la transition fiscale en cours qui consiste à substituer aux recettes tarifaires celles de taxes domestiques telles que la taxe sur la valeur ajoutée (TVA), le rôle de la douane dans la mobilisation des recettes demeure primordial. En effet, dans les pays en voie de développement, la plupart des biens de consommation finale sont importés et l'essentiel de la collecte de la TVA se fait aux frontières.

Les entreprises privées en charge du PVI fournissent deux types d'information : des attestations de vérification pour chaque opération certifiant la valeur, l'espèce et la quantité des produits concernés et des rapports d'activité remis au donneur d'ordre.

Souvent présentés comme un remède à la corruption des douanes dans les pays en voie de développement, les PVI visent à améliorer la collecte des taxes dues au cordon douanier en mettant à la disposition des administrations douanières des informations sur l'assiette imposable.

Une telle privatisation partielle de la collecte de l'impôt n'est pas nouvelle. Ainsi, l'affermage dans la France de l'Ancien Régime fournit un exemple extrême d'une collecte privée de l'impôt. Même aujourd'hui dans les pays développés, le recours au secteur privé est utilisé pour un recouvrement plus efficace ou moins coûteux de certains impôts[526].

Plusieurs chercheurs et experts se sont intéressés à la question du PVI en Afrique, notamment de ses objectifs, de ses effets sur la fraude et de son efficacité[527].

---

[526] DEQUIEDT Vianney, GEOURJON Anne-Marie et ROTA- GRAZIOSI Grégoire, op.cit., p. 3.

[527] Idem, p.4 ; les auteurs estiment que malgré leur rôle prépondérant dans les pays en voie de développement et leurs coûts, les PVI n'ont pas obtenu l'attention qu'ils méritent de la part des milieux académiques. Quelques travaux seulement se sont intéressés à la question des PVI. Outre Anson, Cadot et Olarreaga (2006) ou Yang (2008) déjà évoqués, nous pouvons citer Johnson (2001) ou Yang (2009).
Ces articles essentiellement empiriques se concentrent sur l'efficacité des PVI. Pourtant, l'analyse des PVI s'intègre dans une littérature beaucoup plus ancienne qui concerne les interactions entre évasion fiscale, corruption et respect des lois. Ainsi, Bhagwati (1964) fut l'un des premiers à relever l'écart entre les importations déclarées par un pays et les exportations correspondantes déclarées par ses partenaires commerciaux. Il explique cette différence par des comportements opportunistes de sous-évaluation ou de mauvaise classification visant à réduire les taxes dues (cf. De Wulf, 1981). Pritchett et Sethi (1994) ont analysé la relation entre les recettes collectées et les taux officiels des droits de douanes dans certains pays en développement (Jamaïque, Kenya et Pakistan).

Un point important concernant le marché des PVI doit être noté : celui-ci s'avère oligopolistique, car quatre entreprises représentent à elles seules plus de 90 % d'un marché estimé à 614 millions de dollars en 2007[528].

Les entreprises concernées ne sont pas exemptes d'accusation de corruption[529] (le scandale Bhutto au Pakistan, par exemple). Les PVI n'étant que transitoires, la recherche d'une bonne réputation par les entreprises privées présentes sur le marché ne peut constituer une force suffisante pour discipliner les comportements. En outre, les barrières à l'entrée sur ce marché (présence nécessaire de l'entreprise dans de nombreux pays, capacités techniques) sont loin d'être négligeables et rendent ce marché peu contestable.

Enfin, l'utilisation de procédures concurrentielles d'appels d'offres pour le renouvellement des contrats reste d'une efficacité toute relative du fait d'une part du petit nombre d'intéressés, d'autre part, de la répétition des procédures dans lesquelles le même groupe d'entreprises se retrouve en concurrence et enfin de la dimension qualitative des offres qui intègrent une assistance technique à la modernisation des douanes[530].

A la fin des années 90, l'inspection avant embarquement était présentée comme une mesure cruciale par les bailleurs de fonds pour améliorer les recettes douanières de la plupart des pays africains, particulièrement en Afrique de l'Ouest[531].

L'inspection avant expédition qui repose sur un Accord[532] de l'OMC est la pratique qui consiste à recourir à des sociétés privées spécialisées pour contrôler dans le détail les expéditions de marchandises commandées à l'étranger, c'est-à-dire essentiellement le prix, la quantité et la qualité. Cette pratique utilisée par les gouvernements des pays en développement a pour but de sauvegarder les intérêts financiers

---

Ils soulignent la faiblesse des taux réellement appliqués au regard de ceux officiels. Enfin, plus récemment, Fisman et Wei (2004) étudient les importations chinoises en provenance de Hong Kong à un niveau très désagrégé. Ils montrent une relation positive entre le taux de taxation et l'évasion : les biens dont les taux sont les plus élevés sont davantage susceptibles d'être affectés par l'évasion.

528I DEQUIEDT Vianney, GEOURJON Anne-Marie et ROTA- GRAZIOSI Grégoire, op.cit., p. 3.

529 Idem, p. 4.

530 Ibid., p.4.

531 RABALLAND Gaël et CANTENS Thomas, op.cit., p. 25.

532 Voir https://www.wto.org/french/docs_f/legal_f/ursum_f.htm#g1Agreement consulté le 29/06/2016.

nationaux (prévention de la fuite des capitaux et de la fraude commerciale, ainsi que du contournement des droits de douane, par exemple) et de pallier les insuffisances des infrastructures administratives.

Le Sénégal, le Bénin et la Côte d'Ivoire ont tous adhéré à des programmes d'inspection avant expédition depuis une vingtaine d'années. Actuellement c'est la COTECNA qui opère au Sénégal ; BIVAC opère au Bénin ; en Côte d'Ivoire on retrouve BIVAC et COTECNA. L'intervention ou la base des contrats de ces sociétés d'inspection varie selon les pays (choix de l'importateur, régime douanier ou base géographique[533]).

Selon l'accord de l'OMC sur l'évaluation en douane, c'est la valeur transactionnelle qui est retenue. Les pays africains membres de l'OMC ont mis du temps pour intégrer cet aspect dans leurs législations, ce qui fait que la mise en œuvre a été lente et imparfaite.

Le manque de fiabilité des factures et des documents commerciaux a créé de sérieux problèmes aux administrations douanières. Pour atteindre les objectifs de recettes en hausse chaque année, et pour combattre la sous-évaluation, ces dernières ont été obligées de poursuivre leurs efforts pour vérifier les valeurs déclarées en douane. C'est ainsi que les autorités ont continué à solliciter les sociétés d'inspection.

Les PFAS ont largement fait appel à la contribution de prestataires de services d'inspection, mais les contrats conclus n'ont guère contribué à moderniser les douanes[534].

Les prestations avaient essentiellement pour objet de fournir des renseignements aux services des douanes, principalement sur la valeur des marchandises importées et d'effectuer des vérifications croisées avec les données des douanes afin de lutter contre la corruption.

Dans de nombreux pays en voie de développement, des programmes de vérification des importations (PVI) ont été instaurés pour combattre la corruption des administrations douanières. Ils consistent à déléguer l'inspection des importations à une entreprise privée qui opère dans les pays exportateurs. De tels programmes s'avèrent particulièrement coûteux car l'entreprise se paye généralement entre 0,5 % et 0,8 % de la

---

[533] Voir le tableau 8.D.1 intitulé Programmes PSI dirigés par les membres du Comité PSI IFIA le 21 janvier 2004, in *Manuel de modernisation douanière*, op.cit., p.192.
[534] GILLES M., GILLES P., op.cit., p.140.

valeur FOB des marchandises inspectées. L'efficacité de ces programmes a été analysée à la lumière de la théorie de l'agence[535].

En somme, le modèle d'agence hiérarchique a été utilisé afin d'appréhender les interactions entre le gouvernement, l'administration douanière, l'importateur et l'entreprise assurant le PVI. De cette analyse, ont été faites des recommandations qui concernent entre autres l'identité des contractants, la modernisation des administrations douanières ou la politique de réconciliation.

L'évolution a été constatée ; voulant toujours se maintenir à tout prix, les sociétés d'inspection proposent des services d'appui technologique en rapport avec les programmes de modernisation (installation de scanners pour l'inspection des conteneurs, localisation des véhicules en transit par GPS, mise en place de guichets uniques ou marquage des produits pétroliers). C'est dire que les sociétés d'inspection font tout pour conserver leurs parts de marchés dans nos pays en proposant de nouveaux services tendant à la modernisation de la logistique et à la rationalisation des contrôles douaniers.

La présence des sociétés d'inspection n'est plus nécessaire au Sénégal, au Bénin et en Côte d'Ivoire. Les raisons de leur maintien sont plus politiques et les motivations semblent nébuleuses. En matière de contrôle douanier, les limites et les insuffisances de ces dernières sont réelles.

B/ Des limites objectives des sociétés d'inspection en matière de contrôle douanier

La gestion des sociétés d'inspection fait l'objet de débats et suscite des réflexions sur la gouvernance et la transparence dans leurs relations avec leurs partenaires[536].

L'intervention des sociétés d'inspection dans les pays africains a été une question controversée. Malgré l'insistance des organisations telles que le FMI et la Banque mondiale sur l'importance des sociétés d'inspection dans le cadre de la modernisation douanière (lutte contre la

535 DEQUIEDT Vianney, GEOURJON Anne-Marie et ROTA- GRAZIOSI Grégoire, op.cit., pp.151-166.

536 Rapport présenté par Monsieur Philippe PINON au nom de la Commission du Commerce International et adopté par l'Assemblée générale du 14 juin 2001 intitulé : « Les relations entre les entreprises exportatrices et les sociétés d'inspection avant embarquement : pour une plus grande transparence », www.cci-parisidf.fr ou pin0106.pdf consulté le 15 décembre 2017.

fraude commerciale, lutte contre la corruption, augmentation des recettes), il reste que les arguments qui militent contre les sociétés d'inspection en matière douanière sont plus nombreux.

D'abord, l'on constate des lourdeurs et des charges pour les exportateurs et pour les importateurs générant des coûts supplémentaires. Ensuite, l'inspection normale au départ n'est ni effective ni garantie car les sociétés d'inspection ne sont pas présentes dans tous les pays d'importation.

En outre, des difficultés en matière de gestion de la confidentialité commerciale ou de souveraineté économique sont réelles.

Par ailleurs, l'on relève de forts coûts de rémunération des sociétés étrangères qui encaissent des centaines de millions par mois alors que les recettes sont faibles ou limitées dans nos pays.

L'on remarque aussi que les sociétés d'inspection produisent des résultats peu fiables en matière de valeur et surtout en matière tarifaire (classement des marchandises qui obéit à des règles précises en matière douanière, notamment avec les règles du Système harmonisé).

Il est à noter cette sorte de grande nébuleuse dans la conclusion et la reconduction des contrats qui sont signés avec des gouvernements sans l'avis technique des autorités douanières.

L'on relève aussi le non-respect des clauses et des charges par les sociétés d'inspection qui n'effectuent pas le transfert de technologies comme mentionné dans les contrats afin de permettre à terme l'autonomie des administrations douanières.

En outre, il y a un faible ou relatif impact sur les recettes douanières, sans oublier la corruption dans les douanes[537].

---

[537] PASCAL Lionel, *La privatisation des missions douanières en République centrafricaine (RCA) : une opportunité d'amélioration des finances publiques*, Thèse de doctorat en droit, Université de Bordeaux, 2014, 598 p. L'auteur estime que pour assurer leurs missions, les États ont besoin de prélever l'impôt afin de s'assurer des ressources. La caractéristique des États en développement est en matière de Finances publiques, d'avoir des recettes basées essentiellement sur les taxes prélevées aux frontières sur les marchandises. Malheureusement dans ces pays-là, l'éfficacité des administrations douanières est rarement au rendez-vous, notamment du fait d'une corruption très importante parmi les douaniers. Aussi les organisations internationales recommandent une privatisation partielle des missions afin d'améliorer les recettes. Les sociétés privées se sont spécialisées dans cette forme de recouvrement et ainsi la plupart des pays africains ont recours à l'une ou l'autre des sociétés dites de " pré-inspection ". Après des années de pratique, peut-on évaluer l'éfficience de cette privatisation ? s'interroge-t-il. L'exemple de la RCA est particulièrement pertinent pour étudier cela

La cohabitation est difficile entre les sociétés d'inspection et les douaniers qui les considèrent comme des « usurpateurs », qui provoquent une érosion des pouvoirs des administrations douanières. Ceci entraîne la démoralisation du personnel des douanes ; pour certains analystes, mener des réformes qui conduisent à adjoindre aux douanes des sociétés d'inspection conduit les douaniers à ne plus être en mesure de contrôler une déclaration et surtout à refuser d'assumer les responsabilités liées à leur pouvoir[538].

Enfin, l'on peut sans doute mentionner que la politique d'engagement des sociétés d'inspection par les gouvernements de nos pays est en parfaite contradiction avec la politique de facilitation des échanges et de réduction des contrôles aux frontières prônée par les organisations communautaires telles que l'UEMOA et la CEDEAO.

Les Codes douaniers ne mentionnent pas la possibilité pour les administrations des douanes de s'adjoindre les services d'une autre société privée en matière de contrôle des opérations commerciales. En effet, le contrôle douanier est technique, spécifique et ne saurait être effectué par un service autre que l'administration des douanes. Le contrôle douanier est défini dans la CKR comme « l'ensemble des mesures prises par la douane en vue d'assurer l'application de la législation douanière[539]». Dans les Codes douaniers, il est défini comme « l'accomplissement d'actes spécifiques, tels que la vérification des déclarations et des marchandises, le contrôle de l'existence et de l'authenticité des documents, l'examen de la comptabilité des entreprises et autres écritures, le contrôle des moyens de transport ou des personnes, le contrôle des bagages et des autres marchandises transportées par ou sur des personnes, l'exécution d'enquêtes administratives et autres actes similaires, en vue d'assurer le respect de la réglementation douanière et, le cas échéant, des autres dispositions applicables aux marchandises sous surveillance douanière[540]».

---

puisque, d'une part, ce pays a poussé la privatisation à l'ensemble des missions douanières, ce qui est unique au monde, et d'autre part la situation actuelle de ce petit pays découle au moins en partie de l'absence d'une administration des douanes solide. Mais les Organisations internationales ne sont pas exemptes de reproches.

538 RABALLAND Gaël et CANTENS Thomas, op.cit., p.25.

539 Annexe générale, chapitre 2, F3./ de la CKR.

540 Article 1 al 6 du Code des douanes du Sénégal.

Le contrôle documentaire est aussi une prérogative de l'administration car c'est l'opération par laquelle la douane procède à l'examen documentaire, en vue de s'assurer de l'exactitude des éléments déclarés.

L'on pourrait dire que l'on assiste à une violation du Code des douanes en permettant l'immixtion ou l'intervention d'autres structures privées dans le contrôle des opérations douanières.

En plus de ces arguments ne justifiant pas l'intervention des sociétés d'inspection dans nos pays, l'on relève que l'OMD encourage les administrations douanières du monde à être plus autonomes pour pouvoir véritablement jouer leurs rôles respectifs.

Paragraphe II : Le respect des règles prônées par l'OMD

Les sociétés d'inspection doivent être éliminées du système de contrôle des opérations commerciales de nos pays. Avec l'Accord sur l'évaluation en douane[541] et l'Accord sur la Facilitation des Echanges (AFE), le recours à une société d'inspection n'est plus nécessaire.

L'accord de l'OMC sur l'évaluation en douane vise à mettre en place un système équitable, uniforme et neutre d'évaluation des marchandises à des fins douanières, qui soit conforme aux réalités commerciales et qui interdise l'utilisation de valeurs arbitraires ou fictives.

Aujourd'hui, avec le développement de la coopération internationale, l'assistance mutuelle administrative, le développement de l'internet, la spécialisation des agents, les efforts en matière de technologies, le développement de systèmes douaniers d'analyse et de gestion des risques, l'on peut se passer des services des sociétés d'inspection.

Les montants faramineux dépensés pour rémunérer ces sociétés étrangères privées peuvent servir à moderniser les équipements douaniers et à renforcer les capacités en matière de formation dans les domaines liés à la valeur, à la technologie tarifaire et aux régimes douaniers.

L'OMD prône une plus grande responsabilisation des administrations douanières pour leur permettre d'assurer correctement leurs diverses missions. Pour cela, l'intervention de structures privées dans le processus de contrôle est une contradiction car augmentant les charges et les coûts supplémentaires pour les importateurs et les exportateurs.

---

[541] Voir www.wto.org.

Les gouvernements doivent se libérer des contraintes et autres accords non bénéfiques et imposés par les partenaires techniques et financiers. Ils doivent faire confiance aux douanes qui, elles aussi, doivent la mériter, en éliminant les méthodes et les pratiques de corruption qui ternissent leur image.

Les sociétés d'inspection doivent être éliminées du processus de contrôle des opérations douanières. Cela pourrait renforcer l'autonomie des administrations douanières. C'est pourquoi leurs capacités devraient aussi être renforcées.

SECTION II : LE RENFORCEMENT DES CAPACITES DES ADMINISTRATIONS DOUANIERES

Le renforcement des capacités des Etats membres figure en bonne place dans les instruments juridiques de l'OMD. L'organigramme de l'OMD comporte une Direction du Renforcement des capacités qui est chargée de coordonner des activités de renforcement des capacités, d'assistance technique et de formation à l'intention des Membres[542].

Un programme de modernisation ou une réforme exige un accompagnement, un soutien efficace et un suivi régulier. La prise en charge des questions douanières nécessite des changements à tous les niveaux.

Le renforcement des capacités des douanes doit exister à un double niveau : au plan financier et technique puisqu'il implique une augmentation substantielle et adaptée des moyens (Paragraphe I) ; au plan institutionnel, organisationnel et statutaire pour permettre un dispositif interne et externe plus adapté (Paragraphe II).

Paragraphe I : Au plan financier et technique

La mise en œuvre des réformes douanières passe obligatoirement par un renforcement technique et financier adéquat. Cette question de l'assistance technique et financière est sérieusement prise en compte par les partenaires techniques financiers comme la BM, le FMI, le PNUD, la BAD, l'OMC, l'OMD, les agences (USAID, ACDI) et les organisations sous-régionales comme l'UEMOA et la CEDEAO.

[542] Rapport annuel de 2015-2016 de l'OMD, p.13.

Les réformes nécessitent la mise en place de techniques et d'outils modernes, de programmes de formation appropriés[543] et de véritables changements.

D'ailleurs, la CKR et le Cadre de normes comportent des dispositions qui insistent sur l'importance du renforcement des capacités techniques des administrations douanières, surtout en Afrique.

Dans la CKR, le Préambule renseigne sur la volonté de mettre en place des programmes et pratiques nouvelles visant à simplifier les procédures douanières par entre autres « l'adoption de techniques modernes telles que les systèmes de gestion des risques et les contrôles par audit, ainsi que l'utilisation qui soit la plus large possible de la technologie de l'information… ».

Le renforcement efficace des capacités constitue un élément clé pour assurer l'adoption et la mise en œuvre du Cadre SAFE par le plus grand nombre de parties. Toutefois, il est également admis que certaines parties du Cadre SAFE peuvent être mises en œuvre immédiatement. A cet effet, des stratégies doivent être conçues pour améliorer le renforcement des capacités offert aux Membres et permettre ainsi la mise en œuvre du Cadre SAFE.

Pour que le renforcement des capacités soit efficace, il doit reposer sur un fondement préalable réunissant volonté politique et éthique. Ainsi, les pays qui montrent qu'ils s'engagent à appliquer le Cadre SAFE et qui manifestent la volonté politique nécessaire à cette fin bénéficieront de l'assistance de l'OMD et d'un groupe de Membres et d'autres partenaires en coopération[544].

Le Secrétaire général de l'OMD rappelle l'importance du renforcement des capacités ; selon lui, « l'assistance en matière de renforcement des capacités demeure une partie cruciale de la stratégie de mise en œuvre du SAFE et les Membres qui ont demandé à cet égard une aide la reçoivent de manière structurée et continue de sorte à garantir la mise en œuvre permanente et harmonisée de ses dispositions. L'OMD salue l'action de ses partenaires du gouvernement et du secteur privé qui travaillent en étroite collaboration pour maintenir la pertinence du Cadre de normes SAFE dans un environnement en évolution constante[545] ».

---

543 Le Programme Colombus de l'OMD constitue un exemple en matière de renforcement des capacités des administrations douanières.

544 Cadre de normes SAFE, version de juin 2015, p.3.

545 Cadre de normes SAFE, version de juin 2015, p.3.

C'est pour mieux accompagner les administrations douanières que l'OMD a effectué plusieurs missions depuis 2006 en Afrique et a ouvert un Bureau régional de renforcement des capacités à Abidjan et des centres régionaux de formation à Ouagadougou et à Brazzaville.

Le plan stratégique 2016/2017- 2018/2019 de l'OMD comporte les sept objectifs stratégiques[546] suivants :

- promouvoir la sécurité et la facilitation du commerce international, y compris la simplification et l'harmonisation des régimes douaniers ;
- promouvoir un recouvrement des recettes juste et efficace ;
- protéger la société, la santé publique et la sûreté ;
- consolider le renforcement des capacités ;
- promouvoir la douane numérique en vue d'appuyer notamment la gestion coordonnée des frontières et l'échange d'informations entre toutes les parties prenantes ;
- rehausser la performance et la notoriété de la douane ;
- réaliser des recherches et analyses.

Les programmes de modernisation mis en place pour l'utilisation des NTIC dans les opérations douanières nécessitent une grande autonomie ou capacité financière. Les administrations douanières sont souvent confrontées à l'insuffisance des moyens alors qu'il leur est demandé beaucoup en matière de collecte de recettes et de lutte contre les trafics.

La plupart des services douaniers des Pays francophones d'Afrique subsaharienne continuent de souffrir d'une insuffisance notoire de ressources budgétaires et matérielles[547]. De nombreux besoins tels que l'alimentation électrique des systèmes informatiques, la disponibilité permanente du réseau de communication qui alimente les systèmes, la rénovation et la sécurisation des locaux ne sont pas satisfaits convenablement.

Pour faire face à ces besoins d'équipements, les administrations ont recours à des sources de financement qui souvent affectent la rémunération du personnel (prélèvement sur le contentieux réalisé par exemple).

C'est pourquoi il est d'abord proposé « la mise en place d'un budget consolidé pour appuyer les décisions stratégiques, planifier les investissements et promouvoir la transparence[548] ».

---

[546] Rapport 2015-2016 de l'OMD, pp.20-21.
[547] GILLES Montagnat-Rentier et GILLES Parent, op.cit., p.126.
[548] Idem, pp.126-127.

Ensuite, la signature de contrats de performance entre les douanes et les Ministères de tutelle pour des périodes de 3 à 5 années devrait être généralisée, appuyée et bien évaluée. En effet, les contrats de performance permettent de pouvoir renforcer et de pérenniser les efforts de modernisation des douanes en tenant compte de la conjoncture mondiale, de l'environnement communautaire, des schémas de libéralisation des échanges, des programmes nationaux élaborés par les gouvernements et des contraintes diverses qui limitent les capacités opérationnelles des administrations douanières.

Le contrat de performance est une convention qui vise à garantir l'efficacité dans l'exécution de la mission fiscale des administrations douanières, à mettre en place un dispositif de surveillance adapté aux besoins de protection et de sécurité, à promouvoir un meilleur partenariat avec les acteurs du secteur privé, et surtout, permet de renforcer normalement les moyens des administrations douanières.

Pour les autorités ministérielles ou gouvernementales, cette convention leur permet de mieux suivre les résultats des administrations et de faciliter la mise en place et l'exécution des dépenses du personnel, des programmes d'investissements, d'achats d'équipements, etc.

Pour cela, il faut un réel engagement politique et un bon suivi des engagements contractés par les parties.

Enfin, la gestion du risque [549] doit être renforcée. En raison de l'accroissement des flux commerciaux et donc de leur charge de travail, les administrations douanières les plus modernes développent depuis plusieurs années des approches structurées pour analyser le risque, seul moyen efficace pour limiter les contrôles intrusifs, répondre aux exigences des opérateurs privés et sécuriser leurs opérations.

Cette démarche devrait également être adoptée, pour les mêmes raisons, dans les douanes des pays en développement, qui doivent en plus faire face aux pressions de leurs autorités pour sécuriser les recettes. Cependant, malgré les recommandations de l'OMD et les propositions faites par les États membres de l'OMC dans le cadre des négociations sur la facilitation des échanges, les administrations douanières dans les pays en développement tardent à s'engager dans cette voie et à recourir à des

---

[549] GEOURJON Anne-Marie, LAPORTE Bertrand, « La gestion du risque en douane : premières leçons tirées de l'expérience de quelques pays d'Afrique de l'Ouest. Risk Management in Customs : Initial Lessons from Experiences in Some African Countries », *Revue d'économie du développement*, 2012/3 (Vol. 20), pp. 67-82. http://www.cairn.info/revue-d-economie-du developpement-2012-3-page-67.htm

techniques modernes pour analyser et gérer le risque afin de déterminer le traitement à appliquer à une opération commerciale particulière.

Cinq pays d'Afrique de l'Ouest développent actuellement, avec l'appui de l'AFRITAC et du FMI, un système d'analyse et de gestion des risques qui repose sur une exploitation systématique de l'information statistique ; ce sont le Bénin, le Burkina Faso, la Côte d'Ivoire, le Mali et le Sénégal.

Au Sénégal, la DSID et la DRED ont mis en place un système d'analyse et de gestion du risque baptisé Traitement et Analyse de risque des marchandises par voie Electronique (TAME). Le TAME est une solution informatique dynamique de calcul du risque. Il permet le ciblage des transactions commerciales à risque et l'orientation des déclarations vers des circuits de dédouanement.

En matière de gestion du risque, le TAME succède au SIAR (Système Informatisé d'Analyse du Risque) que l'Administration des douanes sénégalaise en association avec la COTECNA utilisait depuis 2002 pour l'orientation des déclarations vers un circuit de contrôle (bleu, vert, jaune, orange ou rouge).

L'idée est d'appliquer les méthodes d'analyse du risque utilisées dans de nombreux secteurs (banques, assurances, sécurité...) en les adaptant au contexte douanier. En effet, si l'analyse du risque se retrouve dans tous les secteurs et toutes les organisations, elle nécessite chaque fois une démarche spécifique[550].

Nous convenons avec eux que l'analyse et la gestion du risque grâce à l'utilisation d'outils statistiques et économétriques devraient ainsi pouvoir efficacement contribuer à la modernisation des administrations, et à une meilleure application de la politique fiscale et commerciale.

Par ailleurs, les nouvelles menaces liées à la CTO nécessitent des moyens techniques et des formations adaptées. En effet, la lutte contre la criminalité sous toutes ses formes nécessite des moyens colossaux comme la mise en place de nouvelles unités chargées de la cybercriminalité, l'installation d'unités cynophiles, la spécialisation des

---

[550] GEOURJON Anne-Marie, LAPORTE Bertrand, op.cit., pp. 67- 68. Dans leur article consacré à la gestion des risques, Anne Marie et Bertrand analysent les opportunités offertes par l'économétrie pour cibler efficacement les contrôles douaniers, présentent les différentes expériences menées en Afrique de l'Ouest, et effectuent un premier bilan de cet outil avant de relever les principales conclusions.

agents dans le domaine des contrefaçons, des produits chimiques, du ciblage, du renseignement, etc.

Par conséquent, les capacités des douanes devraient être renforcées afin de mieux sécuriser la chaîne logistique internationale.

Le renforcement et l'adaptation du dispositif institutionnel, organisationnel et statutaire des agents des douanes pourraient aussi contribuer à rendre les administrations douanières plus efficaces.

Paragraphe II : Au plan institutionnel, organisationnel et statutaire

La prise en compte des défis en matière douanière appelle des restructurations ou des réformes administratives institutionnelles qui dépassent le cadre des administrations douanières. Les gouvernements de nos pays doivent aussi opérer des changements allant dans le sens de permettre d'avoir une meilleure vision et favoriser la mise en œuvre rapide et efficace des engagements internationaux dans le cadre de l'OMC et de l'OMD de façon plus spécifique.

Les questions liées aux politiques commerciales, les questions tarifaires, les obstacles au commerce, la mise en œuvre de nombreux accords dans le cadre de l'OMC[551] sont traités par les Ministères chargés du commerce.

---

[551] Voir le site de l'OMC, https://www.wto.org/french/thewto_f/whatis_f/tif_f/ agrm1_f.htm
Les accords de l'OMC régissent les marchandises, les services et la propriété intellectuelle. Ils énoncent les principes de la libéralisation et les exceptions autorisées. Ils reproduisent les engagements pris par chaque pays pour réduire les droits de douane et d'autres obstacles au commerce, et pour ouvrir et maintenir ouverts les marchés de services. Ils définissent les procédures de règlement des différends. Ils prévoient un traitement spécial en faveur des pays en développement. Ils font obligation aux gouvernements d'assurer la transparence de leur politique commerciale en notifiant à l'OMC les lois en vigueur et les mesures adoptées, parallèlement aux rapports périodiques établis par le Secrétariat au sujet des politiques commerciales des pays.
La table des matières de l'ouvrage intitulé « Résultats des Négociations commerciales multilatérales du Cycle d'Uruguay — textes juridiques » est une liste impressionnante de quelque 60 accords, annexes, décisions et mémorandums d'accord. En fait, les accords sont établis suivant une structure simple comprenant six parties : un accord-cadre (l'Accord instituant l'OMC), des accords régissant chacun des trois grands domaines d'échange (marchandises, services et propriété intellectuelle), le règlement des différends et l'examen de la politique commerciale des gouvernements.
Les accords régissant les deux principaux domaines — marchandises et services — sont établis suivant le même schéma ternaire, malgré des différences parfois notables sur les points de détail.

Or, la mise en œuvre de toutes ces questions interpellent en premier chef les administrations douanières qui sont aux frontières et qui apportent leur assistance à diverses autres administrations nationales.

Les Conventions et les Résolutions de l'OMD touchent pour l'essentiel aux questions commerciales. En réalité, à l'heure actuelle, tout le travail des douanes tourne autour de la sécurisation et de la facilitation des échanges internationaux.

Regrouper les douanes et les services du commerce dans un seul ministère pourrait permettre non seulement une meilleure coordination entre administrations, mais aussi le développement de stratégies plus adaptées en matière de contrôles douaniers à la frontière comme à l'intérieur des territoires douaniers. Dans le même sillage, cela pourrait permettre aussi de mieux prendre en charge les aspects financier et technique des réformes par une rationalisation des dépenses.

C'est pourquoi des réflexions approfondies devraient être menées en vue de la fusion des ministères chargés du commerce et des ministères chargés de l'économie et des finances dans les gouvernements.

En ce qui concerne l'aspect organisationnel, des initiatives pourraient être prises. Les administrations douanières pourraient recourir au procédé de la segmentation à l'image des administrations fiscales qui pourrait présenter beaucoup d'avantages. En d'autres termes, il s'agira de différencier, de trier ou de regrouper les usagers en fonction du secteur d'activités, du chiffre d'affaires, des produits importés, des régimes douaniers utilisés, etc.

La création d'un statut d'opérateurs économiques agréés, bénéficiant d'un traitement préférentiel sous forme de procédures allégées, est préconisée par l'OMD et l'OMC pour faciliter les échanges. Plus généralement, définir les principales caractéristiques des opérateurs et les

---

Ils commencent par énoncer des principes généraux : l'Accord général sur les tarifs douaniers et le commerce (GATT) pour les marchandises et l'Accord général sur le commerce des services (AGCS). Il en est de même pour le troisième domaine, les Aspects des droits de propriété intellectuelle qui touchent au commerce (ADPIC). L'Accord ne comporte cependant, pour l'instant, aucune partie additionnelle.
Viennent ensuite les accords complémentaires et annexes contenant des prescriptions spéciales relatives à des secteurs ou questions spécifiques.
Enfin, il y a les listes, longues et détaillées, des engagements contractés par chaque pays pour permettre à des fournisseurs étrangers de marchandises ou de services d'accéder à son marché. Les listes annexées au GATT contiennent des engagements contraignants concernant les droits de douane pour les marchandises d'une manière générale et combinant droits de douane et contingents pour certains produits agricoles.

regrouper en fonction de certains critères s'avèrent essentiels pour une administration afin de mieux adapter les procédures et les contrôles. L'établissement de profils de risque par importateur constitue un outil approprié pour segmenter les opérateurs. Les critères requis pour bénéficier du statut d'opérateur économique agréé vont bien évidemment au-delà des seuls résultats obtenus relativement au risque évalué par la fréquence de fraude qui constitue un critère parmi d'autres. Ces résultats sont également utiles pour établir des listes d'opérateurs à haut risque en complément d'autres critères comme, par exemple, les opérateurs non immatriculés ou ayant un identifiant douteux.

La segmentation des opérateurs permet inversement d'affiner les seuils définis pour l'orientation dans un circuit de contrôle. Les opérateurs agréés ne devraient ainsi pas être contrôlés sinon en fonction d'une orientation purement aléatoire. À l'opposé, les seuils pour orienter les opérateurs les plus risqués en circuit de contrôle physique devraient être très bas, voire nuls en cas de choix en faveur d'un contrôle systématique.

Dans le même ordre d'idées, l'extension des compétences des bureaux douaniers frontaliers terrestres doit être envisagée[552].

L'éloignement des bureaux frontaliers et la spécialisation de certains bureaux qui ont une pleine compétence favorisent des fraudes douanières. L'idée est de permettre le dédouanement de toutes les marchandises aux frontières en réalisant la connexion des bureaux et unités frontalières au système informatique des pays et en installant aussi des scanners fixes et mobiles pour lutter contre certains trafics illicites.

Au plan statutaire, deux aspects méritent d'être retenus : l'importance des syndicats douaniers et l'adaptation des statuts des personnels douaniers.

De façon générale, un syndicat permet la défense des intérêts matériels, moraux et économiques de travailleurs. La lutte pour la reconnaissance des droits syndicaux en Afrique a été longue et acharnée. Après les indépendances, la plupart des pays africains se sont dotés de nouvelles Constitutions qui ont consacré le droit syndical. Les pays ont

[552] Voir pour le Sénégal, la Décision n° 1970 DGD/DRCI/BRD du 26 juin 2018 portant érection des bureaux de douanes de Karang, Keur AYIB, Rosso, Kidira, Moussala, Ziguinchor et Vélingara en bureaux de plein exercice.

aussi adhéré à la Convention 87 de l'OIT[553] qui consacre le droit syndical à tous les travailleurs.

L'analyse de la situation en matière syndicale dans les pays objet de l'étude fait apparaître différents aspects juridiques intéressants.

Le premier constat est la négation du droit syndical aux douaniers sénégalais malgré la clarté de la Constitution et la ratification par le Sénégal de la Convention 87 de l'OIT précitée. Le Conseil Constitutionnel a eu à se prononcer sur la question mais sa décision est contestable sur beaucoup de points[554]. Aucun argument juridique sérieux ne peut légitimer cette interdiction[555]. La question du droit syndical pour les militaires est très complexe même si elle a subi des évolutions. En Europe, la Cour européenne des Droits de l'Homme (CEDH) a eu à se prononcer sur la question dans l'affaire MATTELY contre la France[556].

---

[553] Cette Convention a été adoptée le 9 juillet 1948 et est entrée en vigueur le 4 juillet 1950. Elle vise les relations entre les organisations de travailleurs et d'employeurs d'une part, et les autorités publiques d'autre part. Ladite convention garantit en droit et dans la pratique, la liberté de créer des organisations d'employeurs et de travailleurs. Ce droit repose sur trois principes :

- l'absence de toute distinction quant aux bénéficiaires du droit syndical ;
- l'absence d'autorisation préalable pour constituer des organisations syndicales ;
- le libre choix de l'affiliation à une organisation syndicale.

[554] Décision du Conseil Constitutionnel affaire N° 2/c/2013, Pape Djigdjam DIOP contre l'Etat du Sénégal, par laquelle la juridiction affirme avec des arguments contestables et non fondés en droit que « … l'intérêt général est donc à même de justifier l'interdiction par le législateur du droit de grève et du droit syndical au personnel des douanes ».

[555] Sur ce point, le Dr Malick FAYE dans son ouvrage précité pp.21-22, précise avoir fait le point sur les missions de la douane depuis l'indépendance que « l'accomplissement de ces missions capitales pour l'Etat naissant ne devrait pas être compromis, notamment par une interruption des services de la douane. La militarisation de la douane en 1969 n'a pas occulté un tel aspect parce qu'elle aboutit à anéantir toutes velléités d'actions syndicales ».

Toutefois, la réalité montre que cette loi de 1969 visée est contraire à la Constitution qui consacre la liberté syndicale et précise qu'elle s'exerce conformément aux lois en vigueur.

[556]« L'interdiction absolue des syndicats au sein de l'armée française est contraire à la Convention européenne des droits de l'homme ». Ainsi est présenté, par la Cour européenne, l'arrêt rendu public jeudi 2 octobre dernier dans l'affaire qui opposait à sa hiérarchie un chef d'escadron de gendarmerie, Jean-Hughes MATELLY, dont l'association avait dû fermer en 2008 sur ordre.

Le 19 décembre 2014, le président de la République a annoncé l'élaboration d'un projet de loi accordant aux militaires français un « droit d'association professionnelle adapté à l'état militaire, à l'exclusion de tout droit syndical », conformément aux préconisations du rapport de Bernard Pêcheur remis le 18 décembre.

La Cour Suprême a eu l'occasion de donner son avis mais a suivi le raisonnement du Conseil constitutionnel tout en refusant de faire le contrôle de la conventionalité[557]. Le dossier a été envoyé au niveau de l'OIT après l'épuisement des voies de recours au Sénégal et suite à la plainte déposée par le Syndicat autonome des Impôts et domaines (SAID) et l'AIOD (Amicale des Inspecteurs et Officiers des Douanes) Authentique contre l'Etat du Sénégal pour violation du droit syndical[558]. L'OIT a donné raison aux plaignants[559].

Le Sénégal reste actuellement le seul pays au niveau de l'UEMOA à ne pas disposer d'un syndicat en douane. Pourtant, les fonctions douanières sont aussi importantes que l'éducation, la santé, le commerce ou d'autres secteurs qui disposent de syndicats. En Afrique du Sud,

---

Ce rapport a été demandé à la suite de deux arrêts de la Cour européenne des droits de l'homme (CEDH) du 2 octobre 2014 qui, tout en reconnaissant l'existence de restrictions légitimes dans la liberté d'association des militaires, avaient jugé que les militaires ne pouvaient se voir refuser de manière générale un droit à se regrouper pour la défense de leurs intérêts. Prenant acte de la position de la Cour, le rapport Pêcheur a admis que devait être aménagée la définition d'un nouveau régime juridique autorisant la création et l'adhésion des militaires à des associations professionnelles nationales de militaires, régies par le code de la défense et par la loi du 1er juillet 1901. Ces associations n'auraient pour objet exclusif que la préservation et la promotion des intérêts militaires en ce qui concerne la condition militaire et dans le respect des obligations qui s'imposent aux militaires (interdiction de s'immiscer dans la politique de défense, par exemple). https://www.google.com/amp/s/europe-liberte-securite-justice.org/2015/01/20/la-cour-europeenne-des-droits-de-lhomme-cedh-du-conseil-de-leurope-a-encore-frappe-les-militaires-francais-vers-un-droit-dassociation/amp/ consulté le 04/07/2016.

[557] Arrêts de Ndiaga SOUMARE et de Pape Djigdjam DIOP contre l'Etat du Sénégal.

[558] OIT, cas n° 3209 Sénégal, plainte du 03 mars 2016.

[559] Voir le rapport n° 384 du comité de l'OIT. Au vu des conclusions qui précèdent, le comité demande au Conseil d'administration d'approuver les recommandations suivantes.

a) Le comité invite le gouvernement à prendre les mesures nécessaires pour modifier l'article 8 de la loi n° 69-64 du 30 octobre 1969 portant statut du personnel des douanes afin de supprimer l'interdiction faite au personnel des douanes d'exercer leurs droits syndicaux.

b) Le comité prie le gouvernement de veiller à ce que des procédures de conciliation et d'arbitrage appropriées, impartiales et expéditives soient accordées au personnel des douanes en tant que garanties compensatoires dans la mesure où son droit de grève est dénié ou limité, et de le tenir informé de toutes mesures prises à cet égard.

c) Le comité prie instamment le gouvernement de s'assurer que M. Ndiaga SOUMARE et M. Pape Djigdjam DIOP ne subiront plus de préjudice pour le simple fait de s'exprimer en faveur de la reconnaissance de leurs droits syndicaux et que les recours concernant les mesures prises par les autorités administratives seront résolus en tenant compte de ces recommandations.

l'armée est syndiquée. Même les pays où les libertés publiques ne sont pas toujours une réalité disposent de syndicats en douane (Algérie, Tunisie, Koweït, etc.). Tous les pays démocratiques disposent de syndicats en douane et cette liberté renforce leurs statuts et leurs pouvoirs en leur permettant au moins de pouvoir s'associer et de pouvoir communiquer.

Le deuxième constat est le retrait du droit de grève au Bénin, suite à un long bras de fer avec le gouvernement en 2012 qui a proposé que l'Assemblée nationale du pays vote une loi interdisant la grève des douaniers. La grève est le corollaire du droit syndical ; il s'agit d'un droit même si l'OIT a prévu des possibilités de restrictions dans certaines situations surtout en ce qui concerne certaines catégories de travailleurs[560].

Le constat pour la Côte d'Ivoire est que la liberté syndicale y est garantie et exercée sans soucis majeurs. Le seul problème est que la multiplicité des syndicats et leur division fragilisent l'administration des douanes et ne militent pas pour une défense des intérêts des douaniers.

Les syndicats en douane ont un rôle important à jouer pour la réalisation des objectifs d'intégration et la mise en œuvre plus rapide des réformes douanières. Ce sont des organisations importantes puisqu'elles sont appelées à défendre les intérêts des agents des douanes et des administrations douanières face à toutes les situations.

L'UEMOA a compris leur importance en organisant en 2010 à Niamey le premier forum régional des agents des douanes de l'espace UEMOA. Pendant trois jours, les représentants syndicaux des administrations douanières et les représentants des associations socioprofessionnelles (cas du Sénégal) ont discuté et échangé sur le processus d'intégration, les obstacles tarifaires et non-tarifaires, l'environnement des affaires et le rôle des douanes dans tout ce processus. A l'issue des travaux, des recommandations[561] ont été faites

---

[560] L'article 8 al 2 du Pacte International relatif aux droits économiques, sociaux et culturels précise que « la garantie constitutionnelle du droit de grève n'empêche pas de soumettre à des restrictions légales l'exercice de ce droit par les membres des Forces armées, de la Police ou de la Fonction publique ».

L'OIT dans son 336ème rapport, cas n° 2383, indique que « les fonctionnaires de l'Administration et du pouvoir judiciaire exercent des fonctions d'autorité au nom de l'Etat ; leur droit de recourir à la grève peut faire l'objet de restrictions, telle que la suspension ou l'interdiction ».

[561] A titre d'exemple, la recommandation n° 1 du 1er Forum Régional des Agents des douanes de l'espace UEMOA, tenu à Niamey du 26 au 28 janvier 2010, a retenu la

et un Comité de suivi installé. L'UEMOA continue à financer les activités de ce Forum qui se tient tous les ans.

A notre avis, les syndicats doivent être créés partout pour mieux défendre les douaniers et mieux défendre l'Etat. Le processus de modernisation des douanes pourra être plus accepté avec l'implication des syndicats qui ont un rôle à jouer pour la vulgarisation des réformes, la formation des agents et surtout la lutte contre la corruption.

En ce qui concerne les lois portant statuts des personnels des douanes[562], il convient de signaler d'emblée qu'elles contiennent des dispositions qui régissent la vie administrative de l'agent des douanes depuis son entrée dans le cadre jusqu'à la retraite. L'avancement, la rémunération, les sanctions, les obligations et droits du fonctionnaire y sont édictés de façon précise.

Ces dispositions tiennent compte non seulement des changements constitutionnels mais également des nouvelles pratiques et réalités administratives et sociales. L'évolution administrative et constitutionnelle appelle aussi l'évolution statutaire en matière douanière.

Après les indépendances, la plupart des lois régissant les personnels douaniers comportaient des interdictions et restrictions en matière de liberté d'association, de réunion, en matière syndicale, en matière électorale. Une discrimination était même constatée puisque les femmes par exemple ne pouvaient pas être admises aux concours de recrutement en douane.

Le Sénégal reste le dernier en matière de réforme statutaire douanière ; la loi et les décrets d'application de base sont actuellement inadaptés, anachroniques, obsolètes et dépassés. Le statut aurait pu être revu depuis l'avènement de la Constitution de 2001 qui marque un nouveau tournant dans l'histoire politique et administrative du pays par une consécration réelle des libertés publiques fondamentales et la prise en compte réelle de l'aspect genre.

Pour réussir les réformes, il faut compter sur un personnel douanier motivé, protégé, libre et engagé. C'est pourquoi l'engagement et la

---

nécessité d'institutionnaliser un tel événement entre les agents des douanes des Etats membres de l'Union, afin de doter ceux-ci d'outils essentiels permettant leur bonne participation à l'effort d'intégration régionale prônée par l'UEMOA.

[562]Au Sénégal, c'est la loi n° 69-64 du 30 octobre 1969 relative au statut du personnel des douanes et le Décret n° 69-1373 du 10 décembre 1973 fixant les modalités d'application du statut des douanes qui sont toujours en vigueur.

poursuite des réformes statutaires devraient être aussi une priorité qui interpelle les gouvernements, les parlementaires, les syndicalistes et les acteurs du commerce.

Le renforcement des capacités au plan financier et technique d'une part, et, d'autre part, aux plans institutionnel, organisationnel et statutaire reste un aspect fondamental permettant une plus grande efficacité des douanes. Mais les organisations sous régionales ont aussi un rôle à jouer dans le processus de modernisation des administrations douanières.

SECTION III : LA PROMOTION DU ROLE DES ORGANISATIONS SOUS-REGIONALES DANS LE PROCESSUS DE MODERNISATION DOUANIERE

Le processus d'intégration régionale en Afrique de l'Ouest est marqué par l'existence de deux organisations que sont l'UEMOA et la CEDEAO. Les Traités respectifs qui les créent comportent des dispositions créant un environnement communautaire propice aux échanges commerciaux et à la sécurité de façon générale.

L'intégration des Etats de l'Afrique de l'Ouest est le fruit d'une longue évolution historique. Des mutations juridiques et institutionnelles ont été notées ; la tendance actuelle est le réajustement institutionnel au niveau des organisations précitées et l'approfondissement des enjeux liés à la citoyenneté et à la sécurité[563].

Même si les questions douanières ne sont pas spécifiquement mises en exergue, il faut relever que l'intégration ne peut réussir sans une prise en compte des réalités liées aux règles douanières de façon générale.

L'on ne peut parler de facilitation des échanges, d'union douanière, de TEC, de barrières tarifaires et non tarifaires sans pousser la réflexion sur le rôle des administrations douanières dans ce schéma communautaire. Certes des initiatives existent mais des défis importants demeurent.

Les organisations telles que l'UEMOA (Paragraphe I) et la CEDEAO (Paragraphe II) doivent être des sources de production normative en matière douanière, doivent être de véritables relais de l'OMD comme le fait l'UE, et doivent prendre des initiatives visant à l'application des mesures adaptées au contexte local.

[563] SALL Alioune, op.cit., pp.63-154.

Paragraphe I : L'UEMOA

L'évolution de l'intégration régionale en Afrique de l'Ouest est marquée par des tentatives durant la période coloniale et des expériences d'intégration depuis les indépendances jusqu'en 1994[564].

Les raisons de l'échec des expériences antérieures sont multiples : manque d'autonomie financière, « processus encouragé de l'extérieur », hypothèque politique, coloniale, technique[565].

Le Traité de l'UEMOA signé le 10 janvier 1994 et entré en vigueur le 1er août 1994, a créé une union économique entre les huit (08) Etats membres. Avec l'adoption d'un TEC UEMOA, une union douanière a été mise en place.

Un Code des douanes communautaire fruit d'un Règlement existe depuis 2002. L'objectif est d'harmoniser les législations douanières des Etats membres.

Aujourd'hui, ce Code communautaire est dépassé et il n'est plus adapté au contexte international ; en plus, les dispositions relatives au contentieux douanier ne sont pas harmonisées pour des raisons de souveraineté.

C'est pourquoi il conviendrait de revoir ce Code pour lui permettre de comporter des règles permettant la facilitation des échanges dans l'espace (A).

L'harmonisation de toutes les règles et procédures douanières doit être effectuée conformément aux instruments juridiques internationaux en vigueur et conformément à la situation économique des pays membres (B).

A/ La poursuite des politiques de facilitation des échanges

La création de l'UEMOA est le fruit d'un long processus. C'est une organisation qui a mis en place un ensemble de mécanismes juridiques dans le but de faciliter l'intégration des économies des Etats membres.

L'objectif poursuivi est d'arriver à mettre en place, à terme, une cohérence dans la conduite des politiques économiques nationales, et ceci

---

[564] GUEYE Thiamba, *L'intégration régionale en Afrique de l'Ouest*, thèse de doctorat de droit, Université Panthéon-Assas, avril 2011, pp.17-27.
[565] SALL Alioune, op.cit., pp.15-54.

pour pouvoir assurer un développement social et économique harmonieux dans l'ensemble des Etats de l'Union[566].

D'après l'article 4 du Traité constitutif, l'UEMOA devait développer un espace économique intégré basé sur cinq piliers majeurs :

- le renforcement de la compétitivité des activités économiques et financières des Etats membres dans le cadre d'un marché ouvert et concurrentiel et d'un environnement juridique, rationalisé et harmonisé ;
- l'assurance de la convergence des performances et des politiques économiques des Etats membres par l'institution d'une surveillance multilatérale ;
- la création entre les Etats membres d'un marché commun basé sur la libre circulation des personnes, des biens, des services, des capitaux et le droit d'établissement des personnes exerçant une activité indépendante ou salariée, ainsi que sur un TEC et une politique commerciale commune ;
- la coordination des politiques sectorielles nationales, par la mise en œuvre d'actions communes et éventuellement des politiques communes notamment dans certains domaines (ressources humaines, aménagement du territoire, transports et télécommunications, environnement, agriculture, énergie, industrie et mines) ;
- l'harmonisation, dans la mesure nécessaire au bon fonctionnement du marché commun, des législations des Etats membres et particulièrement du régime de la fiscalité.

En matière d'harmonisation des législations, les Traités ne font pas l'objet d'une grande rigueur terminologique, selon le Pr Alioune SALL. L'harmonisation suppose une purge, une épure des contradictions ou des dissonances entre les réglementations nationales[567].

Poursuivant des objectifs d'ordre économique, l'UEMOA a pu dépasser plusieurs étapes pour la réalisation du marché commun :

- la mise en application en juillet 1996 du régime tarifaire préférentiel par la levée immédiate de toutes les barrières non tarifaires entravant les échanges entre Etats membres, par la libre circulation en franchise de tous droits et taxes, des produits du cru et de l'artisanat ;

[566] GUEYE Thiamba, op.cit., p.57.
[567] SALL Alioune, op.cit., pp. 171-173.

- la mise en œuvre du TEC UEMOA le 1er janvier 2000 et son application avec un taux de droit de douane (20%) et une redevance statistique (1%) ;

- l'harmonisation à un taux de 5% des droits et taxes d'entrée pour les produits industriels originaires non agréés ;

- le désarmement intégral de 100% pour les produits industriels originaires agréés ;

- l'adoption d'un Code des douanes communautaire, fruit d'un Règlement n° 09/2001/CM/UEMOA du 26 novembre 2001.

L'analyse des questions douanières au niveau de l'UEMOA laisse apparaître une certaine prudence, lenteur, voire une certaine négligence de la part des autorités communautaires.

En faisant le point sur les politiques actuelles en matière fiscale, comptable, budgétaire par exemple, l'on constate des progrès notoires : adoption d'un code de transparence dans la gestion des finances publiques, création de comités nationaux de politiques économiques, adoption d'un Indice harmonisé des Prix à la consommation, adoption d'un Pacte de convergence, de stabilité, de croissance et de solidarité, adoption du Système Comptable Ouest Africain ou SYSCOA, de la Gestion axée sur le Résultat appelé GAR, etc.

Comparées à ces politiques qui font l'objet de beaucoup d'attention, les questions douanières sont quelque peu laissées en rade. Déjà, il a fallu six (6) ans après la création de l'UEMOA pour que le Code des douanes communautaire puisse voir le jour.

Pourtant, son importance et son champ d'action ressortent de l'article 1er qui dispose : « la réglementation douanière en vigueur au sein de l'UEMOA est constituée par le présent Code et les dispositions légales ou réglementaires édictées pour son application par les instances communautaires, ou par les instances nationales ». A l'article 3, il est mentionné ceci : « Sans préjudice des dispositions particulières édictées dans d'autres domaines, le présent Code s'applique aux échanges entre les États membres de l'Union et aux échanges entre l'Union et les pays tiers ».

Ensuite, le Code a été calqué presque sur le modèle de l'ancien Code des douanes du Sénégal qui datait de 1987 et comportait des règles entièrement copiées du Code douanier français.

Par ailleurs, il faut relever que le Code de l'UEMOA comporte actuellement des insuffisances : dispositions trop générales, notions importantes non définies (importation, exportation, réexportation), régimes douaniers peu adaptés, non prise en compte de la dimension sécuritaire, inexistence des règles concernant le partenariat avec le secteur privé…).

En outre, en cas de contrariété avec des règles objet de conventions internationales, ses dispositions ne sont pas appliquées. En effet, l'art 4 précise : « Sauf dispositions contraires adoptées dans le cadre des conventions internationales, la réglementation douanière communautaire s'applique uniformément dans l'ensemble du territoire douanier de l'Union ».

Les dispositions contenues dans le Code communautaire sont aujourd'hui dépassées dans la mesure où elles ne prennent pas en compte les aspects liés au commerce électronique, à la facilitation des échanges et à la criminalité transnationale organisée.

La preuve est que tous les pays objet de l'étude ont entrepris la réforme de leurs Codes douaniers depuis quelques années.

Vu l'importance de l'UEMOA dans le processus d'intégration régionale en Afrique de l'Ouest, les questions douanières doivent être aussi une priorité. L'UEMOA doit être un lieu de production normative douanière sur beaucoup d'aspects. Ceci permettra de donner la place qu'il faut aux administrations des douanes dans le processus d'intégration[568] comme en Europe.

La participation de l'UEMOA aux activités de l'OMD en tant qu'observateur doit évoluer. L'UEMOA pourrait à l'instar de l'UE mettre en œuvre plus facilement des programmes douaniers en vue de

[568] En Europe, le rôle des douanes dans le processus d'intégration a fait l'objet de plusieurs ouvrages et études ; voir JACQUEMART C., *La nouvelle douane européenne*, éditions Jupiter, 1998 ; NATAREL E., « Le rôle de la douane dans les relations commerciales internationales », I*TCIS*, 2006 ; NATAREL Elisabeth, *Construction communautaire et mutations du droit national : le Code des douanes français en question*, Université de Grenoble, PUAM, 2004 ; JEANNARD Sébastien, *Les transformations de l'ordonnancement juridique douanier en France* », Université Paris 1, 2010, LGDJ, Bibliothèque Finances publiques et fiscalité, t.52, 2011 ; NATAREL E., « Construction communautaire et mutations du droit national », *Presses universitaires d'Aix-en- Provence*, 2004, Centre d'études fiscales ; NATAREL E., « Le phénomène douanier dans le marché intérieur », *RAE*, n°4, 2005, pp.637-646 ; NATAREL E., « Pour une modernisation de l'encadrement juridique de nos échanges commerciaux : l'indispensable réforme du Code des douanes français », *RTD* com., 2008, p. 485 ; SOULARD C, « L'application du droit communautaire par la chambre criminelle de la Cour de cassation », *Gazette du Pal*ais, Recueil 2000, p.1991.

poursuivre les objectifs de facilitation des échanges conformément aux objectifs fixés dans le Traité.

La situation est différente en Europe ; en effet, l'UE a édicté des Règlements [569] en vue d'une application uniforme de la législation douanière dans le territoire douanier de l'Union. Des mécanismes de surveillance de l'application desdits Règlements existent également.

La poursuite des politiques de facilitation des échanges dans l'espace UEMOA reste nécessaire. Par ailleurs, il convient aussi de procéder à l'harmonisation des règles et procédures douanières.

B/ <u>L'harmonisation de la totalité des règles et procédures douanières</u>

Le Code des douanes de l'UEMOA comporte des dispositions concernant l'organisation et le fonctionnement des services douaniers, les procédures de dédouanement, les régimes douaniers et les procédures spéciales ou particulières.

En matière douanière, des règles spécifiques sont prévues pour prendre en compte le volet contentieux ; autrement dit, les codes douaniers contiennent des règles qui régissent les procédures en cas de commission d'une infraction douanière. Ces règles définissent l'infraction douanière, prévoient les formalités pour la rédaction des procès-verbaux, les règles concernant les poursuites, la prescription, la transaction, les procédures devant les juridictions, les compétences des tribunaux en matière douanière, les sûretés, les voies d'exécution, la responsabilité civile et pénale des acteurs, les recours offerts, etc.

Pour des raisons liées à la souveraineté, les Etats membres ont choisi de ne pas harmoniser le contentieux douanier ; il revient à chaque pays d'appliquer les dispositions nationales en matière répressive. C'est le même schéma qu'on retrouve au niveau de l'UE où il existe un Code des douanes communautaire et des codes nationaux coexistant dans le même espace.

Tenant compte de la montée de la criminalité, des priorités de lutte contre certains trafics spécifiquement, l'harmonisation des règles contentieuses pourrait aider dans la sécurisation en matière douanière au niveau de l'UEMOA. Des dispositions pourront être prises pour faciliter cette démarche qui aura l'avantage d'être une solution au problème de

[569] HYEANS Andy, op.cit., pp.251-258.

l'insuffisance de la coopération et de l'entraide entre Etats dans certains domaines sensibles comme la justice et la sécurité.

Par ailleurs, une prévisibilité, une clarté des règles douanières, une bonne communication et un réel partenariat avec les acteurs du commerce permettent d'éviter et de limiter le contentieux douanier.

Le Traité de l'UEMOA prévoit l'harmonisation, dans la mesure nécessaire au bon fonctionnement du marché commun, des législations des Etats membres et particulièrement du régime de la fiscalité[570].

Les questions de sécurité constituent aussi un impératif et sont indispensables pour le bon fonctionnement de l'Union au même titre que la fiscalité ou d'autres domaines. Le développement de la criminalité et la nécessité de trouver un cadre de lutte approprié doivent pousser les Etats membres à dépasser les antagonismes injustifiés et les égoïsmes dépassés pour permettre l'harmonisation de toutes les règles douanières au niveau communautaire. La prise en charge de certaines priorités douanières, en Afrique de l'Ouest notamment, ne peut être faite par un seul Etat, quelles que soient ses possibilités ; seule l'union pourrait permettre d'arriver à des résultats probants.

L'UEMOA devrait davantage intégrer les questions douanières pour mieux atteindre l'objectif de l'intégration économique des Etats membres. Il en est de même de la CEDEAO.

Paragraphe II : La CEDEAO

Comme l'UEMOA, la CEDEAO est une organisation sous-régionale qui a réalisé des pas importants pour l'intégration. En matière douanière, la prise en compte de la dimension sécuritaire est un impératif (A) ; en effet, la CKR et le Cadre SAFE de l'OMD comportent des règles visant à sécuriser et à faciliter les transactions commerciales licites et à prévenir la criminalité.

Des progrès notoires ont été relevés après la mise en place du TEC de la CEDEAO même s'il existe encore des difficultés d'application. La monnaie commune n'existe pas encore.

Pour la réalisation d'une véritable intégration, l'adoption d'un Code des douanes de la CEDEAO devrait être envisagée (B).

---

570 Article 4 précité du Traité de l'UEMOA.

A /La prise en compte de la dimension sécuritaire en matière douanière

Le Traité de la CEDEAO révisé en 1993 a pris en compte la dimension sécuritaire dans le développement économique en Afrique de l'Ouest. La CEDEAO a inscrit la sécurité dans ses préoccupations et ceci constitue une innovation[571].

Selon l'article 58 alinéa 1 du Traité, « les Etats membres s'engagent à œuvrer à la préservation et au renforcement des relations propices au maintien de la paix, de la stabilité de la sécurité dans la région ».

Les questions sécuritaires font l'objet d'une attention particulière dans toutes les organisations d'intégration comme la CEDEAO et dans les organisations intergouvernementales comme l'OMD qui propose des stratégies et des orientations en matière douanière pour prendre en charge cet aspect. Sans sécurité, il ne peut y avoir d'échanges commerciaux sécurisés et donc pas d'intégration.

L'OMD recommande à ses membres et aux autres organisations internationales compétentes de lutter contre la fraude par la coopération, la mise en place de stratégies communes nationales, l'échange de renseignements, la participation de la douane aux réunions internationales concernant la lutte contre la fraude[572].

En matière douanière, la CEDEAO a pris tout de même certaines initiatives dans le domaine sécuritaire ; on peut citer l'adoption de la Convention d'assistance mutuelle administrative en matière douanière signée par les Etats membres de la CEDEAO à Cotonou le 29 mai 1982 et objet du Protocole A/P5/5/82 ; celle-ci fait référence aux articles 12 et 26 du Traité de 1975 relatifs aux échanges commerciaux. La Convention comprend 8 chapitres avec 32 articles qui traitent des modalités d'exercice de l'assistance mutuelle administrative.

Seulement, il faut relever que les dispositions de cette Convention sont un peu anciennes et le contexte sous-régional a évolué. En effet, la criminalité organisée s'est développée avec l'internet et l'évolution des nouvelles technologies de l'information et de la communication.

Le commerce électronique et les règles au niveau de l'OMC ont aussi évolué, ce qui implique une autre prise en charge en matière douanière.

---

[571] SALL Alioune, op.cit., pp.138-139.

[572] Recommandation de l'OMD concernant la criminalité transnationale organisée (CTO) sur le site www.wcoomd.org

Par ailleurs, au niveau multilatéral, les APE ont été signés avec l'UE. Tous ces changements vont forcément bouleverser les règles contenues dans la Convention, avec des dispositions à adapter ou à réformer pour mieux prendre en charge cette assistance administrative.

C'est le Conseil des Ministres qui est chargé de veiller à l'application de la Convention[573] ; il peut proposer des projets d'amendements, émettre des avis pour l'interprétation de la Convention ; « il peut prendre toute mesure susceptible de contribuer à la réalisation des buts généraux de la Convention… ».

Les prérogatives et les perspectives concernant l'application de la Convention sont bien définies. Seulement, celle-ci n'a jamais fait l'objet d'un amendement depuis son entrée en vigueur, ce qui peut laisser croire que son application pose problème.

La révision de la Convention d'assistance mutuelle administrative en matière douanière du 29 mai 1982 (Protocole A/P5/5/82) pourrait ainsi permettre d'intégrer les règles du Cadre SAFE, qui contient un ensemble de règles à mettre en œuvre dans le domaine de la sécurisation des échanges commerciaux. Etant donné que tous les pays membres de la CEDEAO ont adhéré au Cadre de normes SAFE, les règles douanières pourraient être mieux adaptées au contexte sous-régional et pourraient tenir compte des contextes nationaux.

Au niveau institutionnel, les organes de la CEDEAO ont évolué entre temps avec la création d'un organe intégré qu'est la Commission de la CEDEAO qui marque une certaine spécialisation et une volonté de mieux assurer la défense de l'intérêt communautaire[574].

La Commission de la CEDAO pourrait superviser la mise en œuvre des réformes nécessaires en matière douanière comme c'est le cas pour l'UE.

LA CEDEAO devrait mieux prendre en compte la dimension sécuritaire en matière douanière. L'idée d'un Code des douanes communautaire devrait être concrétisée aussi.

---

573 Article 30 du Chapitre VII de la Convention d'assistance mutuelle administrative en matière douanière.

574 SALL Alioune, op.cit., pp.80-83.

B/ <u>Vers un Code des douanes communautaire</u> ?

La même remarque concernant la négligence ou la lenteur de la prise en charge des questions douanières par l'UEMOA peut être faite concernant la CEDEAO.

A notre avis, celle-ci est très lente en matière d'initiative, de mise en œuvre et d'application concernant la matière douanière. Elle est obligée de ce fait de copier sur l'UEMOA qui est en avance tout de même par rapport à l'union douanière.

Actuellement, il n'existe pas de Code communautaire au niveau de la CEDEAO alors que le Traité date de 1975 et sa révision a été faite en 1993.

Le TEC de la CEDEAO est entré en vigueur le 1er janvier 2015 et a créé les conditions d'un schéma de libéralisation des échanges au niveau communautaire. Un long processus a permis d'y parvenir[575] et des mécanismes de protection ont été créés[576].

Le TEC CEDEAO est composé d'une Nomenclature Tarifaire Spéciale (5899 lignes tarifaires), d'un tableau des droits et taxes et de six (06) textes réglementaires d'accompagnement[577].

Les marchandises sont classées en cinq (05) catégories :

- 0%: 85 lignes tarifaires ;
- 5%: 2146 lignes tarifaires ;
- 10%: 1373 lignes tarifaires ;
- 20%: 2165 lignes tarifaires ;
- 35%: 130 lignes tarifaires.

---

[575] Le TEC a été adopté par Décision n° A/DEC.17/01/06 de la 29ème session de la CCEG tenue à Niamey le 12 janvier 2006. Les Chefs d'Etats ont décidé d'aligner le TEC CEDEAO sur celui de l'UEMOA et un Comité conjoint CEDEAO - UEMOA de Gestion du TEC a été mis en place par Décision n° A/DEC.14/01/2006.
Au total, 12 réunions du CCGTEC ont permis d'avoir le TEC final validé lors de la conférence extraordinaire des Chefs d'Etats et de Gouvernements de Dakar, le 25 octobre 2013, pour entrer en vigueur le 1er janvier 2015.

[576] Le dispositif de protection du TEC est applicable aux marchandises originaires des pays tiers pendant 05 ans sur au plus 3% des lignes tarifaires. Il comprend la Taxe d'Ajustement à l'Importation (TAI) et la Taxe complémentaire de Protection (TCP) et est institué par le Règlement C/REG.1/09/13 sur certaines marchandises pour la mise en œuvre du TEC de la CEDEAO.

[577] Source : document de la Direction de la Réglementation et de la Coopération Internationale, Bureau de la Nomenclature et de la Fiscalité, avril 2015.

Non seulement il a fallu du temps pour créer un TEC de la CEDEAO, mais des difficultés d'application persistent encore.

La création d'une monnaie commune est un projet qui n'arrive toujours pas à voir le jour du fait de nombreux problèmes (pressions des pays colonisateurs, manipulation de certains chefs d'Etats, problème d'ego, choix de la monnaie, respect des délais, etc.).

Un Code des douanes communautaire devrait voir le jour pour parachever le processus pour la création d'un marché commun où la libre circulation des personnes, des biens, des services et des capitaux serait une réalité.

Ce processus doit commencer par une implication des Chefs d'Etat et de Gouvernements qui pourront donner l'élan et fixer des objectifs et des délais pour des règles douanières harmonisées. Quel que soit l'instrument utilisé (règlement ou directive), l'essentiel est d'y parvenir dans un moyen terme après avoir réglé les préalables comme l'application effective du TEC, la création d'une monnaie unique et la levée des obstacles non-tarifaires au niveau de la CEDEAO.

Un Projet de Code des douanes est en gestation à l'heure actuelle[578].

A terme, la CEDEAO pourrait jouer comme l'UE[579] un rôle moteur en participant aux travaux de l'OMD et en prenant des initiatives allant dans le sens d'une harmonisation des législations douanières, en conformité avec les nouvelles réalités et bonnes pratiques internationales, en adéquation avec les objectifs communautaires visés par le Traité et en fonction des réalités nationales et des priorités.

En résumé, les réformes douanières doivent être poursuivies conformément aux engagements des Etats. Ainsi, la prise en compte du contexte local africain s'avère d'abord nécessaire afin de mieux assurer l'application des règles douanières. Ensuite, les pouvoirs des administrations douanières devraient être renforcés pour leur permettre d'être plus autonomes et efficaces.

---

[578] Source : document de la DRCI reçu en octobre 2018 relatif aux travaux d'avancement du Code des douanes de la CEDEAO.

[579] HYEANS Andy, op.cit., pp. 251-258. La liste des Règlements de la Commission européenne, du Conseil et du Parlement européen y est mentionnée ; elle comprend notamment les Règlements concernant le statut de l'OEA, l'amendement sûreté-sécurité, le Code des douanes communautaire et ses dispositions d'application.

Le droit douanier en Afrique de l'Ouest doit être dynamique, moderne et plus adapté afin de pouvoir bien être au service des économies et des populations. La qualité des règles et des pratiques douanières devrait être recherchée.

TITRE II

LA PROMOTION DE NOUVELLES REGLES ET PRATIQUES DE QUALITE

Le droit douanier reste marqué par la diversité de ses normes issues des instruments juridiques internationaux. Les réformes publiques entreprises sont fortement encouragées par les organisations internationales qui s'occupent des questions commerciales, douanières, maritimes, environnementales, etc.

Le droit douanier doit évoluer et tenir compte des changements et bouleversements à l'échelle internationale et communautaire.

Les instruments tels que la CKR et le Cadre SAFE sont t-ils adaptées aux réalités de nos pays ? Les règles tiennent-elles compte de l'évolution du commerce électronique, du commerce des services ? Ne faudrait-t-il pas simplifier les règles douanières en instaurant des dispositions communes au niveau communautaire ?

A notre avis, il est temps de procéder à une adaptation des règles en matière douanière de façon quantitative non seulement pour prendre en considération toutes les règles et pratiques contenues dans les conventions et instruments juridiques au plan international, mais aussi et surtout, pour prendre en compte de façon spécifique les dispositions contenues dans les traités de la CEDEAO, de l'UEMOA, de l'OHADA, qui ont un impact réel sur le processus de développement économique des Etats. Il s'agira en définitive de faire du droit douanier un « instrument pertinent d'émergence de nos économies ».

Les questions sécuritaires et commerciales ainsi que l'évolution des nouvelles technologies nécessitent un réajustement ou l'adoption d'un nouveau cadre juridique approprié (Chapitre I) et qualitatif (Chapitre II).

CHAPITRE I

LA MISE EN PLACE D'UN CADRE JURIDIQUE INTERNATIONAL AFRICAIN APPROPRIE ET CONTRAIGNANT

Le constat est que l'on a assisté à une « expansion normative » entraînée par la transformation du droit international.

L'intensification des relations internationales, la prise de conscience des interdépendances ont plus favorisé le progrès quantitatif du droit international que le développement des organisations internationales[580].

De façon générale, en droit international, l'accent est mis aujourd'hui sur les problèmes de développement économique, les problèmes commerciaux, les problèmes de sécurité, d'environnement…

Les préoccupations actuelles du droit international entraînent un infléchissement ou des compléments à diverses branches du droit international.

Le droit international de l'économie n'échappe point à cette règle ; le droit douanier gardant aussi ses particularités, aussi bien en matière non contentieuse qu'en matière contentieuse, reste influencé par les nouvelles données internationales. L'importance des enjeux en matière douanière, ainsi que les objectifs principaux que sont la sécurisation et la facilitation des échanges, permettent de mesurer les défis.

Le choix d'un instrument juridique contraignant comme la convention constituera un atout même si la pratique actuelle des Etats révèle une nette tendance à recourir à des instruments juridiques peu contraignants comme les recommandations, les accords informels, les engagements sous conditions, « les codes de conduite » qui permettent une coopération étatique tout en ménageant la souveraineté[581].

A notre avis, deux défis sont à relever : celui de l'adaptation des règles douanières (A) et celui de la facilitation pour leur mise en œuvre ou application concrète.

---

[580] DAILLIER P., FORTEAU M. et PELLET A., op.cit., pp. 83-85.
[581] Idem, pp.85-86.

SECTION I : LE DEFI DE L'ADAPTATION DES REGLES DOUANIERES

Pour espérer des résultats probants, il convient de créer des règles douanières adaptées. L'enjeu est important et justifie une nouvelle démarche et une autre conception des règles douanières. Ce défi est justifié (Paragraphe I) du fait de certaines faiblesses de l'environnement communautaire.

Ainsi, la nouvelle Convention devra élargir son champ d'application et son régime pour plus d'efficacité dans l'application (Paragraphe II).

Paragraphe I : Justifications

Envisager l'adoption d'une nouvelle convention au niveau sous-régional ouest africain en matière douanière ne serait pas superflu ni injustifié. Ainsi, le rôle de certaines organisations comme l'OMC et l'OMD (A), l'évolution du droit international et du droit communautaire (B), le renforcement du régionalisme ouest africain (C) justifient un changement de perception et d'actions.

A/ Justifications inhérentes au rôle de certaines organisations internationales

L'OMC fait partie des organisations internationales qui secrètent des normes et règles devant être appliquées ou mises en œuvre par les administrations douanières.

La création de l'OMC est la garantie d'un renforcement du droit dans les relations internationales. L'instauration d'un système de règlement des différends et l'adoption du principe de l'engagement unique permettent de constituer un bloc de règles juridiques qui confère plus de prévisibilité aux échanges commerciaux[582].

L'OMC se veut « un forum permanent de négociations », selon le Dr Abdourahmane DIOUF[583].

---

582 DIOUF Abdourahmane, *L'Afrique et le droit à la différence dans les négociations commerciales internationales*, Paris, L'Harmattan, 2015, p.19.

583 Monsieur Abdourahmane DIOUF est docteur d'Etat en droit. Il a été Directeur du Programme Afrique, avant d'être le Directeur du Programme sur les Accords de Partenariat Economique (APE) et le Régionalisme au Centre international pour le commerce et le développement durable (ICTSD) basé à Genève. Il a rédigé plusieurs articles et présenté des communications sur les négociations commerciales internationales. Il est juriste de formation et diplômé des Universités de Saint -Louis, de Genève et de Berne.

L'OMC a succédé au GATT[584] qui a eu des résultats mitigés par rapport à ses objectifs. D'après le Pr Thomas COTTIER, les Etats africains ont été réticents à s'intégrer du fait du passé colonial, de la dépendance à l'égard des recettes tarifaires, du fait des politiques de substitution aux importations et à la crainte d'être les grands perdants dans des conditions d'échanges commerciaux régies par la non-discrimination.

Beaucoup de changements ont eu lieu après l'instauration de l'OMC surtout pour les pays africains qui tardent à s'insérer correctement dans le commerce mondial. Selon certains spécialistes, les piliers juridiques du GATT sont maintenus dans l'OMC : affirmation de la non-discrimination par l'instauration de la clause de la Nation la plus favorisée et du traitement national, prohibition des restrictions quantitatives, réglementation des mesures de soutien interne et des subventions, tarification des droits de douane, élimination des barrières non-tarifaires, champ d'application étendu à l'agriculture, aux services et à la propriété intellectuelle, instauration du principe un membre/ une voix en lieu et place du système de la pondération[585].

Ainsi, « l'ensemble donne une OMC qui semble se positionner comme Institution de référence censée réguler les échanges commerciaux par le droit ... L'OMC insuffle un espoir d'une gouvernance commerciale plus juste, plus équitable et plus proche des préoccupations des pays en développement [586] ».

L'OMC traite des questions concernant la facilitation des échanges commerciaux qui implique l'intervention ou le contrôle des services douaniers au niveau des frontières. La coopération douanière est nécessaire pour la mise en œuvre des règles internationales élaborées au niveau de l'OMC.

En matière douanière, les principaux éléments sur lesquels s'exerce le contrôle au moment du franchissement des marchandises aux frontières sont : la valeur en douane, l'espèce tarifaire, l'origine et le poids. Ces éléments sont bien réglementés par des instruments internationaux qui

[584] ILLY Ousseni, *L'OMC et le régionalisme : le régionalisme africain*, Bruxelles, LARCIER, 2012, pp.88-115 ; l'auteur précise le cadre juridique du régionalisme à l'OMC en spécifiant le droit commun et les régimes spéciaux. L'historique du GATT ainsi que l'union douanière, la zone de libre-échange et les accords provisoires y sont développés.

[585] DIOUF Abdourahmane, op.cit., p.19.

[586] Idem, p.19.

fixent les conditions dans lesquelles ils s'appliquent et les conditions du contrôle douanier.

La question de l'espèce tarifaire est prise en charge par la Convention de l'OMD sur le Système harmonisé de désignation et de codification des marchandises ; des règles d'interprétation générales ainsi qu'un Comité ont été créés à cet effet. L'espèce d'une marchandise est la dénomination qui lui est attribuée par le tarif des douanes, et il permet le classement des marchandises selon des critères bien définis.

Pour la valeur, elle fait l'objet au niveau de l'OMC d'un Accord sur l'évaluation en douane. Dénommé « Accord sur la Mise en œuvre de l'Article VII de l'Accord Général sur les Tarifs douaniers et le Commerce de 1994 », il comprend quatre (04) parties et vingt-quatre (24) articles. Dans le préambule, les membres s'appuient sur les négociations commerciales multilatérales et sont « *désireux* de favoriser la réalisation des objectifs du GATT de 1994 et d'assurer des avantages supplémentaires au commerce international des pays en développement ». La volonté affichée est de permettre une plus grande implication des membres par la mise en place de mesures d'évaluation en douane dont la mise en œuvre concertée et consensuelle permettra le développement et la facilitation des échanges.

Dans le préambule toujours, les membres de l'OMC affirment leur détermination en :

- reconnaissant l'importance des dispositions de l'article VII du GATT de 1994 et sont désireux d'élaborer des règles pour leur application en vue d'assurer plus d'uniformité et de certitude dans leur mise en œuvre,

- reconnaissant la nécessité d'un système équitable, uniforme et neutre d'évaluation en douane des marchandises, qui exclut l'utilisation de valeurs en douane arbitraires ou fictives,

- reconnaissant que la base de l'évaluation en douane des marchandises devrait, dans toute la mesure du possible, être la valeur transactionnelle des marchandises à évaluer,

- reconnaissant que la valeur en douane devrait être établie selon des critères simples et équitables, compatibles avec la pratique commerciale, et que les procédures d'évaluation devraient être d'application générale, sans distinction entre sources d'approvisionnement,

- reconnaissant que les procédures d'évaluation ne devraient pas être utilisées pour combattre le dumping.

La mise en œuvre de cet Accord requiert l'établissement d'un cadre législatif et réglementaire, un mécanisme de vérification judiciaire, des procédures administratives, des structures organisationnelles et des formations[587].

L'application sur le terrain pose de sérieuses difficultés aux administrations des douanes. La fraude basée sur les pratiques de faux documents fait qu'il est difficile de se fonder sur la valeur transactionnelle qui repose normalement sur des factures correctes présentées par les usagers.

C'est la raison pour laquelle le Comité de l'évaluation en douane, sur invitation des Ministres des pays membres de l'OMC, a reconnu que « l'administration des douanes peut s'occuper de cas où elle a des raisons de douter de la véracité ou de l'exactitude des renseignements ou des documents fournis par les négociants à l'appui de la valeur déclarée mais précise que celle-ci ne devrait pas porter préjudice aux intérêts commerciaux légitimes des négociants[588].

Nous avons aussi les règles d'origine qui sont importantes d'un point de vue commercial et douanier. La détermination du pays d'origine des produits importés est nécessaire pour l'application des mesures principales de la réglementation des échanges comme les droits de douane, les quotas, les droits compensateurs et antidumping et des mesures de sauvegarde. Elle est importante pour l'étiquetage, les marchés publics et les statistiques. Ainsi, les pays qui permettent aux importations de certains de leurs partenaires commerciaux d'avoir un accès libre ou des droits de douane réduits appliquent un ensemble de règles d'origine préférentielles afin de déterminer les produits éligibles pour des préférences tarifaires. Les Codes douaniers précisent qu' « à l'importation, les droits de douane sont perçus suivant l'origine des marchandises[589] ».

Les règles d'origine préférentielle sont des parties intégrantes d'accords commerciaux préférentiels comme les accords de libre-

[587] GOORMAN Adrien et DE WULF Luc, « Evaluation en douane dans les pays en développement et les règles sur l'évaluation en douane de l'OMC », in *Manuel de modernisation douanière*, pp. 189-190.

[588] Préambule de la Décision relative aux cas où les douanes ont des raisons de douter de la véracité ou de l'exactitude de la valeur déclarée.

[589] Article 17 du Code des douanes du Sénégal par exemple ; l'article 12 du Code des douanes du Bénin.

échange bilatéraux ou régionaux ou les préférences non réciproques accordées par les pays industrialisés aux pays en développement[590].

Les règles de détermination de l'origine communautaire sont fixées par des dispositions communautaires[591]. Mais des règles particulières de détermination de l'origine peuvent être fixées par des conventions et accords internationaux ; c'est le cas avec les règles de l'OMC.

La coopération douanière et l'assistance administrative mutuelle peuvent jouer un rôle prépondérant dans la facilitation du commerce, du fait qu'elles constituent un élément principal de contrôle qui permet aux administrations douanières d'appliquer des règlements internationaux.

L'un des objectifs de l'Organisation mondiale des douanes et de l'Accord de l'OMC sur la facilitation des échanges (AFE) est d'élaborer des dispositions, des normes et des pratiques de référence pour une coopération effective entre les autorités douanières ou toute autre autorité compétente en matière de facilitation du commerce et sur les questions relatives au respect des procédures douanières.

L'autre objectif est de clarifier et d'améliorer les aspects pertinents des articles V, VIII et X du GATT de 1994, et d'accroitre l'assistance technique et le soutien pour le renforcement des capacités des pays membres dans le domaine de la facilitation des échanges. Au plan international, la coopération douanière vise à améliorer le contrôle des flux commerciaux et l'application des lois et règlements en vigueur par l'échange de renseignements sur les aspects douaniers tels que les données figurant sur les déclarations d'exportation et d'importation, les informations concernant le négociant et les renseignements liés à l'origine et à l'évaluation. Ces échanges de données constituent à présent un des éléments essentiels de l'AFE.

Avec l'Accord sur la facilitation des échanges[592], les Membres de l'OMC ont établi un nouveau cadre juridique de réformes sur la facilitation des échanges.

L'AFE repose sur trois grandes sections.

La **section I** contient les obligations de fond, y compris, entre autres, les obligations en matière de publication et d'accès aux renseignements

---

590 BRENTON Paul et IMAGAWA Hiroshi, « Règles d'origine, commerce et douane », *in Manuel de modernisation douanière,* pp. 195-227.

591 C'est le cas de l'UEMOA qui a édicté des règles permettant de mettre en œuvre le schéma de libéralisation des échanges au sein de la communauté.

592 Voir l'AFE sur le site web de l'OMC www.wto.org.

commerciaux, les procédures de recours, la simplification des procédures commerciales et des processus de dédouanement des marchandises, la coopération entre les organismes, ainsi que la coopération douanière transfrontalière.

La **section II** énonce les dispositions relatives au traitement spécial et différencié pour les pays membres en développement et les pays membres les moins avancés ainsi qu'en matière de fourniture d'assistance technique et de renforcement des capacités.

La **section III** traite des dispositions institutionnelles ainsi que des dispositions finales, telles que la relation avec les autres Accords de l'OMC et le processus d'adhésion des Membres à l'Accord après son entrée en vigueur.

L'Accord sur la facilitation des échanges est le fruit d'un long processus de négociations. La majorité des pays en développement membres se sont ralliés aux négociations après l'introduction d'engagements qui leur assuraient la prise en compte, dans le cadre de la mise en œuvre de l'accord, de leurs contraintes en matière de ressources et de leurs besoins spécifiques[593].

L'accord est l'aboutissement d'un long processus de négociations qui s'est ouvert lors de la première Conférence ministérielle de l'OMC à Singapour en 1996 afin que la question de la facilitation des échanges soit inscrite à l'ordre du jour du Cycle des négociations multilatérales sur les échanges de Doha en 2001.

Le processus de négociations sur la facilitation des échanges a débuté en août 2004 et avait pour objectifs :

- de clarifier et d'améliorer les aspects pertinents des Article V, Article VIII, et Article X du GATT en vue d'accélérer encore le mouvement, la mainlevée et le dédouanement des marchandises,

- d'élaborer des dispositions pour une coopération efficace entre les douanes et les autres organismes dans le domaine de la facilitation du commerce et des questions de conformité douanière, et

- d'accroître l'assistance technique et le renforcement des capacités dans ce domaine.

L'Accord sur la facilitation des échanges est le seul nouvel accord qui a découlé du Cycle de négociations de Doha.

---

593 Voir le site web de l'OMC www.wto.org.

L'article 12 de l'AFE traite de toutes les composantes nécessaires à ces échanges de renseignements, notamment la nécessité pour le pays membre demandeur de vérifier sa demande, de protéger les données échangées et d'assurer la confidentialité des échanges de données ainsi que le principe de la réciprocité dans les échanges.

L'AFE de l'OMC fait également référence aux accords d'assistance administrative mutuelle aux plans bilatéral et régional, qui demeurent le principal instrument dont disposent les pouvoirs publics et les administrations douanières pour réaliser la coopération. La coopération douanière s'effectue également au niveau international par le biais de l'Organisation mondiale des douanes en établissant des normes douanières internationales et des procédures harmonisées et en offrant une formation et une assistance technique dans le cadre du renforcement des capacités des douanes à utiliser ces nouveaux instruments.

En matière commerciale et au niveau des négociations commerciales, la place de l'Afrique n'est pas enviable comparée à d'autres continents[594]. Contrairement à l'Europe, l'Afrique ne dispose pas d'une institution faitière qui pourrait la représenter à l'OMC et dans les autres institutions de négociations internationales. Mais il existe des solidarités géographique, historique et économique liées au niveau de vie et à un poids commercial insignifiant. La plupart des pays africains sont dans la catégorie des pays en développement ou des pays les moins avancés. Ils font tous face aux mêmes difficultés d'intégration dans le système commercial multilatéral et ont les mêmes attentes[595].

Pour l'OMD, la facilitation des échanges consiste à éviter les restrictions commerciales inutiles. L'OMD fait valoir que cela ne peut être réalisé qu'en appliquant des techniques et technologies modernes, tout en améliorant la qualité des contrôles de manière harmonisée au niveau international.

Les règles et normes produites en matière douanière sont nombreuses et disparates ; elles pourraient être prises en charge au niveau communautaire par une nouvelle convention qui centralisera toutes les questions liées à la facilitation, à la sécurisation des échanges commerciaux régionaux.

---

[594] DIOUF Abdourahmane, op.cit., pp. 22-23.
[595] Idem, p.23.

La multiplication des accords commerciaux[596] conclus par les pays membres de l'OMC tend à rendre la tâche plus compliquée pour les administrations douanières chargées de l'application aux frontières.

L'équilibre des règles douanières consistera à intégrer toutes les questions faisant l'objet d'une attention particulière au niveau des instances internationales (OMC, UEMOA) mais aussi à tenir compte des spécificités internes des pays africains en prenant en compte les autres questions des organisations régionales (sécurité, paix, libre circulation des personnes et des biens), des autres organisations traitant de questions relatives aux affaires et aux investissements comme l'OHADA.

L'idée ici est d'avoir un corpus de règles issues des instruments internationaux mais faisant l'objet d'une appropriation par une organisation régionale comme la CEDEAO qui pourra être un relais et un « gardien » de l'application de ce condensé de règles douanières devant s'appliquer dans le territoire de la communauté de façon harmonieuse.

L'histoire révèle que l'application des traités et conventions ainsi que des textes communautaires en Afrique et dans les pays objet de l'étude pose souvent problème[597]. La volonté politique n'est pas souvent au rendez-vous et les questions de souveraineté refont surface au moment de l'application. Ce constat est encore plus perceptible s'agissant des questions économiques. Les Etats ont tendance à être « égoïstes » oubliant du coup les objectifs recherchés dans les Traités régionaux et les engagements pris dans les instances internationales. Le traitement pertinent des questions douanières pourrait permettre de réaliser plus facilement les objectifs visés par les Traités de la CEDEAO et de l'UEMOA qui visent la libéralisation des échanges et la mise en place de politiques communes qui permettent d'assurer le développement des Etats membres. Il s'agit d'un processus long qu'il faut avoir le courage d'initier et de suivre. Il convient de s'interroger sur la nature des relations entre l'OMC et l'OMD. Ayant des objectifs similaires car traitant de questions cruciales relatives au commerce mondial, les deux organisations essaient de s'affirmer en maintenant chacune un domaine de compétences techniques.

Le Conseil de Coopération douanière ou OMD est donc bien « la chose » des administrations douanières, y compris au stade de l'exécution

---

[596] Le rapport de l'OMC de 2014-2015 mentionne l'existence de 109 accords commerciaux conclus pour la période de 2010 à 2014.

[597] ILLY Ousseni, op.cit., p. 302.

des engagements pris[598]. Le souci de respecter les souverainetés étatiques était manifeste à l'époque où le CCD était mis en place.

Selon le Pr DAILLIER, la tendance dominante est de faciliter la mise en application des textes d'harmonisation douanière, même si c'est seulement entre un nombre restreint d'Etats, donc avec une efficacité réduite. Il s'interroge sur le stade de la mise en œuvre et le degré de la rigueur du contrôle à posteriori exercé par le CCD.

En réponse, nous convenons avec lui que le suivi de la mise en œuvre des règles par les Etats membres a toujours posé problème.

Le problème du contrôle est plus crucial pour les conventions. Telle était du moins l'opinion des fondateurs du CCD, puisqu'ils ont créé cette Organisation en vue d'assurer une application uniforme des deux conventions douanières, celles sur la Nomenclature et sur la Valeur.

Pour ces conventions, la fonction de contrôle a été prise au sérieux par les organes du CCD : celui-ci a notamment tenté de centraliser les instructions émanant des administrations nationales, ainsi que les décisions des juridictions nationales en matière d'évaluation. De même, les Etats parties à la Convention de Kyoto sont tenus d'examiner, tous les trois ans, les dispositions qu'ils n'ont acceptées qu'avec des réserves[599]. Cette procédure a pour but d'inciter les pays à aligner leur propre législation sur les dispositions des annexes et permettra également au Secrétariat de mettre à jour les renseignements dont il dispose sur les conditions d'application des annexes.

Par contre, pour les autres conventions adoptées sous les auspices du CCD, l'Organisation n'est qu'un cadre offert aux Parties contractantes. Le CCD se voit cependant reconnaître un rôle non négligeable en cas de litiges entre Etats parties à ces conventions : après une tentative de règlement par voie de négociations directes entre Etats, la question doit être portée soit devant les autres Parties contractantes, soit devant le Comité ou — en cas d'échec — le Conseil ; ces instances exercent une fonction de médiation, dans la mesure où elles sont habilitées à adresser des recommandations aux intéressés ; ces derniers sont d'ailleurs implicitement invités à accepter d'avance les conclusions de ces collèges. Les Etats membres du CCD ont donc accepté certaines limitations ou atteintes éventuelles à la souveraineté. Mais ce seront toujours des

[598] DAILLIER P., op.cit., p .489.
[599] Article 12 de la CKR.

organes intergouvernementaux qui en porteront la responsabilité. On reste dans le cadre du schéma classique des organisations internationales.

Cependant cette Organisation, qui s'enferme volontiers dans une conception technique de sa compétence, se montre en contrepartie très jalouse de l'exclusivité de cette compétence[600].

Depuis sa création, le CCD entretient des relations étroites avec d'autres organisations[601]. Tantôt il s'agit d'assurer une coordination des classements tarifaires préconisés par les organisations, tantôt il s'agit d'élaborer en commun des conventions ou des recommandations sur divers aspects de la technique douanière.

Aujourd'hui, l'OMD a signé des accords avec la plupart des organisations internationales répertoriées au siège des Nations Unies[602] et bénéficie aussi de leur confiance.

L'OMD a toujours eu pour politique officielle la collaboration avec les autres organisations intergouvernementales, et elle leur faisait en général bénéficier d'un statut analogue à celui des Etats non membres quant à la participation aux réunions des organes du Conseil.

L'OMD reste une organisation très efficace mais bénéficiant d'une consécration internationale fragile car étant obligée d'entretenir une « collaboration forcée » avec des organisations supranationales[603].

---

[600] DAILLIER P., op.cit., p.493 ; selon son Président, à la session du Conseil de 1955, « il n'a jamais été question et il ne saurait être question d'un partage quelconque d'attributions entre le Conseil et le G.A.T.T. dans le domaine de la technique douanière».

[601] Idem, p. 494 ; le Pr DAILLIER en ce moment estimait que la liste exhaustive des observateurs envoyés par les organisations internationales aux sessions du Conseil est très longue : on y trouve des organisations dont les objectifs et la composition sont extrêmement diversifiés. On peut s'étonner de constater que le Bulletin officiel du C.C.D., organisation longtemps « dominée » par les Etats d'Europe occidentale, insiste surtout sur ses rapports avec les organisations ou organismes des Nations Unies (certains départements techniques du Secrétariat de l'O.N.U., les quatre grandes Commissions régionales des Nations Unies), ainsi qu'avec le G.AT.T. et certaines organisations régionales extraeuropéennes.
D'autant que ces rapports restent fidèles aux modalités classiques de coopération entre organisations internationales, tandis que l'association du CCD aux travaux des organisations européennes — O.E.C.E., CE.C.A., C.E.E., Euratom, AJE.L.E. — est non seulement plus continue mais aussi plus étroite.

[602] Voir la liste complète sur le site de l'OMD www.wcoomd.org.

[603] Ibid., pp.496-497. Selon ce dernier, une telle politique de la part des organisations internationales n'est pas seulement un hommage rendu à la compétence technique du CCD, ou le moyen d'obtenir que certaines solutions dégagées au sein d'une organisation s'étendent à un cercle plus vaste d'Etats. C'est aussi une atteinte de fait à la prétention

Les aspects purement douaniers des problèmes du commerce international ne pourraient être isolés et faire l'objet d'un traitement séparé.

Il est admis que, dans la majorité des hypothèses, c'est sur une base de complémentarité plutôt que de concurrence que s'établit une relation entre l'OMD et les organisations internationales économiques.

L'OMD ne dispose d'aucune garantie juridique, même pas d'un engagement explicite sur la répartition des compétences entre organisations, dont la coexistence pacifique actuelle jouera en la faveur. Cette position exprimée depuis plusieurs années continue à prévaloir quand on analyse la situation actuelle car certaines organisations comme l'UE ou des pays comme les USA, la Chine, le Japon influencent les décisions prises au niveau de l'OMD.

Le Pr DAILLIER s'interrogeait déjà sur l'avenir de l'organisation estimant que les clés du succès du CCD risquent de s'affaiblir ou de devenir des obstacles à son dynamisme: les conventions douanières qui sont la raison d'être du CCD, mais qui doivent être périodiquement amendées pour répondre aux besoins du commerce international, tendent à se « cristalliser [604] ». C'est pourquoi la diversification des actes juridiques émanant du CCD semble s'opérer au profit des modalités d'engagement international les moins contraignantes.

---

initiale du CCD de conserver une compétence exclusive en matière de réglementation douanière, au plan international. N'ayant pu sauvegarder son ambition, le CCD en prend acte implicitement dans sa décision n° 175 précitée : « Le Secrétaire général est chargé de prendre les dispositions utiles en vue : a) de collaborer avec les autres organisations intergouvernementales au sujet des matières relevant de la compétence du Conseil... ».

[604] Voir le Bulletin du CCD n° 14, pp. 26-27 ; dans son exposé, le Président du Comité de la nomenclature en 1968 affirmait ceci : « Les Administrations nationales ont, au gré des circonstances et selon l'opportunité, pris sur certains problèmes des positions précises. Elles se sont efforcées de faire prévaloir leurs vues devant les instances arbitrales ou les tribunaux, et des arrêts ont parfois été rendus qui font jurisprudence. Les tarifs ont, d'autre part, servi de base à des négociations commerciales bi ou plurilatérales et, au cours de ces négociations, des engagements ont été pris, des consolidations de droit ont été consenties pour des catégories bien déterminées de produits. Lorsqu'on envisage d'amender la Nomenclature, même si un tel amendement est pleinement justifié sur le plan technique comme du point de vue du commerce international, il est difficile aux délégations de faire totalement abstraction des positions prises ou des engagements contractés par leurs administrations respectives... Rien d'étonnant dans ces conditions, que la mise au point de certains amendements se prolonge parfois pendant un nombre important de sessions ».

La compétence technique n'est plus un argument suffisant ni une garantie d'efficacité face à une relative inertie des administrations nationales. Pour toutes ces raisons, l'OMD doit s'attendre à une concurrence accrue d'autres organisations internationales économiques, organisations universelles plus sensibles aux revendications du Tiers-Monde, telles que la CNUCED, ou unions douanières qui, parce qu'elles opèrent entre un petit nombre d'Etats plus homogènes, peuvent réaliser à long terme une harmonisation plus profonde des réglementations douanières[605].

L'on pourrait dire qu'il existe une complémentarité entre les organisations telles que l'OMD et les organisations d'intégration qui ont aussi en charge le traitement des questions commerciales et douanières pour réaliser les objectifs voulus par les communautés économiques. Celles-ci peuvent contribuer à permettre une mise en œuvre plus rapide et harmonisée des règles internationales par un accompagnement politique et un suivi réel des engagements des Etats.

L'évolution du droit international et du droit communautaire justifie aussi la mise en place d'un nouveau cadre juridique en matière douanière.

B/ <u>Justifications inhérentes à l'évolution du droit international et du droit communautaire</u>

La transformation du droit international a permis d'arriver à l'« adaptation qualitative du droit international ». Le débat sur le régionalisme international a alimenté la doctrine sous plusieurs angles[606].

Sous l'angle juridique, la question centrale est relative à l'opportunité du régionalisme juridique du point de vue international général : favoriser les institutions régionales et renforcer le « corpus » des normes régionales, c'est paraitre vouloir éviter les mécanismes universels et freiner l'adoption de règles de portée générale ; mais c'est aussi disposer d'un laboratoire d'idées et de pratiques et, grâce à cette anticipation expérimentale, permettre de nouveaux progrès au plan mondial. C'est dire que le développement du droit international régional présente des avantages certains mais présente aussi des risques pour l'adoption de règles universelles.

---

605 DAILLIER P., op.cit., p.498.

606 DAILLIER P., FORTEAU M. et PELLET A., op.cit., p .86.

L'histoire du droit international montre que la tendance au régionalisme a été freinée ou encadrée pour des raisons particulières[607].

Deux phénomènes majeurs ont accéléré ou renforcé la tendance au régionalisme surtout en Afrique : il s'agit de la décolonisation et des tentatives d'intégration politique et économique. Les préoccupations des Etats ont favorisé ce phénomène : pour les Etats africains, il existait un besoin d'élaboration de nouvelles règles défendues collectivement dans les instances universelles pour certaines questions telles le développement durable ; pour les Etats européens, le régionalisme constituait une tactique défensive face à la montée des revendications des anciens pays colonisés. C'est dire que « le régionalisme était une réponse à un environnement international défavorable[608] ».

Malgré tout, le régionalisme selon la doctrine reste aussi un phénomène positif, qui traduit des solidarités plus étroites au plan universel. Il donne ainsi naissance à un réseau de relations de coopération et à des mécanismes de contrôle contraignants pour les Etats comme en matière de protection des droits de l'homme (en Afrique, la Cour de justice de la CEDEAO constitue un exemple).

Que ce soit dans l'UE, dans le MERCOSUR, dans l'UEMOA, ces ordres juridiques se caractérisent par la place occupée par les normes juridiques élaborées par et au nom de l'organisation régionale, par l'importance des procédures de contrôle des comportements des Etats membres, et par l'effet direct des normes en question à l'égard des individus.

La plupart des organisations d'intégration comme la CEDEAO, l'UEMOA et l'UE reposent sur des politiques économiques communes qui soumettent les Etats membres à un ordre économique international plus cohérent et efficace que celui qui existe au plan universel.

---

607 DAILLIER P., FORTEAU M. et PELLET A., op.cit., pp. 86-87. Les auteurs estiment que le débat sur le régionalisme était faussé dans la mesure où l'on sous-estimait l'origine régionale, européenne des normes de droit international. Dans la société internationale du 19ème et du début du 20ème siècle, composée pour l'essentiel d'Etats européens et d'Etats africains, seul le régionalisme latino-américain pouvait présenter un danger pour l'universalité de certains principes et il restait possible d'en atténuer les effets. C'est le cas des règles sur la reconnaissance de gouvernement (doctrines Tobar, Wilson, Estrada) ou sur le non-recours à la force (Monroe, Drago, Stimson), ou encore des règles sur la protection diplomatique (Calvo) qui étaient purement et simplement inopposables aux Etats tiers ou limitées dans leur champ d'application géographique.

608 Idem, p .87.

Le développement du régionalisme entraîne des bouleversements dans les rapports entre l'ordre juridique régional et le droit international général. Le régionalisme correspond à un phénomène de regroupement de pays géographiquement proches, qui a pour but de faciliter les échanges commerciaux entre eux[609].

En Europe, l'évolution du droit douanier reste constante du fait du processus de facilitation des échanges intracommunautaires suite à la mise en place de l'Union douanière.

Pour qu'une union douanière fonctionne correctement, il faut que les administrations des douanes des pays de cette union coopèrent activement entre elles. Cette coopération ne se limite pas forcément aux aspects juridiques des compétences douanières « de base » que sont, par exemple, le contrôle des formalités d'importation et d'exportation ou la mise en place d'un tarif extérieur commun.

Une union douanière doit permettre également aux autorités douanières de coopérer sur des questions liées à la lutte contre la fraude et la criminalité afin d'avoir une action efficace dans ces domaines et d'assurer la sécurité en son sein[610].

L'union douanière est entrée en vigueur le 1er juillet 1968, date de la suppression des derniers droits de douane sur le commerce intracommunautaire et de l'introduction du tarif douanier commun en lieu et place des droits de douane nationaux pour le commerce avec le reste du monde. La politique douanière relève de la responsabilité de l'UE. C'est l'un des domaines de compétence exclusive de l'Union.L'application de l'Union douanière repose toutefois sur l'existence de partenariats étroits avec les États membres et entre ces États. Le Conseil de l'UE, qui représente les gouvernements des États membres, décide des droits à appliquer et il est responsable, conjointement avec le Parlement européen, de la coopération douanière entre les États membres d'une part, et entre les États membres et la Commission européenne (CE) d'autre part.

---

609 Voir fr.m.wikipedia.org ; ILLY Ousseni, op.cit., p.305 ; DEBLOCK Christian, « Régionalisme économique et mondialisation : que nous apprennent les théories », *www.cairn.info* consulté le 11 mai 2018.

610 VELD Roel Van 't, « La coopération : clé de voûte de l'Union douanière européenne », *Revue OMD actu*, octobre 2016, n° 81, p. 67 sur www.wcoomd.org. L'Union européenne (UE) est une union politico-économique, composée aujourd'hui de vingt-huit (28) États membres.

Tous les organes de l'Union ont un rôle à jouer dans le cadre du traitement des questions douanières.

Il existe un groupe dénommé Groupe « Coopération douanière » qui joue un rôle important en matière douanière.

Au sein du Conseil, les travaux techniques sont confiés à de nombreux groupes de travail. Deux d'entre eux sont spécialisés dans les questions douanières.

Il y a le Groupe « Union douanière » (GUD), étroitement lié aux domaines du commerce et de la compétitivité, qui est chargé d'examiner les questions relatives à la politique et à la législation douanières et qui prend les décisions correspondantes.

Il y a aussi le Groupe « Coopération douanière » (GCD) qui coordonne la coopération opérationnelle entre les administrations douanières nationales et qui s'efforce d'aligner les activités des services douaniers européens sur les priorités identifiées par la communauté des services répressifs dans son ensemble, tout en s'assurant que les connaissances précieuses des douanes sur le transport international de marchandises sont prises en compte et exploitées comme il se doit.

Le rôle de l'UE dans l'élaboration quantitative et qualitative de règles douanières reste exemplaire. Son statut est particulier ; en effet, l'UE se substitue à ses Etats membres en tant qu'acteur international, ou s'ajoute à eux dans un nombre toujours croissant de domaines (questions douanières et maritimes, pêches maritimes, protection de l'environnement, etc.). Cette tendance est renforcée par le Traité de Maastricht[611].

---

[611] Cours de Judith HADDAD intitulé « Droit de l'Union européenne », FSJP, Master 2, 2012, UCAD.
Voir DUBOUIS Louis, *La nature de l'Union*, communication au Colloque « Constitution européenne, démocratie et droits de l'homme », Paris, Bruylant, 2003 ; Voir ISAAC Guy et Blanquet, *Droit général de l'Union européenne*, Paris, Paulin, 2005.
C'est le Traité de Maastricht qui a créé l'UE le 07 février 1992 et il avait pour ambition de créer le seul cadre économique et de consacrer une union politique, économique, sociale et monétaire. Il comprend 300 articles regroupés en 7 titres et repose sur trois piliers fondamentaux :

1- les communautés : ce pilier permet aux institutions européennes de gérer un ensemble de politiques communes dans 17 domaines (marché, monnaie unique, transport, emploi, éducation, santé, etc.), dans l'objectif d'une cohésion économique et sociale ;

Le contexte communautaire entraîne des changements institutionnels dans l'UE et, dans certaines hypothèses, nécessite de concilier les impératifs du droit communautaire et du droit international (droit des traités, droit de la responsabilité notamment)[612].

Cette position semble normale puisque le constat révèle une pluralité de règles relevant du droit international et l'existence d'autres règles produites au niveau communautaire qui s'enchevêtrent et doivent s'appliquer dans un territoire douanier commun. Les conséquences juridiques ne sont pas les mêmes et des situations inédites peuvent survenir.

Les rapports entre le droit international et le droit communautaire en Europe ont interpellé la doctrine. Certains trouvent que ceux-ci doivent être régis par le droit international général et le droit international particulier. Pour d'autres, le droit international et le droit national peuvent les régir. Certains appellent une approche inédite. Mais la jurisprudence communautaire reste prudente ; en effet, elle tente de sauvegarder l'autonomie normative du droit communautaire, ainsi que sa jurisprudence récusant l'effet direct de certaines dispositions de conventions internationales ou écartant la prise en compte dans le « bloc de légalité » communautaire, tout en respectant le principe de supériorité du droit international général sur les ordres juridiques partiels[613].

En matière douanière en Afrique, les organisations régionales comme la CEDEAO « trainent le pas » contrairement aux autres organisations européenne ou américaine. Il n'existe pas en effet un mécanisme de surveillance des engagements des Etats membres en matière douanière. La CEDEAO ne se substitue pas aux Etats membres dans certains domaines. Il ne s'agit pas de prôner un mimétisme intégral de l'UE car

---

2- la politique étrangère et de sécurité commune (PESC) qui implique la conduite d'actions communes en matière politique et de sécurité ;

3- la coopération judiciaire et policière qui permet aux services de police et de justice des Etats membres de coopérer pour mieux renforcer la sécurité et la justice intérieures.

612 DAILLIER P., FORTEAU M. et PELLET A., op.cit., p.88.

613 Idem, p.88.

Voir les arrêts suivants :

- CJCE, 15 juillet 1964, Aff. 6/64, F.Costa c. ENEL, Rec. P. 1141 ; 19 novembre 1975, Aff. 38-75, Douaneagent der NV Nederlandse Spoorwegen, Rec.1975, p.1439.
- CJCE, 3 février 1994, Aff. C- 13/93, ONEM c. M. Minne, Rec. p.I-371 ; 10septembre 1996, Aff. C-61/94, Commission c. Allemagne, Rec. p. I-3989 ;
- TPI, 3 janvier 2007, Aff. T-362/04, L. Minin c. Commission.

les règles doivent tenir compte du contexte local. Mais les questions douanières doivent être traitées en priorité pour la mise en place d'une véritable union douanière et d'un marché commun où la libre circulation des personnes, des capitaux et des biens serait une réalité. Les Administrations douanières ont un rôle important à jouer dans le processus d'intégration car l'application des règles repose sur elles.

Les organisations régionales pourront aussi mieux défendre les intérêts de la communauté toute entière au niveau des instances internationales.

C'est pourquoi le simple statut d'observateur à l'OMD de la CEDEAO et des autres organisations doit évoluer. Toutes les grandes décisions prises au niveau de l'OMD ou de l'OMC sont influencées par de grandes puissances ou des organisations économiques qui défendent toujours en priorité les intérêts de leurs Etats membres. Le droit international a été toujours marqué par des rapports de forces. Les réunions de Chefs d'Etats africains et les Conseils des Ministres doivent servir de cadre de réflexion pour mieux spécifier les objectifs en matière de politique économique. Les experts douaniers doivent mieux être intégrés dans le processus décisif au sein des instances communautaires. Il en est de même pour les commissions des organisations qui sont chargées de l'application des décisions communautaires.

Au niveau de la CEDEAO, il existe bien un cadre juridique qui normalement aurait pu servir d'exemple en matière douanière en ce qui concerne la lutte contre la fraude ; il s'agit de la Convention de Nairobi. Celle-ci comporte des limites et des règles non adaptées actuellement.

La prise en compte de cette convention et l'ajout de dispositions et règles issues du droit international, des instruments de l'OMC comme la CKR et le Cadre SAFE pourraient aboutir à un cadre juridique nouveau adapté et consensuel.

C/ **Justifications inhérentes au renforcement du régionalisme ouest-africain**

La course au régionalisme constitue l'une des figures marquantes, sinon régnantes, du paysage des relations commerciales internationales. L'on relève une véritable emprise du régionalisme qui inquiète les Etats membres de l'OMC.

La prolifération des accords commerciaux régionaux (ACR) constitue un danger pour le système commercial multilatéral (SCM)[614].

Le régionalisme africain pour sa part fait face à des défis spécifiques que les dirigeants du continent doivent nécessairement relever, si tant est qu'ils croient avec sincérité à l'intégration régionale économique continentale comme moyen de sortir l'Afrique de son isolement et de son sous-développement économique[615].

Ces propos qui sonnent comme un appel à la cohésion et à l'unité sont largement partagés par la plupart des analystes.

Les accords africains représentent dans ce phénomène de prolifération des ACR une portion non négligeable[616].

Les institutions créées au niveau régional pourraient servir de répondants pour l'OMC dans le cadre d'un partenariat à mettre en place entre lesdites organisations chargées des questions commerciales et celles des pays en voie de développement. L'OMC pourrait utiliser ces organisations pour mieux appliquer ses programmes ; et en retour, ces pays pourraient avoir une meilleure représentation à l'OMC comme pour le cas de l'UE[617].

Cette proposition de représentation peut être étendue à d'autres organisations comme l'OMD.

La CEDEAO reste la seule organisation qui est appelée à rester pour l'intégration des Etats en Afrique de l'Ouest. Elle pourrait ainsi être un relais pour l'OMD puisque tous les Etats membres de la CEDEAO sont aussi membres de l'OMD.

Ainsi, les programmes et les actions à mettre en œuvre pourraient être coordonnés au niveau communautaire comme c'est le cas avec l'UE qui est très active dans la prise en charge de questions douanières.

---

614 ILLY Ousseni, op.cit., p. 291. L'auteur pense que la multiplication incontrôlée et la montée en puissance du « régionalisme bilatéral » et des ACR à portée partielle, sont autant de menaces pour l'avenir de l'OMC. Certains auteurs comme BALDWIN et THORNTON ont vu dans le blocage du cycle de DOHA, une conséquence de la prolifération des ACR.

615 Idem, p. 296.

616 Ousseni ILLY estime que « sur les 380 accords enregistrés par l'OMC en 2012, les Etats africains sont impliqués dans moins d'une trentaine ; en plus, sur cette trentaine d'accords, un bon nombre n'est pas fonctionnel ».

617 Ibid, p.297.

Après avoir fait le choix d'une convention devant être adoptée par les pays membres de la CEDEAO, il convient de spécifier son champ d'application et son régime.

Paragraphe II : Champ d'application et régime de la nouvelle convention

Le droit douanier des pays objet de l'étude reste influencé par les règles issues de la CKR et du Cadre SAFE qui sont actuellement les instruments juridiques de référence au niveau de l'OMD.

Le Groupe de Travail SAFE (GTS) comprend les représentants des différents pays membres ayant adhéré au Cadre SAFE et les représentants du secteur privé et de certaines multinationales ; il est chargé de réfléchir sur la mise en œuvre. Les membres sont conscients des problèmes suscités par la mise en œuvre desdites normes[618].

Dans son rapport[619], le GTS s'est penché sur les questions suivantes :

---

[618] Rapport de synthèse du GTS, 15ème réunion, 24 au 26 février 2016, numéro LF0123F1a, disponible sur le site de l'OMD. Concernant l'éventuelle révision ou actualisation du Cadre SAFE, les participants estiment qu'au lieu de modifier en permanence le Cadre SAFE, il conviendrait, à moins que ces modifications ne soient vraiment nécessaires, de s'attacher à élargir et approfondir la mise en œuvre harmonisée et efficace du Cadre SAFE. Néanmoins, compte tenu de la situation mondiale qui apparaît en matière de sécurité et de la nécessité de tenir à jour le Cadre SAFE afin de répondre aux défis nouveaux et émergents, les participants formulent les principales suggestions suivantes pour une éventuelle révision/actualisation du Cadre SAFE lors du cycle d'examen de 2018 :

- besoin de renforcer le Pilier 3 du Cadre SAFE relatif à la coopération avec les autres administrations, en prenant note des propositions déjà soumises par les États-Unis,
- actualisation potentielle des Directives GCLI,
- examen potentiel des éléments de données des Renseignements électroniques préalables (REP) figurant à l'Annexe II du Cadre SAFE,
- apport de renseignements électroniques préalables sur les articles postaux afin d'améliorer la sécurité et la facilitation de la chaîne logistique postale, et
- prise en compte de la nécessité de maintenir un équilibre entre la sécurité et la facilitation, et amélioration des avantages que représente la facilitation pour les entreprises légitimes et dignes de confiance, conformément aux avantages contenus dans l'Accord de l'OMC sur la facilitation des échanges (AFE).

[619] Voir rapport précité du GTS. Plusieurs autres suggestions ressortent des débats :

- renforcer la coopération avec les administrations partenaires sur la base d'une confiance mutuelle et d'une meilleure appréciation des rôles et responsabilités de chacun,

- le rôle de la douane, des organisations internationales (par exemple, l'OMD, l'OMI) et des acteurs des milieux industriels en matière de lutte contre le terrorisme et autres menaces liées à la sécurité,

- la mise en œuvre harmonisée et efficace du Cadre de normes SAFE, et

- le cycle de révision SAFE 2018.

L'OMD et les administrations des douanes devraient jouer un rôle de leader en matière de sécurité frontalière et ce, en coopération et en collaboration avec les autres administrations et acteurs du secteur privé.

Il convient de faire un premier constat : c'est celui de la multiplication ou de la diversité des conventions et autres instruments juridiques en Afrique de l'Ouest notamment.

Le second constat est celui de la non-application des règles conventionnelles par les Etats membres.

Certains spécialistes des questions commerciales évoquent cet aspect dans leurs analyses[620]. Les problèmes sont nombreux :

- prolifération des accords préférentiels qui entraînent des conséquences (retard dans les cotisations, difficultés dans l'exécution, la gestion et la compatibilité des plans et programmes d'intégration des accords) ;

- question du suivi des activités des organisations régionales en raison de la faiblesse des administrations nationales chargées de suivre les questions au niveau régional et au sein des instances internationales ;

- le non-respect des textes car beaucoup d'accords signés « sont restés lettre morte » ; les accords fonctionnels connaissent des difficultés dans la pratique soit par ignorance des populations ou par la mauvaise foi des gouvernements : la plupart des accords sont violés de façon quasi systématique car l'on constate une non-application des taux préférentiels ou une perception de droits indus au niveau des frontières[621] ;

- étudier plus avant le lien entre les marchandises et les personnes, et regrouper tous les organismes concernés (par exemple, centre national de ciblage) pour une gestion efficace des frontières,

- approfondir la normalisation et l'harmonisation des programmes RPCV conformément aux dispositions du Cadre SAFE, en équilibrant les coûts et les avantages,

- étudier la possibilité d'octroyer des avantages supplémentaires pour les OEA.

[620] DIOUF Abdourahmane op.cit., pp.195-196 ; ILLY Ousseni, op.cit., pp.296-300.

[621] ILLY Ousseni, Idem, p. 297.

- le refus ou le réarmement douanier à l'égard des produits originaires de la Communauté doit trouver une solution par la mise en place de formules de compensation efficaces pour combler les moins-values douanières : la plupart des Etats comptent sur les recettes douanières pour alimenter leurs budgets nationaux.

C'est pourquoi des réflexions pourraient être menées pour la mise en commun des recettes douanières au niveau de la CEDEAO, l'affectation des recettes à des projets communautaires (infrastructures, transport maritime et ferroviaire surtout pour une meilleure circulation des biens), l'idée d'un impôt communautaire afin de renforcer le budget de l'organisation.

La question de la primauté du droit doit être réglée et comprise par tous. Signer des accords et ne pas les appliquer pour des raisons politiques ou personnelles relève d'une certaine « irresponsabilité ». L'intégration tant prônée et voulue en Afrique de l'Ouest notamment ne peut être réussie que s'il existe un cadre juridique et institutionnel clair, adapté et respecté par tous. Les juridictions communautaires ont aussi un rôle essentiel à jouer dans ce cadre.

Une nouvelle convention conclue sous les auspices de la CEDEAO ne serait pas de trop. L'essentiel, c'est de l'adapter et de la rendre contraignante et applicable, ce qui renvoie à un travail quantitatif et qualitatif.

La question de la souveraineté, qui fait que la plupart des Etats violent leurs engagements communautaires, doit être dépassée. Dans les Traités créant les communautés économiques régionales comme la CEDEAO, les Etats acceptent l'érosion ou la perte de leur souveraineté dans certains domaines, dans le but de parvenir à l'intégration de leurs économies. Des organes supranationaux comme la Commission, la Cour de Justice et le Parlement ont été mis en place avec des attributions respectives[622]. L'on a assisté à un véritable réajustement institutionnel avec des modifications substantielles dans l'organisation institutionnelle au niveau de la CEDEAO appelée à terme à être l'organisation régionale de référence en Afrique de l'Ouest puisque l'UEMOA est appelée à disparaitre.

Pour cette raison, la nouvelle Convention que nous proposons devrait rappeler les principes de l'intégration communautaire et prévoir des dispositions qui devront être appliquées dans un délai déterminé.

---

[622] SALL Alioune, op.cit., pp. 61-111.

A ce niveau, la CEDEAO devrait s'inspirer de la démarche de l'UE en matière de traitement des questions douanières. Les douanes européennes ont joué un rôle central dans la création de la CEE en 1957. Ce rôle central continue à être visible actuellement dans l'UE malgré quelques vicissitudes avec l'histoire du Brexit[623].

La matière douanière est un tout car elle englobe tout ce qu'il faut pour réaliser l'intégration économique.

---

[623] Le « Brexit » est une abréviation de « British Exit », évoquant la sortie du Royaume-Uni de l'Union européenne.
Le 23 juin 2016, lors d'un référendum organisé par l'ancien Premier ministre David Cameron, 51,9% des Britanniques ont choisi de quitter l'UE. A la suite du déclenchement de l'article 50 du Traité sur l'Union européenne le 29 mars 2017, le Royaume-Uni et les 27 autres pays membres de l'Union européenne ont dorénavant deux ans pour préparer la sortie effective du pays. Jusqu'à cette date, le pays reste donc membre de l'Union européenne.
L'article 50 du Traité sur l'Union européenne (TUE) encadre les conditions d'une sortie d'un Etat membre de l'Union européenne. L'État qui décide de se retirer notifie son intention au Conseil européen. L'Union négocie alors avec cet État un accord fixant les modalités de son retrait, que le Conseil conclut ensuite à la majorité qualifiée, après approbation du Parlement européen.
Les conséquences politiques du Brexit pour l'Union européenne sont difficiles à prévoir. Pour certains, la sortie du Royaume-Uni est une catastrophe : de fait, l'Union européenne perd l'une de ses trois grandes puissances, une des plus importantes places financières au monde, le premier partenaire diplomatique des Etats-Unis en Europe ainsi que l'un des seuls Etats européens entretenant une armée régulière conséquente.
Pour d'autres, elle peut permettre de ressouder l'Union : le Royaume-Uni étant historiquement l'un des pays les moins favorables à l'intégration européenne, sa sortie peut inciter les autres Etats à aller de l'avant. Parallèlement aux négociations avec le Royaume-Uni, les vingt-sept mènent une réflexion sur l'avenir de l'Union européenne, qui doit s'achever fin 2017.
Parmi les sujets brûlants qui devront être renégociés, figure notamment la facture de la sortie de l'UE. Le Royaume-Uni pourrait devoir verser jusqu'à 60 milliards d'euros au budget européen, un montant qui correspond aux engagements de Londres jusqu'à la fin du cycle budgétaire en 2020.
Les négociations porteront également sur la libre circulation des personnes entre l'Union européenne et le Royaume-Uni, ce dernier souhaitant limiter l'immigration sur son territoire. Le futur statut des Européens résidant ou travaillant au Royaume-Uni, ainsi que des Britanniques présents sur le continent européen, reste donc à définir.
Enfin, les conséquences économiques pour le Royaume-Uni sont également imprévisibles, les experts étant incapables de se prononcer d'une seule voix. Malgré la chute de la livre sterling dans les mois qui ont suivi le référendum de juin 2016, pour le moment l'économie britannique n'a pas subi de dommages, la sortie de l'Union européenne n'ayant pas encore eu lieu.
https://www.touteleurope.eu/actualite/qu-est-ce-que-le-brexit.html consulté le 15/09/2017.

Les nouvelles normes douanières qui pourraient être créées devraient pouvoir prendre en charge un lot de questions actuelles.

Il s'agit d'abord de la prise en compte du commerce électronique[624] qui se développe avec l'avènement de l'internet et le développement des nouvelles technologies de l'information et de la communication. Ce nouveau type de commerce a bouleversé fortement les règles douanières et nécessite des moyens adaptés de contrôle.

Il y a ensuite la prise en charge du dédouanement des services. Contrairement aux marchandises classiques, les services sont des biens immatériels dont la prise en charge au niveau des frontières douanières pose problème[625]. Il existe au niveau de l'OMC un accord général sur le commerce des services (AGCS). L'Accord général sur le commerce des services (AGCS) est le premier accord multilatéral couvrant le commerce des services. Il a été négocié pendant le dernier cycle de négociations commercial multilatéral, appelé le cycle de l'Uruguay, et est entré en vigueur en 1995. L'AGCS fournit un cadre de règles régissant le commerce des services, établit un mécanisme permettant aux pays de prendre des engagements pour libéraliser le commerce des services et offre un mécanisme de règlement des différends entre les pays. Au terme des premières discussions de l'Uruguay Round concernant les services, un compromis sur les règles globales de l'Accord général sur le commerce des services a laborieusement été trouvé. Les difficultés des négociations se reflètent cependant dans la faiblesse de la structure qui, en elle-même, engage peu les signataires. La substance économique réelle ainsi que l'impact du GATT dépendent des engagements sur le marché des signataires et des matières créées par le Conseil pour les échanges de services et pour l'organe de règlement des différends[626] .

Le dédouanement des services reste par ailleurs un défi pour les administrations douanières qui doivent réfléchir sur les modalités de faisabilité tout en respectant la libéralisation des échanges.

La question du secteur informel doit être spécifiée et encadrée car c'est non seulement un souci pour le Sénégal, le Bénin et la Côte d'Ivoire, mais aussi une réalité qui existe dans tous les pays de la CEDEAO.

---

[624] DIONE Alioune, op.cit., pp.31-89.

[625] SOUMARE Ndiaga, « Le dédouanement des services », *Revue des douanes*, 2010, pp. 15-17.

[626] HINDLEY, « L'Accord général sur le commerce des services », In *Politique étrangère*, n° 2,1993, 58ème année, pp. 333-350.

Les réformes douanières ne pourront être appliquées tant que la question du secteur informel ne sera pas prise au sérieux avec des études et analyses pour la connaissance du secteur. L'idée serait d'adopter des règles en corrélation avec les pratiques du secteur et de travailler progressivement à la formalisation. Des propositions[627] ne manquent pas et les acteurs devraient être vus comme des partenaires stratégiques.

La surveillance douanière devrait tenir compte de l'évolution de la criminalité et du besoin d'innovation avec des techniques modernes de contrôle et de répression pour la piraterie maritime, la pêche illégale et les trafics de toutes sortes qui se déroulent en mer. Il convient de signaler que les techniques de surveillance ont évolué et le recours à des moyens technologiques de pointe s'imposent notamment avec l'utilisation des drones[628]. La République des Iles Maurice a déjà initié un projet dans ce sens. Mais les règles relatives à la surveillance devraient aussi tenir compte des nécessités et des aspects relatifs aux droits de l'homme.

De même, il conviendrait de prévoir les règles sur la libre circulation des personnes, des biens et des services. Certes des textes existent mais le principe n'est pas encore une réalité en Afrique de l'Ouest. Au niveau des frontières, subsistent des tracasseries douanières et des perceptions illégales annihilant les efforts d'intégration.

La priorité pour la lutte contre certains trafics spécifiques au continent africain doit être mentionnée car le trafic de médicaments, le trafic de déchets toxiques menacent la santé publique des populations avec l'absence de législations claires et de sanctions adaptées. La réflexion devrait être poussée pour une criminalisation de ces actes dans l'espace de la communauté puisqu'il y va de notre survie. Un encadrement juridique de ces questions à l'échelle communautaire s'impose car ces types de trafics entretenus et soutenus par d'autres Etats appellent une réponse collective et concertée d'un point de vue douanier.

Le renseignement douanier doit figurer aussi en bonne place pour une meilleure gestion des opérations commerciales et une bonne surveillance. Une bonne politique de renseignement au niveau communautaire permet d'anticiper sur la commission de certaines infractions douanières et permet un bon fonctionnement des accords de reconnaissance mutuelle en matière douanière.

---

[627] KASSE Moustapha, op.cit., pp.137-149.

[628] http://defimedia.info/surveillance-douaniere-les-drones-en-action-bientot consulté le 20 décembre 2017.

Par ailleurs, le besoin d'attirer les investisseurs étrangers pourrait être décliné dans la nouvelle convention par l'aménagement de zones économiques spéciales[629], une bonne gestion des régimes économiques douaniers (entrepôt, admission temporaire pour perfectionnement actif, transformation de marchandises destinées à la mise à la consommation, etc.). Ces régimes permettent le stockage et la transformation de matières premières en suspension de droits et taxes. Ils permettent la compétitivité des entreprises au niveau local et international du fait des avantages douaniers qui s'attachent à l'exercice de ces régimes économiques.

Il en est de même pour les franchises douanières accordées pour les marchés, accords et programmes spéciaux des Etats. Faisant partie des instruments fiscaux pouvant favoriser un environnement des affaires compétitif, les exonérations devraient aussi faire l'objet d'un traitement particulier pour éviter des détournements d'objectifs.

Le transit douanier reste à être amélioré car l'enclavement de certains pays (Mali, Burkina, Niger par exemple) qui n'ont pas de façades maritimes fait qu'ils sont obligés de se ravitailler via les ports les plus proches. Certes le TRIE[630] existe et certains pays ont signé des accords

---

[629] Selon Wikipédia, une zone économique spéciale (ZES) est une région géographique dans laquelle les lois économiques sont plus libérales, c'est-à-dire plus avantageuses pour les entreprises, que celles pratiquées dans le reste du pays. Ce dispositif qui offre une combinaison d'incitations fiscales, de droits de douanes favorables, des procédures douanières simplifiées et réglementations limitées a retenu l'attention de nombreux États. En 2014, trois pays sur quatre avaient au moins une ZES. Le monde compte maintenant environ 4 300 ZES. Lorsqu'un gouvernement crée une ZES, c'est dans le but d'attirer les investissements étrangers, la création d'emplois et surtout l'amélioration de la technologie et de la gestion. Pour cela, il met en place des mesures permettant aux entreprises de voir leurs coûts d'investissement, de financement et d'exploitation notablement réduits par rapport à un environnement économique « classique ». Ces mesures incitatives sont le plus souvent des réductions ou exonérations fiscales temporaires, mais peuvent aussi être des aides directes comme les subventions à l'installation (par exemple d'une prime à l'investissement, fourniture de terrains et de locaux à prix réduit).
La première zone économique spéciale moderne fut établie à l'aéroport de Shannon en 1959. https://fr.m.wikipedia.org/wiki/Zone_%C3%A9conomique_sp%C3%A9ciale consulté le 09/07/2017.

[630] La Convention TRIE s'inspire du régime du Transit International par Route (TIR) Le TIR est un régime douanier qui permet de faire transiter des marchandises sous un document unique à travers les pays participant à un accord signé à Genève en 1949 et révisé en 1975. Il s'applique aux transports internationaux de marchandises par la route et comportant le passage d'une ou de plusieurs frontières sans rupture de charge.
Ce modèle a servi d'inspiration à la Convention sur le Transit Routier Inter-Etat (TRIE CEDEAO) signé entre les pays membres.

pour faciliter le transit des marchandises d'un pays à un autre (cas du Sénégal avec la Gambie ; cas du Sénégal avec le Mali par exemple). Les difficultés de connexion, les problèmes de garantie au niveau des chambres de commerce, l'inexistence de réseaux ferroviaires adaptés, les tracasseries de toutes sortes tout le long des corridors font que le transit reste un régime difficile à gérer alors qu'il permet une meilleure intégration régionale par la circulation plus fluide des biens au niveau de la Communauté.

Une réalité nouvelle liée à la découverte du gaz, du pétrole, des métaux précieux et des matières premières dans les pays appelle la mise en place de règles douanières spécifiques pour une meilleure exploitation et gestion de ces richesses appartenant à la communauté. Souvent, les questions et implications douanières ne sont pas prises en compte par les gouvernements au moment de la conclusion des contrats avec les investisseurs. Les difficultés sont les mêmes partout et les risques de spoliation sont réels[631].

La question des transports dans la sous-région, avec surtout le développement du transport ferroviaire ainsi que le transfert des technologies, a un lien ou un impact sur le droit douanier. Les règles devraient tenir compte de la nécessité de développer les échanges commerciaux au sein de la Communauté par l'utilisation des moyens modernes de transport et des technologies de contrôle efficaces.

Enfin, la question relative aux accords commerciaux régionaux, comme celle des APE[632] signés par certains Etats africains avec l'UE,

---

Le TRIE est le régime douanier qui permet le transport par route entre les Etats membres, de marchandises d'un bureau des douanes d'un Etat (bureau de départ) à un autre bureau de douane d'un autre Etat (bureau de destination) sous le couvert d'un document douanier unique, en suspension des droits et taxes exigibles.

[631] SONKO Ousmane, *Pétrole et gaz au Sénégal : chronique d'une spoliation*, Paris, Editions FAUVES, 2017, pp.69-189.

[632] A ce sujet, certains auteurs comme Ousseni ILLY pensent que les APE envisagés entre les pays ACP et l'UE couvrent l'essentiel des échanges commerciaux des parties. Selon lui, 100% des produits africains vendus sur le marché européen – à l'exception de quelques produits (riz, sucre, etc.) dont la suppression des droits est étalée sur un temps plus ou moins long- sont en effet théoriquement libres de droits dès la signature des accords, tandis que 80 à 90% des produits européens vendus sur les marchés africains seront libres de droits sur une période de quinze à vingt-six ans. Celui-ci rappelle le défi de la gestion des conséquences internes du régionalisme transcontinental sur l'intégration interne africaine car la signature des APE intérimaires en rang dispersé de certains membres de ces communautés a fait naitre un climat d'incertitude quant à l'avenir de l'intégration africaine.

pourrait être traitée pour éviter la dislocation des cadres d'intégration déjà mal en point. La signature des APE a été dénoncée par des spécialistes et par la plupart des membres de la société civile dans certains pays[633].

D'un point de vue économique et social, ces accords posent problème ; en effet, ils suscitent surtout de réelles inquiétudes quant au devenir de nos unions douanières. La remise en cause des TEC va entraîner une situation inédite puisque certains pays signataires [634] n'appliqueront plus de droits de douane sur les produits européens tandis que d'autres les appliqueront, alors que ces pays relèvent d'une même communauté avec une union douanière.

La nouvelle convention proposée pourrait prévoir que la CEDEAO serait la seule organisation compétente pour pouvoir engager la Communauté dans un quelconque partenariat avec des pays européens ou d'autres continents. Elle pourrait prévoir des dispositions pertinentes qui prennent en compte les implications douanières des engagements de la Communauté.

Après la mise en place de règles douanières issues d'une nouvelle Convention, l'autre aspect sera le défi de la mise en œuvre réelle des nouvelles règles qui demande un accompagnement spécifique.

SECTION II : LE DEFI DE LA MISE EN ŒUVRE DES NOUVELLES REGLES DOUANIERES

La mise en œuvre des règles comporte un aspect juridique certes très important car les grandes lignes et les objectifs recherchés par les Etats y sont définis.

---

[633] DIANE Diagne Doudou, *Lettre citoyenne*, Dakar, 2008, Edition A.T.COM, 138 p : celui-ci appelle à une alliance citoyenne pour dire non aux APE qui ne militent pas pour l'intérêt de nos pauvres économies et de l'intégration.

[634] Le Cameroun a ratifié l'APE en juillet 2014. Cet accord est opérationnel depuis le 4 août 2016. Depuis lors, les 1 760 produits européens concernés par la suppression des barrières douanières peuvent accéder au Cameroun en mode préférence, en bénéficiant d'un abattement douanier de 25%, chaque année. Ces produits de l'UE seront libres d'accès dès 2020. En 2018, une autre catégorie d'articles européens s'ajoutera à la liste des exonérations, puis une troisième à partir de 2021. Voir le lien https://www.camernews.com/le-cameroun-perdu-950-millions-de-fcfa-de-recettes-douanieres-45-jours-apres-le-debut-de-la-2eme-phase-de-lape-avec-lue/ consulté le 28/09/2017.

Mais le plus important reste le défi de l'application qui demande et nécessite un accompagnement technique (Paragraphe I) et un accompagnement politique et institutionnel (Paragraphe II).

Paragraphe I : Un accompagnement technique spécifique

La nouvelle convention de la CEDEAO proposée devrait être appelée à régir des situations diverses qui ont trait à l'intégration de façon générale. Elle comprendrait diverses règles douanières ou ayant des implications douanières devant être appliquées dans tous les pays signataires.

Les modalités d'application pourraient prévoir un délai de mise en œuvre qui sera d'une courte durée pour ne pas perdre du temps. Ces modalités pourront être les mêmes pour ne pas permettre des disparités éventuelles.

Théoriquement, la convention pourrait prévoir les obligations et engagements spécifiques de chaque Etat et prévoir aussi le règlement en cas de difficultés d'interprétation des textes. Elle pourra prévoir en fait un Comité chargé de veiller à l'interprétation et à la vulgarisation des nouvelles règles en vigueur.

Les Etats de la CEDEAO prendront la responsabilité de ratifier la convention mais seront tenus de respecter leurs engagements dans le délai requis ; ils prendront toutes les dispositions pour permettre à leurs administrations douanières et autres services étatiques de pouvoir exercer convenablement leurs missions qui devront être spécifiées en interne par la signature de contrats de performance.

L'objectif sera de pouvoir contraindre les Etats à assumer leurs choix par des mesures de suivi et de coercition s'il le faut, puisque l'objectif recherché en vaut la peine.

Ainsi, la Cour de Justice de la CEDEAO pourra être saisie en cas de manquements des Etats concernant non seulement la violation du Traité fondateur mais aussi en cas de violation de la nouvelle convention douanière.

Il sera prévu en outre l'aspect concernant le financement et les investissements ; souvent, les Etats préfèrent ou font recours aux partenaires techniques européens, asiatiques ou américains notamment qui sont présents dans les pays par l'intermédiaire des fonds, des agences ou d'institutions de coopération (FMI, BM, FED, JICA, USAID, etc.).

Il est vrai que la modernisation des administrations douanières exige des investissements énormes en matière informatique, de couverture et de communication, d'énergie, de formation, de matériels, de logistiques pour assurer les missions de surveillance, de contrôles de toutes sortes aux frontières et à l'intérieur de la communauté.

Pour la réussite, l'idée du financement autonome de ces changements doit être clamée et satisfaite.

Les recettes pourraient provenir des Etats avec le prélèvement d'un pourcentage du budget, mais aussi des banques régionales ou africaines (BOAD, BAD, UBA, etc.).

Le partenariat public-privé[635] pourrait se révéler intéressant dans la mesure où il pourrait permettre la réalisation d'infrastructures nécessaires à l'intégration (postes de contrôles juxtaposés, aires d'entreposage ou de stockage, voies ferrées, centres de formations, etc.).

La mise en place de nouvelles règles douanières ne pourra se faire qu'en conjuguant les efforts au niveau communautaire. En effet, les destinataires desdites règles ne sont pas seulement les administrations douanières mais sont aussi les entreprises, les citoyens de façon générale. C'est la raison pour laquelle un effort devrait être fait pour une implication de tous les acteurs et l'accompagnement du processus par les acteurs du privé qui ont des intérêts particuliers dans la marche de l'intégration.

Paragraphe II : Un accompagnement politique réel

La préparation et la mise en œuvre de nouvelles règles conventionnelles en matière douanière nécessitent des initiatives réelles au niveau des autorités de la communauté. Cela signifie qu'un accompagnement politique et institutionnel est nécessaire pour l'aboutissement de ce processus.

Le suivi des engagements reste indispensable et les organes de la Communauté ont un rôle important à jouer dans ce sens.

---

[635] SAWARE Alioune, *Le particularisme du droit sénégalais des partenariats public-privé*, thèse de doctorat de droit, UCAD, Dakar, 2014 ; voir aussi SAWARE Alioune,« Partenariats Public-Privé dans l'UEMOA : genèse, entraves et perspectives d'un projet de développement », sur http://www.leral.net/Partenariats-Public-Prive-dans-l-UEMOA-Genese-entraves-et-perspectives-d-un-projet-de-developpement_a124003.html# consulté le 02 octobre 2017.

La Conférence des Chefs d'Etats et de gouvernement fait partie des « institutions » de la CEDEAO et cette appellation critiquée[636] est consacrée dans le nouveau Traité de la CEDEAO. Le nouveau Traité prévoit une longue liste des pouvoirs de cet organe ; selon l'article 7 paragraphe 2 du Traité révisé, « la Conférence peut prendre toutes mesures nécessaires en vue du développement progressif de la Communauté et de la réalisation de ses objectifs ».

L'idée est claire et permet à l'organe de pouvoir intervenir dans tous les domaines pour l'atteinte des objectifs d'intégration. Les questions douanières et sécuritaires se recoupent et se complètent ; ainsi l'exemple devrait venir de cet organe qui pourrait impulser et imprimer la démarche nécessaire pour la gestion du processus.

Le Conseil des Ministres et la Commission de la CEDEAO pourraient avoir un rôle d'exécution des réformes et programmes décidés par les Chefs d'Etats. Ceux-ci pourraient comprendre en leur sein des experts douaniers, des commissaires aux enquêtes économiques, des diplomates et d'autres personnes ressources pour la préparation et l'élaboration des documents de travail qui requièrent des connaissances techniques dans le domaine des échanges commerciaux.

Le Parlement de la CEDEAO, les organisations syndicales, la société civile, les chercheurs et universitaires seront invités à intégrer et à participer aux travaux qui appellent des connaissances pointues aux plans juridique, économique, social et environnemental.

En résumé, la création d'un nouveau cadre juridique conventionnel au niveau de la CEDEAO comportera des avantages certains ; en plus d'innover en proposant des règles plus adaptées au contexte sous-

---

[636] Le Pr Alioune SALL dans son ouvrage consacré aux mutations de l'intégration juridique des Etats en Afrique de l'Ouest, en traitant du perfectionnement organique dans les organisations d'intégration sous-régionale, affirme que l'ancien Traité de la CEDEAO ne comptait que la Conférence des Chefs d'Etats et de Gouvernements, le Conseil des Ministres, le Secrétariat exécutif, le Tribunal de la communauté et les Commissions techniques spécialisées (Commission du commerce, des douanes, de l'immigration, des questions monétaires et des paiements, Commission de l'industrie, Commission des télécommunications et de l'énergie, Commission des affaires sociales et culturelles).

Dans la nouvelle CEDEAO, il existe en plus de ces institutions un Parlement, un Conseil économique et social et un fonds de coopération et de développement. L'auteur pense qu'il y a une lacune liée à l'utilisation du terme « institutions » pour tous les organes et propose au plan de la dénomination une distinction entre les instances de décision ou de conception et les instances d'exécution ou de caractère exclusivement technique.

régional, ladite Convention pourrait ainsi fédérer l'ensemble des points devant faire l'objet d'une application en matière douanière, faire disparaitre des conventions non appliquées[637] et permettre à la CEDEAO d'être plus active.

Les organes de la CEDEAO sont ainsi appelés à jouer chacun un rôle décisif pour que les engagements forts allant dans le sens de la poursuite des efforts d'intégration soient respectés par les Etats.

En définitive, la promotion de nouvelles règles et pratiques de qualité peut être facilitée par un nouveau cadre juridique international contraignant dans l'espace CEDEAO avec notamment une convention qui pourrait centraliser l'essentiel des règles douanières nécessaires à l'intégration sous-régionale.

La dimension quantitative du droit douanier exige aussi une approche qualitative.

---

[637] La Convention de Nairobi sur l'assistance mutuelle administrative en matière douanière constitue un exemple ; son champ d'action est trop limité et la plupart de ses dispositions ne sont plus adaptées à l'environnement douanier. Sa révision a été proposée.

CHAPITRE II

UN DROIT DOUANIER QUALITATIF : ASPECTS THEORIQUES ET PRATIQUES

Le droit douanier est un condensé de règles issues d'instruments juridiques différents d'origine conventionnelle ou non conventionnelle régissant le commerce international.

Il est appelé aussi, compte tenu de l'évolution, à intégrer des normes ou règles de qualité. Il s'agit d'un objectif pour pouvoir permettre une meilleure application des règles en matière douanière dans le contexte africain. Il permet au droit d'évoluer qualitativement pour s'adapter à l'environnement mondial.

La qualité reste une notion usitée partout : en matière juridique, technologique, économique, environnementale, médicale, scolaire, etc.

Nous allons traiter des généralités concernant la notion de qualité (Section I) avant d'envisager les spécificités en termes de perspectives pour les administrations douanières (Section II).

SECTION I : LA NOTION DE QUALITE

La qualité est un concept en évolution, exigée ou requise dans tous les domaines de la vie actuelle [638]. Elle renvoie à une nécessité d'amélioration ou de progression (Paragraphe I).En matière douanière, la qualité renvoie à la nécessité d'arriver aux objectifs fixés par l'OMD qui l'a placée au cœur de ses actions et de différentes façons (Paragraphe II).

Paragraphe I : La qualité : un concept en évolution

Depuis quelques années, l'on assiste à un besoin des acteurs de la vie internationale (Etats et organisations internationales notamment), de promouvoir des règles et des procédures qualitatives pour mieux satisfaire des intérêts et rendre les règles plus claires et plus intelligibles.

---

[638] www.larousse.fr. La qualité est ce qui rend quelque chose supérieur à la moyenne. Voir aussi NDIAYE Doudou, *Promouvoir la qualité dans l'enseignement supérieur au Sénégal*, Paris, Editions universitaires européennes, 2018, 104 p. Pour l'auteur, la qualité est un ensemble de propriétés et caractéristiques d'un produit ou service qui concourent à satisfaire des besoins exprimés ou implicites.

Par souci d'une meilleure interprétation et d'une meilleure application des règles, l'exigence de qualité est aussi affichée de plusieurs manières.

La qualité reste une exigence moderne aussi bien dans le domaine juridique (A) que dans d'autres domaines (B).

A/ <u>La qualité des normes juridiques</u>

La qualité[639] peut être définie comme :

- la conformité d'un produit, d'un service, d'une organisation par rapport aux attentes implicites et explicites d'un client ;
- faire bien dès la première fois, en recherchant toujours l'amélioration, et en satisfaisant toujours le client ;
- un atout essentiel pour pérenniser les contrats et un avantage concurrentiel pour obtenir de nouveaux marchés ;
- satisfaire les clients tout en cherchant à s'améliorer.

La problématique relative à la mauvaise qualité des règles juridiques demeure une préoccupation intense des praticiens et observateurs du droit.

Reconnue comme une nécessité, recherchée comme un impératif, elle n'a sans doute pas grandi en clarté en augmentant en considération[640].

L'exigence de qualité des normes est devenue une sorte de lieu commun juridique. L'expression de qualité de la loi ou qualité de la norme se présente plus comme un label regroupant à posteriori les exigences que l'on souhaite promouvoir que comme un concept formalisé dont ces exigences découleraient logiquement[641].

Pour ce qui concerne la définition de la qualité d'une norme, l'on peut retenir que « c'est l'ensemble des caractères requis pour qu'une norme valide, et conforme aux normes qui lui sont supérieures dans un système

---

[639] Voir DIRIDOLLO B., *Le client au cœur de l'organisation - La qualité en action*, Paris, Editions organisation 2001 ; Voir SENGE Peter, *La danse du changement*, Paris, Editions First, 1999 ; Voir <u>definition.pdf-Reader</u> consulté le 27 juillet 2018.

[640] FATIN-ROUGE STEFANINI Marthe, GAY Laurence, PINI Joseph, *Autour de la qualité des normes*, Bruxelles, Edition BRUYLANT, 2010, p. 13. Cet ouvrage est le fruit d'un colloque de deux jours tenu à Aix en Provence du 24 au 25 octobre 2008. La problématique était relative à l'unité conceptuelle des exigences et conditions relatives à la qualité de la norme, certes proches mais, dans le même temps, marquées d'une incontestable diversité.

[641] Idem, p.13.

donné, présente le moins de difficultés possibles dans son application, eu égard à son contenu et à sa position dans la hiérarchie des normes[642].

Ces auteurs ont estimé que la perméabilité du droit et de la démocratie explique que les préoccupations relatives à la qualité des normes se retrouvent dans l'ensemble des pays occidentaux en même temps.

En France, Bruno GENEVOIS[643] a analysé les trois causes profondes de l'instabilité des normes et de leur qualité. Selon ce dernier, il s'agit de:

- l'interventionnisme de l'Etat dans le domaine économique et social ;
- l'élaboration des textes qui s'exerce dans un cadre démocratique avec le jeu normal des institutions démocratiques (vote de la loi par le Parlement, exercice du pouvoir réglementaire par le premier Ministre sous réserve de la compétence du Président de la République, usage désordonné du droit d'amendement qui peut affecter la qualité d'un projet) ;
- l'appartenance de l'Etat à la Communauté européenne qui est partie à un ordre international qui se développe et induisant une transposition en droit interne de normes d'origine communautaire en lois, règlements ou décrets. Il y a aussi la réglementation fruit des conventions internationales dont certaines, appellent des prolongements sur le plan législatif ou réglementaire.

Le souci de la qualité des normes juridiques reste préoccupant aussi dans les pays africains et plus particulièrement pour ceux objet de notre étude pour différentes raisons :

- souci de légitimité, de vivacité démocratique et du renforcement de l'état de droit ;
- besoin de rendre les normes compréhensibles et applicables.

La qualité des normes est une exigence aussi bien pour les normes communautaires, les constitutions, les lois et règlements, les décisions de justice, les contrats, etc. Elle est exigée dans toutes les branches du droit. Marthe FATIN-ROUGE STEFANI estime que « la bonne qualité de la

---

642 FATIN-ROUGE STEFANINI Marthe, GAY Laurence, PINI Joseph, op.cit., pp.13-14.

643 Propos introductifs de Bruno GENEVOIS in, *Autour de la qualité des normes*, op.cit., pp.19-21. Ce dernier est magistrat, président de Section au Conseil d'Etat en France.

règle de droit est d'ailleurs apparue comme une condition sine qua non de l'acceptation par les citoyens des règles régissant la vie en société[644] ».

La plupart des pays africains ont organisé des referendums et procédé ainsi à des révisions constitutionnelles – des fois calculés et critiqués- pour pouvoir adapter leur arsenal juridique et garantir l'effectivité de certains droits constitutionnels ou pour rendre plus transparentes les règles du jeu démocratique.

Les pays étudiés sont membres des Nations unies, de la CEDEAO, de l'UEMOA, de l'OHADA, de l'OMC, de l'OMD, etc., qui mettent en place des normes internationales ou communautaires devant être mises en œuvre dans les pays. Leur mise en œuvre nécessite des changements constitutionnels, législatifs ou réglementaires. Les Etats sont obligés ou sont invités selon les cas, à procéder aux changements juridiques nécessaires pour l'application de règles dans des domaines divers. C'est le cas en matière douanière car les conventions, résolutions et les recommandations de l'OMD contiennent des règles devant être appliquées par les Etats membres et nécessitant un changement soit des codes douaniers soit des textes réglementaires portant application des lois (décrets, ordonnances, arrêtés, notes de service…).

La question de la qualité de la réglementation sur l'agenda politico-administratif est apparue avec l'OCDE vers les années 1990 et a été renouvelée au début des années 2000 par les rapports Doing busness de la Banque mondiale[645].

Les exigences de qualité sont variables et contingentes et elles ont toujours été vues comme une nécessité. Les lois doivent obéir à certaines exigences de qualité car selon Portalis, « l'office de la loi est de fixer, par de grandes vues, les maximes générales du droit, d'établir des principes féconds en conséquence, et non de descendre dans le détail des questions qui peuvent naitre sur chaque matière (…). Quand la loi est claire, il faut la suivre ; quand elle est obscure, il faut en approfondir les dispositions.

---

[644] MONTESQUIEU, *De l'esprit des lois*, 1758, Livre VI ; FATIN-ROUGE STEFANINI Marthe, GAY Laurence, PINI Joseph, op.cit., p.27.

[645] FATIN-ROUGE STEFANINI Marthe, GAY Laurence, PINI Joseph, op.cit., p.163. Le Conseil de l'OCDE a adopté le 09 mars 1995 une recommandation concernant la qualité de la réglementation officielle et liste des critères de référence de l'OCDE pour la prise de décisions en matière de réglementations et document de référence. Voir OCDE/GD 95, p.22. La définition de la réglementation est particulièrement extensive car elle inclut les constitutions, les lois parlementaires, les règlements d'application, les décrets, ordonnances, normes, licences, plans, codes et même certains types d'instructions administratives.

Si l'on manque de loi, il faut consulter l'usage ou l'équité. L'équité est le retour à la loi naturelle, dans le silence, l'opposition ou l'obscurité des lois positives[646] ».

Il existe un besoin de clarifier les normes au niveau international et au niveau communautaire (CEDEAO notamment). Au niveau interne, il doit exister des programmes de recensement de toutes les normes devant être transposées dans le droit interne.

Une approche inclusive et multidisciplinaire peut permettre de progresser de façon qualitative dans nos pays. En effet, les universitaires, les praticiens du droit, les fonctionnaires, les membres du secteur privé, les membres des parlements qui représentent les citoyens, les juges doivent être au service de la qualité de la règle juridique.

Pour le droit douanier, les règles qualitatives doivent être une réalité pour les codes douaniers et les textes d'application (décrets et arrêtés) qui fixent les conditions d'application de la loi douanière dans nos Etats.

L'usage de la légistique permet de mieux cerner les réalités et les soucis de codification des règles et leur agencement dans l'ordonnancement juridique. Celle-ci est définie en droit, comme l'ensemble des méthodes et conventions de rédaction des textes normatifs (lois-décrets, etc.)[647].

En France, Serges LASVIGNES, le Secrétaire général du Gouvernement, a défini la légistique comme « l'art de faire un droit de qualité ». De même qu'il incombe à l'autorité investie du pouvoir de décision d'évaluer du mieux possible l'impact d'une nouvelle réglementation, il appartient au rédacteur, au juriste d'anticiper les difficultés que suscitera sa lecture, son interprétation, sa mise en œuvre.

La légistique peut ainsi se résumer à un ensemble de règles que le rédacteur de textes (lois, ordonnances, décrets, arrêtés) doit respecter afin d'assurer une application et une compréhension uniforme du droit et d'éviter la complexité inutile, source de contentieux[648].

Élaboré par le Conseil d'État et le Secrétariat général du Gouvernement (SGG), un « Guide pour l'élaboration des textes

---

646 FATIN-ROUGE STEFANINI Marthe, GAY Laurence, PINI Joseph, op.cit., p.27.

647 Voir le lien fr.m.wikipedia.org.

648 FINCK Nathalie, Consultante juridique en droit public : « Règles de légistique à respecter pour la rédaction des textes normatifs », suivre le lien http://www.wikiterritorial.cnfpt.fr/xwiki/wiki/econnaissances/view/NotionsCles/Reglesdelegistiquearespecterpourlaredactiondestextesnormatifs

législatifs et réglementaires » est publié par la Documentation française[649].

Les règles sont aujourd'hui dénoncées souvent comme étant de mauvaise qualité ; il s'agit d'un constat et d'une « volonté de perfection » pour mieux les adapter à la société où elles s'exercent.

B/ <u>Les méthodes qualité</u>

Le langage de la qualité est un langage ésotérique puisque technique. Des définitions normalisées de la qualité sont proposées successivement[650].

La qualité est l'ensemble des caractéristiques d'une entité qui lui confèrent des besoins exprimés et implicites (Norme ISO 8402/1994).

La qualité est l'aptitude d'un ensemble de caractéristiques intrinsèques d'un produit, d'un système ou d'un processus à satisfaire les besoins des clients et autres parties intéressées (Norme ISO 9000/2000).

Selon Monsieur Ibrahima DEME[651], cette définition est en phase avec les préoccupations de développement durable parce qu'au-delà des clients, il faut prendre en compte les exigences des autres parties prenantes : collectivités locales, Etat, employés, etc.

La qualité est devenue une exigence pour tous les acteurs publics et privés et permet ainsi une meilleure satisfaction des besoins des consommateurs.

Il y a lieu de noter une double évolution dans les approches qualité : en effet, du point de vue du marketing, les évolutions sont liées à l'environnement économique et technologique qui détermine les niveaux d'exigence des consommateurs. Avec l'industrialisation, l'offre est supérieure à la demande, ce qui pousse les fabricants à satisfaire au mieux les attentes des consommateurs, en recherchant constamment des éléments de différenciation par rapport aux autres fournisseurs.

---

[649] Voir le site public www.legifrance.fr.

[650] DEME Ibrahima, *Comprendre le « jargon des méthodes qualité »*, Dakar, L'Harmattan, 2016, pp.13-14.

[651] Monsieur Ibrahima DEME est titulaire d'une licence de physique-chimie et d'un diplôme d'ingénieur textile, il a été un des précurseurs de la qualité au Sénégal, Il est spécialiste en Analyse de la Valeur et certifié Union européenne comme animateur et formateur en management par la valeur.

Du point de vue méthodologique, l'on a constaté successivement le passage du contrôle de qualité, à l'assurance qualité puis au management de la qualité[652].

L'évolution technologique pousse ainsi les dirigeants à s'adapter ou à anticiper pour pouvoir continuer à exister.

Approche processus et démarches qualité sont associés depuis de nombreuses années. Les premiers pas des démarches qualité se sont réalisés en s'appuyant sur l'utilisation de techniques statistiques dans le but d'améliorer la maitrise des processus industriels[653].

Selon certains experts, « rester immobile et passif dans un monde évoluant à la vitesse d'ADSL s'avère dangereux[654] ». Il faut s'adapter vite et constamment à l'évolution des nouvelles technologies.

Pour eux, décloisonner l'entreprise pour la rendre plus agile et plus compétitive, analyser et améliorer le fonctionnement pour concentrer les efforts et les ressources sur les activités à fort effet de levier sur la stratégie constituent le défi posé aujourd'hui à tous les dirigeants.

Dans nos pays, les exigences de qualité des produits consommés ou utilisés sont plus vivaces. C'est une mode, une tendance positive exigée pour tout afin de pousser la satisfaction au maximum des citoyens et des communautés.

La qualité des normes juridiques est devenue un impératif à l'heure actuelle pour les Etats. La qualité est aussi au cœur des actions de l'OMD.

Paragraphe II : La qualité, une notion au cœur de l'action de l'OMD

L'OMD a pu adopter beaucoup de règles inspirées des pratiques internationales pour permettre aux administrations douanières des Etats membres de faire face à leurs missions. La mission qui est assignée à celles-ci exige une méthode, une organisation efficace, des objectifs clairement identifiés pour atteindre des résultats probants. La qualité des règles adoptées, la qualité des relations entre membres, la qualité des pratiques commerciales entre autres sont recherchées par l'OMD.

652 DEME Ibrahima, op.cit., pp.11-12.

653 MONGUILLON Patrick et VERDOUX Stéphane, *L'entreprise orientée processus*, Paris, Editions AFNOR, 2013, p.7.

654 Idem, p.8.

Cette notion est déclinée implicitement d'une part (A), mais elle a été expressément affirmée récemment dans une Recommandation pour tenir compte de l'évolution (B).

A/ <u>Une notion déclinée implicitement</u>

Pour rappel historique, le CCD (actuelle OMD) a été créé pour garantir la mise en œuvre effective de deux conventions douanières internationales : la convention sur la nomenclature pour la classification des marchandises dans les tarifs douaniers et la convention sur la valeur en douane des marchandises, toutes deux signées le 15 décembre 1950, en même temps que la Convention créant le CCD.

Les fonctions statutaires du CCD sont bien claires. En effet, selon l'article III de la Convention de Bruxelles du 15 décembre 1950, portant création du CCD, la tâche de cette Organisation consiste :

- à favoriser la coopération douanière entre les Etats membres et l'harmonisation, sinon même éventuellement l'uniformisation des « régimes douaniers » ;
- à assurer l'interprétation et l'application uniforme des conventions douanières ;
- à jouer un rôle de conciliation pour le règlement des différends nés à l'occasion de la mise en œuvre de ces conventions[655].

En premier lieu, même si la notion de qualité n'apparaît pas dans la Convention, l'analyse du contenu textuel permet de dire que la coopération, l'harmonisation et l'uniformisation renvoient de façon implicite à une certaine qualité des relations entre Etats qui doit entraîner une simplification des procédures en matière douanière.

De même, l'interprétation et l'application uniformes des conventions supposent une réelle ou une supposée présence qualitative aussi bien des normes que des membres pour pouvoir atteindre l'objectif recherché en matière douanière pour les acteurs.

L'implication de l'organisation dans la recherche de solution en cas de différends au stade de la mise en œuvre témoigne d'une volonté d'éviter les difficultés qui peuvent remettre en cause l'application desdites conventions.

Les travaux du CCD peuvent être analysés de façon qualitative. Selon le Pr DAILLER, « l'efficacité technique d'une organisation internationale

---

[655] DAILLIER Patrick, « Le Conseil de Coopération douanière », op.cit., p.475.

suppose le plus souvent un mandat étroit, un ferme appui des responsables nationaux intéressés par les résultats de la concertation interétatique, la richesse et la souplesse dans les « directives » émanant de l'organisation. Au cours de ses vingt-cinq premières années d'existence, le CCD a su respecter ces trois conditions. Il n'est dès lors pas étonnant qu'il ait pu élargir progressivement le champ de ses ambitions et faire reconnaître son autonomie [656]».

La qualité du travail apparaît sous plusieurs aspects en matière douanière car le CCD a un domaine d'action effectif[657].

L'évolution est aussi qualitative au sein de l'Organisation car le nombre croissant d'Etats du tiers-monde au sein du CCD oblige à certaines réorientations, pour tenir compte de la spécificité de leurs besoins en matière douanière[658].

En deuxième lieu, concernant la CKR, la notion de qualité n'apparaît pas dans le Préambule mais elle est sous-entendue. En effet, il est stipulé que « Les Parties contractantes à la présente Convention élaborée sous les auspices du Conseil de coopération douanière » désirent « apporter une contribution efficace au développement du commerce et de ces échanges en simplifiant et en harmonisant les régimes douaniers et les pratiques douanières et en favorisant la coopération internationale », et reconnaissent « que cette simplification et cette harmonisation peuvent être accomplies notamment en appliquant les principes ci-après :

- la mise en œuvre de programmes en vue de moderniser constamment les régimes et pratiques douaniers et d'améliorer leur efficacité et leur rendement,
- l'application de régimes douaniers et de pratiques douanières de manière prévisible, cohérente et transparente,

---

[656] DAILLIER Patrick, « Le Conseil de Coopération douanière », op.cit., p.475.

[657] Idem, pp.476-477 ; selon ce dernier, « le CCD a entendu la notion de réglementation douanière dans son acception pleine et entière. Ses premiers efforts ont été tout naturellement consacrés aux deux matières, nomenclature tarifaire et valeur en douane, d'ores et déjà réglementées par des conventions. Cette attitude était justifiée : d'abord, parce que la convention créant le CCD insistait sur cette partie de son mandat ; en second lieu, parce qu'il s'agissait d'une tâche complexe, difficile et urgente. L'interprétation de ces deux conventions est une véritable toile de Pénélope. Au fur et à mesure que les dispositions initiales sont explicitées, elles sont remises en cause, et le travail d'interprétation à refaire, par les modifications du commerce international et par les besoins de la lutte contre la fraude douanière ».

[658] Ibid., p.477.

- la mise à disposition des Parties intéressées de tous les renseignements nécessaires concernant les lois, réglementations, directives administratives, régimes et pratiques de la douane,
- l'adoption de techniques modernes telles que les systèmes de gestion des risques et les contrôles par audit, ainsi que l'utilisation qui soit la plus large possible de la technologie de l'information,
- la coopération, lorsqu'il y a lieu, avec les autres autorités nationales, les autres administrations des douanes et les milieux commerciaux,
- la mise en œuvre de normes internationales pertinentes,
- l'ouverture aux parties lésées de voies de recours administratives et judiciaires d'un accès facile… ».

A l'analyse, l'on peut déduire que toutes ces règles visent la transparence, la facilitation, la concertation, la coopération et l'efficacité qui ont un lien forcé avec la qualité : qualité des règles, qualité des procédures, qualité des relations, qualité des rapports avec d'autres acteurs non douaniers, qualité des moyens humains, des moyens logistiques, technologiques, qualité des moyens de contrôles douaniers, etc.

En résumé, on pourrait, à notre avis, affirmer que la CKR se veut être un instrument juridique de qualité du point de vue des normes édictées qui proposent des régimes douaniers qualitatifs, des procédures qualitatives, des moyens de contrôle qualitatifs, une coopération interne et externe qualitative pour arriver à un commerce mondial facile, sûr, garanti et donc qualitatif.

La notion de qualité ne figure pas dans les définitions[659] proposées à l'article 1 de la CKR. Le souci de clarté dans la rédaction a été à l'origine de la proposition de définition de certaines notions et à la proposition d'une Annexe générale obligatoire et d'Annexes spécifiques facultatives.

Enfin, en ce qui concerne le Cadre de normes SAFE, la notion de qualité n'est pas reprise expressément dans le Préambule de la Résolution. Mais il est mentionné que le Conseil de Coopération douanière est « convaincu de la nécessité pour les administrations des douanes de mettre en œuvre des normes relatives aux régimes douaniers intégrés et de la nécessité pour les administrations des douanes et les

[659] On retrouve les dix définitions suivantes : « norme » ; « norme transitoire » ; « pratique recommandée » ; « législation nationale » ; « Annexe générale » ; « Annexe spécifique » ; « Directives » ; « Comité technique permanent » ; « Conseil » ; « Union douanière ou économique ».

entreprises de coopérer entre elles… ». L'idée de création de règles ou normes de qualité et d'une coopération ou collaboration qualitative est déclinée. Il s'agit d'une approche inclusive, d'un souci d'impliquer toutes les parties prenantes pour la réalisation des objectifs recherchés par la Résolution.

Les États membres et les unions douanières sont aussi appelés à faire de leur mieux pour mettre en œuvre le Cadre SAFE[660].

Par ailleurs, la dernière version de juin 2015 semble être inspirée par des soucis de compréhension et de qualité rédactionnelle. Le Secrétaire général de l'Organisation mondiale des douanes Kunio MIKURIYA, partant de la reconnaissance par la communauté internationale de l'importance des contrôles douaniers, estime qu'« il s'agit d'un instrument dynamique qui fait une part équilibrée entre facilitation et contrôle tout en promouvant la sûreté de la chaîne logistique internationale. Cet instrument unique demeure une référence pour la douane et les opérateurs économiques, et l'OMD fera en sorte qu'il continue à jouer un rôle clé dans la réalisation de la vision de l'Organisation en répondant tant aux besoins de la douane qu'à ceux de tous les intervenants du commerce international [661]».

Le Cadre SAFE repose sur un triple pilier, celui du réseau douane-douane, celui des partenariats douane-entreprises et celui de la coopération entre les administrations des douanes et les autres services gouvernementaux et intergouvernementaux. Il comprend un jeu de normes qui sont regroupées de manière à en garantir une compréhension aisée et une mise en œuvre rapide à l'échelon international. En outre, le Cadre SAFE est directement inspiré des mesures existantes de l'OMD en matière de sûreté et de facilitation, ainsi que des programmes élaborés par les administrations membres.

Les trois piliers renvoient de façon implicite à une certaine qualité des rapports et des relations au sein des administrations douanières et entre celles-ci et les autres acteurs publics et privés qui interviennent dans la chaîne logistique pour sécuriser et faciliter le commerce mondial.

---

[660] Dans le Préambule de la Résolution, il est mentionné que le Conseil de Coopération douanière « prend acte que les Membres et les Unions douanières ou économiques pourraient devoir envisager de modifier leurs dispositions nationales de nature juridique ou autre en vue de permettre la mise en œuvre du Cadre de Normes de l'OMD.

[661] Voir le Cadre de normes SAFE, version de juin 2015, pp. 2-3, disponible sur le site www.wcoomd.org.

Dans le rapport annuel de l'OMD 2015-2016, il est aussi rappelé le thème de l'année qui est « la douane numérique : pour un engagement progressif » ; selon le Secrétaire général de l'Organisation, « la communauté douanière aspire à continuer de développer des solutions et des services numériques afin de faciliter la vie des opérateurs commerciaux, des autres organismes gouvernementaux présents aux frontières et du personnel douanier[662]... ».

La volonté de promouvoir de nouvelles règles, de prévoir de nouvelles réponses face à l'évolution technologique et à l'évolution de la criminalité sous toutes ses formes, d'envisager de nouveaux comportements permettant une coopération ou une collaboration efficaces, d'encourager l'utilisation des NTIC dans les procédures de dédouanement et de contrôles douaniers, traduit un souci pour l'OMD, de mettre la qualité au cœur de toutes ses actions au bénéfice des Etats membres.

La qualité n'est pas expressément citée dans la convention créant l'OMD, dans la CKR et dans le Cadre de normes SAFE de l'OMD. Mais l'on pourrait dire qu'elle est sous-entendue ou déclinée de façon implicite.

La notion de qualité est par contre expressément prévue dans la Recommandation sur les données de l'OMD.

B/ <u>Une notion déclinée explicitement dans la Recommandation sur les données</u>

En plus des conventions et des résolutions, l'OMD élabore des recommandations qui, selon elle, « constituent l'un des moyens pratiques les plus efficaces pour assurer aux régimes douaniers le plus haut degré d'harmonisation et d'uniformité [663] ».

Les Recommandations qui ont été élaborées en matière de Technique douanière ont principalement pour objet :

- de promouvoir la coopération entre les administrations douanières ;

- d'uniformiser les pratiques suivies en matière de franchise, remboursement ou remise de droits ;

- de faciliter les transports internationaux de marchandises, les voyages et le tourisme ;

---

[662] Rapport de l'OMD, 2015-2016, p. 6 sur www.wcoomd.org.

[663] Rapport de l'OMD, 2015-2016, p. 7 sur www.wcoomd.org.

- de faciliter ou de hâter l'application de certaines Conventions internationales ;

- de simplifier et d'harmoniser les documents douaniers ;

- d'assurer la protection juridique des usagers.

Les recommandations de l'OMD ont subi une certaine évolution pour toucher le maximum d'Etats et les rendre conformes aux principes de droit international[664].

L'OMD a tenu à faire des précisions en mentionnant que « les Recommandations traitant de la Technique douanière ne doivent pas être assimilées à des traités au sens de la Convention de Vienne sur le droit des traités[665] ».

Les modalités de mise en application d'une Recommandation relèvent de l'Etat ou de l'Union douanière ou économique qui a accepté celle-ci étant entendu que cette autorité s'engage implicitement à mettre en œuvre, dans la mesure du possible, les dispositions qu'elle a acceptées. De toute façon, cet Etat ou cette Union douanière ou économique ne devrait pas accepter une Recommandation s'il n'est pas disposé à mettre en pratique ses principaux objectifs.

---

[664]http://www.wcoomd.org/fr/about-us/legal-instruments/recommendations/pf_recommendations.aspx consulté le 20 janvier 2018 ; en effet, à sa 21ème session, le Conseil a décidé que les Recommandations qui s'y prêtent seront portées à la connaissance des Etats non membres par l'intermédiaire des Commissions économiques régionales des Nations Unies.

A ses 131ème /132ème sessions, le Comité technique permanent a conclu que les Recommandations de la Technique douanière devraient être conformes aux principes suivants :

Lorsqu'une Recommandation contient plusieurs idées essentielles, chacune d'entre elles doit faire l'objet d'un paragraphe, d'un « RECOMMANDE » ou d'une annexe distincte. En cas de besoin, la Recommandation devrait préciser envers qui elle s'applique.

En ce qui concerne les Recommandations successives sur un même sujet, il convient de se demander dans chaque cas si le contenu de l'ancienne Recommandation doit être ou non incorporé dans la nouvelle.

Il incombe au Conseil de décider, sur proposition du Comité compétent, si une Recommandation existante doit être maintenue lorsqu'une nouvelle Recommandation portant sur le même sujet a été acceptée.

A ses 77ème /78ème sessions, le Conseil a adopté la proposition du Comité technique permanent visant à élargir l'audience des Recommandations de la Technique douanière et donnant la possibilité aux Membres et non Membres du Conseil ainsi qu'aux Unions douanières ou économiques de les accepter.

[665]http://www.wcoomd.org/fr/about-us/legal-instruments/recommendations/pf_recommendations.aspx consulté le 20 janvier 2018.

Les domaines couverts par les recommandations[666] de façon générale sont le contrôle et la lutte contre la fraude, la technologie de l'information, la facilitation et les procédures, le système harmonisé.

De façon générale comme pour les conventions et les résolutions, la notion de qualité est traitée de façon implicite dans beaucoup de recommandations.

Mais en juin 2015, l'OMD a adopté une recommandation qui traite expressément de la qualité des données.

Le préambule de ladite recommandation renseigne sur l'importance et les objectifs visés par les Etats membres. En effet, il est reconnu que :

- les administrations des douanes et le secteur commercial partagent depuis un certain temps les mêmes préoccupations concernant la qualité des données;
- la qualité des données est notamment un élément essentiel pour la sécurité de la chaîne logistique, qui permet la facilitation des échanges commerciaux licites.

Les Etats membres considèrent en outre d'une part, que les données[667] doivent absolument être de qualité, pour que l'on puisse tirer tout le profit potentiel de la facilitation des échanges, conformément au Cadre de normes SAFE ; d'autre part, que les stratégies de gestion des risques en matière douanière reposent sur des données adéquates, précises et de qualité, qui permettent à la douane et au secteur commercial de prendre des décisions plus averties au sujet du traitement du fret.

La recommandation renvoie à la CKR notamment aux Normes 3.11 et 3.12 et au Chapitre 7 de l'Annexe générale de la Convention de Kyoto révisée, relatifs aux normes de données et à l'application de la technologie de l'information.

Dans le préambule, les rédacteurs opèrent une distinction entre deux aspects de la qualité des données : leur pertinence eu égard à l'utilisation qui doit en être faite et leur fiabilité.

Les membres reconnaissent aussi l'importance d'élaborer, de déployer, de réviser et d'affiner les processus et les procédures de qualité

[666]Voir la liste des recommandations sur le site de l'OMD www.wcoomd.org; il s'agit de centaines de recommandations couvrant tous les domaines d'intervention des administrations douanières. Voir aussi la situation des recommandations à la date du 19 septembre 2018.

[667] Selon Wikipédia, une donnée est une description élémentaire d'une réalité. C'est par exemple une observation ou une mesure.

des données entre les administrations des douanes et le secteur commercial à travers la mise en place d'une collaboration étroite.

A travers cette recommandation, les Etats membres souhaitent améliorer la disponibilité et la qualité des données que les administrations des douanes reçoivent du secteur commercial pour accomplir les tâches que leur confient les gouvernements, et doivent aussi, conformément aux objectifs de l'OMD, faciliter le commerce licite sans mettre en péril l'efficacité des contrôles douaniers.

Ladite recommandation de l'OMD s'adresse aux Membres du Conseil et à l'ensemble des Membres de l'Organisation des Nations Unies ou de ses institutions spécialisées, ainsi qu'aux Unions douanières ou économiques.

Quatre principes précis sont à appliquer pour l'amélioration des données selon la recommandation. Ces principes sont un condensé des règles déjà décrites dans la CKR et le Cadre SAFE car reposant sur une collaboration efficace entre la douane et les acteurs du commerce :

- un partenariat entre les administrations des douanes et le secteur commercial est essentiel pour comprendre les exigences respectives des parties en matière de qualité des données, pour identifier de nouveaux processus et améliorer les processus existants, dans un environnement constructif ;

- une analyse des données, des systèmes et des procédures devrait être régulièrement effectuée afin de déterminer si les données et leur qualité suscitent d'éventuelles préoccupations ;

- la coordination au sein de la communauté douanière mondiale par le biais de l'OMD pour : mettre en œuvre et tenir à jour les systèmes qui reconnaissent et appliquent des normes mondiales de messagerie ; réduire les procédures et les processus manuels, sur papier et promouvoir les messages électroniques ; encourager la mise en œuvre et la mise à jour d'une liste non exhaustive de désignations acceptables et non acceptables de marchandises ; identifier la partie ayant fourni les données dans la chaîne logistique mondiale et faciliter sa capacité à fournir directement les données aux administrations des douanes ; et, enfin, encourager dans la mesure du possible le recours à des informations encodées reposant sur des normes internationales, et notamment sur les outils et instruments de l'OMD ;

- l'éducation de l'ensemble des parties concernées de la chaîne logistique commerciale internationale aux principes régissant la qualité des données et leur amélioration, sur la base d'un constat systématique des points faibles.

Cette recommandation de l'OMD est une suite logique et traduit la volonté des Etats membres d'œuvrer plus efficacement. Elle fait suite à la Journée internationale de la douane de 2017 qui avait pour thème « l'analyse des données pour une gestion efficace des frontières ».

Selon le Secrétaire général de l'OMD[668], « toute activité économique est source de données, y compris le mouvement de personnes et de marchandises qui circulent tout au long de la chaîne mondiale de valeur… Or, pour gérer plus efficacement les frontières, il est capital que les administrations douanières puissent recueillir et analyser ces données…Pour pouvoir être utilisées de manière optimale, ces données doivent être de bonne qualité et disponibles rapidement. Les services aux frontières doivent par ailleurs harmoniser les données et développer des compétences en interne permettant de relever les défis informatiques. Dans le cadre de sa mission, l'OMD encouragera les administrations douanières à veiller au respect des lois sur la vie privée et la confidentialité des données de manière à garder la confiance de la société ».

L'OMD entretient des relations étroites avec beaucoup d'autres organisations ou institutions spécialisées des Nations unies ou d'autres organisations spécifiques. Elle a signé des accords avec la plupart d'entre elles pour une collaboration, assistance, conseil ou coopération dans divers domaines ayant trait à la matière douanière. Ainsi, elle entretient des relations avec les organisations de normalisation comme l'Organisation internationale de normalisation (ISO).

L'ISO est un réseau mondial d'instituts nationaux de normalisation de 156 pays. A ce jour, elle a publié quelques 16 500 normes destinées à l'industrie, aux pouvoirs publics et à la société dans son ensemble. Les normes de l'ISO constituent une offre complète pour les trois volets — économique, environnemental et social — du développement durable. Elles apportent des solutions et des avantages à quasiment toutes les branches d'activités : agriculture, bâtiment, ingénierie mécanique, fabrication, grande distribution, transports, dispositifs médicaux,

---

[668] Ces propos figurent dans le message de Kunio MIKURYA, lors de la journée internationale de la douane, célébrée le 26 janvier 2017.
Voir l'intégralité du message sur http://www.wcoomd.org//media/wco/public/global/pdf/about-us/international-customs-day/2017/message-from-the-wco-secretary-general-fr.pdf?db=web

technologies de l'information et de la communication, environnement, énergie, gestion de la qualité, évaluation de la conformité et services[669].

Un nouvel accord encourage l'utilisation des normes internationales pour diffuser l'innovation.

Les principales organisations internationales de normalisation viennent d'adopter une approche concertée de l'intégration des techniques brevetées dans les normes. Dans le cadre de la World Standards Cooperation (WSC), la Commission électrotechnique internationale (IEC), l'Organisation internationale de normalisation (ISO) et l'Union internationale des télécommunications (UIT) ont harmonisé leurs politiques, qui permettent aux sociétés commerciales de faire connaître les résultats de leurs travaux de recherche-développement en ayant l'assurance que leurs droits de propriété intellectuelle seront respectés.

La qualité reste une notion générale, actuelle et dynamique. En matière douanière, elle comporte des spécificités.

SECTION II : SPECIFICITES DE LA QUALITE EN MATIERE DOUANIERE

La qualité reste une notion spécifique en matière douanière. Les méthodes qualité qui sont devenues indispensables pour les entreprises évoluent et inspirent aussi les administrations douanières.

La CKR et le Cadre SAFE contiennent des règles qui invitent celles-ci à maintenir ou à engager un partenariat avec le secteur privé pour sécuriser et faciliter le commerce.

Les missions douanières ont évolué car les administrations douanières sont appelées à être au service des entreprises. Les lois douanières comportent des dispositions qui prévoient des privilèges personnalisés pour les entreprises. Pour ce faire, l'audit reste nécessaire avant la certification ou l'agrément qui accorde les avantages douaniers et matérialise le partenariat.

C'est pourquoi la qualité doit être au cœur de l'organisation interne des administrations douanières (Paragraphe I).

L'évolution des méthodes et processus de qualité doit aboutir à une qualité dans le service public douanier (Paragraphe II).

---

[669] Voir le lien https://www.iso.org/fr/news/2007/03/Ref1052.html consulté le 20 janvier 2018.

Paragraphe I : La qualité dans l'organisation interne des administrations douanières

De façon générale, les administrations douanières relèvent des Ministères chargés des Finances et elles sont régies par des textes réglementaires qui fixent leurs attributions et leurs compétences au même titre que les autres administrations (impôts et domaines, trésor par exemple).

Au Sénégal, c'est l'arrêté ministériel n° 7282 du 30 juillet 2009 portant organisation de la DGD qui régit le fonctionnement de l'administration douanière.

Les services centraux[670] sont:

- la Direction du Contrôle interne ;
-la Direction de la Réglementation et de la Coopération internationale;
- la Direction des Opérations douanières ;
- la Direction de la Facilitation et du Partenariat avec l'Entreprise ;
- la Direction du Renseignement et des Enquêtes douanières ;
- la Direction du Personnel et de la Logistique ;
- la Direction des Systèmes informatiques douaniers.

Au Bénin, c'est le décret n° 2016 - 421 du 20 juillet 2016 portant attributions, organisation et fonctionnement du Ministère de l'économie et des finances qui précise les attributions de l'Administration douanière.

La Direction générale des douanes et droits indirects comprend les directions techniques[671] suivantes :

- l'Inspection générale des services ;
- la Direction du Bureau particulier ;
- la Recette nationale des douanes ;
- l'Ecole nationale des douanes ;
- la Direction de la législation et des relations internationales ;
- la Direction de la gestion des ressources ;
- la Direction du renseignement et des enquêtes douanières ;
- la Direction de gestion de l'information ;

---

[670] Voir article 12 de l'arrêté 7282 du 30 juillet 2009 portant organisation de la DGD au Sénégal.

[671] Voir l'article 97 du décret n° 2016-421 du 20 juillet 2016 susvisé.

- les Directions départementales des douanes.

Concernant la Côte d'Ivoire, la Direction générale des douanes[672] comprend:

• l'Inspection générale des douanes ;

• la Direction de la Réglementation et du Contentieux ;

• la Direction de l'Analyse de Risques, du Renseignement et de la Valeur ;

• la Direction des Ressources Humaines ;

• la Direction des Moyens Généraux ;

• la Direction de la Communication, de la Qualité et du Partenariat avec le Secteur Privé ;

• la Direction des Enquêtes Douanières ;

• la Direction des Services Douaniers du Port et des Services Spéciaux ;

• la Direction des Services Aéroportuaires ;

• la Direction des Régimes Economiques ;

• La Direction des Systèmes d'Information ;

• La Direction des Statistiques et des Etudes Economiques ;

• les Recettes Principales des douanes ;

• la Direction de la Formation et de la Documentation ;

• la Direction Régionale d'Aboisso ;

• la Direction Régionale d'Abengourou ;

• la Direction Régionale de Bouaké ;

• la Direction Régionale de Korhogo ;

• la Direction Régionale de Man ;

• la Direction Régionale de San-Pedro.

Le Code des douanes fixe les conditions dans lesquelles s'exercent l'organisation et le fonctionnement du service des douanes[673] ; il s'agit de l'organisation des unités chargées du dédouanement (bureaux et postes de douane) et des unités chargées de la surveillance (brigades et postes).

---

[672] Voir le lien www.douanes.ci.

[673] Voir les articles 27, 28, 29 et 30 du Code des douanes du Sénégal.

L'action du service des douanes s'exerce sur l'ensemble du territoire douanier dans les conditions fixées par les dispositions règlementaires.

Les douanes ont dû s'adapter au cours de ces dernières années sous l'influence des évolutions des règles régissant le commerce international et sous l'influence des contraintes budgétaires propres aux pays. Ceci les a amenées à revoir leur appareil administratif et leur organisation (création de nouvelles directions, de nouveaux bureaux de dédouanement, mise en place d'une nouvelle cartographie pour la surveillance douanière, création de corps de métiers (informaticiens, statisticiens, marins, etc.).

Concrètement, à l'instar de la France [674] , les administrations douanières de nos pays devraient s'efforcer d'être plus efficaces dans l'exercice des missions qui leur sont assignées ; celles-ci seront obligées de tenir compte des exigences du droit communautaire (UEMOA et CEDEAO) pour restructurer davantage leurs organisations, professionnaliser davantage les ressources humaines, centraliser les outils comptables et de paiement, améliorer leurs relations avec les entreprises par un partenariat.

Au niveau de l'UEMOA, par exemple, l'on note l'émergence d'une nouvelle culture de gestion budgétaire[675] marquée par la prohibition des déficits publics excessifs et l'instauration d'une gestion axée sur la performance (GAP) ou sur le résultat (GAR).

Les administrations douanières sont aussi concernées par cette réalité puisque les questions budgétaires sont importantes. Par ces nouvelles dispositions, les États entendent ainsi valoriser une culture d'évaluation et responsabiliser davantage les gestionnaires de crédits.

De plus en plus, les douanes s'inspirent des méthodes modernes de gestion, de transparence et de gouvernance du privé qui ont fait leurs preuves puisque fondées sur des techniques modernes et transparentes.

Le management des ressources humaines au niveau des administrations douanières reste encore problématique ; en effet, l'absence de plan de carrière, les affectations de hauts responsables dépourvues d'objectivité, les pressions des autorités politiques et la corruption font que certains choix et certaines pratiques entraînent des

---

[674] ALBERT Jean Luc, op.cit., pp.83-94.

[675] NDIAYE Mbaye, *Logique de performance et cadre harmonisé des finances publiques de l'UEMOA : étude du nouveau droit budgétaire et de la comptabilité publique au Sénégal*, Université Cheikh Anta DIOP de Dakar, 2015 ; GUEYE Thiamba, op.cit., pp.132-162.

frustrations et démotivent le personnel. Les effets d'un mauvais management peuvent être dévastateurs pour une économie ou pour la concurrence entre les acteurs économiques.

Il est de plus en plus question de se tourner vers un changement des directions techniques chargées de la gestion du personnel douanier en directions des ressources humaines chargées du management de bout en bout. Il ne doit pas s'agir d'un changement de dénomination tout simplement mais d'une volonté de modernisation avec un processus décisif fondé sur la qualité des ressources, la responsabilité, l'évaluation, la reddition des comptes et la transparence.

Cela suppose ainsi des moyens et des stratégies adéquates basées sur une politique nationale clairement définie et soutenue par les autorités publiques.

La création et la spécialisation des bureaux de dédouanement peuvent s'avérer très utiles pour les douanes ; en effet, les marchandises faisant par exemple l'objet d'une suspension comme celles admises dans les régimes économiques pourraient être centralisées dans des bureaux y dédiées pour assurer un réel suivi. Dans la pratique, celles-ci font l'objet de fraudes massives du fait d'un manque de coordination entre les bureaux de conception, les bureaux de dédouanement et les bureaux chargés du contrôle après dédouanement.

En matière de surveillance, la création et la redynamisation des groupements et unités spécialisées de lutte contre les trafics illicites sont une priorité pour les douanes (exemples pour le Sénégal : Bureau des Investigations criminelles et des stupéfiants, Groupement Polyvalent de Recherches et de la répression de la fraude, Unité mixte de contrôle des conteneurs[676]). Ces unités doivent bénéficier d'un statut plus spécial pour permettre la recherche et la lutte contre les grands trafics, comme c'est le cas dans les autres corps militaires et paramilitaires.

Les directions chargées du contrôle interne[677] sont très importantes pour la gestion et l'organisation administrative ; en effet, il leur revient de contrôler les actes posés en matière budgétaire, comptable, de gestion.

---

[676] Ces « unités spéciales » ont pour objectif spécifique la lutte contre la fraude et la criminalité de façon générale ; elles dépendent de la Direction du Renseignement et de la Direction des opérations douanières.

[677] Il existe au sein des administrations douanières des services ou directions chargés du contrôle interne ; ils ont pour attributions notamment de constater les manquements à l'éthique professionnelle mais surtout de proposer des recommandations pour une meilleure gestion administrative et financière.

Il leur revient en outre de contrôler le respect de la réglementation par les agents des douanes. Dans la pratique, ce sont très souvent des « coquilles vides » avec un personnel non qualifié, démotivé et sans moyens.

L'organisation interne des administrations douanières doit être qualitative pour permettre de mieux prendre en charge les contrôles douaniers. Il devrait en être de même pour le service public douanier.

Paragraphe II : La qualité du service public douanier

Le service public est une activité d'intérêt général assurée par une personne publique ou privée et soumise à un régime juridique particulier. Le service public est qualifié par Gaston JEZE de « pierre angulaire » du droit administratif. Dans les pays objet de l'étude, le droit administratif est d'inspiration française[678].

En France, ce droit est le fruit d'une longue histoire et il a subi une évolution. La jurisprudence a joué un rôle non négligeable dans l'évolution du droit administratif et le droit communautaire intègre la notion de service public[679].

On retrouve trois critères de définition de la notion de service public : le critère organique, le critère matériel et le critère du régime juridique.

Selon le critère organique, le service public est rattaché à une personne publique[680].

Pour Léon DUGUIT, la théorie du service public est par extension une théorie de l'Etat et de la puissance publique. Le service public est organisé et contrôlé par les gouvernants. Un service public est toute activité dont l'accomplissement doit être réglé, assuré et contrôlé par les gouvernants parce qu'elle est indispensable à la réalisation et au développement de l'interdépendance sociale et qu'elle est de telle nature qu'elle ne peut être assurée complètement que par l'intervention de la force gouvernante.

---

678 SY Demba, op.cit., pp.13-39.

679 http://www.cours-de-droit.net/la-notion-de-service-public-definition-et-criteres-a121611534 consulté le 10 janvier 2018. Le service public est rattaché à l'école du service public de DUGUIT. C'est une activité d'intérêt général gérée par une personne publique ou soumise à son contrôle et au moins partiellement soumise au droit administratif. On note trois critères de définition : critère organique, matériel et du régime juridique.

680 Voir l'arrêt Casanova, Conseil d'Etat français, 29 mars 1901.

L'intensification des échanges dans le cadre des accords de libre-échange et les accords de l'OMC ont poussé les différents pays à mettre en œuvre une nouvelle conception de leur économie en adoptant des lois et des dispositifs pour faciliter les échanges commerciaux. L'OMD a indiqué que l'intégration des pays, qu'ils soient développés ou sous-développés, dans le commerce international passe impérativement par la modernisation des services douaniers de ces pays[681].

Ces changements ne sont pas uniquement à caractère structurel ou législatif. Ils indiquent aussi que les institutions et les administrations publiques s'inscrivent dans l'optique de la bonne gouvernance. C'est la raison pour laquelle un œil nouveau est posé sur les utilisateurs qui ne sont plus considérés comme de simples usagers passifs. Leurs avis ont désormais une grande importance pour le traitement de la question des délais et de la qualité de service. C'est là une vision moderne du management qui est privilégiée.

Les administrations douanières exercent des missions qui leur sont attribuées légalement ; de façon générale, elles sont chargées de la surveillance et de la vérification des marchandises entrant ou sortant du territoire douanier[682].

La surveillance douanière désigne l'action menée par la douane en vue d'assurer le respect de la réglementation douanière et, le cas échéant, des autres dispositions applicables aux marchandises.

La vérification des marchandises est une opération par laquelle la douane procède au contrôle physique de tout ou partie des marchandises afin de s'assurer que leur nature, origine, état, quantité et valeur sont conformes aux données de la déclaration en détail des marchandises, à celles des documents annexes et à la législation douanière.

Les administrations douanières assurent une mission de service public puisqu'elles sont chargées de collecter les recettes pour le compte de l'Etat. Elles sont aussi chargées de la protection de l'économie en luttant contre les fraudes. Par ailleurs, du fait de leur présence aux frontières, elles assistent les autres administrations. Elles participent actuellement à la gestion des aspects sécuritaires et doivent être des partenaires pour les entreprises.

[681] Rapport annuel de l'OMD, année 2013, p.5.

[682] Voir l'article 1er de la loi 2014-10 du 28 février 2014 portant Code des douanes du Sénégal ; l'article 1er du Code des douanes du Bénin.

Compte tenu de l'importance des douanes et de leurs missions d'intérêt général, le législateur a octroyé des pouvoirs[683] importants aux agents des douanes :

- droit de visite des marchandises, des moyens de transport et des personnes ;
- droit d'exercer des visites domiciliaires ;
- droit de communication particulier ;
- droit de contrôle et de communication de certaines opérations effectuées dans le cadre des communautés économiques régionales et nécessaires à l'accomplissement des missions douanières ;
- contrôle des envois postaux ;
- vérification d'identité ;
- contrôle des voyageurs et de leurs bagages.

La CKR et le Cadre SAFE prévoient le partenariat entre les douanes et les entreprises pour mieux sécuriser et faciliter le commerce ; il existe pour celles-ci un besoin de satisfaire les usagers au niveau des frontières (ports, aéroports, bureaux terrestres frontaliers, services centraux, etc.).

Les administrations des douanes sont appelées à être au service des entreprises et cela suppose une confiance, une sincérité et une transparence dans la gestion et dans les relations entre elles et les acteurs.

Une étude comparative de la prise en compte de la qualité du service public douanier dans les pays objet de l'étude permet de voir que la Côte d'Ivoire a pris les devants car ayant déjà dans son organigramme une Direction importante dénommée Direction de la Communication, de la Qualité et du Partenariat avec le Secteur Privé. L'équivalent de cette direction n'existe pas pour le moment au Sénégal et au Bénin.

Pour le cas du Sénégal, il n'existe pas de service ou bureau dédié à la qualité ; la communication est gérée par le Bureau des Relations publiques et de la communication (BRPC) rattaché au Directeur général des douanes ; le partenariat avec le secteur privé est géré par une direction technique qui est la DFPE.

Les efforts de la Côte d'Ivoire en matière de gestion ou de l'amélioration du service public sont visibles et récompensés. Pour preuve, l'administration des douanes ivoiriennes a remporté en 2017 le Prix panafricain du service public (PPSP) dans la catégorie « innovation

---

[683] Les Codes douaniers du Sénégal, du Bénin et de la Côte d'Ivoire prévoient des chapitres spécifiques dédiés aux pouvoirs des agents des douanes.

et amélioration de la qualité du service public », au Maroc[684]. Ce prix est dédié à l'administration douanière et vise à promouvoir toutes les initiatives et innovations permettant l'amélioration de la qualité des prestations rendues aux usagers des services.

En matière de qualité, la Côte d'Ivoire reste une pionnière car l'administration des douanes est engagée dans un processus de certification depuis le 27 juillet 2011.

Globalement, il s'agit pour elle d'harmoniser les méthodes de travail et d'adopter de bonnes pratiques dans l'accueil physique et téléphonique, le traitement du courrier, des plaintes et réclamations et dans les prestations de services, à la Direction générale des douanes. Actuellement, un document important intitulé « Référentiel des engagements de service » devra servir de boussole à l'Administration douanière[685].

Les douanes béninoises sont certifiées aux normes ISO-9001 version 2008 depuis le 17 septembre 2017[686].

L'administration des douanes s'est trouvée honorée par cette distinction qui est la reconnaissance des efforts fournis par tous les agents à divers niveaux. En effet, ce projet qui paraissait très ambitieux ou même utopique a très vite gagné l'adhésion totale de tout le personnel. Cela a permis à l'administration d'opérer des réformes structurelles et organisationnelles allant dans le sens de l'amélioration des procédures, des méthodes de travail, de l'environnement de travail et surtout de la qualité des services rendus. Le périmètre de certification couvre non

---

[684] Voir http://aip.ci/les-douanes-ivoiriennes-remportent-le-prix-panafricain-de-linnovation-et-de-la-qualite-du-service-public/consulté le 10 octobre 2017: cette remise de prix a été faite en présence du Représentant du Gouvernement ivoirien, le ministre de la Fonction publique et de la Modernisation de l'Administration, Monsieur Pascal Kouakou ABINAN. Elle a eu lieu lors de la 55ème session du Conseil d'administration du Centre africain de formation et de recherche administrative pour le développement (CAFRAD) qui s'est tenue les 03 et 04 juillet 2017 à Rabat.

[685] Voir l'article de presse « La démarche qualité, une réalité en douane : vers un référentiel des engagements de service », sur http://news.abidjan.net/h/442567.html consulté le 27/09/2017.

[686] http://douanes-benin.net/index.php/2017/09/28/la-douane-beninoise-certifiee-aux-normes-iso-9001-2008/ consulté le 20/09/2017. En effet, suite à l'audit de certification réalisé au sein de cette administration du 24 au 26 juillet 2017 par le cabinet DEKRA FRANCE, il a été constaté que le système de management mis en place satisfait aux exigences de la norme ISO 9001 : 2008. La cérémonie de remise de certificat s'est déroulée le jeudi 21 septembre 2017 lors de la célébration de la fête de Saint Mathieu à la Direction Générale des Douanes et Droits Indirects.

seulement tous les services de la Direction générale mais également les Recettes des douanes du Port, de l'Aéroport et des Hydrocarbures.

Au Bénin, l'engagement qualité de la Direction générale des douanes et droits indirects se décline en cinq (05) axes[687] :

- moderniser les procédures et structures de la douane ;
- assurer un rendement optimal dans la mobilisation des recettes ;
- améliorer la célérité des opérations ;
- renforcer les capacités des ressources humaines ;
- accroître la satisfaction des attentes des autorités et de nos clients.

Au Sénégal, pour ce qui concerne la qualité, des efforts remarquables sont consentis seulement en matière d'informatisation. Le processus de dématérialisation[688] est en cours même si des difficultés subsistent.

Au Sénégal, le paradoxe est réel à notre avis ; pendant que des communications sont faites chaque année pour vanter les mérites de notre administration et de la dématérialisation qui est une « révolution », il se trouve que sur le terrain, la grande fraude continue de plus belle, entretenue par certains acteurs économiques sous le regard souvent complice des douaniers. Plus la technologie avance et plus la fraude commerciale gagne de l'ampleur.

Cette situation regrettable entraîne des pertes énormes de recettes et une concurrence déloyale. L'informatisation en matière douanière est

---

[687] http://douanes-benin.net/index.php/2017/09/28/la-douane-beninoise-certifiee-aux-normes-iso-9001-2008/ consulté le 20/09/2017.

[688] http://www.lesoleil.sn/2016-03-22-23-21-32/item/69698-dematerialisation-des-procedures-la-douane-senegalaise-veut-davantage-revolutionner-son-systeme.html consulté le 27/09/2018. Les journées de partage et de vulgarisation du processus de dématérialisation des procédures douanières et des formalités du commerce extérieur, tenues à Saly en 2016, ont été une occasion, pour les usagers (plus de 25 participants venant des administrations publiques et du secteur privé), de magnifier le nouveau système informatique de la Douane qui leur permettra d'être plus performants.
Pour le Directeur général de la douane à l'époque, l'objectif de cette rencontre est de répondre aux préoccupations des usagers du service public qui souhaitent des prestations à la hauteur des droits et taxes qu'ils paient. De l'avis de Papa Ousmane GUEYE, « la dématérialisation des procédures douanières s'inscrit dans le sillage tracé par l'Organisation mondiale des douanes (OMD) et s'inspire largement du schéma directeur de la réforme de l'État du Sénégal… L'administration des douanes, dans la consolidation de la dématérialisation des procédures douanières et des formalités du commerce extérieur, envisage la mise en production d'une nouvelle vision du système « Gestion automatisée des informations douanières et des échanges (GAINDE) ».

censée limiter ou réduire les pratiques illégales au niveau des frontières ; les lenteurs dans le déploiement des applications ainsi que les difficultés techniques font que les défis liés à la célérité et à la sécurité des procédures ne sont pas encore relevés.

A notre avis, il n'existe pas encore une véritable vision qui tend à l'amélioration de la qualité du service public douanier.

Des initiatives existent pour le volet informatique avec la DSID qui est en train de vouloir procéder à la certification exigée pour l'informatisation douanière[689].

De façon générale, le lancement d'une entreprise publique ou privée dans une démarche qualité obéit au souci d'offrir des produits et des services de qualité[690].

En matière de qualité, le processus est un ensemble d'activités qui permettent de passer d'un état initial à un état final. La procédure correspond à une description de la manière de procéder. Ces deux notions font souvent l'objet de confusion[691].

Appliqué aux administrations douanières, le processus de management de la qualité pourra aboutir à mettre en place un système transparent et des règles permettant la délivrance des documents douaniers dans un délai déterminé ; par exemple, apurer les manifestes dans un délai de 6h, délivrer les bons à enlever (BAE) dans un délai de 24h, délivrer les titres d'exonérations ainsi que les autorisations et agréments concernant les régimes économiques dans un délai de 24h, répondre aux courriers administratifs dans un délai de 24h, fournir des renseignements techniques aux usagers dans un délai raisonnable.

Dans ce domaine, la certification est l'aboutissement de la procédure de management de la qualité. C'est un titre ou document délivré par un organisme habilité et reconnaissant que le bénéficiaire a satisfait aux conditions exigées ou requises pour être considéré comme partenaire sûr ou comme un modèle. Elle concerne soit des personnes physiques, des

---

689 Selon le document de la DSID et du consultant chargé du projet, l'on avait pu remarquer que jusqu'au mois d'octobre 2017, il restait encore des étapes à franchir : la déclinaison de la politique qualité, le plan de communication, l'identification de tous les appareils hors service (HS), l'audit interne, la revue de Direction, l'audit à blanc, l'audit de Certification n'étaient pas encore réalisés.

690 DEME Ibrahima, op.cit., pp.23-26.

691 Idem, p.17 ; selon ce dernier, processus correspond au « quoi ? » et procédure correspond au « comment ? ».

produits ou services ou des organismes. Elle permet de donner confiance au client et doit être renouvelée périodiquement[692].

En matière de qualité, certaines entreprises optent pour la certification globale de leurs activités alors que d'autres choisissent de certifier une activité essentielle.

Les administrations douanières doivent être certifiées pour être plus crédibles et pouvoir être des auditeurs valables pour les entreprises dans le cadre de la mise en place des statuts d'OEA comme spécifié dans le pilier 2 du Cadre de normes SAFE.

Dans la CKR, le contrôle par audit[693] reste déterminant pour la mise en œuvre d'une véritable politique de facilitation des échanges. Le contrôle par audit désigne les mesures grâce auxquelles la douane s'assure de l'exactitude et de l'authenticité des déclarations en examinant les livres, registres, systèmes comptables et données commerciales pertinents détenus par les personnes concernées.

L'importance du rôle des services portuaires et douaniers dans la vie économique n'est plus à démontrer ; ainsi, la tendance actuelle montre une dynamique qui tend à la certification des ports africains pour des raisons sécuritaires et environnementales.

C'est l'exemple du port de Dakar qui dispose d'un département qualité et qui a reçu la certification ISO 9001. Le Port de Cotonou est aussi certifié ISO 9001, version 2015. Celui d'Abidjan a obtenu aussi une certification ISO 9001, version 2008.

Ces différents ports d'Afrique de l'Ouest ont également des certifications en matière de gestion environnementale et sécuritaire (ISO 14001)[694].

A l'image des structures portuaires, les administrations douanières pourraient procéder par étapes en certifiant certaines de leurs activités comme la procédure de dédouanement et l'enlèvement au niveau des ports qui présentent encore beaucoup de goulots d'étranglements du fait de l'intervention de multiples acteurs (douaniers, transitaires, consignataires, port, sécurité, concessionnaires portuaires, armateurs, etc.). Près de 90% des marchandises passent par les ports, ce qui fait que les bureaux portuaires collectent plus de recettes douanières.

---

692 DEME Ibrahima, op.cit., p. 17.

693 Voir l'Annexe générale de la CKR au chapitre 2.

694 Voir le site www.google.sn et les sites des ports autonomes au Sénégal, en Côte d'Ivoire et au Bénin.

Ensuite, la gestion de l'accueil pourrait être certifiée en plus de la délivrance des différents titres et documents au niveau des services chargés de la conception.

Enfin, la formation pourra être certifiée pour donner encore plus de crédit à la qualité des enseignements donnés par les écoles des douanes qui forment les douaniers mais aussi les auxiliaires des douanes.

Dans tous les cas, des priorités pourraient être dégagées pour voir les activités douanières devant être certifiées.

Quelle que soit la situation, cette politique devant mener à la certification doit être accompagnée par les hautes autorités douanières qui doivent l'encadrer juridiquement.

Les coûts de certification[695]peuvent être plus ou moins élevés mais des solutions d'accompagnement existent car il existe en Afrique noire francophone des aides disponibles auprès de certains organismes financés par l'UE, notamment le programme Qualité de l'UEMOA avec l'assistance technique de l'ONUDI.

Les exigences du marché ouvert à la concurrence des pays émergents ou développées donnent aujourd'hui à la qualité et au management du système de la qualité une importance croissante comme critère de décision pour la signature de nouveaux contrats ou la pérennisation de marchés existants.

---

[695] DEME Ibrahima, op.cit., p. 36.

Conclusion de la deuxième partie

Le droit douanier en Afrique est caractérisé par une certaine diversité et par une certaine spécificité. C'est un ensemble de règles qui est le fruit d'une production normative nationale et d'une production normative internationale, notamment des normes de la CKR et du Cadre SAFE de l'OMD.

Le droit douanier est d'une certaine diversité dans la mesure où les règles douanières touchent à toute l'activité économique. Aujourd'hui, la plupart des conventions ou instruments internationaux comportent des aspects douaniers pour leur mise en œuvre ou leur application.

Le développement de l'internet et le commerce électronique ont entraîné des mutations profondes en matière économique. Les contrôles douaniers sont appelés à être effectués sur des choses immatérielles. La fluidité et la sécurisation des échanges commerciaux au niveau mondial exigent des changements de règles douanières, des comportements nouveaux de la part des administrations douanières et des acteurs économiques.

Le droit douanier africain doit être adapté à l'environnement et les pouvoirs des douanes doivent être renforcés. Celles-ci doivent être plus autonomes et plus expertes pour mériter cette confiance des autorités publiques.

Le normativisme juridique en matière douanière a progressé de façon quantitative ; en effet, l'application des normes contenues dans la CKR et dans le Cadre SAFE a entraîné des changements des codes douaniers. Des réformes ont été faites en partenariat avec les acteurs du commerce. Des efforts ont été faits pour l'adaptation des codes douaniers à l'environnement mondial conformément aux engagements internationaux.

Mais le souci de la qualité des normes est aussi une préoccupation des administrations douanières ; en effet, l'exigence de normes qualitatives est nécessaire à tous les stades (rédaction des normes à l'échelle internationale, mise en conformité et application au niveau national), pour une meilleure compréhension et un respect des règles objet du commerce international.

Au niveau communautaire, il existe encore des efforts à faire pour la prise en compte des aspects douaniers dans les organisations comme l'UEMOA et la CEDEAO. L'adaptation des règles douanières dans l'espace CEDEAO pourrait être facilitée par l'adoption d'une nouvelle convention en matière douanière afin de faciliter davantage l'intégration en Afrique de l'Ouest. Cette nouvelle convention pourrait centraliser l'ensemble des règles douanières nécessaires à une intégration sous-régionale harmonieuse. Cela pourrait se faire sous les auspices de la CEDEAO qui est appelée à terme à être la seule organisation sous-régionale en Afrique de l'Ouest. Cette initiative pourrait aussi servir d'exemple à d'autres entités sous-régionales africaines.

La difficulté réside dans le laxisme des autorités publiques en matière d'application de certaines règles issues des conventions internationales. Il faudrait une réelle volonté politique pour mettre en place des réformes solides et durables, surtout dans le domaine économique où les intérêts sont parfois contradictoires.

Le droit douanier des pays africains est en constante évolution ; compte tenu des efforts de modernisation des administrations douanières, l'on peut dire que le droit douanier tend à devenir simple, souple et mieux connu des acteurs. Son caractère rigide ou répressif qui le caractérisait par contre tend à s'atténuer.

L'OMD joue un rôle central car étant d'une part, le centre de création de règles internationales en matière douanière, et, d'autre part, un centre d'impulsion d'une nouvelle approche fondée sur le partenariat entre les douanes et le secteur privé qui permettra d'arriver à rendre le commerce mondial plus facile et plus sûr.

CONCLUSION GENERALE

Le droit douanier des pays africains du Sénégal, de la Côte d'Ivoire et du Bénin est influencé de façon contrastée par les nombreuses normes contenues dans la CKR et dans le Cadre SAFE de l'OMD.

Sous l'impulsion de la CKR qui prévoit des régimes douaniers et des procédures douanières simplifiées et harmonisées, nous avons assisté depuis quelques années à des mutations juridiques contraintes. En effet, les codes douaniers, qui renferment l'essentiel de la législation douanière, ont été révisés et réformés de façon consensuelle contrairement aux autres codes qui étaient d'inspiration coloniale. Ces réformes ont été faites avec une forte implication des acteurs du secteur privé qui ont pris part aux différentes rencontres Des cadres de concertation entre les douanes et les membres du secteur privés ont été aussi créés et redynamisés pour prendre en charge le partenariat qui est prévu par la CKR. Les procédures de dédouanement ont été simplifiées pour permettre le contrôle efficace et la prise en charge rapide des marchandises objet du commerce. Le droit douanier est devenu plus souple en matière procédurale.

Les administrations douanières ont aussi fait leur mue en se dotant de nouveaux textes (arrêts ou décrets organisant les directions générales des douanes) qui élargissent ainsi leurs champs d'intervention et procèdent à une réorganisation interne marquée par la création de nouvelles directions et de services chargés de gérer les aspects liés à la facilitation, à la prospective, à la communication, à la qualité du service public[696], à la criminalité et à la gestion de risques entre autres.

---

696 http://www.douane.gouv.fr/articles/a14919-vos-relations-avec-la-douane-apres-l-entree-en-vigueur-de-la-loi-pour-un-etat-au-service-d-une-societe-de-confiance-essoc consulté le 18 août 2018.

En France, la loi pour un État au service d'une société de confiance (ESSOC) est entrée en vigueur le 12 août 2018. Elle consacre des principes essentiels pour la relation entre l'usager et l'administration, et la transformation de l'action publique au service des usagers.

La douane est appelée à mettre en œuvre les mesures de la loi résumées dans le tableau ci-dessous :

La douane s'inspire d'ores et déjà de certains principes de la loi dans sa relation quotidienne avec les opérateurs économiques, à travers l'accompagnement, le conseil et la sécurisation de leurs procédures douanières et fiscales.

Des mutations techniques opportunes ont aussi été constatées, notamment d'abord avec l'informatisation douanière et ensuite avec la progression vers la dématérialisation des procédures liées au pré-dédouanement et au dédouanement proprement dit.

Les enjeux sont réels aussi bien pour les douanes que pour les acteurs du commerce international [697]. Les nouvelles technologies de l'information et de la communication (NTIC) doivent être utilisées pour des contrôles douaniers efficaces et sans entraver le commerce conformément à la CKR. Mais l'autonomie des systèmes informatiques douaniers déployés reste un défi car la sécurité requise n'est pas garantie.

Quant au Cadre de normes SAFE, il influence de façon timide le droit douanier du fait de sa grande souplesse. Il s'agit d'un instrument peu contraignant dont l'application pose problème. Des mécanismes de contrôle n'existent pas et à l'analyse des normes contenues dans les trois piliers (douanes- douanes, douanes-secteur privé et douanes-services gouvernementaux et services intergouvernementaux), l'on se rend compte des difficultés sur le terrain car les préalables juridiques et techniques requis ne sont pas encore en place.

La question de l'éthique dans le fonctionnement des administrations douanières reste entière[698] : en effet, la corruption freine les efforts de modernisation douanière et le partenariat entre les administrations douanières et les acteurs du commerce n'est pas encore véritablement fécond.

Le droit douanier évolue, bouleversé par le développement du commerce électronique, du commerce des services et de la criminalité

L'ensemble des services de la DGDDI est investi pour mettre en œuvre ces principes fondamentaux et ces droits, pour assurer la réalisation des objectifs de la loi ESSOC et le renouvellement de l'action publique au service des citoyens et des entreprises.

697 https://www.agenceecofin.com/reformes/0111-51684-classement-des-pays-africains-selon-le-rapport-doing-business-2018 consulté le 26 septembre 2018. Selon le rapport Doing business 2018, la Côte d'Ivoire occupe la 139ème place, le Sénégal occupe la 140ème place et le Bénin la 151ème place.

698 http://crop-africa.org/lutte-contre-corruption consulté le 26 septembre 2018. Le réseau Afrobaromètre vient de publier un rapport de synthèse sur 34 pays à propos de ce que pensent les populations quant à la manière dont leurs dirigeants se prennent vis-à-vis de la lutte contre la corruption. L'impact négatif qu'a la corruption sur le bien-être des citoyens, sur les réformes politiques et économiques, ainsi que sur les investissements et la croissance économique n'est plus à démontrer. Ainsi, la lutte contre la corruption constitue un véritable défi que les pays en développement, notamment les pays africains s'efforcent à relever. Les gouvernements des différents pays africains ont souvent même créé des commissions anti-corruption pour plus d'efficacité.

qui appellent une réaction positive et adéquate des administrations douanières.

Le droit douanier doit être moderne et adapté.

En ce sens, la poursuite des réformes douanières doit être un impératif car les Etats doivent aussi respecter leurs engagements internationaux même s'ils ne sont pas contraignants. L'objectif recherché qu'est la mise en place de règles douanières connues et appliquées pour faciliter et sécuriser le commerce en vaut la peine. Mais cela doit se faire avec un certain réalisme car la connaissance de l'environnement et du contexte local reste déterminante pour arriver à des réformes douanières solides.

Les réalités économiques des pays africains[699] avec la présence d'un secteur informel fort sont à prendre en considération.

C'est pourquoi une nouvelle approche inclusive s'impose avec le défi de la communication par le biais des nouvelles technologies qui sont devenues incontournables à l'heure actuelle. Le droit douanier est très complexe et pour qu'il soit appliqué, il convient que les règles qu'il contient soient simplifiées, comprises et vulgarisées.

L'Afrique de l'Ouest particulièrement reste une zone spéciale où les défis sécuritaires sont plus qu'actuels avec certaines menaces liées à une instabilité politique et sociale. Spécifiquement, il urge de mettre en place de véritables politiques de lutte contre les trafics de médicaments contrefaits qui représentent un véritable fléau et une vraie menace pour la santé publique. Tous les efforts de développement risquent d'être compromis si ce fléau n'est pas enrayé. C'est pourquoi les douanes ont un rôle important à jouer dans cette lutte. Des règles claires et adaptées

---

[699] Voir le classement 2018 des pays africains par indice de développement humain (PNUD) sur https://www.agenceecofin.com/economie/1709-60037-classement-2018-des-pays-africains-par-indice-de-developpement-humain-pnud consulté le 26 septembre 2018.
Pour rappel, le classement de l'IDH évalue le niveau de développement humain des pays (189 au total), en se basant sur plusieurs données impliquant, entre autres, le niveau d'éducation de la population, la santé et le revenu.
Au total, aucun pays africain n'a encore réussi à se hisser dans la catégorie des pays ayant un niveau « très élevé » de développement humain, tandis que 7 pays du continent se classent parmi les pays ayant un taux d'IDH « élevé ». 14 pays du continent restent dans la catégorie des pays ayant un « niveau moyen » de développement humain, tandis que plus de la moitié des pays du continent (32) restent dans la catégorie des pays affichant un taux « faible » en matière d'IDH.
Dans le classement, le Bénin occupe la 163ème place, le Sénégal occupe la 164ème place et la Côte d'Ivoire la 170ème place ; tous les trois pays sont dans la catégorie d'Indice de Développement humain (IDH) faible.

doivent être prévues par les textes mais aussi des moyens techniques et humains importants seront nécessaires.

Les administrations douanières devraient être mieux considérées et mieux impliquées dans la politique globale des Etats ; leurs pouvoirs doivent être renforcés par la suppression des contrats ou programmes de vérification des importations gérés par des sociétés privées étrangères et qui concurrencent les administrations. En effet, les administrations douanières sont les seules habilitées par les lois nationales à exercer des contrôles douaniers au niveau des frontières et toutes les autres structures peuvent leur apporter assistance en matière de lutte contre la fraude. La suppression des sociétés privées du processus de dédouanement [700] permettrait à coup sûr d'économiser des revenus et de pouvoir moderniser les équipements douaniers au niveau des frontières maritimes, aériennes et terrestres, notamment par l'achat de matériels non intrusifs tel que spécifié dans le cadre de normes SAFE, pour faciliter, sécuriser et mieux contrôler toutes les opérations commerciales.

Le renforcement des capacités des administrations douanières reste indispensable dans tous les domaines (financier, technique, organisationnel, institutionnel et statutaire).

Ceci pourrait se faire conformément au plan d'actions de l'OMD qui comporte en son sein des services outillés pour apporter l'assistance technique nécessaire. En outre, la coopération avec des pays partenaires comme les USA, le Japon, la Corée et la Chine qui ont une grande expérience en matière douanière pourrait s'avérer fructueuse pour les administrations.

Les organisations sous-régionales en Afrique de l'Ouest que sont l'UEMOA et la CEDEAO ont un rôle crucial à jouer en matière de

---

[700] Voir l'article intitulé « Les services des douanes en pleine mutation numérique en Afrique de l'Ouest », publié par *COMMODAFRICA*, le 02 juin 2016.
Il est noté le rôle important joué par l'OMD dans la région, notamment depuis la Déclaration de Niamey, en juin 2013, pour « garantir la transition sans heurts des principales fonctions de la douane entre les sociétés d'inspection et les administrations des douanes ».
En 2016, l'Administration des douanes du Nigeria (NCS) et l'Administration fiscale du Ghana (GRA) ont assisté à un atelier conjoint de formation des formateurs en matière d'évaluation, organisé par l'OMD à Abuja, au Nigeria, sur financement coréen. En effet, le Nigeria et le Ghana ont tous deux résilié les contrats d'inspection qui avaient été conclus avec des sociétés privées et leurs administrations des douanes assument désormais la responsabilité des fonctions fondamentales que sont l'évaluation en douane et le classement. C'est l'OMD qui assiste ces deux pays dans le cadre de cette transition.

modernisation douanière ; celles-ci en effet ont été créées pour le développement de l'intégration communautaire, ce qui suppose une forte implication des administrations douanières. La facilitation des échanges commerciaux dans l'espace communautaire, l'harmonisation de l'ensemble des règles et procédures douanières, la prise en compte de la dimension sécuritaire en matière douanière, la création d'un code des douanes communautaires restent encore des défis à relever.

Les règles ou normes douanières ont subi une évolution quantitative avec la floraison des institutions internationales et les engagements étatiques pour l'application des instruments juridiques de l'OMD que sont la CKR et le Cadre SAFE. C'est pourquoi les codes douaniers ont été reformés ; des efforts ont été faits mais le problème de l'adaptation des règles se pose toujours.

Les règles et les pratiques douanières actuelles doivent être de qualité ; pour ce faire, il faudra mettre en place un cadre juridique international local et contraignant. Même si la convention n'est pas souvent privilégiée en matière économique par les Etats, nous pensons que la mise en place de celle-ci sous les auspices de la CEDEAO pourrait permettre d'une part, d'avoir un ensemble de règles douanières non éparses et centralisées, tenant compte des nouveaux défis, du contexte local africain et de l'évolution des technologies ; d'autre part, celle-ci serait contraignante et la CEDEAO pourrait servir de « gendarme » pour vérifier les manquements des Etats et être le représentant des Etats auprès de l'OMD et de l'OMC. Un autre avantage est lié au fait que la Cour de Justice de la CEDEAO pourrait être appelée à connaître des différends résultant de la non-application ou de l'application des règles et procédures douanières prévues. Cela pourrait permettre d'avoir une jurisprudence communautaire et contribuer ainsi à enrichir le droit douanier. Il va de soi que cette donne exige une forte implication des organes de la CEDEAO (Chefs d'Etats et de gouvernement, Conseil des Ministres, Commission de la CEDEAO, Parlement et autres organisations techniques et financières).

Le droit douanier doit être qualitatif ; en effet de façon générale, la qualité des normes juridiques est devenue une nécessité et une exigence pour mieux faire respecter le droit quel que soit le domaine. En matière douanière, cette exigence est spécifique car elle est au cœur de l'action de l'OMD.

La qualité doit être une réalité car elle doit être appréciée en matière organisationnelle et de façon générale dans le domaine du service public douanier. Les administrations douanières doivent ainsi s'inspirer des méthodes du secteur privé pour pouvoir certifier leurs méthodes ou démarches de qualité[701] et en optant pour une amélioration continue. Des efforts sont déployés mais ils doivent être continus car la matière douanière est dynamique et fluctuante.

Le phénomène de la mondialisation transforme la nature même du droit international public. L'objet et les destinataires de ce droit ne sont plus exclusivement des Etats.[702]

Les activités économiques des opérateurs transnationaux exigent une harmonisation des règles commerciales et douanières et constituent de ce fait un moyen d'intégration normative.

Cette homogénéisation normative apparaît au niveau mondial ; en effet, le processus de globalisation du commerce, de la communication et de la concurrence a donné lieu au développement d'ensembles normatifs nouveaux provenant de sources non-étatiques et intégrés progressivement à ce droit international mondialisé, globalisé[703].

L'élargissement de l'objet du droit international s'effectue à travers des mécanismes, institutions et organisations telles que l'OMC, la CNUDCI et l'OMD.

---

[701] Voir les 8 principes de management de la qualité pdf-Recherche Google consulté le 27 septembre 2018.
1. L'orientation client. ...
2. Le leadership de la direction. ...
3. L'implication du personnel. ...
4. L'approche processus. ...
5. L'approche systémique. ...
6 .L'amélioration continue. ...
7. L'approche factuelle pour la prise de décision. ...
8. Les relations mutuellement bénéfiques avec les fournisseurs.

[702] BAL Lider, op.cit., pp.526-527. C'est désormais un droit « moins centré sur l'Etat », note J.B.AUBY.
Mireille Delmas MARTY évoque la mondialisation du droit car le contenu du droit international a connu une extension substantielle visible dans les domaines économique et des droits de l'homme. Les activités économiques des opérateurs transnationaux exigent une harmonisation des règles commerciales et douanières et constituent de ce fait un moyen d'intégration normative.
Delmas MARTY estime que l'ordre juridique européen constitue l'exemple le plus significatif de l'intégration normative. C'est pourquoi certains auteurs ont parlé « d'européanisation du droit ».

[703] Idem, p.527.

En ce qui concerne le droit de l'OMC, il forme un ensemble identique d'engagements, de droits et d'obligations pour tous ses Etats membres et s'impose comme un droit mondial en matière de concurrence économique.

Pour la CNUDCI, elle représente un autre exemple de mécanisme international d'harmonisation normative dans le domaine du commerce international. Ses travaux portant notamment sur le droit de la vente internationale, des paiements, des transports, de l'arbitrage et du commerce électronique ont contribué largement au rapprochement des droits nationaux ainsi qu'a une intégration normative à l'échelle mondiale[704].

Pour l'OMD, le souci d'harmonisation des normes contenues dans la CKR et dans le Cadre SAFE reste évident pour différentes raisons surtout liées à l'évolution du commerce mondial. L'OMD joue un rôle prépondérant dans le développement du commerce international. Les pratiques et normes recommandées sont nécessaires pour assurer la sécurisation et la facilitation du commerce mondial qui est devenue une des missions douanières depuis 2002.

Les travaux de l'OMD portant sur différents aspects (partenariat avec le secteur privé, utilisation des NTIC, régimes douaniers simplifiés, voies de recours, contrôles douaniers, gestion des risques, etc.) ont tendance à contribuer à une intégration normative à l'échelle mondiale de façon progressive, souple et tenant compte des réalités des Etats membres.

La signature des APE et l'application des dispositions par les pays africains auront des implications au plan économique avec des pertes de recettes douanières et une fragilisation du tissu industriel déjà mal en point. Les APE, constituent à notre avis, un danger pour nos économies et pour nos administrations douanières.

La rationalisation de la participation de nos pays à certaines organisations internationales pourrait servir à financer la modernisation douanière et économiser des ressources budgétaires ainsi qu'à gérer des priorités comme l'achat d'équipements modernes pour les administrations douanières ; certains pays comme le Nigeria ont déjà pris des initiatives dans ce sens pour mieux assurer les priorités de leur

[704] BAL Lider, op.cit., p.528.

gouvernement[705]. Cet exemple pourrait être suivi par d'autres pays de la CEDEAO.

La fusion des organisations comme l'OMC et l'OMD pourrait contribuer à la rationalisation des organisations et se révéler comme solution plus efficace pour mieux assurer une bonne production des normes commerciales et douanières et mieux contrôler leur application.

Les règles de l'OMC ont une influence aussi sur le droit douanier des pays membres ; cette influence va être renforcée avec l'entrée en vigueur de l'AFE.

Le droit de l'intégration communautaire en Afrique de l'Ouest rencontre des difficultés ; l'application du TEC de la CEDEAO n'est pas encore optimale, le code communautaire de la CEDEAO n'a pas encore vu le jour et la création d'une monnaie unique est toujours reportée[706]. La réalisation d'un marché commun à l'image de l'UE n'est pas encore possible.

Le droit douanier du Sénégal, de la Côte d'Ivoire et du Bénin, qui reprend un ensemble de normes ou règles destinées à régir les transactions commerciales, risque de subir l'influence du droit communautaire avec la mise en place d'un Code des douanes de la communauté et l'adoption d'autres textes juridiques qui pourront faciliter

---

[705] http://www.agenceafrique.com/11517-nigeria-prevoit-de-se-retirer-de-certaines-organisations-internationales-limiter-depenses.html consulté le 30/09/2017.
Le gouvernement nigérian envisage de retirer le Nigéria de près d'une centaine d'organisations sur plus de 300 dont le pays est membre, en vue de réaliser des économies qui pourront être orientées vers d'autres besoins.
Selon la ministre des Finances, Kemi ADEOSUN, le Nigeria déboursait quelques 70 millions de dollars chaque année (60 millions d'euros) en guise de contributions à ces organisations.
Les autorités préfèrent orienter une partie de cet argent vers d'autres exigences comme la dette dont le paiement n'est pas toujours honoré selon les échéances fixées à l'avance.
La liste des organisations concernées n'est pas encore établie. Un comité a été mis en place pour réexaminer l'opportunité de l'adhésion du pays à chacune des organisations.

[706] Voir https://www.google.sn/amp/s/www.bbc.com/afrique/amp/region-41743639 consulté le 25 octobre 2017. Le président de la Commission de la Communauté économique des Etats de l'Afrique de l'Ouest, Marcel De SOUZA, a fait savoir lors du mini-sommet de la CEDEAO tenu à Niamey le 25 octobre 2017, que la monnaie unique entre ces pays ne verra pas le jour en 2020 car les préalables nécessaires n'étaient pas réunis pour la mise en circulation de la monnaie unique entre les 15 pays de la CEDEAO.
« L'harmonisation des politiques monétaires entre les huit monnaies de la communauté, qui devait précéder la monnaie unique, n'est pas faite », a noté le Président de la Commission de la Communauté économique des Etats de l'Afrique de l'Ouest.

la libre circulation des personnes, des biens et des capitaux dans l'espace communautaire ouest africain. Pour cela, la mise en place de mécanismes contraignants et consensuels et l'implication de tous les acteurs publics et privés seront nécessaires.

A notre avis, le droit douanier conserve malgré tout sa particularité et sa spécificité. Cela apparaît dans le contenu des normes internationales et dans la mise en œuvre ou application au niveau interne.

Le droit douanier risque de subir par ailleurs les effets de la mise en place de la zone de libre-échange continental (ZLEC)[707] récemment décidée par les Chefs d'État africains.

La crise liée à la pandémie de la COVID-19 aura sûrement une influence ou un impact sur le droit douanier dont les règles s'adaptent et évoluent au gré des mutations de toutes sortes causées par le développement de la science.

Après la crise, les normes douanières devraient pouvoir subir des mutations profondes pour prendre en compte les nouvelles menaces bactériologiques ...

Ainsi, une volonté politique au plus haut niveau reste un préalable ; un changement de vision et un engagement réel des organes de la CEDEAO ainsi qu'une exigence plus soutenue des populations seront des préalables pour une véritable intégration économique gage de prospérité et de développement. Mais, l'espoir est permis…

---

[707] Voir www.uneca.org consulté le 05 mai 2018. L'UA a entrepris de négocier un accord de libre-échange continental Cet accord signé le 21 mars 2018 à Kigali implique de profonds engagements en matière de libéralisation des échanges commerciaux, accompagnés de robustes mécanismes d'ajustement et de compensation. La mise en place de la ZLEC constitue un grand pas vers un marché unique africain. La ZLEC devra être une arme économique pour l'Afrique (suivre le lien www.africa24tv.com).

BIBLIOGRAPHIE

I/ Ouvrages généraux

- **ACCIOLY H.,** *Traité de droit international public*, traduction française par P. Gouté, Sirey, 1940-1942, 3 vol., 652,528, et 580 p
- **ALBERT J. L., RICHER J. et PIERRE J.,** *Dictionnaire de droit douanier et fiscal*, Paris, Ellipses 2007.
- **ALLIX E.,** *Les droits de douane. Traité théorique et pratique de législation douanière*, 2 vol., édition rousseau et Cie, 1932.
- **COLIN J.-P.**, *Dictionnaire des difficultés du français*, Dictionnaires Le Robert, Paris, collection « Les usuels », 1993.
- **DEBARD T. et GUINCHARD S.**, *Lexique des termes juridiques*, DALLOZ, 25ème édition, 2017-2018.
- **Dictionnaire le Grand Robert**, édition 2017.
- **Dictionnaire le Grand Larousse**, édition 2017.
- **FAUCHILLE P.**, *Traité de droit international public*, A. Rousseau, 1921-1926, 4 vol., 1058, 1183,720 et 1095.
- **GUGGENHEIM P.,** *Traité théorique et pratique de droit international public avec mention de la pratique suisse internationale*, Lib. De l'Université, Genève, 2 vol., 1953-1954, 592 p. ; 2ème édition, tome I, 1967, 352 p.
- **HUCHON M., SANCIER CHATEAU A., DENIS D.,** *Encyclopédie de la grammaire et de l'orthographe*, Paris, LGF, collection « La photothèque », 1997.
- **PRADIER –FODERE M.,** *Traité de droit international public européen et américain*, G. Pedone-Lauriol, 1885-1906, 7 vol., 691,972,1267,1250,1171,1174, et 1230 p.
- **REDSLOB R.,** *Traité de droit des gens*, Sireye, 1950, 473 p.
- **ROUSSEAU C.,** *Traité de droit international public*, Sirey, 5 vol., Pedone 1983, XII - 629 p.
- **SPIROPOULOS J.,** *Traité théorique et pratique de droit international public*, LGDJ, 1933, 467 p.

II/ Ouvrages spéciaux

- **ABI-SAAB G. (sous dir.),** *Le concept d'organisation internationale*, UNESCO, 1980, 292 p.
- **ABRAHAM R.,** *Droit international, droit communautaire et droit français*, Paris, Hachette, 1989, 223 p.

- **AKKAYA KIA R.,** *De la modernité à la Postmodernité, la souveraineté et le droit*, BETA, 2006, 175 p.
- **ALBERT J.-L.,** *Douane et Droit douanier*, Paris, PUF, 2013, 240 p.
- **AL-KHATIB G.,** *La part du droit dans l'organisation économique internationale contemporaine, essai d'évaluation*, Bruxelles, éditions Bruylant, 1994, 237 p.
- **ALLAND D.,** *Droit international public*, Paris, PUF, 2000, 807 p.
- **ARBOURN J.-M.,** *Droit international public*, 3ème édition, Québec, éditions Yvon Blais, 1997.
- **ARNAUD A.-J.,** *Critique de la raison juridique, Gouvernants sans frontières, Entre mondialisation et post-mondialisation*, Paris, LGDJ, 2003, 433 p.
- **ARNAUD A.-J.,** *Entre modernité et mondialisation : leçons d'histoire de la philosophie du droit et de l'Etat*, Paris, LGDJ, 2ème édition, 2004, 317 p.
- **ATIAS C.,** *Epistémologie juridique*, Paris, Dalloz, 2002, 230 p.
- **ATTAR F.,** *Le droit international entre ordre et chaos*, Paris, Hachette, 1994, 317 p.
- **AUBY J.-B.,** *La globalisation, le droit et l'Etat, Paris*, LGDJ, 2ème édition, 2010, 264 p.
- **AVRIL P. et VERPEAUX M. (dir.),** *Les règles et principes non écrits en droit public*, Paris, LGDJ, 2000, 260 p.
- **AZAR A.,** *L'exécution des décisions de la Cour internationale de Justice*, Paris, Bruylant, 2003, 329 p.
- **BACH D., (sous dir.),** *Régionalisme, mondialisation et fragmentation en Afrique subsaharienne*, Paris, Khartala, 1998.
- **BAREL Y.,** *Le paradoxe et le système*, Grenoble, PUG, 2008, 272p.
- **BASCAR K.**, Organisations non-étatiques en droit international, USAK, Istanbul, 2005, 295 p.
- **BASTIDE S.**, Cours de droit international public, Les cours de droit 1976-1977, XXVI-1396 p.
- **BATIFFOL H.,** *La philosophie du droit*, Paris, PUF, 1997, 10ème édition.
- **BEAUD M.,** *L'art de la thèse*, Paris, la Découverte, nouvelle édition 2013, 202 p.
- **BEAUD O.,** *La puissance de l'Etat,* Paris, PUF, Léviathan, 1994, 512 p.
- **BECHILLON D. de,** *Qu'est-ce qu'une règle de droit* ? Paris, Odile Jacob, 1997, 302 p.

- **BECHILLON D. de,** *Les défis de la complexité, vers un nouveau paradigme de la connaissance* ? Paris, L'harmattan, 1993, 211 p.

- **BECHILLON D. de,** *Hiérarchie des normes et hiérarchie des fonctions normatives de l'Etat*, Paris, Economica, 1996, 577 p.

- **BECK U.,** *Pouvoir et contre-pouvoir à l'ère de la mondialisation*, Flammarion, 2003, 599 p.

- **BEDJAOUI M.,** *Droit international, bilan et perspectives,* UNESCO, Pedone, vol.1, 1991, 630 p.

- **BELANGER M.,** *Institutions économiques internationales : la mondialisation économique et ses limites*, Paris, Economica, 1997.

- **BELLITO M**., Une histoire du Sénégal et de ses entreprises publiques, Paris, L'Harmatan, 2001.

- **BENCHIKH M.,** *Droit international du sous-développement, nouvel ordre dans la dépendance,* Paris, Berger-Levrault, 1983.

- **BENCHIKH M., CHARVIN R., DEMICHEL F.,** *Introduction critique au droit international*, Lyon, Presses universitaires de Lyon, 1986.

- **BENYEKHLEF K.**, *Une possible histoire de la norme : les normativités émergentes de la mondialisation*, Paris, Edition Thémis, 2008, 934 p.

- **BENSOUSSAN A.,** *Le commerce électronique, aspects juridiques*, Paris, Hermès, 1998.

- **BEQUET P.**, Contrebande et contrebandiers, Paris, PUF, 1959.

- **BERNAT C.,** *Les autoroutes de l'information*, Paris, LGDJ, 1997.

- **BERRAMDANE A.,** *La hiérarchie des droits : droits internes et droit européen national*, Paris, L'Harmattan, 2002, 272 p.

- **BERR C.- J. et TREMEAU H.**, *Introduction au droit douanier*, Paris, Dalloz, Connaissance du droit, 1997.

- **BERR C.-J. et TREMEAU H.**, *Le droit douanier national et communautaire,* Paris, Economica, 6ème édition, 2004, 626 p.

- **BERR C.-J. et TREMEAU H.**, *Introduction au droit douanier*, Paris, Economica, 2008.

- **BERTALANFFY L.-V.,** *Théorie du droit*, Paris, LGDJ, 1998, 289p.

- **BIPOUM-WOUM J.M.,** *Le droit international africain, problèmes généraux, règlements des conflits*, Paris, LGDJ, 1970.

- **BOCHURBERG L.,** *Internet et commerce électronique*, Paris, Dalloz, 2001.

- **BOSTANY K., CREPEAU F., MACKAY P. et MOCKLE D.,** *Mondialisation et état de droit : quelques réflexions sur la normativité technologique*, A.C.D.I., 1996.

- **BOURQUIN M.,** *l'Etat souverain et l'Organisation internationale,* Paris, MNC, 1959, 237 p.

- **BOUVERESSE J.,** *Droit et politique du développement et de la coopération,* Paris, PUF, 1990.

- **BRANT L.- N.-C.,** *L'autorité de la chose jugée en droit international public*, Paris, LGDJ, 2003, 396 p.

- **BRAUD P.,** *Penser l'Etat*, Paris, Seuil, 2004, 248 p.

- **BRAYER G.,** *Europe-Tiers monde- Lomé : une nouvelle coopération douanière*, LGDJ, 1989.

- **BRICHAMBAMBAUT de M.- P., DOBELLE J.-F., COULEE Frédérique,** *Leçons de Droit international public*, Paris, Presses de sciences po., 2ème édition, 2011, 701 p.

- **BROSSET E., TYRUILHE-MARENGO E. (sous dir.),** *Les enjeux de la normalisation technique internationale. Entre environnement, santé et commerce internationale*, La documentation française, 2006, 329 p.

- **BUREAU H.,** *Le droit de la consommation transfrontière*, Paris, Litec, 2000.

- **BURDEAU G.,** *L'Etat*, Paris, Seuil, 1970, 182 p.

- **CACHARD O.**, *Droit du commerce international*, 2ème édition, 2011.

- **CARBONNIER J.,** *Flexible droit. Pour une sociologie du droit sans rigueur*, Paris, LGDJ, 10ème édition, 2001, 493 p.

- **CARRE de M. -R.,** *La loi expression de la volonté générale*, Paris, Economica, 1984, Sirey, 228 p.

- **CARRE de M. -R.,** *Contribution à la théorie générale de l'Etat*, Paris, Dalloz, 2004, t. I, 837 p.

- **CARRE de MALBERG Raymond,** *Confrontation de la théorie de la formation du droit par degré avec les institutions et les idées consacrées par le droit positif relativement à sa formation*, Paris, Dalloz, 2207, Sirey, 174 p.

- **CARREAU D.,** *Droit international*, Paris, Pedone, 10ème édition, 2010, 633 p.

- **CARREAU D. et JULLIARD P.,** *Droit international économique*, Paris, Dalloz, 4ème édition, 2010,770 p.

- **CASSESE A.,** *Droit international dans un monde divisé*, Paris, Berger-Levrault, 1986, 375 p.

- **CASSIA P. et OLSON T.,** *Le droit international, le droit européen et la hiérarchie des normes*, Paris, PUF, 2006, 59 p.
- **CAVARE L., et J.-P. QUENEUDEC,** *Le droit international public positif*, Pedone, 1967-1969, 2 vol., 808 et 952 p.
- **CHAPUS R.,** *Responsabilité publique et responsabilité privée.* Paris, LGDJ, 1957, 618 p. - Droit du contentieux administratif. Paris, Montchrestien, 1982, 924 p. - Droit administratif général. Paris, Montchrestien, 1992,6° éd., Tome 1. - Droit administratif général. Paris, Montchrestien, 1991, 5ème éd., Tome II.
- **CHATILLON G.,** *Le droit international de l'internet*, Bruylant, 2003, 693 p.
- **CHEVALLIER J.,** L'Etat-post moderne, Paris, LGDJ, 3ème édition, 2008, 266 p.
- **CISSE O.,** *Guide de dédouanement des produits pétroliers*, Dakar, Imprimerie Saint Paul, 2010, 79 p.
- **CLINQUART J.,** *La douane et les douaniers*, Paris, le Tallandier, 1990.
- **COLLARD C.A., DUBOUIS L.,** *Institutions internationales*, Paris, Précis Dalloz, 10ème édition, 1995.
- **COMBACAU J.,** *Droit des traités*, Paris, Que sais-je ?, PUF, 199, 125 p.
- **COMBACAU J. et SUR S.,** *Droit international public*, Paris, 11ème édition LGDJ, 2014,
830 p.
- **COQUERY-VIDROVTCH C.,** *Afrique noire, permanences et ruptures*, Paris, L'Harmattan, 2ème édition, 1992.
- **CORM M.,** *Le nouveau désordre économique mondial, Aux racines des échecs du développement*, Paris, éditions La Découverte, 1993, 164 p.
- **CORNU G.** (Sous dir.), *Vocabulaire juridique*, Paris, PUF, 9ème édition 195 p.
- **COUSSIRAT-COUSTERE V.,** La contribution des organisations internationales au contrôle des obligations conventionnelles des Etats, Bruxelles, Bruylant, 1997.
- **CREPEAU F., (sous dir.),** *Mondialisation des échanges et fonctions de l'Etat*, Bruxelles, Bruylant, 1997.
- **DAILLIER P., FORTEAU M., PELLET A.,** *Droit international public*, Paris, LGDJ, 8ème édition, 2009, 1709 p.
- **DEBLOCK** C. et **ETHIER** D., *Mondialisation et régionalisation*, Presses de l'Université du Québec, 1992.

- **DECAUX E.**, *La réciprocité en droit international*, Paris, LGDJ, 1980, 374 p.

- **DECAUX E.**, *Droit international public*, Paris, Dalloz, 7ème édition, 2010, 500 p.

- **DECHAUME J., VENTURELLI W.**, *Gestion des procédures douanières. La douane théorie et pratique*, Paris, Génie des glaciers, 2008.

- **DELBEZ L.**, *Les principes généraux du droit international public*, Paris, LGDJ, 1964, 667 p.

- **DELMAS –MARTY M.**, *Pour un droit commun*, Paris, Seuil, 1994, 305 p.

- **DELMAS –MARTY M.**, *Trois défis pour un droit mondial*, Paris, Seuil, 1998, 200 p.

- **DELMAS –MARTY M.**, *Les forces imaginatives du droit I. Le relatif et l'universel*, Paris, Seuil, 2004, 439 p.

- **DELMAS –MARTY M. (sous dir.)**, *Critique de l'intégration normative : l'apport du droit comparé à l'harmonisation des droits,* Paris, PUF, 2004, 330 p.

- **DELMAS –MARTY M.**, *Les forces imaginatives du droit II. Le pluralisme ordonné*, Paris, Seuil, 2006, 308 p.

- **DEME I.**, *Comprendre le « jargon des méthodes qualité »,* Dakar, L'Harmattan, 2016,76 p.

- **DE SCHUTTER O. et NIHOUL P.**, *Réflexions sur les transformations du droit de l'Union européenne*, Bruxelles, LARCIER, 2004, 405 p.

- **DE VISSCHER Ch.**, *Théories et réalités en droit international*, Paris, Pedone, 4ème édition, 1970.

- **DIAGNE I.**, *Les régimes douaniers au Sénégal*, Dakar, L'Harmattan, 2016, 287 p.

- **DIANE D.- D.**, *Lettre citoyenne, Dakar*, Edition A.T.COM, 2008, 138 p.

- **DIENG A.- O.**, *Le contentieux douanier dans la loi n° 2014-10 du 28 février 2014 portant code des douanes : un équilibre réussi ?,* Dakar, Imprimerie Saint Paul, 2014, 75 p.

- **DIEZ de VELASCO VALLEJO M.**, *Les organisations internationales*, Paris, Economica, 2002, 919 p.

- **DIONE A.**, *Le droit douanier, le commerce électronique et la dématérialisation*, Dakar, L'Harmattan, 2015, 297 p.

- **DIONE A.**, *Le dédouanement des véhicules automobiles au Sénégal*, Dakar, Droit Afrique, 2013, 102 p.

- **DIOP Ch.-A.,** *Les fondements économiques et culturels d'un Etat fédéral d'Afrique noire*, Dakar, Présence africaine, 2008,124 p.

- **DIOP M.,** Finances publiques sénégalaises, Dakar-Abidjan, NEAS, 1997, 271 p.

- **DIOUF M.,** Economie politique pour l'Afrique, TUNIS, NEAS/ AUPELF, 1991, 309 p.

- **DIOUF E.-H.-A.,** *L'Afrique et le droit à la différence dans les négociations commerciales internationales : OMC, APE, intégration régionale*, Paris, L'Harmattan, 2015, 392 p.

- **DIOUF J.-B.,** *Douane et échanges*, Dakar, Imprimerie Saint Paul, 2008, 250 p.

- **DIOUF M.,** *Intégration économique*, Dakar, Perspectives africaines, NEA, 1984.

- **DIOUKHANE A.,** *Les finances publiques dans l'UEMOA : le budget du Sénégal*, Paris, L'Harmattan, 2015, 267 p.

- **DOAT M., LE GOFF J., PEDROT P.,** *Droit et complexité: pour une nouvelle intelligence du droit vivant*, Rennes, PUR, 2007, 252 p.

- **DREYFUS S.,** *Droit des relations internationales*, Cujas, 1992, 537 p.

- **DUBOUCHET P.,** *Pour une sémiotique du droit international : essai sur le fondement du droit*, L'Harmattan, 2007, 284 p.

- **DUPUY P.-M., KEBRAT Y.,** *Droit international public*, Dalloz, 10ème édition, 2010, 916 p.

- **DUPUY P.-M., (sous dir.),** *Droit international et droit interne dans la jurisprudence comparée du Conseil constitutionnel et du Conseil d'Etat*, Paris, LGDJ, 2001, 128 p.

- **DUPUY R.-J.,** *La communauté internationale entre le mythe et l'histoire*, Paris, Economica, 1986, 182 p.

- **DUPUY R.-J., (sous dir.)**, *Manuel sur les organisations internationales*, Les livres de droit de l'Académie, MNP, 2ème édition, 1998, 967 p.

- **DUPUY R.-J.,** *Le droit international,* Paris, PUF, Que sais-je ?, n° 1060,1996, 128 p.

- **DUTHEIL DE LA ROCHERE J., COLAS B.,** *Organisations internationales à vocation régionale,* La documentation française, 1995, 121 p.

- **ENGELHARD P.,** *L'Afrique miroir du monde* ? Paris, Edition Arlea, 1998, 222 p.

- **FAYE M.,** *Le droit douanier sénégalais*, Dakar, L'Harmattan, 2015, 314 p.

- **FENET A. (sous dir.),** *Droit des relations extérieures de l'Union européenne*, Paris, Litec, 2006, 396 p.

- **FEUER G., CASSAN H.,** Droit international du développement, Paris, 2ème édition, 1991,
607 p.

- **FLORY T.,** *Le GATT, Droit international et commerce mondial*, Paris, LGDJ, 1968.

- **FONTANEL J.,** *Organisations économiques internationales*, Paris, Masson, 2ème édition, 1995.

- **FOSSAERT R.,** *Le monde au 21ème siècle, une théorie des systèmes mondiaux*, Paris, Fayart, 1991.

- **FOUCHER M.,** *L'obsession des frontières,* Perrin, 2007, 249 p.

- **FRANCK Ch., DEFRAIGNE J.-F., DE VIRGINIE M.** (sous dir.), *L'Union européenne et la montée du régionalisme : exemplarité et partenariats*, Paris, Academia Bruylant, 2009,
316 p.

- **FRIEDMANN W.,** *De l'efficacité des institutions internationales*, A.Colin, 1970, 199 p.

- **GARRIER C.,** *Géostratégie des entreprises : propositions pour la zone OHADA*, Paris, coll. « Le droit en marche », 2015, 378 p.

- **GAUTRON J.-C. et ROUGEVIN B.,** *Droit public du Sénégal*, Paris, coll. du Centre de Recherches, d'Etudes et de Documentation sur les Institutions et la législation africaines, Edition A. Pédone, 1977, 447 p.

- **GAUTRON J.-C.,** *L'administration sénégalaise*, Paris, collection « Encyclopédie administrative », Editions Berger-Levrault, 1971, 94 p.

- **GHERARI H. et SZUREK S., (sous dir.),** *L'émergence de la société civile internationale. Vers la privatisation du droit international?* Paris, Pedone, 2003, 350 p.

- **GIDDENS A.,** Les conséquences de la modernité, Paris, L'Harmattan, 1994, 192 p.

- **GOUDIABY A.,** *Oser, 12 propositions pour un Sénégal émergent*, L'Harmattan, Dakar, 2013, 200 p.

- **GUILLAUME G.,** *La cour internationale de Justice à l'aube du XXIème siècle, le regard d'un juge*, Paris, Pedone, 2003, 331 p.

- **HARVBULOT C.,** *La machine de guerre économique, Etats-Unis, Japon, Europe*, Paris, 1992, 163 p.

- **HAQUANI Z.,** *Commerce et développement à l'horizon 2000, bilan et perspectives de l'action internationale*, Paris, Economica, 1991.

- **HENRI G.-M.,** *Dynamisme Du commerce international, nouveau protectionnisme ou libre-échange*, Paris, Eyrolles, 1992.
- **HIDIBURG J.-J.,** *Le chef d'entreprise et la qualité totale*, Paris, édition Dunod, 1993
- **HOUSNI M.,** *Le droit douanier au Maroc*, Paris, L'Harmattan, 2011.
- **HYEANS A.,** *La douane au cœur de la stratégie internationale des entreprises*, Paris, L'Harmattan, 2012, 259 p.
- **ICARD P. (sous dir.),** La citoyenneté européenne dans tous ses états, édition universitaire de Dijon, 2009, 129 p.
- **ILLY O.,** *L'OMC et le régionalisme- le régionalisme africain*, Bruxelles, LARCIER, 2012, 333 p.
- **JACQUEMART C.,** *La nouvelle douane européenne*, Paris, éditions Jupiter, 1998.
- **JOUANNEAU D.,** *Le GATT et l'Organisation mondiale du Commerce*, Que sais-je ? Paris, 3ème édition, PUF, 1996.
- **JOUVE E.,** *L'Organisation de l'Unité africaine*, Paris, PUF, 1984.
- **JOVANIC S.,** *Restriction des compétences discrétionnaires des Etats en droit international*, Pedone, 1988, 240 p.
- **KABOU A.,** *Et si l'Afrique refusait le développement*, Paris, L'Harmattan, 1991, 208 p.
- **KASSE M.,** *Economie du développement : références africaines,* Tome 1 et 2, Paris, Editions Nouvelles du sud, 2009.
- **KASSE M.,** *L'économie du Sénégal, les 5 défis d'un demi-siècle de croissance atone,* Paris, L'Harmattan, 2015, 271 p.
- **KASSE M. et HAMMOUDA H.-B.,** *Repenser Bretton Woods : les réponses africaines*, Paris, éditions Karthala, 2009.
- **KELSEN H.,** *Théorie pure du droit*, Paris, LGDJ, Bruylant, 1999, 367 p.
- **KIEFFER B.,** *L'Organisation mondiale du commerce et l'évolution du droit international public*, Paris, Larcier, 2008, 371 p.
- **KODJO E.,** *Et demain l'Afrique*, Paris, édition Stock, 1985.
- **KOROWICZ M.-S.,** *Organisations internationales et souveraineté des Etats membres*, Pedone, 1961, 349 p.
- **KOSKENNIEMI M.,** *La politique du droit international*, Pedone, 2007,423 p.
- **KRYNICKI A.-K.,** *L'Organisation mondiale du commerce*, Belgique, VUIBERT, 2ème Edition, 2005, 259 p.
- **L'ABBE M-H.,** *L'arme économique dans les relations internationales*, Paris, PUF, 1994.

- **LACHARRIERE G.,** La politique juridique extérieure, Paris, Economica, 1983, 236 p.

- **LAGRANGE E.,** *La représentation institutionnelle dans l'ordre international : une contribution à la théorie de la personnalité morale des organisations internationales*, Kluwer Law international, 2002, 608 p.

- **LANKARANI EL-Z.-L.,** *Les contrats d'Etats à l'épreuve du droit international*, Paris, Bruylant, 2001, 572 p.

- **LATOUCHE S.,** *Faut-il refuser le développement* ? Paris, PUF, 1986.

- **LEBEN C.,** *Les sanctions privatives de droit ou de qualité dans les organisations internationales spécialisées*, Bruxelles, Bruylant, 1979.

- **LE LAY Y.,** *Savoir rédiger*, Paris, Bordas, collection « Livres de bord », 1997.

- **LEROUX N.,** *La condition juridique des organisations non gouvernementales*, Paris, Bruylant, Editions Yvon Blais, 2009, 576 p.

- **LIONTAS A.,** *Préférences tarifaires de développement*, Paris, Economica, 1973.

- **MALINVERNI G.,** *Le règlement des différends dans les organisations internationales économiques*, IUHEI, Collection de droit international, n° 3, Leiden sijhoff, 1974.

- **MARCOU J.P.,** « les mutations du droit de l'administration en Europe, pluralisme et convergence », Paris, L'Harmattan, 1995.

- **MARGUENAUD J.P**., « L'influence de la Convention européenne des droits de l'homme sur le droit français », Paris, L'Harmattan, 1995.

- **MBAYE K.,** *Propos d'un juge*, Dakar, NEAS, 2006, 249 p.

- **MELKEVIK B.,** *Tolérance et modernité juridique*, Les Presses de l'université Laval, 2006, 174 p.

- **MENSAH R.,** *Le principe de la dualité des normes en droit international*, Genève, IUHEI, 1989.

- **MERLE M.,** *Les acteurs dans les relations internationales*, Paris, Economica, 1986,
200 p.

- **MESSERLIN P**., *La nouvelle Organisation mondiale du commerce*, Paris, Dunod, 1995,
192 p.

- **MORDANT de M.-B., SOULARD Ch**., *Code des douanes nationale et communautaire*, Paris, Litec, 7ème édition, 2011.

- **MORAND Ch.-A.,** (sous dir.), *Le droit saisi par la mondialisation*, Paris, Bruylant, 2001,

477 p.
- **MONGUILLON P. et VERDOUX S.**, *L'entreprise orientée processus*, Paris, 2013, Editions AFNOR, 289 p.
- **NASSIET J.-R.,** *La réglementation douanière européenne*, Paris, éditions Jupiter, 1988.
- **NATAREL E.,** *Le rôle de la douane dans les relations commerciales internationales*, Paris, ITCIS, 2006.
- **NEZEYS B.,** *Les politiques de compétitivité*, Paris, éditions Economisa, 1994.
- **NORTH D.,** *Le processus du développement économique*, Paris, Editions d'Organisation, 2005.
- **OMAN C.,** *Globalisation et régionalisation, quels enjeux pour les pays en voie de développement* ? Paris, OCDE, 1994.
- **OSMAN F.,** *Les principes généraux de la lex mercatoria : contribution à l'étude d'un ordre juridique national*, Paris, LGDJ, 1992.
- **PANNIER J.,** *Recueil de jurisprudence douanière*, Paris, ECONOMICA, 2010, 699 p.
- **PELLET A.,** *Le droit international du développement,* Paris, PUF, Collection Que sais-je ? 1987, 128 p.
- **PESCATORE P.,** *Le droit de l'intégration. Émergence d'un phénomène nouveau dans les relations internationales selon l'expérience des Communautés européennes*, Paris, Bruylant, 2005, 100 p.
- **PLANTIN Ch.,** *L'argumentation*, Paris, Seuil, Collection « Mémo », 1996.
- **POMADE A.,** *La société civile et le droit de l'environnement : contribution à la réflexion sur les théories des sources du droit et de la validité*, Paris, LGDJ, 2010, 698 p.
- **PRAHL H.,** *Douane et accises*, Bruxelles, éditions Ced.Samson, 1997.
- **RAINELLI M.,** *L'Organisation mondiale du commerce*, Paris, La découverte, 1996.
- **RAY D**., *Mesurer et développer la satisfaction client*, Paris, Editions d'Organisation, 2001.
- **REUTER P.,** Institutions internationales, PUF, 7ème édition, 1972, 698 p.
- **REUTER P.,** Droit international public, PUF, 7ème édition, 1993, 595 p.
- **ROCA D.,** *Le démantèlement des entraves aux commerces mondial et intracommunautaire*, Tome 2, Paris, L'Harmattan, 2007, 451 p.

- **ROMANO S.**, *L'ordre juridique*, Dalloz, 2002, 2ème édition de la traduction française,
174 p.
- **ROUSSEAU Ch.**, *Droit international public*, tome 1, Introduction et sources, Sirey, 1970,
364 p.
- **ROUSSEAU Ch.**, *Droit international public*, tome 4, Les rapports conflictuels, Paris, Pedone, 1983.
- **RUZIE D. et TEBOUL G.**, *Droit international public*, Paris, Dalloz, 20ème édition, 2009,
332 p.
- **SABOURIN L.**, *Les organisations économiques internationales*, Paris, La documentation française, 1994.
- **SALL A.**, *Les mutations de l'intégration des Etats en Afrique de l'Ouest*, Dakar, L'Harmattan, 2010, 189 p.
- **SALL A.**, *La Justice de l'intégration*, Dakar, CREDILA, 2011, 398 p.
- **SALMON J. (sous dir.)**, *Dictionnaire de Droit international public*, Bruylant, 2001,
1198 p.
- **SAWADOGO F.**, *De la CEAO à l'UEMOA*, Paris, L'Harmattan, 2015, 149 p.
- **SCANDAMIS N.**, *Le paradigme de la gouvernance européenne. Entre souveraineté et marché*, Paris, Bruylant, 2009, 230 p.
- **SCHWOB J.**, *Les organes intégrés de caractère bureaucratique dans les organisations internationales*, Paris, Bruylant, 1987, 398 p.
- **SEMINI A.**, *Douanes*, Delmas, Paris, 1967.
- **SEROUSSI R.**, *Les nouveaux gendarmes du Monde, GATT, FMI et Banque mondiale*, Paris, Dunod, 1994.
- **SHIBA S.**, *Les outils du management de la Qualité*, Paris, MFQ Bibliothèque Qualité, 1995.
- **SIMON D.**, *L'interprétation judiciaire des traités d'organisations internationales, Morphologie des conventions et fonctions juridictionnelles*, Paris, Pedone, 1981.
- **SPICHER A.**, *Savoir rédiger. Les techniques pour rédiger avec clarté et efficacité*, 2ème édition, Paris, Ellipses, 2014, 262 p.
- **STEFANINI R.-F.-M, GAY L., PINI J.**, *Autour de la qualité des normes*, Bruxelles, Edition Bruylant, 2010, 327 p.
- **STERN B.**, *Un nouvel ordre international*, Paris, Economica, 1983, 740 p.

- **SUR S.**, *L'interprétation en droit international public*, Paris, LGDJ, 1974.

- **SUR S. et COMBACAU J.**, *Droit international public*, Paris, édition Montchrestien 11ème édition, 2014, 830 p.

- **SUR S.**, *Relations internationales*, Paris, édition Montchrestien, 1995, 587 p.

- **SY D.**, *Droit administratif*, Dakar, 2ème édition, L'Harmattan, 2014, 420 p.

- **SY K.**, *Douanes sénégalaises : vie et vues du brigadier de brousse*, Dakar, L'Harmattan, 2015, 207 p.

- **SY M.-M.**, *La protection constitutionnelle des droits fondamentaux en Afrique : l'exemple du Sénégal*, Paris, L'Harmattan, 2015, 562 p.

- **TALL S.-N.**, *Droit des Organisations internationales*, Paris, L'Harmattan, 2015, 547 p.

- **TENIER J.**, *Intégrations régionales et mondialisation. Complémentarité ou contradiction*, La documentation française, 2003, 232 p.

- **TEULE- M.-C.**, *L'entreprise et la douane face au grand marché européen*, Paris, PUF, 1992.

- **THIAM D.**, *La Politique douanière des Etats africains*, Paris, PUF, 1963.

- **TOURE P.-A.**, *Le traitement de la cybercriminalité devant le juge : l'exemple du Sénégal,* Paris, L'Harmattan, 2014, 616 p.

- **TUCKER R.**, *De l'inégalité des nations*, Paris, Economica, 1980.

- **VILLALPANDO S.**, *L'émergence de la communauté internationale dans la responsabilité des Etats*, Paris, PUF ? 2005, 527 p.

- **VIRALLY M.**, *L'Organisation mondiale*, Collection U, A. Colin, 1972, 587 p.

- **VIRALLY M.**, *Panorama du droit international contemporain, Cours général de droit international public*, RCADI, Martinus Nijhoff Publisher, La Haye, Tome 237, 1992.

- **VIRALLY M.**, *La pensée juridique*, édition Panthéon Assas, 1998, 225 p.

- **YAKEMTCHOOK M.**, *L'Afrique en droit international,* Paris, LGDJ, 1971.

- **YAMEOGO H.**, *Repenser l'Etat africain, ses dimensions et prérogatives*, Paris, L'Harmattan, 1993.

- **ZOLLER E.**, *La bonne foi en droit international public*, Paris, Pédone, 1977.

III/ Thèses de doctorat

- **AGUEMON W.,** *Le droit douanier et l'harmonisation de la fiscalité de porte dans l'UEMOA et la CEDEAO : cas du Bénin et de la Côte d'Ivoire*, Université d'Abomey-Calavi, 2018, 493 p.

- **ALLAND D.,** *Les contre-mesures dans l'ordre juridique international, étude théorique de la justice privée en droit international public*, Université Panthéon, Assas, Paris, 1991.

- **BADJI S.,** *La privatisation en Afrique*, Université Cheikh Anta Diop, 2001.

- **BAL L.**, *Le mythe de la souveraineté en droit international. La souveraineté des Etats à l'épreuve des mutations de l'ordre juridique international*, Université de Strasbourg, 2012, 702 p.

- **BOUILLART C**., *Les mutations d'un service public régalien, la douane*, Université Lille 2, 2003.

- **BOY D.,** *Les exonérations fiscales en France et dans les pays de l'UEMOA*, Université Orléans, novembre 2005, 347 p.

- **BRAMI C.,** *La hiérarchie des normes en droit constitutionnel français, Essai d'analyse systémique*, Université de Cergy Pontoise, 2008, 444 p.

- **CAMARA B.,** *Le contentieux douanier au Sénégal : réflexions sur la place du juge dans le traitement des infractions*, Université de Grenoble, 2005, 319 p.

- **DIONE A.**, *Le droit douanier à l'épreuve des réseaux informatiques : le défi du commerce électronique*, Université de Grenoble, 2007, 451 p.

- **DJOSSOU J.-M.,** *L'Afrique et le GATT, des territoires douaniers coloniaux aux membres de l'OMC*, Université de Laval, 1996.

- **FALL A.-H.**, *Contribution à une Réflexion sur la fiscalité de développement au Sénégal*, Université des Sciences Sociales de Toulouse, 2006.

- **GELAS H.,** *Procédure contentieuse et souveraineté étatique*, Université de Paris II, 2004, 789 p.

- **HERVE A.,** L'UE et la juridictionnalisation du système de règlement des différends de l'OMC, Université de Rennes 1, 2011.

- **JEANNARD S.**, *Les transformations de l'ordonnancement juridique douanier en France*, Université Paris 1, 2010, LGDJ, Bibliothèque Finances publiques et fiscalité, t.52, 2011.

- **KEBE A.-A.-D.**, *La répartition des compétences entre la loi et le règlement en droit fiscal sénégalais*, Université Cheikh Anta DIOP de Dakar, 2012, 398 p.

- **NATAREL E.**, *Construction communautaire et mutations du droit national : le Code des douanes français en question*, Université de Grenoble, PUAM, 2004.

- **NDIAYE M.**, *Logique de performance et cadre harmonisé des finances publiques de l'UEMOA : étude du nouveau droit budgétaire et de la comptabilité publique au Sénégal*, Université Cheikh Anta DIOP de Dakar, 2015, 551 p.

- **NGOM M.**, *Droit et intégration économique dans l'espace UEMOA : Le cas de la régulation juridique de la concurrence*, Université Gaston Berger de Saint-Louis, 2007, 581 p.

- **NIANE A.**, *Rationalité fiscale et intégration économique en Afrique. L'exemple du système fiscal sénégalais dans l'UEMOA*, Université Gaston Berger de Saint-Louis, 2011, 508 p

- **PIQUEMAL A.**, *L'influence des inégalités de développement sur le statut juridique des Etats*, Université de Nice, 1976.

- **SOUMARE N**, *Le droit douanier à l'épreuve de la criminalité transnationale organisée dans l'espace CEDEAO*, Université Cheikh Anta DIOP de Dakar, 2018, 380 p.

IV/ Mémoires

- **BA Amadou Adama**, *Les enjeux de la lutte contre la contrefaçon*, mémoire pour l'obtention du brevet de l'ENA, Dakar, 2013.

- **BALDE Oumar**, *La mise en œuvre du Cadre de normes SAFE de l'OMD au Sénégal*, mémoire pour l'obtention du brevet de l'ENA, Dakar, 2013.

- **CISSE Mame Assane**, *Douane et sécurité : les enjeux de la lutte contre le blanchiment des capitaux*, mémoire pour l'obtention du brevet de l'ENA, Dakar, 2013.

- **DIALLO Mouhamadou Ciré**, *Dispositif douanier et entreprises au Sénégal : les ressorts de la compétitivité*, mémoire pour l'obtention du brevet de l'ENA, Dakar, 2005.

- **DIOP Pape Djigdjam**, *Le dispositif de lutte contre la fraude*, mémoire pour l'obtention du brevet de l'ENA, Dakar, 2005.

- **DIOP Pape Djigdjam**, *Le parlement de la CEDEAO*, mémoire pour l'obtention du Master II en droit de l'intégration et de l'OMC, UCAD, 2013.
- **KA Mouhamadou Bamba**, *Le droit douanier et le droit communautaire : l'exemple des garanties*, mémoire pour l'obtention du brevet de l'ENA, Dakar, 2013.
- **SENE Cheikh Ahmadou Bamba**, *La dématérialisation des procédures et formalités du commerce extérieur*, mémoire pour l'obtention du brevet de l'ENA, Dakar, 2013.
- **SOUMARE Ndiaga**, *Sécurité et facilitation de la chaîne logistique internationale*, mémoire pour l'obtention du brevet de l'ENA, Dakar, 2005.
- **SOUMARE Ndiaga**, *Le dédouanement des services,* mémoire pour l'obtention du Master II en droit de l'intégration et de l'OMC, UCAD, 2009.
- **THIAW Simon Pierre**, *La douane à l'heure du commerce électronique*, mémoire pour l'obtention du brevet de l'ENA, Dakar, 2002.
- **WADE Rokhaya**, *Le nouveau programme de vérification des importations au Sénégal*, mémoire pour l'obtention du brevet de l'ENA, Dakar, 2013.

V/ <u>Articles</u>

- **ARUPKO O., «** Les pays africains ne veulent pas être réduits au rôle de fournisseurs de matières premières », *Le Monde diplomatique*, 1er mars 1974, p. 19.
- **AUDEOUD O.**, « La cour internationale de justice et le règlement des conflits au sein des organisations internationales », *RGDIP*, 1977, n°4, pp. 945-1006.
- **BARBERIS J.-A., «** Le concept de traité international et ses limites », *AFDI*, Editions du CNRS, 1984, pp. 239-270.
- **BERNIER I., «** Le GATT et les arrangements économiques régionaux : rapport du travail sur l'Afrique et le libre-échange entre le Canada et les USA », *Cahiers de droit*, volume 35, n° 2, juin 1992, pp.313-344.
- **BERR J.-C.,** « Dualité de juridictions et unité du droit douanier », *Revue française de droit administratif*, 1990, p.156.
- **BERR J.-C.,** « L'Accord général sur le commerce des services », *AFDI*, 1994, pp. 748-757.

- **BORDAS J.**, « Les Directeurs généraux des douanes, l'Administration et la politique douanière », Comité pour l'histoire économique et financière de la France, *IGPDE*, 2004.

- **BURDEAU G.**, « Les engagements d'autolimitation et l'évolution du commerce international », *AFDI*, Editions du CNRS, Paris, 1991.

- **CASAN H., «** Le consensus dans la pratique des Nations-Unies », *AFDI,* 1974, pp 456 et suivantes.

- **CELESTE M-C.**, « Une autre guerre commerciale au sein du GATT : la raison du plus fort contre le Tiers-monde », *le Monde diplomatique*, mars 1989, p.14.

- **COLLIARD C.A., «** Spécificité des Etats : Théorie des statuts juridiques particuliers et d'inégalité compensatrice », *Mélanges Reuters*, Paris, Pedone, 1981, pp.153-180.

- **COOPER R-N., «** Le pouvoir économique après la guerre froide, qui le détient? qui peut l'exercer ? » Politique étrangère, *IFRI,* Paris, n° 2, 1997.

- **COMBES-LEBOURG A.**, « Les opérations douanières », *ESKA*.

- **DAILLER P.,** « Le Conseil de coopération douanière », *Annuaire français de droit international*, volume 22, 1976, pp. 474-498.

- **DE LACHARRIERE G., «** Influence de l'inégalité de développement des Etats sur le droit international », *RCADI*, 1976- II, pp.227-269.

- **DE LACHARRIERE G., «** L'examen par le GATT du Traité de Rome instituant la CEE », *AFDI*, 1958, pp.621-664.

- **DELBEZ L, «** Le mécanisme juridique des sanctions internationales », *Revue de Droit public*, 1937, pp.254- 273.

- **DE WULF L., SOKOL J.B.,** « Manuel de modernisation douanière », Washington, éditions *ESKA*, 2009, Banque Mondiale.

- **DIAITE I., «** Intégration économique et droit international », *Revue de droit contemporain*, n° 1, 1978, pp.37-52.

- **DIOP P.-D., «** Le régime de la transformation de marchandises destinées à la mise à la consommation », *Revue des douanes sénégalaises*, n° 48, 2010.

- **DIOP P.-D., «** L'apport des régimes douaniers dans les performances des entreprises sénégalaises », *Revue Echos finances*, 2010, pp.32-35.

- **DIOP P.-D., «** La réforme des régimes économiques : bilan et perspectives», *Revue des douanes sénégalaises*, numéro spécial, février 2012, pp.18-19.

- **DIOP P.-D., «** Promouvoir la compétitivité des petites et moyennes entreprises (PME) au Sénégal : réflexion sur une solution douanière », *Revue des douanes sénégalaises*, n° 50, décembre 2013, p.45.
- **DIOP P.-D., «** Les douanes à l'épreuve de la COVID-19 », *Revue des douanes sénégalaises*, juin 2020.
- **DOMINGO B**., « Douane, frontière et sécurité », *R.I.crim.pol.tech.*, 1998, p 448.
- **DUPUY R-J.,** « Communauté internationale et disparités de développement », *RCADI*, 1981, volume 165.
- **ENEHARD P., «** Quelques réflexions à propos des PME et du développement en Afrique de l'Ouest », *Ronéotype*, FASEG, Dakar.
- **FALILA G.**, « UEMOA : un poste de contrôle express pour faciliter le transport routier », *Africom.com* paru le vendredi 21 janvier 2011.
- **FAMECHON Y.,** « La réforme du contentieux des législations des douanes et des changes », *Encyclopédie douanière*, 1978, p.35.
- **FAUCHERAND P.,** « La lutte contre la fraude douanière : un impératif pour l'Union européenne », *RMUE* 1/1995, p.75.
- **FERRARI M.,** « La douane sort de ses frontières », *Vie judiciaire* n° 20064 du 06 janvier 1986.
- **FEUER G., «** Les pays en développement et le droit international du développement », *AFDI*, Edition du CNRS, Paris, 1994.
- **FEUER G., «** L'Uruguay Round, les pays en développement et le droit international du développement », *AFDI*, 1994, pp.758-775.
- **FJELDSTAD O.-H.**, « Vers plus d'éthique dans les douanes en Afrique subsaharienne », *Afrique contemporaine* 2009/2 (n° 230), pp. 33-54.
- **FLORY M.,** Mondialisation et droit international du développement, *RGDIP*, 1997, n° 3.
- **FLORY T., «** Chronique de droit international économique », *AFDI*, 1996, pp. 806-816.
- **FLORY T., «** Le nouveau système commercial mondial : quelques remarques », *JDI ,1995-2*, pp. 877-891.
- **FOUCAULT F.,** « Le droit douanier, symbole de l'ambivalence de la Cour de Cassation », *JCP*, édition E, 2005, p.166.
- **FOULON J.-R., «** Les fraudes douanières », *Revue des Finances publiques*, 1983, p.159.
- **FOUQUIN M., «** Le développement du régionalisme commercial », *Problèmes économiques*, n° 2, 366, 9 mars 1994, pp.29-32.
- **GEORGOPOULOS T., «** La franchise douanière », *RAE*, 2005/04.

- **GIRAUDET N., SECRETAIN C.,** « La collaboration avec les douanes étrangères », *RFFP*, n° 3,1983, pp.183-189.

- **GHALI B.-B.**, Les Nations-Unies et l'Afrique, *Afrique 2000*, n° 14, juillet-août-septembre 1993, pp. 5-17.

- **GRAVE J.-M., «** L'origine dans les régimes commerciaux de la Communauté : une reforme impossible? », *RAE* 2005, 04.

- **GREGOIRE L.-J., «** L'insertion économique internationale du continent africain », dans *Etudes internationales*, n° 2, juin 1991, pp. 284-285.

- **GUEYE M.**, « Réforme du code des douanes : synopsis des innovations majeures », *Revue des Douanes sénégalaises*, décembre 2013.

- **GUIBERT G., «** L'OMC, continuité, changement et incertitude », *Politique étrangère*, n° 3, 1994.

- **HAN H.-J., «** Le contrôle de l'exécution des obligations des Etats dans les organisations internationales économiques », Colloque SFDI, Paris, *Pedone*, 1972, pp. 36-66.

- **HATOUX B.,** « Le droit de visite et de saisie des administrations en matière fiscale, douanière et de concurrence », in *Rapport annuel de la Cour de cassation française,* 1998, pp.13-22.

- **IDIR K.,** « Le statut d'opérateur économique agréé », un texte discutable, *le phare* n° 164, janvier 2013.

- **ISAREL J.-J., «** Le droit au développement », *Revue générale de droit international public*, Paris, Tome 86, N° 1, janvier/février / mars 1983, pp. 5-41.

- **JACQUEMART C., «** Le rôle des douanes dans la construction européenne : 1957-1978 », in *Comité pour l'histoire économique et financière de la France, Le rôle des ministères des finances et de l'Economie dans la construction européenne*, Tome 1, 2000, p.461.

- **KANE B.-S.,** « Vers une effectivité de la libre circulation en Afrique de l'Ouest », *Revue des douanes sénégalaises*, numéro spécial, février 2013.

- **KANTE S.,** « Le secteur informel en Afrique », 2002.

- **KASSE M.,** « Ordre économique régional et stratégie de développement autocentré en Afrique de l'Ouest », *colloque de Conakry*, avril 1980.

- **KODJO E., «** Le retard de l'Afrique peut être rattrapé : immenses possibilités, vastes besoins, nombreux obstacles », *Le Monde diplomatique*, 1er février, 1980.

- **KONATE T.,** « Les négociations commerciales de l'Uruguay Round : quels sont les principaux enjeux et en quoi l'Afrique est-elle concernée ? », *Afrique 2000*, n° 4, janvier-février-mars 1991.

- **LUX M. et LARRIEU P.-J.,** « La réforme du Code des douanes communautaire : tentative réussie de concilier progrès technique et simplification du droit », *RAE* 2005/04.

- **MAHIOU A.,** « Le cadre juridique de la coopération Sud –Sud, quelques expériences ou tentatives d'intégration », *RCADI*, 1993, IV, pp. 9-194.

- **MBAYE A.-A.,** « Déficiences institutionnelles et performance du secteur manufacturier dans les pays de l'UEMOA : étude de cas du Bénin et du Sénégal », *CREA/GDN*, 2006.

- **MENGOZI P.,** « Les valeurs de l'intégration européenne face à la globalisation des marchés », *Revue du marché unique européen*, Editions, Clément Juglar, Paris 1, 1998.

- **MONTAGNAT R.-G., PARENT G.**, « Réforme et modernisation des douanes en Afrique subsaharienne francophone, 1995-2010. Customs Administration Reform and Modernization in Francophone Sub-Saharan Africa, 1995-2010 », *Revue d'économie du développement* 3/2012 (Vol. 20), pp.105-146.

- **NATAREL E.**, « Le rôle de la douane dans les relations commerciales internationales », *ITCIS*, 2ème édition, 2007.

- **NATAREL E.**, « Construction communautaire et mutations du droit national », *Presses universitaires d'Aix-en- Provence*, 2004, Centre d'études fiscales.

- **NATAREL E.,** « Le phénomène douanier dans le marché intérieur », *RAE*, n°4, 2005, pp. 637- 646.

- **NATAREL E.**, « Pour une modernisation de l'encadrement juridique de nos échanges commerciaux : l'indispensable réforme du Code des douanes français » *RTD com.*, 2008, p. 48.

- **NDIAYE A.- D. et EDDINE Al.,** « Le commerce électronique en Afrique », publié par le *Forum pour le Développement africain* (FDA), 1999, pp.2-24.

- **NDIAYE I.**, « Code des douanes et environnement maritime », *Revue des douanes sénégalaises*, numéro 53, janvier 2016.

- **NEEL B.,** « L'intérêt à la fraude », *JCP* 1990, I.3448.

- **NEEL B.,** « Le contentieux douanier et fiscal fait-il place au hasard ? (L'espace, paramètre d'un hasard douanier ? »), *Gaz. Pal.,* Rec. 2001, doctrine p. 216.

- **NICOLAS F., «** Mondialisation et régionalisation dans les pays en voie de développement », *Politique étrangère,* Eté 1997, pp. 293-307.

- **NTUBA L.-L., «** De la Communauté économique africaine », *African journal of international and comparaitive law*, 8.13, 1996, pp. 51-66.

- **PAIRE G.,** La compétence du juge d'instance en matière douanière, *LPA* 1997, N° 132.

- **PANNIER J., «** Le droit douanier se modernise », Droit et Pratique du commerce international, Vol 4, éd. MASSON, Paris, New York, Barcelone, Milan,1988, n°4, *chronique*, pp.763-774.

- **PANNIER J.,** Douanes et changes, *Litec*, 1990.

- **PLAISANT R., «** L'organisation internationale du commerce », *RGDIP*, 1950, pp.161- 224.

- **RABALLAND G., CANTENS T.**, « Introduction thématique. Réforme des douanes et développement en Afrique subsaharienne », *Afrique contemporaine* 2009/2 (n° 230),
pp. 19-31.

- **RUGGIERO R**., « La libéralisation des échanges, et la primauté du droit dans un monde interdépendant », *Focus* n° 3, mai-juin 1995, pp. 14-15.

- **SABOURIN L., «** Pour un nouveau droit international fonctionnel, l'influence des organisations mondiales sur le développement du droit international », *Revue juridique Thémis*, 1969, n° 3, pp. 11-17.

- **SABOURIN L., «** Une économie mondiale en mutation, incidences africaines et Nord-Sud », Compte rendu de l'assemblée du club de Dakar, L'Afrique a t-elle échoué ? *Colloque du club de Dakar*, Ouagadougou.

- **SACHWALD F., «** La mondialisation comme facteur d'intégration économique », *Politique étrangère*, Eté 1997.

- **SALMON J., «** La construction juridique du fait en droit international », *Archives de philosophie du droit*, n° 32, Le Droit international, Sirey, 1987, pp.135-151.

- **SOULARD C.,** « L'application du droit communautaire par la chambre criminelle de la cour de cassation », *Gaz.Pal.,* Recueil 2000, p.1991.

- **SOUMARE N.**, « Le dédouanement des services », *Revue des douanes sénégalaises,* n° 44.

- **SOUMARE N.**, « Le contrôle douanier des armes », *Revue des douanes sénégalaises,* n° 45.

- **SOUMARE N.**, « Les échanges commerciaux à l'épreuve de la criminalité transnationale organisée, les stratégies de lutte efficace et durable », *Revue Echos finances,* n° 09, 2011.

- **STERN B., «** Le droit international du développement, un droit de finalité ? » in La formation des normes en droit international du développement, Aix en Provence, *Office des publications universitaires*, 1982, pp. 43-51.

- **SUR S., «** Quelques observations sur les normes juridiques internationales », *RGDIP*, Paris, Pedone, n° 4, octobre-décembre 1985.

- **TARRIDE E., «** La banalisation du droit douanier ou paradoxe actualité de Colbert », *Gaz. Pal.* 2004, doctrine p. 2852.

- **TAXIL B., «** L'OMC et les pays en développement », *Perspectives,* N°13, 1998.

- **TIMSIT G.,** « Sur l'engendrement du droit », *Revue de droit public*, 1988, n° 1, pp. 39-75.

- **TOUSCOZ J., «** Mondialisation et sécurité économique internationale », *RGDIP*, Paris, Pedone, Tome 102, 1998, pp. 623-645.

- **VAULONT N.,** « L'union douanière de la Communauté économique européenne », *Perspectives européennes* 2ème éd. 1985, OPOCE.

- **VIRALLY M., «** Le droit international en question, les archives de philosophie du droit », *Sirey*, Paris, n° 8, 1963.

- **VIRALLY M.,** « La valeur juridique des recommandations des organisations internationales », *AFDI*, Editions du CNRS, Paris, volume 2, 1956.

- **WILMOTT P. «** Une douane moderne pour un marché unique » *Douanes 2000*, 1995, 1er trimestre, pp.5-13.

- **WEIL P., «** Vers une normativité relative en droit international ? », *RGDIP*, Paris, Tome 86, n° 1, janvier/février/mars 1982, pp. 48-116.

- **YASUI T.**, « Etude de l'environnement douanier », *document de recherche de l'OMD* n ° 23, juin 2012, OMD.

- **ZOLLER E., «** Guerre commerciale et droit international, réflexions sur les contre-mesures de la loi américaine de 1988, sur le commerce et la concurrence, » *AFDI*, Edition du CNRS, Paris, 1989.

- **ZOLLER E., «** Quelques réflexions sur les contre-mesures en droit international public », Etudes offertes à Claude Albert COLLIARD, Paris, *Pedone*, 1984, pp.363-381.

VI/ Documents officiels

1/ Textes internationaux

- Accord ADPIC (volet « propriété intellectuelle » du Traité de Marrakech du 14 Avril 1994 créant l'OMC).

- Acte uniforme du 17 avril 1997 portant Organisation des Sûretés, J.O. OHADA du 1er juillet 1998.

- Acte uniforme du 10 avril 1998 portant Organisation des procédures simplifiées de Recouvrement et des Voies d'Exécution J.O. OHADA, du 1er juin 1998.

- Convention internationale pour la simplification et l'harmonisation des régimes douaniers amendée en 2006 dite Convention de Kyoto révisée (CKR).

- Convention portant création du Conseil de coopération douanière (CCD).

- Résolution de l'OMD de juin 2005 relative au Cadre de Normes SAFE.

2/ Textes communautaires

- Règlement N° 09/1998/CM/UEMOA relatif aux relations financières extérieures des Etats membres de l'Union Economique et Monétaire Ouest Africaine.

- Règlement n° 09/2001/CM/UEMOA du 26 novembre 2001 portant Code des douanes de l'UEMOA.

- Règlement n° 15/2002/CM/UEMOA relatif aux systèmes de paiement dans les Etats de l'UEMOA et à la loi uniforme sur les instruments de paiements.

- Règlement n° 02/CM/UEMOA du 23 mai 2002 sur les pratiques anticoncurrentielles.

- Règlement n° 03/CM/UEMOA du 23 mai 2002 relatifs aux procédures applicables aux ententes et abus de position dominante à l'intérieur de l'Union économique et monétaire ouest africaine.

- Règlement n° 15/2002/CM/UEMOA relatif aux systèmes de paiement dans les Etats de l'UEMOA.

- Directive n° 01/2006/CM/UEMOA relative à l'harmonisation des politiques de contrôle et de régularisation du secteur des télécommunications.

- Directive n° 02/2006/CM/UEMOA relative à l'harmonisation des régimes applicables aux opérateurs de réseaux et fournisseurs de services.

- Directive n° 03/2006/CM/UEMOA relative à l'interconnexion des réseaux et services de télécommunications.

- Directive n° 04/2006/CM/UEMOA relative au service universel et aux obligations de performance du réseau.

- Directive n° 05/2006/CM/UEMOA relative à l'harmonisation de la tarification des services de télécommunications.

- Directive n° 06/2006/CM/UEMOA organisant le cadre général de la coopération entre les autorités nationales de régulation en matière de télécommunications.

- Directive relatif à l'introduction frauduleuse de données dans un système informatique.

- Directive C/DIR/1/08/11 du 19 aout 2011 portant lutte contre la cybercriminalité dans l'espace CEDEAO.

- Acte additionnel A/SA. 2/01/10 portant transactions électroniques dans l'espace CEDEAO signé à Abuja, le 16 février 2010, par la trente septième session de la Conférence des Chefs d'Etats et de Gouvernements.

- Acte additionnel A/SA 1/01/07 du 19 janvier 2007 relatif à l'harmonisation des politiques et du cadre réglementaire des secteurs TIC (AA1).

- Acte additionnel A/SA 2/01/07 du 19 janvier 2007 relatif à l'accès et à l'interconnexion des réseaux et services du secteur des TIC (AA2).

- Acte additionnel A/SA 3/01/07 du 19 janvier 2007 relatif au régime juridique applicable aux opérateurs et fournisseurs de services (AA3).

- Acte additionnel A/SA 6/01/07 du 19 janvier 2007 relatif à l'accès universel/service universel (AA6).

- Décision A/DEC.9/12/99 de la Conférence des chefs d'Etat et de Gouvernement de la CEDEAO.

- Décision n° 08/2001/CM/UEMOA portant mise en œuvre d'un programme de construction de 11 postes de contrôle juxtaposés.

- Décision n° 08/2001/CM/UEMOA du 26 novembre 2001 portant adoption et modalités de financement d'un programme communautaire de construction de postes de contrôles juxtaposés aux frontières entre les Etas membres de l'UEMOA.

- Décision n° 38/2009/CM/UEMAO modifiant les articles 2 et 5 de la Décision n° 08/2001/CM/UEMOA du 26 novembre 2001 portant adoption et modalités de financement d'un programme communautaire de construction de postes de contrôles juxtaposés aux frontières entre les Etats membres de l'UEMOA.

3/ Textes nationaux

a) Constitutions

- Loi n° 63-22 du 7 mars 1963 portant révision de la Constitution de la République du Sénégal, in Recueil des Textes constitutionnels du Sénégal du 24 janvier 1959 au 15 mai 2007.

- Loi n° 2001-03 du 22 janvier 2001 portant Constitution, in Recueil des Textes constitutionnels du Sénégal du 24 janvier 1959 au 15 mai 2007.

b) Lois

- Loi n° 64-291 du 1er août 1964 portant Code des douanes ivoiriennes modifiée.

- Loi n° 66-60 du 21 juillet 1965 portant Code pénal du Sénégal.

- Loi n° 66-61 du 21 juillet 1965 portant Code de procédure pénale.

- Loi n° 81-53 du 10 juillet 1981 relative à la répression de l'enrichissement illicite.

- Loi n° 81-54 du 10 juillet 1981 portant création de la Cour de répression de l'enrichissement illicite.

- Loi n° 87- 47 du 28 décembre 1987 portant code des douanes du Sénégal.

- Loi n° 97-18 du 1er décembre 1997 portant Code des drogues.

- Loi n° 2007-01 du 12 février 2007 modifiant le Code pénal.

- Loi n° 2007-04 du 12 février 2007 modifiant le Code de procédure pénale.

- Loi n° 2008-08 du 25 janvier 2008 sur les transactions électroniques.

- Loi n° 2008-10 du 25 janvier 2008 portant loi d'orientation sur la société de l'information.

- Loi n° 2008-11 du 25 janvier 2008 portant sur la cybercriminalité.

- Loi n° 2008-12 du 25 janvier 2008 sur la protection des données à caractère personnel.

- Loi n° 2011-15 du 8 juillet 2011 portant loi organique relative aux lois de finances.

- Loi n° 2012-22 du 27 décembre 2012 portant Code de transparence dans la gestion des finances publiques.

- Loi n° 2012-31 du 31 décembre 2012 portant code général des impôts du Sénégal, modifiée par la loi n° 2015-06 du 23 mars 2015.

- Loi uniforme n° 2014-01 du 06 janvier 2014 relative au traitement des comptes dormants dans les livres des organismes financiers des Etats membres de l'UMOA.

- Loi n° 2014-10 du 28 février 2014 portant Code des douanes du Sénégal.

- Loi n° 2014-17 du 02 avril 2014 relative à la déclaration de patrimoine.

- Loi n° 2014-20 du 27 juin 2014 portant Code des douanes du Bénin.

- Loi uniforme n° 2014-12 du 28 février 2014 sur le contentieux des infractions à la réglementation des relations financières extérieures des Etats membres de l'UEMOA.

- Avant-projet de Code des douanes de la Côte d'Ivoire.

c) <u>Décrets</u>

- Décret n° 2008-718 du 30 juin 2008 relatif au commerce électronique pris pour l'application de la loi n° 2008-08 du 25 janvier 2008 sur les transactions électroniques.

- Décret n° 2008-719 du 30 juin 2008 relatif aux communications électroniques pris pour l'application de la loi n°2008-08 du 25 janvier 2008 sur les transactions électroniques.

- Décret n° 2008-720 du 30 juin 2008 relatif à la certification électronique pris pour l'application de la loi n° 2008-08 du 25 janvier 2008 sur les transactions électroniques.

- Décret n° 2008-721 du 30 juin 2008 portant application de la loi n° 2008-12 du 25 janvier 2008 sur la protection des données à caractères personnel.

- Décret n° 2011-1880 du 24 novembre 2011 portant règlement général sur la Comptabilité publique.

- Décret n° 2016 - 421 du 20 juillet 2016 portant attributions, organisation et fonctionnement du Ministère de l'Economie et des Finances de la Côte d'Ivoire.

d) Arrétés

- Arrêté n° 7282/MEF/DGD du 30 juillet 2009 portant organisation de la Direction générale des douanes au Sénégal.

- Arrêté n° 0197/MEFPB/DC/SGM/DGDDI du 23 janvier 2015 portant Attributions, Organisation et Fonctionnement (AOF) de la Direction Générale des Douanes et Droits indirects (DGDDI) du Bénin.

e) Notes de service

- Note de service n° 1013 DGD/DSID/a.d du 30 mars 2015 portant effectivité du bon à enlever automatique pour les entreprises agréées au programme de partenaires privilégiés.

- Note de service n° 002794 du DGD/DEL/DRCI/SP du 5 novembre 2003 portant sur les modifications dans le programme de vérification des importations.

f) Jurisprudence

- Arrêt de la CJCE (5ème chambre) 29 janvier 1998 (Affaire : C-315/96), in Jean PANNIER, *Recueil de Jurisprudence douanière*, op.cit., p. 528.

- Arrêt de la CJCE 22 janvier 2004 (Aff jointes : C-133/02 et C-134/02), in *Recueil de jurisprudence douanière*, p.529.

- Arrêt de la CJCE 15 septembre 2005 (Aff : C-495/03), in *Recueil de jurisprudence douanière*, pp.529-530.

- Arrêt de la CJCE (1ère chambre) Ordonnance du 19 janvier 2005 (Aff : C-206/03), in *Recueil de jurisprudence douanière*, p.530.

- Arrêt de la CCJE, 23 octobre 2003, aff. C 115/02, Administration des douanes et droits indirects, Rec., 2003, I.

- Décision du Conseil Constitutionnel du Sénégal, affaire N° 2/c/2013, Pape Djigdjam DIOP contre l'Etat du Sénégal

VII/ Rapports

- Rapport annuel de l'OMD, 2014-2015.
- Rapport annuel de l'OMD, 2015-2016.

- Rapport annuel de l'OMD, 2016-2017.
- Rapport annuel de l'OMD, 2017-2018.
- Rapport annuel de l'OMC, année 2016.
- Rapport annuel de l'OMC, année 2017.
- Rapport annuel de l'OMC, année 2018.
- Rapport annuel de la DGD du Sénégal, année 2016,
- Rapport annuel de la DGD du Sénégal, année 2017.
- Rapport annuel de l'OFNAC, année 2017.
- Rapport du Dialogue mondial en matière de renforcement des capacités douanières : Stratégies durables de réforme et de développement de la douane, Londres, Royaume-Uni, 2 octobre 2008, 22 p.
- Rapport du groupe de travail SAFE, 15ème réunion, 24 - 26 février 2016, Bruxelles, document de l'OMD numéro LF0123F1a, 44 p.
- Rapport sur les meilleures pratiques pour la modernisation du Code des douanes, financé par le Fonds européen de développement, Bruxelles, 43 p.
- Rapport de l'Association pour la Fondation Internationale de Finances Publiques (FONDAFIP) : Contrat ou répression : un enjeu pour la douane du 21ème siècle, 20 p.
- Rapport sur la lutte contre la fraude, Sénégal, DGD, année 2017, 7 p.

VIII/ Webographie

- www.wcoomd.org/fr/
- www.wto.org
- www.unodc.org/
- www.cairn.info/revue-d-economie-du-developpement-2012-3-page-105.htm

Table des matières

Structures éditoriales du groupe L'Harmattan

L'Harmattan Italie
Via degli Artisti, 15
10124 Torino
harmattan.italia@gmail.com

L'Harmattan Hongrie
Kossuth l. u. 14-16.
1053 Budapest
harmattan@harmattan.hu

L'Harmattan Sénégal
10 VDN en face Mermoz
BP 45034 Dakar-Fann
senharmattan@gmail.com

L'Harmattan Cameroun
TSINGA/FECAFOOT
BP 11486 Yaoundé
inkoukam@gmail.com

L'Harmattan Burkina Faso
Achille Somé – tengnule@hotmail.fr

L'Harmattan Guinée
Almamya, rue KA 028 OKB Agency
BP 3470 Conakry
harmattanguinee@yahoo.fr

L'Harmattan RDC
185, avenue Nyangwe
Commune de Lingwala – Kinshasa
matangilamusadila@yahoo.fr

L'Harmattan Congo
67, boulevard Denis-Sassou-N'Guesso
BP 2874 Brazzaville
harmattan.congo@yahoo.fr

L'Harmattan Mali
Sirakoro-Meguetana V31
Bamako
syllaka@yahoo.fr

L'Harmattan Togo
Djidjole – Lomé
Maison Amela
face EPP BATOME
ddamela@aol.com

L'Harmattan Côte d'Ivoire
Résidence Karl – Cité des Arts
Abidjan-Cocody
03 BP 1588 Abidjan
espace_harmattan.ci@hotmail.fr

L'Harmattan Algérie
22, rue Moulay-Mohamed
31000 Oran
info2@harmattan-algerie.com

L'Harmattan Maroc
5, rue Ferrane-Kouicha, Talaâ-Elkbira
Chrableyine, Fès-Médine
30000 Fès
harmattan.maroc@gmail.com

Nos librairies en France

Librairie internationale
16, rue des Écoles – 75005 Paris
librairie.internationale@harmattan.fr
01 40 46 79 11
www.librairieharmattan.com

Librairie l'Espace Harmattan
21 bis, rue des Écoles – 75005 paris
librairie.espace@harmattan.fr
01 43 29 49 42

Lib. sciences humaines & histoire
21, rue des Écoles – 75005 paris
librairie.sh@harmattan.fr
01 46 34 13 71
www.librairieharmattansh.com

Lib. Méditerranée & Moyen-Orient
7, rue des Carmes – 75005 Paris
librairie.mediterranee@harmattan.fr
01 43 29 71 15

Librairie Le Lucernaire
53, rue Notre-Dame-des-Champs – 75006 Paris
librairie@lucernaire.fr
01 42 22 67 13